BIBLIOTHEK
ARABISCHER KLASSIKER

DER ISLAM IN ORIGINALZEUGNISSEN

Politik und Kriegführung

Unter Zugrundelegung der Originale
und der Textauswahl von Bernard Lewis
aus dem Englischen übersetzt von

HARTMUT FÄHNDRICH

EDITION ERDMANN

Dieses Buch erscheint dank der freundlichen Unterstützung durch S. H. Sheikh Dr. Sultan Bin Mohammed Al-Qassimi, Emir von Sharjah.

ZUR AUSSTATTUNG

Das Frontispiz zeigt eine Darstellung ritterlicher Künste aus dem 15. Jahrhundert.
Ober- und unterhalb des Innentitels sind kalligraphische Darstellungen der Formel »bismi llâhi r-rahmâni r-rahîm« (im Namen des barmherzigen und gütigen Gottes), mit der jedes islamische Buch beginnt, wiedergegeben.

Der Islam in Originalzeugnissen
Band 1: Politik und Kriegführung
ISBN 3-86503-034-3

Umschlaggestaltung: Nele Schütz Design, München
Satz und Reproduktionen: Rund ums Buch – Rudi Kern, Kirchheim/Teck
Schrift: Garamond
Druck und Bindung: Friedrich Pustet, Regensburg
Printed in Germany.

5 4 3 2 1 05 06 07 08 09

Umschrifttabellen

Umschrift und Aussprache des Arabischen

Arabisch	Umschrift	Aussprache	Bemerkungen
ا			erscheint hier als Verlängerung eines a zu ā
ب	b	b	–
ت	t	t	–
ث	ṯ	th	scharfes englisches th, z. B. thing
پ	p	p	–
ج	ğ	dsch	z. B. Dschungel
ح	ḥ	ḥ	gepresstes ch (existiert in keiner europäischen Sprache)
خ	ḫ	ch	ch, z. B. Lachen
چ	č	tsch	–
د	d	d	–
ذ	ḏ	dh	das weiche englische th, z. B. there
ر	r	r	Zungen-r
ز	z	s	weiches deutsches s, z. B. Sonne
ژ	ž	sch	stimmhaftes (weiches) sch, z. B. Genie
س	s	ß	scharfes s, z. B. Ross
ش	š	sch	–
ص	ṣ	s	emphatisches, am Obergaumen gebildetes scharfes s
ض	ḍ	d	emphatisches, am Obergaumen gebildetes dumpfes d
ط	ṭ	t	emphatisches, am Obergaumen gebildetes dumpfes t
ظ	ẓ	z	emphatisches, am Obergaumen gebildetes dumpfes z
ع	c	c	explosiver Kehllaut, tonhaftes Gegenstück zu ḥ
غ	gh	gh	schnarrender Kehllaut zwischen g und r
ف	f	f	–
ق	q	q	dumpfes gutturales k
ک	k	k	–

گ	g	g	–
ل	l	l	–
م	m	m	–
ن	n	n	–
ه	h	h	–
و	w, u, ū	w, u, ū	w wie englisches w
ي	j, i, ī	j, i, ī	–
ا	ʼ	ʼ	fester Stimmeinsatz, z. B. Eid (im Gegensatz zu Meineid)
ة	-,t	-,t	nur in Wortverbindungen lautende Endung

Bemerkungen zur Umschrift des Persischen und zur Aussprache des Türkischen

Abweichend von der vorstehenden Umschrifttabelle werden einige Buchstaben in persischen Wörtern und Namen folgendermaßen transkribiert:

Arabisch	Persisch	Aussprache
	č	tsch
ṯ	s̱	stimmloses s
ḏ	ẕ	stimmhaftes s
ḍ	ż	stimmhaftes s
	ž	wie französisch j in *journal*

Das Türkische hat einige besondere Buchstaben:

ğ entspricht etwa dem arabischen gh; zwischen hellen Vokalen (e, i, ö, ü) wie deutsches j, zwischen dumpfen Vokalen (a. i, o, u) fast unhörbares, in der Kehle gesproehenes g
ı dumpfes i, fast wie deutsches e im Auslaut, etwa in *Sonne*
y wie deutsches (und arabisches) j
c wie dsch
ç wie tsch
ş wie sch

Vorwort zum Neudruck

Die vorliegende Sammlung von Quellentexten zur islamischen Geschichte wurde von Bernard Lewis im Jahre 1974 herausgegeben. 1981 erschienen die beiden Bände in deutscher Übersetzung in der »Bibliothek des Morgenlandes« des Zürcher Artemis Verlags. Diese bibliophile Reihe war in der Absicht geschaffen worden, einer interessierten Leserschaft Texte aus der islamischen Kultur und solche über sie verfügbar zu machen. Während jedoch die englische Ausgabe besonders in den Vereinigten Staaten auf eine große potenzielle Käuferschaft zählen konnte, in Form von Teilnehmern und Teilnehmerinnen an universitären Einführungskursen in »Middle Eastern Civilization«, erfreute sich die deutsche Übersetzung keines großen Absatzes. Zu »exotisch« war noch in den Achtzigerjahren die Beschäftigung mit Islamischem an Schulen und Universitäten im deutschen Sprachraum. Daher wurde der Titel im Jahre 1988 verramscht.

Inzwischen hat sich einiges geändert: Immer mehr Schulbücher nehmen kürzere oder längere Originaltexte auch über die nichtwestliche Geschichte auf. Geschichtsstudierende werden häufiger als früher ermutigt, sich mit unserer islamischen Nachbarkultur zu beschäftigen. Die Einführung von islamischem Religionsunterricht ist voll im Gespräch, ebenso die Einrichtung von Ausbildungsgängen für islamische Geistliche. Für all das sind Texte erforderlich, Originaltexte in deutscher Übersetzung. Insofern drängte sich ein Neudruck dieser Sammlung jetzt auf.

Obwohl begrenzt wie jede Anthologie, ist die vorliegende Sammlung bis heute die umfassendste ihrer Art, sowohl was die Themen als auch was die Textsorten angeht. Von Koranversen bis zu Witzen, von Kriegsberichterstattung bis zu Taxierungen von Sklavinnen, von Verwaltungsratschlägen bis zur Charakterisierung der Nachbarn in der nichtmuslimischen Welt reichen die Texte. Sie zeigen eine Gesellschaft oder besser: Gesellschaften von einer Vielfalt und einer Offenheit, wie auch viele Muslime sie heute kaum für möglich halten.

Die Aufteilung auf die beiden Bände hat Bernard Lewis in seinem Vorwort 1974 deutlich gemacht: »Im ersten Band geht es um

Politik und Krieg, und die Texte sind teils Berichte von Ereignissen, teils theoretische Abhandlungen und beschreibende Darstellungen zu diesen beiden Themen. Im zweiten Band richtet sich die Aufmerksamkeit nicht mehr auf den Staat, sondern auf die Gesellschaft, und die Berichte handeln vom religiösen und gesellschaftlichen Leben.«

Aufgrund von Menge und Vielfalt des Schrifttums der ersten etwa acht Jahrhunderte der Geschichte der islamischen Welt kann auch ein Werk wie das vorliegende nur »Proben« geben, gleichzeitig aber einen Leitfaden bieten durch die Schriftdokumente einer wichtigen Region und Zeit.

Ich bin der Edition Erdmann dankbar für den Neudruck dieser beiden Bände im Rahmen einer anderen Bibliothek, der »Bibliothek arabischer Klassiker«.

Hartmut Fähndrich

Vorwort

Die folgenden Seiten enthalten eine Auswahl übersetzter Quellentexte zur islamischen Geschichte des Mittelalters. Die Textauszüge wurden auf zwei Bände verteilt. Im ersten Band geht es um Politik und Krieg, und die Texte sind teils Berichte von Ereignissen, teils theoretische Abhandlungen und beschreibende Darstellungen zu diesen beiden Themen. Im zweiten Band richtet sich die Aufmerksamkeit nicht mehr auf den Staat, sondern auf die Gesellschaft, und die Berichte handeln vom religiösen, kulturellen und gesellschaftlichen Leben der mittelalterlichen islamischen Welt. Bei einem so umfassenden Thema ist Vollständigkeit nicht möglich. Bei der Zusammenstellung der Abschnitte habe ich mich bemüht, Beispiele auszuwählen, die sowohl hinsichtlich der verschiedenen Epochen und Regionen, die dieses Werk vorstellt, als auch hinsichtlich der Quellen, auf denen es aufbaut, typisch sind. Das Schwergewicht liegt jedoch auf den islamischen Kernländern und auf dem Zeitraum, in welchem sich die islamische Welt entwickelte.

Meiner ursprünglichen Absicht nach wollte ich dieses Werk, wie das so üblich ist, hauptsächlich aus schon übersetztem Material zusammenstellen. Doch musste ich diesen Plan sehr bald aufgeben. Denn einerseits wäre ein sehr unausgewogenes Bild entstanden, hätte ich mich auf Quellen gestützt, die zufällig in englischer Übersetzung vorhanden sind; andererseits sind die vorhandenen Übersetzungen nach Qualität und Art allzu verschieden. So erschien es als das Beste, neu zu beginnen. Alle in diesen beiden Bänden vereinigten Auszüge sind vom Herausgeber neu übersetzt worden, viele davon zum ersten Mal ins Englische. Die meisten stammen von arabischen Originalen, einige aus dem Persischen und dem Türkischen und zwei aus dem Hebräischen.

Mein Dank geht an Professor Claude Cahen für seine Erlaubnis, die von ihm als Erstem veröffentlichten Abbildungen auf den Seiten 272–274 zu reproduzieren, an Professor S. D. Goitein für seine Erlaubnis, zwei von ihm herausgegebene Geniza-Dokumente zu benutzen, und für seinen Beistand bei ihrer Übersetzung, und an Professor E. Kedourie und Dr. H. M. Rabie für ihre Durchsicht von Teilen meines Manuskripts und ihre Bemerkungen dazu. Ich bin ihnen sehr dankbar für die Mühe, die sie auf sich nahmen, und die Hilfe, die sie mir leisteten.

B. L.

Einleitung

Das vorliegende Werk hat die Geschichte des Islams vom Auftreten des Propheten Muḥammad bis zur Eroberung von Konstantinopel durch Sultan Meḥmed den Eroberer zum Thema. Es beschäftigt sich also mit dem Zeitabschnitt vom Beginn des siebten Jahrhunderts bis zum Jahre 1453; mit einer Region, die den gesamten Mittleren Osten und Nordafrika, dazu Teile Asiens, Schwarzafrikas und Süd- und Osteuropas umfasst; mit Völkern und Staaten, welchen, bei aller Verschiedenheit, das gemein war, dass sie den Glauben und das Gesetz des Islams angenommen hatten und ihr Leben daran ausrichteten; und schließlich mit der Kultur, die sie schufen.

Die klassische islamische Kultur findet ihren Ausdruck in drei Hauptsprachen, deren erste das Arabische ist. Unter den Arabern des Ḥiǧāz wurde Muḥammad geboren, lebte und starb er, und in ihrer Sprache wurde das heilige Buch niedergeschrieben. Unter seinen Nachfolgern, den Kalifen, trug eine große arabische Eroberungs- und Wanderbewegung seinen Glauben und sein Buch aus Arabien in den Fruchtbaren Halbmond, dann nach Osten durch Iran bis an die Grenzen Indiens und Chinas und nach Westen durch Ägypten und Nordafrika bis Sizilien und Spanien. In dem von ihnen gegründeten ausgedehnten Reich war das Arabische lange Zeit nicht nur die Sprache der Religion, sondern auch die der Regierung, des Handels und der Kultur.

Die meisten der von den Arabern unterworfenen Völker vergaßen ihre frühere Geschichte und Identität und gingen im arabischsprachigen Islam auf. Doch nicht alle. Die Perser, die noch eine frische Erinnerung an ein großes Reich hatten und sich ihres umfassenden Beitrags zur islamischen Kultur durchaus bewusst waren, erholten sich und gewannen ihre eigene Identität zurück. Arabisch blieb eine heilige und klassische Sprache in Iran, welches ein völlig islamisches Land geworden war, doch wurde vom elften Jahrhundert an das Hauptausdrucksmittel eine neue Form des Persischen – in arabischer Schrift geschrieben, voller arabischer Lehnwörter, doch eindeutig Persisch, nicht Arabisch. Gefördert wurde das persische kulturelle Erwachen durch eine politische Neubelebung im Iran und durch das Entstehen persischer Dynastien und Höfe, welche die neue Sprache verwendeten und pflegten. So wurde Persisch die zweite klassische Sprache der islamischen Welt. Persischer Einfluss war in den Ländern des Ostens vorherrschend und selbst in den westlichen Ländern des islamischen Kalifats deutlich spürbar.

Die persische Renaissance bildet eine Art Zwischenspiel zwischen dem Niedergang der Araber und dem Aufstieg der Türken, wobei sie zeitlich in beide Entwicklungen hineinreicht. Die mittelalterliche islamische Geschichte beginnt mit dem Einbruch der arabischen Eroberer in den Mittleren Osten aus dem Süden. Sie endet mit dem Triumph einer anderen Gruppe Neuankömmlinge, der Steppenvölker aus dem Norden. Die Türken errichteten nach ihrer Bekehrung zum Islam eine Herrschaft, die tausend Jahre währte. Sie schufen neue Regierungs- und Gesellschaftsformen und machten die türkische Sprache zur dritten Hauptsprache islamischer Kultur.

Sie lieferten dem Islam auch zu einer Zeit großer Schwäche die Kraft, neue und schreckliche Gefahren zu überstehen, denen er zu unterliegen drohte, und den Feinden, die aus Ost und West eindrangen, Widerstand zu leisten. Türkische Herrscher und Heere hielten die mongolischen Eroberer auf und retteten Ägypten und die ganze westliche islamische Welt vor ihrer Herrschaft. Die Türken übernahmen dann auch die Führung des unablässigen islamischen Kampfes gegen das christliche Europa.

Seit ihrem Entstehen war die islamische Religion der Hauptkonkurrent des Christentums im Kampf um die Herzen der Menschen. Die islamische Kultur war der nächste Nachbar und der gefährlichste Rivale der europäischen Christenheit. Zwischen beiden gab es fast ständig Auseinandersetzungen. Der Islam entstand außerhalb der christlichen Welt im heidnischen Arabien und breitete sich kräftig unter Nichtchristen aus. Ein großer Teil, vielleicht der bedeutendste Teil der islamischen Siege ging auf Kosten der Christen. Die arabischen Krieger trugen ihre Religion und ihre Herrschaft in die alten christlichen Länder der Levante und Nordafrikas, ja sogar nach Sizilien, Spanien und in Teile Süditaliens und Frankreichs, und errichteten die Herrschaft des Islams über die meisten Teile der ehemals römischen Mittelmeerwelt. Eine Zeit lang schien der arabische Islam unmittelbar das christliche Europa zu bedrohen.

Der Vormarsch der Araber in Frankreich und Italien wurde aufgehalten und umgekehrt, und im Laufe des elften Jahrhunderts setzte die westliche Christenheit zum großen Gegenangriff an, in dessen Verlauf Sizilien und ein Großteil Spaniens zurückerobert wurden und der in der Ankunft der Kreuzfahrer in Syrien und Palästina gipfelte. Hier stießen die Kreuzfahrer auf die neuen Heiden des Islams, die Türken, die zu jener Zeit den größten Teil des Mittleren Ostens beherrschten und die selbst das große byzantinische Bollwerk Anatolien erobert hatten. Die Türken und ihre Mitstreiter hielten die christlichen Eindringlinge auf, warfen sie schließlich zurück und begannen einen neuen Vormarsch, der den Islam einmal mehr nach Europa brachte, diesmal ins östliche Europa und in türkischer Gestalt. Erst viel später waren die europäischen Mächte in der Lage, einen Gegenangriff in die islamischen Länder zu unternehmen und über alte islamische Gebiete wie Zentralasien, Nordafrika und schließlich auch einige der Kernländer des Mittleren Ostens die europäische Herrschaft zu errichten.

Während der Jahrhunderte der Auseinandersetzung und des Kampfes waren sich Muslime wie Christen mehr des sie Trennenden als des sie Verbindenden bewusst. Doch auch das sie Verbindende, die Ähnlichkeiten, sind sehr bedeutend, denn in beiden Religionen und in beiden Kulturen gibt es viel Gemeinsames. Beide übernahmen das Erbe der alten Kulturen des Mittleren Ostens; beide hatten an die jüdische Tradition des ethischen Monotheismus, der prophetischen Sendung und einer schriftlich überlieferten Offenbarung angeknüpft; beide waren Schüler des griechischen Denkens und der griechischen Wissenschaft und waren, in unterschiedlicher Weise, Erben der Gesellschaft und der Lebens- und Herrschaftsformen, die sich im Mittleren Osten und rund um das Mittelmeer unter der Herrschaft Alexanders, seiner Nachfolger und der Römer entwickelt hatten. Bei allen Auseinandersetzungen zwischen Christen und Muslimen zeigt schon die Tatsache dieser Auseinandersetzungen, bei denen die gleiche Logik und die gleichen Vorstellungen zugrunde lagen, das Ausmaß der Verwandtschaft zwischen beiden. Das wird noch deutlicher beim Vergleich der einen oder der anderen mit den entfernteren Kulturen Asiens, Chinas und Indiens. Muslime und Christen konnten über die Vorzüge des Korans, beziehungsweise der Bibel, und die Sendung Muḥammads, beziehungsweise Christi, streiten, denn sie hatten einen gemeinsamen universalen Bezugsrahmen. Keiner von beiden hätte mit einem Hindu oder mit einem Konfuzianisten einen sinnvollen Dialog führen können.

Diese schon im Ansatz vorhandenen Ähnlichkeiten wurden verstärkt und vermehrt durch die lange Nachbarschaft in der gesamten Mittelmeerwelt und durch die wechselseitigen Einflüsse aufeinander.

Doch sollte uns eine Würdigung der Verwandtschaft zwischen dem Christentum und dem Islam nicht dazu verleiten, die wirklichen Unterschiede zu übersehen, welche sie voneinander trennen, oder den Islam mittels falscher Analogien darzustellen. Muḥammad ist nicht der islamische Christus, der Koran ist nicht die islamische Bibel, die Moschee ist nicht die islamische Kirche. Darüber hinaus ist der Freitag nicht der islamische Sabbath, die *'ulamā'* sind nicht der islamische Klerus, und der Sunnismus ist nicht die islamische Orthodoxie. Obwohl diese verbreiteten Analogien einen Kern Wahrheit enthalten, entstellen und verzerren sie mehr als sie erklären.

Muḥammad war wie Jesus der Gründer einer großen Weltreligion. Doch anders als Jesus wurde ihm weltlicher Erfolg zu seinen Lebzeiten zuteil. Anfangs war auch er, wie andere Propheten, ein bescheidener, verfolgter Lehrer und Prediger. Doch statt das Martyrium zu erleiden, erlangte er die Macht. In Mekka war er ein geachteter Kritiker der bestehenden Ordnung gewesen; in Medina schuf er seine eigene Ordnung. Als Haupt der *umma*, der Gemeinschaft seiner Anhänger, regierte er, sprach er Recht, zog er Steuern ein, führte er Krieg und schloss er Frieden. In Mekka predigte er, in Medina handelte er. Seine Offenbarung umfasste einerseits religiöse und moralische Grundsätze, andererseits ein weites Spektrum weltlicher Angelegenheiten. Ihre Form wandelte sich vom Gebot zum Gesetz. Dieser Wandel spiegelt sich deutlich im Koran.

Man kann den Koran die islamische heilige Schrift nennen; man kann ihn nicht die islamische Bibel nennen. Für die Muslime ist er ein einziges Buch, im wörtlichsten Sinn das Wort Gottes, das dem Propheten vom Engel Gabriel diktiert wurde. Die meisten Historiker betrachten ihn als authentische zeitgenössische Darstellung der Lehren und Taten des Propheten, eine Darstellung, die auf die Zeit seines Wirkens zurückgeht und kurz nach seinem Tod zusammengestellt wurde. Im Gegensatz zum Alten und Neuen Testament handelt es sich beim Koran nicht um eine Sammlung von Texten, die über einen langen Zeitraum hin verfassten Werken entnommen wurden. Er ist das Werk eines einzigen Autors, und er erwuchs aus einem einzigen Lebenswerk. Die Entwicklung von den frühen mekkanischen zu den späteren medinensischen Kapiteln illustriert deutlich den Wandel von Stellung und Interessen des Propheten. So hatte der Islam von Anbeginn an politischer Macht teil. Medina war ein Staat und, wie sich später zeigte, der Kern eines Reiches, dessen oberster Verwalter der Prophet war. Der wahre und einzige Herr war nach islamischer Ansicht Gott, von dessen Auftrag der Prophet seine Herrschaft ableitete und dessen durch Offenbarung kundgetaner Wille die einzige Quelle des Gesetzes bildete. So kam in der *umma* von Anbeginn die Verschmelzung von Politik und Religion zum Ausdruck, die für die späteren islamischen Staaten so charakteristisch sein sollte. Der Begründer des christlichen Glaubens hatte seine Anhänger angewiesen, dem Kaiser zu geben, was des Kaisers ist, und Gott zu geben, was Gottes ist, und es vergingen drei Jahrhunderte voller Leiden und Verfolgung, bevor sich das Christentum mit der Bekehrung des römischen Kaisers Konstantin des Römischen Reiches bemächtigte und sich das Römische Reich in gewisser Hinsicht des Christentums bemächtigte. Muḥammad war sein eigener Konstantin und gründete sein eigenes Reich. Die im westlichen Christentum tief verwurzelte Zweiteilung von *regnum* und *sacerdotium* gibt es im Islam nicht, und selbst Wortpaare wie geistlich und weltlich, laizistisch und kirchlich, religiös und säkular haben in den klassischen Sprachen der islamischen Völker keine Äquivalente.

Unter Muḥammads Nachfolgern, den Kalifen, wurde die Gemeinde von Medina durch Eroberungen in ein ausgedehntes Reich verwandelt, und Muḥammads arabischer Glaube wurde zur Weltreligion. In der Erfahrung der frühen Muslime waren religiöse Wahrheit und politische Macht untrennbar miteinander verbunden: die Erstere heiligte die Letztere, die Letztere stärkte und stützte die Erstere. Diese Erfahrung führte zu einem festen Glauben daran, dass Gott an Politik interessiert ist und dass seine Gunst im Erfolg offenkundig wird, das heißt im Sieg und in der weltlichen Herrschaft jener, die sich seinem Gesetz unterwerfen.

So konnte es in der islamischen Welt zu keiner Auseinandersetzung zwischen Papst und Kaiser kommen, denn die Kräfte, welche diese beiden verkörperten, waren ein und dieselben. Der Kalif stand sowohl dem Staat, als auch der Gemeinde, als auch dem Glauben vor. Als Gebäude, als Ort des täglichen und wöchentlichen öffentlichen Gottesdienstes, entspricht die Moschee der Kirche; doch als Einrichtung, als Organisation hat die Kirche keine Entsprechung im Islam, denn die Einrichtung, welcher der Kalif vorstand, war Kirche und Staat zugleich.

Aus demselben Grund verfügt der Islam über keine Geistlichkeit und keine Orthodoxie im christlichen Sinn. Es gibt keinen Papst, keine Bischöfe oder Diözesen, keine Hierarchie und keine Konzile oder Synoden, um Glaubenssätze festzulegen und für verbindlich zu erklären und um Abweichungen davon als Heterodoxie zu verdammen. Autoritäten dieser Art sind im Islam nie eingerichtet worden, und die wenigen Versuche in dieser Richtung erwiesen sich als völlige Fehlschläge. Die *'ulamā'* sind Männer religiöser Gelehrsamkeit, nicht Priester; sie werden nicht ordiniert, besitzen keinen Sprengel und teilen keine Sakramente aus. Der Orthodoxie kommt im Islam die *sunna* am nächsten, die Gewohnheiten und Handlungsweisen des Propheten, seiner Gefährten und seiner unmittelbaren Nachfolger, so wie sie im Gedächtnis der Gemeinde als ganzer bewahrt worden waren. Der grundlegende islamische Glaubenssatz ist der, dass Gott einzig ist und Muḥammad sein Prophet, und niemand, der eine der beiden Aussagen ablehnt, kann als Muslim gelten. Darüber hinaus wird Loyalität zum Islam in erster Linie nicht durch richtigen Glauben, sondern durch richtiges Verhalten zum Ausdruck gebracht, das heißt durch Anerkennung der Normen und Regeln der islamischen Lebensführung, durch Loyalität zur islamischen Gemeinde und durch Gehorsam dem Oberhaupt des islamischen Staates gegenüber. Folglich sind weniger falscher Glaube als vielmehr die Abweichung von der Sitte, die Distanzierung von der Gemeinde und der Ungehorsam dem Machthaber gegenüber die islamische Entsprechung der Häresie. Was jemand jenseits des bloßen Minimums glaubt, ist seine eigene Sache. Die Obrigkeit interessiert sich nur für sein Verhalten, und nur Gott kann eines Menschen Aufrichtigkeit beurteilen.

Daher war von Anfang an die Kenntnis der Vergangenheit von ungeheurer, ja von transzendentaler Bedeutung für die Muslime. Schon die Sendung des Propheten war ein historisches Ereignis; ihre Umstände und ihre Bedeutung konnten spätere Generationen von Gläubigen nur durch Erinnerung und Aufzeichnung kennen lernen, durch das Werk der Bewahrung, Überlieferung und Erläuterung der ersten islamischen Historiker. Auch die *sunna* war im Wesentlichen historisch. Die Lehre vom Konsens, laut deren die göttliche Führung nach dem Tod des Propheten auf die islamische Gemeinde als Ganze überging, gab den Taten und den Erfahrungen jener Gemeinde, in welcher die Offenbarung des Willens Gottes auf Erden sichtbar wurde, eine religiöse Bedeutung. Gott, so glaubte man, werde nicht erlauben, dass seine Gemeinde der Sünde verfällt. Was die Gemeinde als Ganze akzeptierte und tat, war richtig und ein Ausdruck von Gottes Ziel. *Sunna* wurde durch Konsens festgelegt, und der Konsens früherer Zeit war durch die Tradition bekannt. Daher war das Studium der Tradition für die Theologie und für das heilige Gesetz, und das heißt für das Heil, notwendig.

Das Interesse an der Vergangenheit wurde bald zum hervorstechenden Merkmal der islamischen Kultur. Seit früher Zeit sind sich islamische Staaten, Dynastien, Städte, ja selbst Berufssparten ihres Platzes in der Geschichte bewusst, befassen sich mit den Taten ihrer Vorgänger und interessieren sich für die Aufzeichnung ihrer eigenen Taten für die Nachwelt. Fast jede Dynastie, die in der islamischen Welt regierte, hinterließ irgendwelche Annalen oder Chroniken, und in vielen Ländern, einschließlich solcher mit hoher Kultur, beginnt eine ernsthafte Geschichtsschreibung mit dem Auftreten des Islams.

Das früheste historische Dokument des Islams ist selbstverständlich der Koran selbst. Für Muslime ist er ein religiöses Werk, das heißt eine heilige Schrift, kein Geschichtsdokument. Doch liefert er auch wichtiges historisches Material über die Laufbahn des Propheten und die Entwicklung der von ihm gegründeten Gemeinde. Die Anfänge eigentlicher islamischer Geschichtsschreibung sind in den Sammlungen von *ḥadīṯen* zu suchen, das heißt Überlieferungen mit dem Anspruch, Entscheidungen, Handlungen und Äußerungen des Propheten wiederzugeben. Nach islamischem Glauben übermittelte der Prophet von Gott inspirierte Befehle, und zwar nicht nur, wenn er den ihm offenbarten göttlichen Text wiederholte, sondern auch in allem, was er sagte und tat. Und so galten neben dem Koran (dem Wort Gottes) die *ḥadīṯe* (das Wort des Propheten) als zweite Quelle der Offenbarung.

Es gab jedoch einen wichtigen Unterschied zwischen den beiden. Der Koran wurde nicht lang nach Muḥammads Tod in einem Standardtext herausgegeben und verbreitet. Da man davon ausging, dass er göttlicher Herkunft sei, konnte er weder ergänzt noch irgendwie gekürzt werden. Seine Echtheit, die Richtigkeit seines Textes und seine Autorität konnten nicht bezweifelt werden. Der *ḥadīṯ* andererseits war eine umfangreiche und verschiedenartige Sammlung einzelner Traditionen, deren jede eine Einzelheit der Lehre und des Wirkens des Propheten überlieferte und die sich nach Herkunft, Inhalt und Glaubwürdigkeit stark voneinander unterschieden.

Vieles davon war zweifelhafter Herkunft. Während mindestens dreier Generationen wurde er mündlich weitergegeben, und das während einer Zeit schnellen Wandels und heftiger Konflikte und Auseinandersetzungen. Ob man eine Handlungsweise rechtfertigen oder für irgendetwas werben wollte, nichts war dabei hilfreicher, als einen *ḥadīṯ* mit einem prophetischen Präzedenzfall anzuführen. Schon im Mittelalter waren sich die Rechtsgelehrten des Problems der Entstellung und Erfindung von *ḥadīṯen* durchaus bewusst, und von den unzähligen im Umlauf befindlichen *ḥadīṯen* wählten sie eine begrenzte Anzahl aus. Diese galten dann als authentisch und bilden neben dem Koran die Hauptgrundlage des islamischen Gesetzes und der islamischen Lehre. Die moderne Textkritik hat viele von diesen als gefälscht verworfen und hat die Echtheit der meisten übrigen bezweifelt. Doch wenngleich ein erfundener *ḥadīṯ* uns nichts über den Propheten sagt, so kann er uns doch viel über die Zeit, die Umstände und die seiner Erfindung zugrunde liegende Absicht mitteilen.

Gewisse Gruppen von *ḥadīṯen* sind für den Historiker von besonderem Interesse – zum Beispiel die zahllosen polemischen *ḥadīṯe*, die sich gegen einen Stamm, eine Partei oder eine Sekte richten, und zwar im Interesse einer anderen. Einige davon, welche die Form direkter Prophezeiung künftiger Ereignisse haben, sind ohne weiteres als Fälschungen erkennbar. Andere sind raffinierter – in ihnen wird Muḥammad eine Aussage über Ereignisse seiner eigenen Zeit in den Mund gelegt; diese sind nicht eigentlich prophetisch, beziehen sich aber dennoch unmittelbar auf spätere Konflikte.

Eine zweite bedeutende Gruppe sind die Rechtstraditionen, in denen ein Grundsatz zum Ausdruck gebracht wird oder die einen Präzedenzfall darstellen, der für rechtlich bindend gehalten wird. Einige von diesen können durchaus echt sein, doch ein großer Anteil davon zeigt die untheoretische Art, in der frühislamische Herrscher und Gouverneure anstehende Probleme angingen. In diesen *ḥadīṯen* finden sich Grundsätze des römischen oder anderer Rechtssysteme, die man in den eroberten Provinzen vorfand, ebenso wie *Ad-hoc*-Entscheidungen, die auf der Gewohnheit, auf der politischen oder administrativen Notwendigkeit oder einfach auf dem gesunden Menschenverstand beruhten.

Eine weitere, ebenfalls hochinteressante Gruppe von *ḥadīṯen* besteht eher aus Ermahnungen als aus Vorschriften, und zwar zu Themen, die offenbar von weit verbreitetem Interesse waren. Ein solches Thema ist das Rassenproblem. Es gibt Traditionen, die Abneigung oder Arroganz anderen Rassen gegenüber verurteilen; es gibt andere Traditionen, welche Abneigung und Arroganz zum Ausdruck bringen, indem sie einzelne Rassen schlecht machen oder loben.

Ein weiteres Thema von Interesse war die Inflation. Es gibt beispielsweise eine kleine Gruppe von Überlieferungen, in welchen dem Propheten der Ausspruch »Nur Gott kann Preise festsetzen« in den Mund gelegt wird. Es ist offensichtlich, dass der Prophet nichts dergleichen sagte, denn eine solche Frage konnte in Westarabien zu seinen Lebzeiten kaum aufgetreten sein. Sie trat aber nach seinem Tod auf. Die islamischen Herrscher im Mittleren Osten wurden, wie ihre römischen und byzantinischen Vorgänger, durch den fortwährenden Preisanstieg beunruhigt, und sie versuchten von Zeit zu

Zeit, ihm Einhalt zu gebieten und die Preise per Dekret festzusetzen. »Nur Gott kann Preise festsetzen« ist theologischer Ausdruck des wirtschaftlichen *Laissez-faire*-Prinzips. Dies scheint die unter Religionsgelehrten vorherrschende Lehre gewesen zu sein, denn mehr oder minder alle mit Preisen befassten Überlieferungen folgen dieser Vorstellung.

Noch eine weitere Gruppe von Traditionen ist von besonderem Interesse. Es sind diejenigen, die von messianischer oder eschatologischer Gleichheit sprechen. Sie wollen von den Ereignissen am Ende der Zeit berichten, wenn das Reich der Tyrannei gestürzt werden wird und der Mahdī, der Rechtgeleitete und von Gott eigens dafür Gesandte, das Reich des Himmels auf Erden errichten wird. Diese Überlieferungen spiegeln die Reihe messianischer Revolten aus der Frühzeit des Islams wider. Sie spiegeln außerdem die geweckten Hoffnungen wider und zeigen, was die Gläubigen vom Mahdī erwarteten.

Viele Einflüsse wirkten auf die Entwicklung der historischen Forschung und Darstellung unter den Muslimen, unter anderem die Heldensagen des heidnischen Arabiens, die biblischen Erzählungen und das iranische Königsbuch. Doch die wichtigste Quelle, aus der Anregung und Beispiele geschöpft wurden, war die religiöse Tradition. Die islamische Geschichtsschreibung ging aus dem *ḥadīṯ* hervor. Die ersten Kalifen besaßen aus verständlichen Gründen in den Augen der Muslime nicht dasselbe Ansehen wie der Prophet. Dennoch hatten sie eine gewisse Heiligkeit, weshalb Präzedenzfälle, welche die ersten Häupter der islamischen Gemeinde schufen, als in Politik und Recht maßgebend angeführt werden konnten und tatsächlich auch angeführt wurden. Darum finden sich in den frühesten historischen Schriften Berichte von der Art des *ḥadīṯ*. Bestimmte Taten und Äußerungen werden den frühen Kalifen und ihren Beamten zugeschrieben und in etwa derselben Art und Weise wie die *ḥadīṯe* weitergegeben und beglaubigt. Auch bei ihnen muss man die Möglichkeit in Betracht ziehen, sie könnten im Dienst eines bestimmten Interesses oder einer bestimmten Absicht erfunden oder zumindest angepasst worden sein.

Die frühen Werke sind einfache Sammlungen von Berichten, von denen jeder durch eine Kette von Überlieferungen gestützt wird, die angeblich auf einen Augenzeugen oder einen Teilnehmer zurückgeht. Mit wachsender Komplizierung und Verfeinerung der islamischen Politik und Kultur entstanden mannigfaltige und kunstvolle Formen der Geschichtsschreibung. Dabei sind zu nennen: Werke der Universal- und Reichsgeschichte, Annalen von Dynastien, regional und lokal begrenzte Chroniken, Sammlungen von Biographien und ein weites Feld von Werken über einzelne Themen, Gruppen oder Epochen.

In Ursprung und Ziel der mittelalterlichen westlich-christlichen und der muslimischen Geschichtsschreibung gibt es einen grundlegenden Unterschied. Die lateinisch-christliche Geschichtsschreibung begann im Chaos der Barbareneinfälle und war von zwei entscheidenden Faktoren bestimmt: dem Aufstieg der Kirche und dem Fall des Römischen Reichs. Für Augustin war der Staat das Werk von Menschen und damit schlecht, eine Strafe oder ein Heilmittel für die Sünder (hatte nicht Kain die erste Stadt gegründet?). Augustin und sein Schüler Orosius folgen den hebräischen Propheten, wenn sie in Niederlage und Zerstörung Instrumente zur Verwirklichung von Gottes Absicht sehen: dass nämlich die Völker sich in die Kirchen drängen und dadurch ihr Heil finden, welches sie sonst nicht erlangt hätten.

Die islamische Geschichtsschreibung beginnt nicht mit Niederlage, sondern mit Sieg, nicht mit dem Sturz, sondern mit dem Aufstieg eines Reichs. Für den islamischen Historiker ist politische Herrschaft nicht ein menschliches Übel, nicht einmal ein geringeres Übel, sondern ein göttliches Gut, das zur Erhaltung und zur Verbreitung von Gottes Glaube und Gesetz vorgesehen ist. Ebenso wie der Christ sieht auch der Muslim Gott in der Geschichte und glaubt daran, dass Gott sich um die Belange der Menschen kümmert. Doch geht er davon aus, dass Gott seinem Volk hilft, es nicht prüft, dass er die Vorherrschaft seines Volkes in dieser Welt wünscht. Daher sind für den islamischen Historiker der Staat und seine Belange nicht etwas, was nicht zum wahren Sinn der Geschichte gehört oder diesem sekundär ist; sie sind sein wesentliches Thema. Selbst im Zeitalter des Niedergangs, als er die verderbliche Wirkung von Macht beobachten konnte – die diesen Sachverhalt darstellende islamische Redensart kann man mit »Man kann nicht die Macht und das Paradies haben« wiedergeben –, glaubte er immer noch, dass die islamische Herrschaft, gleich wie erhalten oder ausgeübt, eine göttlich bestimmte Notwendigkeit sei und dass die sunnitische Gemeinde, zu deren Erhaltung jene Macht nötig war, weiterhin Gottes Instrument zur Führung der Menschheit sei.

Diese Überzeugung spiegelt sich in der islamischen Geschichtsschreibung auf verschiedene Weise: durch das ausgeprägte Interesse am Detail und an der Genauigkeit, an der exakten Wahrnehmung und an der ruhigen Anerkennung der Wirklichkeit der Machtverhältnisse, an der Fähigkeit, über einen langen Zeitraum und ein weites Gebiet hin ausgedehnte Ereignisse zu begreifen und darzustellen, und schließlich am alles erfüllenden Glauben daran, dass die Welt, so wie sie war und ist, richtig und daher bedeutungsvoll ist.

Die historische Literatur des islamischen Mittelalters ist von ungeheurem Reichtum und von großer Mannigfaltigkeit, unvergleichlich umfangreicher als beispielsweise die des europäischen Mittelalters. Aus dieser Literatur lässt sich ein ziemlich detailliertes und recht verlässliches Bild vom Ablauf der historischen Ereignisse in der islamischen Welt gewinnen. Doch der moderne Historiker gibt sich nicht mehr bloß mit den Ereignissen der Oberfläche zufrieden. Er sucht zu den tieferen Ebenen des historischen Prozesses vorzudringen, zur Kenntnis der langsameren und schwerfälligeren Bewegung von Gesellschaften und Kulturen, von Institutionen und Strukturen, von Gruppen und Ideen.

Auch zu dieser Art Geschichte können die Chroniken viel beitragen, viel mehr als man bisher verwendete. Doch der Historiker braucht seine Aufmerksamkeit nicht ausschließlich auf Werke von bewusst historischem Interesse zu lenken. In gewissem Sinn dient ihm die gesamte islamische Literatur als Quelle, einschließlich von Büchern über Religion und Sekten, Politik und Wirtschaft, Philosophie und Wissenschaft, Reise und Biographie und literarischen Werken jeder Art. Von besonderem Interesse sind Fachbücher, die aus der Ausübung gewisser Berufe erwachsen sind. Dazu gehören die Verwaltungsliteratur der Bürokratie, die geographische Literatur des Postdienstes, die Rechtsliteratur der *'ulamā'* und, auf etwas anderer Ebene, die von Dichtern – den Medienschaffenden und

Propagandisten der mittelalterlichen islamischen Welt – verfassten Lobeshymnen und Satiren.

Wie unterschiedlich nach Form und Inhalt alle diese Werke auch gewesen sein mögen, sie haben eines gemeinsam: Sie sind alle von einem Verfasser für einen Leser geschriebene Bücher oder literarische Werke. Doch dem Historiker genügen Bücher allein nicht. Er verlangt außerdem nach Dokumenten – den zeitgenössischen und unmittelbaren Zeugnissen oder Spuren historischer Ereignisse in ursprünglicher Form, nicht literarisch vermittelt und damit notwendig verändert.

Für die islamische Geschichte vom Auftreten Muḥammads bis zum Aufstieg des Osmanischen Reiches gibt es sehr wenige Dokumente. Es gab zwar in der islamischen Welt des Mittelalters Archive und Ämter, wie unzählige Hinweise in literarischen Quellen bezeugen. Leider wurden diese zerstört, und die darin enthaltenen Dokumente gingen verloren. Die wichtigsten Gruppen noch erhaltener Dokumente sind Inschriften und Münzen – auf Stein und Metall geschriebene Dokumente. Diese sind zwar von großem Wert, jedoch notwendig von ziemlich begrenztem Umfang. Einige Dokumente sind in Zitaten, in Geschichten und in Sammlungen von Musterbriefen enthalten. Diese mögen zwar wertvoll sein, sind aber nicht die Originale und daher mit Vorsicht zu gebrauchen.

Aus der Zeit des Mittelalters wurden bisher nur zwei Arten von Dokumenten von gewisser Bedeutung entdeckt, beide in Ägypten. Eine Art besteht in Papyri, die meist der Verwaltung entstammen und zwischen dem siebten und zehnten Jahrhundert abgefasst wurden. Die andere besteht in unterschiedlichen Schriftstücken, die im Abfalllager einer Synagoge in Altkairo aufgehäuft wurden und zum größten Teil aus dem zehnten bis dreizehnten Jahrhundert stammen. Bei diesen handelt es sich um Makulatur, nicht um Archivmaterial. Beide Arten hat der Zufall zusammengefügt – es sind Einzeldokumente und Fragmente, die durch Zufall erhalten sind, die durch Zufall entdeckt wurden und die man wahllos verteilte und unter denen kein anderer Zusammenhang besteht als der, welchen Museumsleute und Historiker unter ihnen herstellen. Hie und da in mittelöstlichen und europäischen Sammlungen fand man einige wenige Dokumente, doch wirkliche Archive, die als solche bis auf den heutigen Tag erhalten sind, besitzen wir erst aus osmanischer Zeit.

Wer sich dem Studium islamischer Geschichte zuwendet, betritt ein Gebiet, in welchem viel, wahrscheinlich die meiste, grundlegende Forschungsarbeit noch zu tun ist. Es stehen ihm wenige der Hilfsmittel zur Verfügung, die seine Kollegen von der alten Geschichte oder der westlichen Mediävistik als selbstverständlich voraussetzen. Zwar sieht er sich gezwungen, Quellen in mehreren orientalischen Sprachen zu lesen, er muss aber feststellen, dass es für keine davon historische Grammatiken oder Wörterbücher gibt und dass selbst die allgemeinen Wörterbücher rar und unzureichend sind. Die meisten der historischen Hilfswissenschaften stecken noch in ihren Kinderschuhen, und es gibt nur zwei oder drei namhafte Nachschlagewerke. Eine Übersetzung anzufertigen ist immer noch ein riskantes Unternehmen, und wer eine allgemeinhistorische Darstellung oder Analyse verfassen will, muss sich weitgehend auf die Arbeit früherer Gelehrter verlassen, die nur zu oft die Erkenntnisse und Urteile einer Zeit wiedergeben, als das kritische Studium islamischer Geschichte erst gerade begann, als wenige Historiker islamische Quellen kannten und wenige Islamwissenschaftler sich um eine historische Methode bemühten. Daher müssen ihre Beurteilungen und sogar ihre einfachen Feststellungen so genannter bewiesener Tatsachen genau überprüft werden.

Trotz oder vielleicht bis zu einem gewissen Grad wegen solcher Schwierigkeiten wurde in den letzten Jahren vermehrt auf diesem Gebiet gearbeitet. Studien von wachsendem Wert und Interesse wurden veröffentlicht, die sich mit einzelnen Aspekten islamischer Geschichte befassen, und inzwischen gibt es sogar einige allgemeine Darstellungen von wirklich historischer Qualität. Es folgt eine kurze Auswahl.

Eine lesbare kurze Einführung in die islamische Geschichte des Mittelalters bietet J. J. Saunders, *A History of Medieval Islam* (London, 1965). Mehr ins Detail gehende einführende Darstellungen, welche auf gründlicher Quellenkenntnis aufbauen, sind G. E. von Grunebaum, *Der Islam in seiner klassischen Epoche 622–1258* (Zürich/Stuttgart, 1966) und Claude Cahen, *Der Islam* I. Vom Ursprung bis zu den Anfängen des Osmanenreiches. Fischer Weltgeschichte Bd. 14 (Frankfurt, 1968). Ersteres Werk ist mehr kulturgeschichtlich, letzteres mehr wirtschaftsgeschichtlich ausgerichtet.

Eine Übersicht über die mittelalterliche islamische Kultur findet sich in G. E. von Grunebaum, *Der Islam im Mittelalter* (Zürich/ Stuttgart, 1963) und in D. und J. Sourdel, *La civilisation de l'Islam classique* (Paris, 1968). Ein trotz seines Alters immer noch wertvolles Buch ist Adam Mez, *Die Renaissance des Islams* (Heidelberg, 1922).

The Cambridge History of Islam I–II (Cambridge, 1970) gibt einen Überblick über die gesamte islamische Geschichte und Kultur, wenngleich mit einer gewissen, bei Sammelwerken unvermeidlichen Unebenheit. Weitere bibliographische Hinweise finden sich in Jean Sauvagets *Introduction to the History of the Muslim East: A Bibliographical Guide* (überarbeitet von C. Cahen; Berkeley und Los Angeles, 1965).

Zeittafel

Um 570	Geburt Muḥammads
Um 612	Erstes Berufungserleblnis
622	*Hiǧra*, Muḥammads Umsiedlung von Mekka nach Medina
630	Eroberung Mekkas
632	Tod Muḥammads; Ernennung Abū Bakrs zum ersten Kalifen
634	ʿUmar wird Kalif
637–644	Eroberung Syriens, Palästinas, des Irak, Mesopotamiens, Armeniens, Ägyptens; die Araber überschreiten die Grenze nach Iran
644	Ermordung ʿUmars; ʿUṯmān wird Kalif
647	Erste arabische Züge nach Nordafrika
650–651	Zusammenstellung des anerkannten Textes des Korans; Eroberung des größten Teils von Iran
656	Ermordung ʿUṯmāns; ʿAlī wird Kalif; Beginn des ersten Bürgerkriegs
657	Schlacht bei Ṣiffīn
661	Ermordung ʿAlīs; Muʿāwija wird Kalif; Beginn der Umajjadendynastie
670	Gründung von Kairuan
673–678	Belagerung von Konstantinopel
680	Ermordung al-Ḥusains, seiner Familie und seiner Anhänger bei Karbalāʾ
683–690	Zweiter Bürgerkrieg
685–687	Schīʿitischer Aufstand im Irak
690–696	ʿAbd al-Malik lässt die ersten muslimischen Goldmünzen prägen und ordnet die Einführung des Arabischen als Verwaltungssprache an
691	Bau des Felsendoms in Jerusalem
705	Bau der Umajjadenmoschee in Damaskus
705–715	Eroberung und Islamisierung der zentralasiatischen Kulturzentren Buḫārā und Samarqand durch den arabischen General Qutaiba

710	Abschluss der Eroberung Nordafrikas; erste arabische Landung in Spanien
711–714	Arabische Eroberung des größten Teils von Spanien; Züge nach Kaschgar; Einfall ins Industal und Eroberung von Multan
719	Córdoba wird Sitz eines arabischen Gouverneurs
732	Schlacht von Tours und Poitiers; die Franken gebieten dem arabischen Vormarsch Einhalt
750	Dritter Bürgerkrieg; Sturz der Umajjaden; Beginn der ʿAbbāsidendynastie
751	Niederlage eines chinesischen Heeres am Talas; die Araber nehmen chinesische Papierhersteller gefangen; Beginn der Papierproduktion in Samarqand
756	Gründung des Umajjadenemirats von Córdoba
Um 757	Tod des Schriftstellers und Übersetzers Ibn al-Muqaffaʿ
762	Gründung von Bagdad
767	Tod des Rechtsgelehrten Abū Ḥanīfa
785	Baubeginn der Umajjadenmoschee in Córdoba
786–809	Regierungszeit des Kalifen Hārūn ar-Rašīd
789–	Idrīsiden in Marokko; Gründung von Fez
795	Tod des Rechtsgelehrten Mālik
800	Aghlabiden in Tunesien; arabische Händler in Kanton
820	Tod des Rechtsgelehrten aš-Šāfiʿī
821–	Ṭāhiriden in Ḫurāsān
827	Beginn der arabischen Eroberung von Sizilien
831	Palermo fällt; Züge nach Süditalien
832	Einrichtung des »Hauses der Weisheit« in Bagdad
836	Gründung von Sāmarrāʾ als Garnisonsstadt für türkische Sklaventruppen
Nach 847	Tod des Mathematikers al-Ḫwārizmī
855	Tod des Rechtsgelehrten Aḥmad ibn Ḥanbal
867–	Ṣaffāriden in Ostiran
868	Tod des arabischen Schriftstellers al-Ǧāḥiẓ
868–	Ṭūlūniden in Ägypten
869–873	Aufstand der Negersklaven im Irak
875–	Sāmāniden in Transoxanien, später auch in Ḫurāsān

877	Tod des Übersetzers griechischer Werke ins Arabische, Ḥunain ibn Isḥāq
Um 879	Der zwölfte schī'itische Imam verschwindet
889	Tod des Schriftstellers und Gelehrten Ibn Qutaiba
Um 904	Erste arabische Abhandlung über den Ackerbau
909–	Fāṭimidenkalifat in Tunesien
923	Tod des arabischen Historikers aṭ-Ṭabarī
925	Tod des Arztes ar-Rāzī (Rhases)
929	Der Emir von Córdoba, 'Abd ar-Raḥmān III., nimmt den Kalifentitel an; Tod des Astronomen al-Battānī
929–	Ḥamdāniden in Mesopotamien und Syrien
Um 935	Tod des Theologen al-Aš'arī
945	Būjiden im Irak
950	Tod des Philosophen al-Fārābī
960	Islamisierung der türkischen Karaḫāniden
969	Eroberung Ägyptens und Gründung Kairos durch die Fāṭimiden
Um 970	Die Selǧūqen dringen von Osten in die islamische Welt ein
972–	Zīriden (Berber) in Tunesien
998–	Ghaznawiden in Ostiran
1001–1021	Eroberung des Pandschāb durch Maḥmūd von Ghazna
Um 1020	Tod des persischen Dichters Firdausī
1031	Ende des Kalifats von Córdoba
1037	Tod des Ibn Sīnā (Avicenna)
1040	Die Selǧūqen besiegen das Heer der Ghaznawiden bei Dandānqān und errichten ihre Herrschaft über Iran
1052	Die Banū Hilāl ziehen nach Nordafrika
1055	Ṭughrul Beg zieht in Bagdad ein; Errichtung des selǧūqischen Großsultanats
1065–1072	Hungersnot in Ägypten
1071	Die türkischen Selǧūqen besiegen die Byzantiner bei Manzikert und besetzen einen großen Teil Anatoliens
1072–1091	Eroberung Siziliens durch die Normannen
1075	Die Selǧūqen erobern Nicaea (Iznik) und machen es zu ihrer Hauptstadt in Anatolien
1085	Eroberung Toledos durch die Christen

1097	Eroberung Izniks durch die Kreuzfahrer; die Selǧūqen machen Konya zu ihrer neuen Hauptstadt
1099	Eroberung Jerusalems durch die Kreuzfahrer
1111	Tod des Theologen al-Ghazzālī
1141	Der Selǧūqensultan Sanǧar wird in der Qatwān-Steppe (nördlich von Samarqand) von den von Osten her eindringenden Qara-Ḫitai geschlagen
1144	Eroberung Edessas durch Zangī
1154	Eroberung von Damaskus durch Nūr ad-Dīn ibn Zangī; Idrīsī vollendet seine Erdbeschreibung; der Fāṭimidenkalif gewährt Pisa Handelsprivilegien
1157	Tod Sanǧars; das Selǧūqensultanat bricht auseinander
1171	Ende des Fāṭimidenkalifats; Ägypten wird wieder sunnitisch
1173	Pisa erhält Handelsprivilegien in Alexandria
1174–1193	Regierungszeit Saladins
1187	Eroberung Jerusalems durch Saladin
1198	Tod des Ibn Rušd (Averroes)
1204	Tod des jüdischen Arztes und Philosophen Maimonides
1208	Der ägyptische Sultan gewährt Venedig Handelsprivilegien
1212	Sieg der Christen bei Las Navas de Tolosa
1215	Eroberung Pekings durch Čingiz Ḫān
1219	Čingiz Ḫān überschreitet den Jaxartes und dringt in die islamische Welt ein
1220	Eroberung der östlichen Gebiete des Kalifats
1229	Der ägyptische Herrscher al-Malik al-Kāmil trifft eine Vereinbarung mit Friedrich II., wonach er ihm Jerusalem überlässt
1233	Tod des arabischen Historikers Ibn al-Aṯīr
1236	Eroberung Córdobas durch die Christen
1237–	Ḥafṣiden in Tunesien
1240	Tod des Mystikers Ibn ʿArabī
1242–1243	Die Mongolen dringen in Anatolien ein und besiegen die Selǧūqen in der Schlacht am Köse Dagh
1244	Wiedereroberung Jerusalems durch die Muslime

1248	Eroberung Sevillas durch die Christen
1249–1250	Kreuzzug Ludwigs IX., des Heiligen, nach Ägypten; Beginn der Herrschaft der Mamlūkensultane
Um 1250	Bekehrung des Ḫāns der Goldenen Horde zum Islam
1254	Gründung einer Schule für lateinische und arabische Studien durch Alfons X., den Weisen
1256–	Hülägü führt das mongolische Heer nach Westen
1258	Eroberung Bagdads durch die Mongolen; Ende des ʿAbbāsidenkalifats
1260	Sieg der Mamlūken über die Mongolen bei ʿAin Ǧālūt
1273	Tod des Dichters und Mystikers Ǧalāl ad-Dīn Rūmī
1289	Die Mamlūken erobern Tripolis von den Kreuzfahrern zurück
1291	Akkon fällt; Vertreibung der letzten Kreuzfahrer aus Palästina
1292	Tod des persischen Dichters Saʿdī
1294	Bekehrung des mongolischen Ilḫāns von Persien, Ghāzān Ḫān, zum Islam
1299–1300	Das Selǧūqensultanat in Anatolien bricht auseinander; Entstehung unabhängiger Fürstentümer; Aufstieg des Osmanenemirats in Bithynien
1303	Die Mamlūken zerschlagen ein letztes Mongolenheer in Syrien
1318	Tod des persischen Historikers Rašīd ad-Dīn
1326	Eroberung Brusas (Bursa) durch die Osmanen
1331	Eroberung Izniks durch die Osmanen
1336	Tod des Ilḫāns Abū Saʿīd; das Ilḫānat in Iran bricht auseinander
1348	Bau des Tors der Gerechtigkeit in der Alhambra (Granada); Pest in Ägypten
1354	Osmanisch-genuesischer Vertrag; Eroberung Gallipolis und Ankaras durch die Osmanen
1369?	Eroberung Adrianopels (Edirne) durch die Osmanen
1370–1380	Tīmūr bemächtigt sich der Herrschaft über Zentralasien
1371	Osmanischer Sieg über die Serben bei Čirmen an der Maritza
1380–1387	Eroberung Irans durch Tīmūr

1382	Die Burǧī-Mamlūken (Tscherkessen) übernehmen das Mamlūkensultanat in Ägypten
1385	Die Osmanen gewähren Genua Handelsprivilegien; Eroberung Sofias
1387	Eroberung Salonikis durch die Osmanen
1388	Die Osmanen gewähren Venedig Hanlelsprivilegien
1389	Die Osmanen besiegen die Serben in der ersten Schlacht von Kossovo
1390	Tod des persischen Dichters Ḥāfiẓ
1392–1398	Tīmūr dringt in Westiran, Mesopotamien, das Ḫānat der Goldenen Horde und Indien ein; er erobert Moskau und Delhi
1396	Die Osmanen besiegen die Kreuzfahrer in der Schlacht von Nikopolis
1400–1401	Tīmūr dringt in Georgien, Anatolien, Syrien und Irak ein; er erobert Aleppo, Damaskus und Bagdad
1400	Verwendung von Feuerwaffen bei der Verteidigung Aleppos
1402	Tīmūr besiegt die Osmanen in der Schlacht von Ankara und führt Bājezīd I. in die Gefangenschaft
1403–	Hungersnot und Pest in Ägypten
1405	Tod Tīmūrs
1406	Tod des Historikers Ibn Ḫaldūn
1422	Verwendung von Feuerwaffen durch die Osmanen bei ihrem erfolglosen Versuch, Konstantinopel zu erobern
1422–1438	Regierungszeit des Mamlūkensultans Bārsbāi; er versucht, den Geldumlauf zu kontrollieren und Monopole für Zucker, Pfeffer und andere Waren einzurichten
Um 1433	Gründung eines unabhängigen Ḫānats auf der Krim durch Ḥāǧǧī Girāi Ḫān
1444	Osmanischer Sieg über die christlichen Mächte in der Schlacht von Varna
1448	Die Osmanen besiegen die Serben in der zweiten Schlacht von Kossovo; erster Bericht über die Verwendung von Feuerwaffen in der Feldschlacht durch die Osmanen
1453	Eroberung Konstantinopels durch die Osmanen

Verzeichnis der Quellen

ʿAbd al-Ḥamīd al-Kātib, *Risāla ilā l-kuttāb*, in *Ǧamharat Rasāʾil al-ʿArab* II (hg. Aḥmad Zakī Ṣafwat; Kairo, 1356/1937) [Textvarianten in al-Qalqašandī, *Ṣubḥ* I, 85–89; al-Ǧahšijārī, *al-Wuzarāʾ*, 74–79; Ibn Ḫaldūn, *Muqaddima*, 248-251].

ʿAbdallāh (Sultan von Granada), *Kitāb at-tibjān* (hg. E. Lévi-Provençal, »Les ›Mémoires‹ du roi Zīride ʿAbdallah«, *al-Andalus* 3 [1935]).

Al-Abšīhī, Šihāb ad-Dīn Aḥmad, *Kitāb al-mustaṭraf fī kull fann mustaẓraf* I–II (Kairo, 1315/1897)

Abu Dāʾūd, Sulaimān ibn al-Ašʿaṯ, *Sunan* (Kairo, o. J.)

Abū l-Faraǧ, Gregorius ibn al-ʿIbrī, *Taʾrīḫ muḫtaṣar ad-duwal* (hg. Anṭūn Ṣālḥānī; Beirut, 1890)

Abū l-Faraǧ al-Iṣfahānī, *Kitāb al-aghānī* I–XX (Būlāq, 1285/1865–1869; Neuausgabe [unvollständig], Kairo, 1343/1927–)

Abū Jūsuf, Jaʿqūb ibn Ibrāhīm, *Kitāb al-ḫarāǧ* (Kairo, [4]1392/1972)

Abū Šāma, Šihāb ad-Dīn ʿAbd ar-Raḥmān ibn Ismāʿīl, *Kitāb ar-Rauḍatain fī aḫbār ad-daulatain* I (hg. M. Ḥilmī M. Aḥmad; Kairo, 1956–1962)

Abu ʿUbaid al-Qāsim ibn Sallām, *Kitāb al-Amwāl* (hg. Muḥammad Ḥamīd al-Fiqī; Kairo, 1353/1934)

Aḫbār aṣ-Ṣīn wal-Hind. Relation de la Chine et de l'Inde (hg. J. Sauvaget; Paris, 1948)

Die altosmanischen anonymen Chroniken. Tevārīḫ-i Āl-i ʿOṣmān (hg. F. Giese; Breslau, 1922)

ʿĀšıkpāšāzāde, Tevārīḫ-i Āl-i ʿOṣmān (hg. ʿAlī [in alter Schrift]; Istanbul, 1332/1914; hg. Nihal Atsız [in neuer Schrift]; in *Osmanlı Tarihleri,* Istanbul, 1949)

Baihaqī, Abū l-Fażl, *Tārīḫ-i Baihaqī* (hg. Ghanī und Fajjāż; Teheran, 1324 [persisches Sonnenjahr]/1945)

Al-Balāḏurī, Aḥmad ibn Jaḥjā, *Ansāb al-ašrāf* IV a (hg. Max Schloessinger, verbessert und mit Anmerkungen versehen von M. Kister; Jerusalem, 1971)

–, *Ansāb al-ašrāf* V (hg. S. D. F. Goitein; Jerusalem, 1936)

–, *Futūḥ al-buldān* (hg. M. J. de Goeje; Leiden, 1866)

Al-Buḫārī, Abū ʿAbdallāh Muḥammad ibn Ismāʿīl, *aṣ-Ṣaḥīḥ* (hg. L. Krehl; Leiden, 1868)

Buzurg ibn Šahrijār, *Kitāb ʿaǧāʾib al-Hind* (hg. P. A. Van der Lith; Leiden, 1883–1886)

Ad-Dīnawarī, Abū Ḥanīfa Aḥmad ibn Dāʾūd, *al-Aḫbār aṭ-ṭiwāl* (hg. ʿAbd al-Munʿim ʿĀmir; Kairo, 1960)

Al-Ǧāḥiẓ, ʿAmr ibn Baḥr, *Rasāʾil* (herausgegeben von Ḥasan as-Sandūbī; Kairo, 1352/1933)

–, *al-Buḫalāʾ* (Beirut, o. J.)

–, *al-Bajān wat-tabjīn* I–IV (hg. ʿAbd as-Salām Muḥammad Hārūn; Kairo, 1380/1961)

–, *Rasāʾil* I–II (hg. ʿAbd as-Salām Muḥammad Hārūn; Kairo, 1965)

– (zugeschrieben), *at-Tabaṣṣur bit-tiǧāra* (hg. Ḥasan Ḥusnī ʿAbd al-Wahhāb; Kairo, 1351/1932)

Al-Ǧahšijārī, Abū ʿAbdallāh Muḥammad ibn ʿAbdūs, *Kitāb al-wuzarāʾ walkuttāb* (hg. Muṣṭafā as-Saqqāʾ, Ibrāhīm al-Abjārī und ʿAbd al-Ḥāfiẓ Šalabī; Kairo, 1357/1938)

Geniza, Dokumente aus der: S. D. Goitein, »Te'ūda min hannamel ha'afriqani 'Aidab«, *Tarbiz* 21 (1950); ders., »Pidjon ševuja be-Nabulus...«, *Tarbiz* 31 (1961–1962)

Al-Ghazzālī, Abū Ḥāmid Muḥammad ibn Muḥammad, *Faiṣal at-tafriqa bain al-islām waz-zandaqa* (hg. Sulaimān Dunjā; Kairo, 1381/1961)

Al-Hamaḏānī, Badī'az-Zamān, *Maqāmāt* (hg. Šaiḫ Muḥammad 'Abduh; Beirut, 1889)

Hilāl aṣ-Ṣābi', *Kitāb al-wuzarā'* (hg. H. F. Amedroz; Leiden, 1904)

Al-Ḥusainī, Ṣadr ad-Dīn Abū 1-Ḥasan 'Alī ibn Nāṣir ibn 'Alī, *Aḫbār ad-daula as-salǧūqīja* (hg. Muḥammad Iqbāl; Lahore, 1933)

Al-Ḫušanī, Muḥammad ibn al-Ḥāriṯ. *Kitāb al-quḍāt bi-Qurṭuba (Historia de los jueces de Córdoba)* (hg. J. Ribera; Madrid, 1914)

Ibn 'Abd al-Ḥakam, *Futūḥ Miṣr wa-aḫbāruhā (The History of the Conquest of Egypt, North Africa and Spain)* (hg. C. C. Torrey; New Haven, 1922; Neudruck Bagdad, o. J.)

Ibn 'Abd Rabbihī, Aḥmad ibn Muḥammad, *al-'Iqd al-farīd* I–VI (hg. Aḥmad Amīn u. a.; Kairo, 1368–1372/1949–1953)

Ibn 'Abdūn, Muḥammad ibn Aḥmad, *Risāla fī l-qaḍā' wal-ḥisba* (hg. E. Lévi – Provençal in *Journal Asiatique* [April–Juni 1934], 193-252)

Ibn Abī Uṣaibi'a, *'Ujūn al-anbā' fī ṭabaqāt al-aṭibbā'* (Kairo, 1299/1882)

Ibn al-'Adīm, Kamāl ad-Dīn, *Bughjat aṭ-ṭalab fī ta'riḫ Ḥalab* (Auszüge, hg. B. Lewis, »Three biographies from Kamāl ad-Dīn«, *Mélanges Fuad Köprülü* [Istanbul, 1953], 332–336)

Ibn al-Aṯīr, 'Izz ad-Dīn Abū l-Ḥasan 'Alī ibn Abī l-Karam Muḥammad, *al-Kāmil fī t-ta'rīḫ* (hg. C. J. Tornberg; Leiden, 1851-1876; Neudruck Beirut, 1386/1966)

–, *Usd al-ghāba* (Kairo, 1285–1287/1869–1971)

Ibn Baṣṣāl, Muḥammad ibn Ibrāhīm, *Kitāb al-filāḥa* (hg. J. M. Millás-Vallicrosa und Muḥammad 'Azīmān; Tetuan, 1955)

Ibn Baṭṭa, Abū 'Abdallāh 'Ubaidallāh ibn Muḥammad, *Kitāb aš-šarḥ wal-ibāna 'alā uṣūl as-sunna wad-dijāna* (*La profession de foi d'Ibn Baṭṭa*) (hg. M. Laoust; Damaskus, 1958)

Ibn Baṭṭūṭa, *Riḥla (Voyages)* I–IV (hg. C. Defrémery und B. R. Sanguinetti; Paris, 1854; Neudruck Paris, 1969)

Ibn Buṭlān, Abū l-Ḥasan al-Muḫtār ibn al-Ḥasan, *Risāla fī širā ar-raqīq* (hg. 'Abd as-Salām Hārūn; Kairo, 1373/1954)

Ibn al-Faqīh, Abū Bakr Aḥmad ibn Ibrāhīm al-Hamaḏānī, *Muḫtaṣar Kitāb al-buldān* (hg. M. J. de Goeje; Leiden, 1885)

Ibn al-Furāt, Nāṣir ad-Dīn Muḥammad ibn 'Abd ar-Raḥmān, *at-Ta'rīḫ al-wāḍiḥ* (Auszüge, hg. G. Levi Della Vida, »L'invasione dei Tartari in Siria nel 1260 nei ricordi di un testimone oculare«, *Orientalia* [1935], 353-376)

Ibn Ǧamā'a, Badr ad-Dīn Muḥammad ibn Ibrāhīm, *Taḥrīr al-aḥkām fī tadbīr ahl al-islām* (hg. Hans Kofler in *Islamica* 6–7 [1934–1935])

Ibn Ḫaldūn, 'Abd ar-Raḥmān ibn Muḥammad, *al-Muqaddima* (Beirut, 1900)

–, *Kitāb al-'ibar wa-dīwān al-mubtada' wal-ḫabar* (Būlāq, 1284/1867)

Ibn al-Ḫaṭīb, Lisān ad-Dīn Muḥammad, *al-Iḥāṭa fī aḫbār Gharnāṭa* (Kairo, 1319/1901–1902)

Ibn Ḥauqal, Abū l-Qāsim, *Ṣūrat al-arḍ (Opus Geographicum)* (Beirut, o. J.)

Ibn Hišām, Abū Muḥammad 'Abd al-Malik, *Sīrat Rasūl Allāh* I–II (hg. F Wüstenfeld; Göttingen 1858–186o; Neudruck Frankfurt a. M., 1961)

Ibn ʿIḏārī al-Marrākušī, *Kitāb al-bajān al-mughrib* I (hg. G. S. Colin und E. Lévi-Provençal; Leiden, 1948)
Ibn Kaṯīr, ʿImād ad-Dīn ibn Abī l-Fidāʾ, *al-Bidāja wan-nihāja* I–XIV (Beirut-Riad, 1966)
Ibn Māǧa, Muḥammad ibn Jazīd, *Sunan* I-II (hg. Muḥammad Fuʾād ʿAbd al-Bāqī; Kairo, 1372/1952)
Ibn al-Qifṭī, Ǧamāl ad-Dīn Abū l-Ḥasan ʿAlī ibn Jūsuf, *Taʾrīḫ al-ḥukamāʾ* (hg. J. Lippert; Leipzig, 1903)
Ibn Qutaiba, Abū Muḥammad ʿAbdallāh ibn Muslim, *Kitāb al-maʿārif* (hg. M. Ismāʿīl ʿAbdallāh aṣ-Ṣāwī; Beirut, [2]1390/1970)
–, *Kitāb aš-šiʿr waš-šuʿarāʾ* (hg. M. J. de Goeje; Leiden, 1904)
–, *ʿUjūn al-aḫbār* I–IV (hg. Ahmad Zakī al-ʿAdawī; Kairo, 1343–1349/ 1925–1930)
Ibn al-Qūṭīja, Abū Bakr ibn ʿUmar, *Taʾrīḫ iftitāḥ al-Andalus (Historia de la conquista de España)* (hg. J. Ribera; Madrid, 1868–1926)
Ibn Rusteh, Abū ʿAlī Aḥmad ibn ʿUmar, *Kitāb al-aʿlāq an-nafīsa* (hg. M. J. de Goeje, Leiden, 1892)
Ibn Taimīja, Taqī ad-Dīn Aḥmad, *as-Sijāsa aš-šarʿīja* (Kairo, [2]1374/1955)
Ibn Ṭašköprüzāde, Aḥmad ibn Muṣliḥ ad-Dīn, *aš-Šaqāʾiq an-nuʿmānīja fī ʿulamāʾ ad-daula al-ʿuṯmānīja* (am Rand von Ibn Ḫallikān *Wafajāt al-aʿjān* [Kairo, 1310/1892-1893])
Ibn al-ʿUmarī, Šihāb ad-Dīn, *at-Taʿrīf bil-muṣṭalaḥ aš-šarīf* (Kairo, 1312/1894-1895)
Ibn az-Zubair, al-Qāḍī ar-Rašīd ibn az-Zubair, *Kitāb aḏ-ḏaḫāʾir wat-tuḥaf* (hg. Muḥammad Ḥamīdallāh; Kuwait, 1959)
Al-Idrīsī, Abū ʿAbdallāh Muḥammad ibn Muḥammad, *Opus Geographicum* I (hg. A. Bombaci. U. Rizzitano, R. Rubinacci, L. Veccia Vaglieri; Neapel-Rom, 1970)
Isaac Israeli, *Sefer Musar Rōfʾīm* (hg. David Kaufmann in *Magazin für die Wissenschaft des Judenthums* [Berlin 1884])
Isḥāq ibn al-Ḥusain, *Kitāb ākām al-marǧān fī ḏikr al-madāʾin al-mašhūra fī kull makān* (hg. Angela Codazzi in *Rendiconti della Reale Accademia dei Lincei, classa di scienze morali usw.* 6. Serie, Bd. V [Rom, 1929])
Al-Iṣṭaḫrī, Abū Isḥāq Ibrāhīm ibn Muḥammad, *al-Masālik wal-mamālik* (hg. M. J. de Goeje; Leiden, 1870)
Jaḥjā al-Antākī, *Annales* (hg. L. Cheikho, B. Carra de Vaux und H. Zayyat in *Corpus Scriptorum Christianorum Orientalium, Scriptores Arabici,* 3. Serie, Bd. VII [Paris, 1909])
Al-Jaʿqūbī, Aḥmad ibn Abī Jaʿqūb, *Kitāb al-buldān* (hg. M. J. de Goeje; Leiden, [2]1892)
Jāqūt, *Iršād al-arīb (Dictionary of Learned Men)* (hg. D. S. Margoliouth; London, 1923)
Al-Kāšgharī, Maḥmūd ibn al-Ḥusain, *Kitāb dīwān lughāt at-Turk* (Istanbul, 1333/1914)
Kaʿti, Maḥmūd Kaʿti ibn al-Ḥāǧǧ al-Mutawakkil *Taʾrīḫ al-fattāš* (hg. O. Houdas und M. Delafosse ; Paris, 1913–1914)
Der Koran (übers. R. Paret; Stuttgart, 1962); sämtliche Koranstellen wurden nach dieser Ausgabe zitiert
Kratschkowski, I .J *Izbrannije Sočinenija* I (Moskau–Leningrad, 1955)
Al-Maqdisī, Muṭahhar ibn Ṭāhir, *Kitāb al-badʾ wat-taʾrīḫ* I–VI (hg. Clement Huart; Paris, 1899–1903; Neudruck Bagdad, o. J.)

Al-Maqrīzī, Taqī ad-Dīn Aḥmad ibn ʿAlī, *Kitāb as-sulūk li-maʿrifat duwal al-mulūk* I/I–3 (hg. M. M. Zijāda u.a.; Kairo, 1934–1939)
–, *Kitāb al-mawāʿiẓ wal-iʿtibār fī ḏikr al-ḫiṭaṭ wal-āṯār* I–II (Būlāq, 1270/1853)
Al-Masʿūdī, Abū l-Ḥasan ʿAlī ibn al-Ḥusain, Murūǧ aḏ-ḏahab (hg. C. Barbier de Meynard und Pavet de Courteille; Paris, 1861–1877; Neuausgabe hg. C. Pellat; Beirut, 1966–)
–, *Kitāb at-tanbīh wal-išrāf* (hg. ʿAbdallāh Ismāʿīl aṣ-Ṣāwī; Kairo, 1357/1938)
Al-Māwardī, Abū l-Ḥasan ʿAlī ibn Muḥammad, *al-Aḥkām as-sulṭānīja* (Kairo, o. J. [um 1920])
Mihjār ad-Dailamī, *Dīwān* (Kairo, 1344/1925)
Moses ben Maimon (Maimonides), *Qōveṣ tešūvōt ha-Rambam ve-igrōtav* I–III (hg. A. Lichtenberg; Leipzig, 1859; Neudruck Westmead/Farnborough, 1969)
Al-Mubarrad, Muḥammad ibn Jazīd, *al-Kāmil* (hg. W. Wright; Leipzig, 1874)
Al-Muqaddasī, Šams ad-Dīn Abū ʿAbdallāh Muḥammad ibn Aḥmad, *Aḥsan at-taqāsīm fī maʿrifat al-aqālīm (Descriptio Imperii Moslemici)* (hg. M. J. de Goeje; Leiden, ²1906)
Al-Muttaqī, ʿAlā ad-Dīn ʿAlī ibn Ḥusām ad-Dīn, *Kanz al-ʿummāl* I–VIII (Haiderabad, 1312/1894–1895)
Nāṣir-i Ḫusrau, *Safar-nāma* (Berlin, 1340/1921)
An-Nawawī, Jaḥjā ibn Šaraf Manṯūrāt (Auszüge, hg. I. Goldziher in *Revue des Etudes juives* 28 [1894])
Niẓām ad-Dīn Šāmī, *Ẓafar-nāma* (hg. F. Tauer; Prag, 1937)
Niẓām al-Mulk, *Sijāsat-nāma* (hg C. Schefer; Paris, 1891)
Qāḍī Nuʿmān ibn Muḥammad, *Šarḥ al-aḫbār* (hg. W. Ivanow in *Ismaili tradition concerning the rise of the Fatimids* [London, 1942])
An-Nuwairī, Šihāb ad-Dīn Aḥmad ibn ʿAbd al-Wahhāb, *Nihājat al-arab* IV (Kairo, 1343–1925; unveröffentlichter Band. Ms. Bibliothèque Nationale, Paris, Fonds arabe, 1576)
PAPYRI
C. H. Becker, *Papyri Schott-Reinhardt* I (Heidelberg, 1906)
–, »Arabische Papyri...«, *Zeitschrift für Assyriologie* 20 (1907)
–, »Neue arabische Papyri des Aphroditofundes«, *Der Islam* 2 (1911), 245–268
A. Grohmann, »Arabische Papyri...«, *Archiv Orientální* 10 (1938); 11 (1939); 12 (1941); 14 (1943)
–, »Arabische Papyri ...«, *Der Islam* 22 (1935)
Qāḍī Ḫān, al-Ḥasan ibn Manṣūr, *Fatāwī* (Kairo, 1865)
Al-Qalqašandī, Abū l-ʿAbbās Aḥmad, *Ṣubḥ al-aʿšā* I–XIV und Indexband (Kairo, o. J.)
Al-Qazwīnī, Zakarījāʾ ibn Muḥammad, *Āṯār al-bilād wa-aḫbār al-ʿibād* (Beirut, o. J.)
Al-Qudūrī, Aḥmad ibn Muḥammad, *al-Muḫtaṣar (Le statut personnel en droit musulman hanefite)* (hg. C. H. Bousquet und L. Bercher; Paris-Tunis, 1952)
Rašīd ad-Dīn, *Ǧāmiʿ at-tawārīḫ* III (hg. Abdul-Kerim Ali-oglu Ali-zade; Baku, 1957)
Ar-Rāwandī, Muḥammad ibn ʿAlī, *Rāḥat aṣ-ṣudūr* (hg. Muḥammad Iqbāl; London, 1921)
RCEA, Répertoire chronologique d'épigraphie arabe I–XV (Kairo, 1931–1956)
Safara sijāsīja min Gharnāṭa ilā l-Qāhira fī l-qarn at-tāsiʿ al-hiǧrī (844) (hg. ʿAbd al-ʿAzīz al-Ahwānī in *Maǧallat Kullījat al-Ādāb* 16 [Kairo, 1954])

Aš-Šāfi'ī, al-Imām Abū 'Abdallāh Muḥammad ibn Idrīs, *Kitāb al-umm* (Būlāq, 1321–1322/1903–1904)
Aš-Šaibānī, Muḥammad ibn al-Ḥasan, *Kitāb as-sijar*, in as-Saraḫsī, *Šarḥ as-Sijar al-kabīr* I–II (Haiderabad, 1335/1917)
As-Sujūṭī, Ǧalāl ad-Dīn, *Ḥusn al-muḥāḍara fī aḫbār Miṣr wal-Qāhira* (Kairo, 1321/1902)
Aṣ Ṣūlī, Abū Bakr Muḥammad ibn Jaḥjā, *Aḫbār ar-Rāḍī billāh wal-Muttaqī* (hg. J. Heyworth Dunne; London, 1935)
Sûret-i Defter-i Sancak-i, Arvanid (hg. Halil Inalcık; Ankara, 1954)
Aṭ-Ṭabarī, Abū Ǧa'far Muḥammad ibn Ǧarīr, *Ta'rīḫ ar-rusul wal-mulūk* (hg. M. J. de Goeje u. a.; Leiden, 1879–1901)
At-Tanūḫī, Abū 'Alī, *al-Farağ ba'd aš-šidda* (Kairo, 1375/1955)
Aṭ-Ṭarsūsī, Marḍī ibn 'Alī, *Tabṣirat arbāb al-albāb fī kaifījat an-nağāt fī l-ḥurūb* (hg. C. Cahen, »Un traité d' armurerie composé pour Saladin«, *Bulletin d' Etudes Orientales* 12 (1947–1948])
Aṭ-Ṭurṭūšī, Muḥammad ibn al-Walīd, genannt Ibn Abī Randaqa, *Sirāğ al-mulūk* (Kairo, 1306/1888)
'Ubaid-i Zākānī, *Kullījāt* (hg. 'Abbās Iqbāl, bearb. Parvīz Atābakī; Teheran, 1336 [persisches Sonnenjahr]/ 1964)

Wisse, dass die Geschichtswissenschaft eine Wissenschaft von trefflicher Lehre, vielfältigem Nutzen und edlem Gewinn ist. Belehrt sie uns doch über Vergangenes – die Eigenarten der Nationen, das Leben der Propheten, die Reiche und Staatsführung der Könige – und macht so die Nachahmung für jeden, der sie erstrebt, in religiösen und weltlichen Dingen in vollem Maße nützlich. Doch sie erfordert vielfältige Quellen und mannigfache Kenntnisse; und wer über Einsicht und Sorgfalt verfügt, den führen diese zur Wahrheit und bewahren ihn vor Fehltritten und Irrtümern. Denn wenn man sich bei Berichten auf die bloße Überlieferung verlässt und weder die Wurzeln der Gewohnheit, noch die Regeln der Staatskunst, noch das Wesen der Kultur, noch die Umstände menschlicher Gesellschaft berücksichtigt und auch nicht das Unsichtbare mit dem Sichtbaren, das Gegenwärtige mit dem Vergangenen vergleicht, so besteht nicht selten die Gefahr des Strauchelns, des Fehltritts und des Abweichens vom Weg der Wahrheit.

Ibn Ḫaldūn, *al-Muqaddima*

Erster Teil

Die Ereignisse

1. Die »rechtgeleiteten« Kalifen und die Umajjaden

Als Muḥammad im Jahre 632 starb, war seine geistliche und prophetische Sendung vollendet. Es blieb jedoch die religiöse Aufgabe: den Glauben und das islamische Gesetz zu bewahren und zu verteidigen und beides an die übrige Menschheit weiterzugeben. Die Durchführung dieser religiösen Aufgabe erforderte die Ausübung politischer und militärischer Macht – also die Ausübung von Herrschaft.

Der Prophet war tot, und nach ihm würde es keinen mehr geben. Das Haupt der Gemeinde war tot und musste ersetzt werden, denn ohne ein solches würde die Gemeinde auseinander brechen, und ohne Autoritätsperson würde der Glaube verloren gehen. Einige Angehörige medinensischer Stämme versuchten schon, neue Führer zu wählen. In diesem entscheidenden Augenblick wählten die tatkräftigsten und fähigsten Männer vom Kern der Anhängerschaft Muḥammads einen aus ihrer Mitte, Abū Bakr, und erklärten ihn zum Oberhaupt. Als Titel für ihn verwendeten sie ḫalīfa *(daher Kalif), ein arabisches Wort mit der doppelten Bedeutung »Nachfolger« und »Stellvertreter«, nämlich des Propheten. In späterer Zeit wurde diese Doppeldeutigkeit genutzt, um die Stellung des Kalifen noch mehr hervorzuheben und ihn nicht als Stellvertreter des Propheten, sondern den Gottes auszugeben.*

Aus diesem improvisierten Vorgang erwuchs eine bedeutende historische Einrichtung, das Kalifat, und, im Laufe der Zeit, die religiöse und juristische Lehre von der Universalität des Kalifenamtes.

Die ersten vier Kalifen wurden von Gleichberechtigten gewählt, und die sunnitische Herrschaftstheorie bewahrt die Erinnerung an die Wahl des Kalifen. Doch drei der vier »rechtgeleiteten« Kalifen wurden ermordet, und im Bürgerkrieg ging das Wahlkalifat zugrunde. Danach war das Kalifenamt in Wirklichkeit, jedoch nie in der Theorie, dynastisch und wurde von zwei aufeinander folgenden Dynastien getragen. Deren erste, die Umajjaden, regierten von Syrien aus etwa hundert Jahre. Sie wurde von einer religiös sich artikulierenden Oppositionsbewegung gestürzt, welche nach langer Vorbereitungszeit eine erfolgreiche Revolution in Gang setzte und eine neue Dynastie, die der ʿAbbāsiden, errichtete.

1. Die Gründung des Kalifats (632)

Der Bericht von den Vorgängen zwischen den Auswanderern und den Helfern über die Frage der Führung in der Vorhalle der Banū Sā'ida[1].

Hišām ibn Muḥammad berichtete mir nach Aussage von Abū Miḫnaf, welcher sagte: 'Abdallāh ibn 'Abd ar-Raḥmān ibn Abī 'Umra, der Helfer, berichtete mir:

Als der Prophet Gottes – Gott segne und beschütze ihn – gestorben war, versammelten sich die Helfer in der Vorhalle der Banū Sā'ida und sagten: »Lasst uns diese Herrschaft nach dem Tode Muḥammads – Friede sei mit ihm – Sa'd ibn 'Ubāda übertragen.« Man brachte Sa'd, welcher krank war, zu ihnen, und als sie sich versammelt hatten, sagte Sa'd zu seinem Sohn oder zu einem seiner Vettern: »Wegen meines Leidens kann ich nicht für alle hörbar reden. Darum höre, was ich sage, dann wiederhole es ihnen, damit sie es verstehen.« So sprach er also, und der Mann merkte sich seine Worte und wiederholte sie dann mit lauter, auch für die anderen vernehmbarer Stimme.

Er sagte, nachdem er Gott gelobt und gepriesen hatte: »Ihr Helfer! Ihr habt einen solchen Vorrang in der Religion und ein solches Verdienst um den Islam wie kein anderer arabischer Stamm. Mehr als zehn Jahre weilte Muḥammad – Friede sei mit ihm – unter seinem Volk und rief es auf, dem Barmherzigen zu dienen und den falschen Göttern und Götzen abzuschwören. Doch nur wenige von seinem Volk glaubten an ihn, und diese waren nicht in der Lage, den Propheten Gottes zu schützen, seine Religion zu stärken oder auch sich selbst gegen das sie bedrängende Unrecht zu schützen. Darum verlieh Gott euch Verdienst, brachte euch Ehre, zeichnete euch mit Gnade aus und gewährte euch Glauben an ihn und seinen Propheten und den Schutz für ihn und seine Gefährten und die Verherrlichung seiner selbst und seiner Religion und den heiligen Krieg gegen seine Feinde. Ihr wart es, die sich am stärksten gegen seine Feinde stellten und seinem Feind heftiger zusetzten als alle anderen, bis die Araber dem Befehl Gottes wohl oder übel folgten und die Entfernten demütig und kleinlaut Gehorsam leisteten; bis Gott der Allmächtige durch euch die Erde seinem Propheten untertan machte und durch eure Schwerter die Araber sich ihm unterwarfen.

Als Gott ihn dann sterben ließ, war er zufrieden mit euch und hatte Freude an euch. Behaltet darum diese Herrschaft für euch allein, denn sie ist euer gegen alle anderen.«

Sie alle erwiderten ihm: »Deine Ansicht ist vernünftig, und deine Worte sind wahr. Wir werden uns an das halten, was du sagst, und wir werden dir diese Herrschaft übertragen. Du genügst uns, und du wirst den Rechtgläubigen genügen.«

Darauf besprachen sie sich untereinander, und einige von ihnen sagten: »Was, wenn die Auswanderer der Quraiš dagegen sind und sagen: ›Wir sind die Auswanderer und die ersten Genossen des Propheten Gottes; wir sind seine Sippe und seine Freunde. Warum also macht ihr uns die Nachfolge seiner Herrschaft streitig?‹« Einige von ihnen sagten: »In diesem Fall würden wir ihnen erwidern: ›Ein Emir von uns und ein Emir von euch! Mit weniger werden wir uns nie zufrieden geben.‹«

Als Saʿd ibn ʿUbāda das hörte, sagte er: »Dies ist der Anfang der Schwäche.«

ʿUmar erfuhr davon und ging zum Hause des Propheten – Gott segne und beschütze ihn. Er schickte nach Abū Bakr, der zusammen mit ʿAlī ibn Abī Ṭālib – Friede sei mit ihm – im Haus des Propheten war, wo er die Leiche des Propheten – Gott segne und bewahre ihn – zum Begräbnis zurechtmachte.

Er ließ Abū Bakr bitten, zu ihm zu kommen, und Abū Bakr sandte ihm eine Nachricht, in welcher er ihm mitteilte, er sei beschäftigt. Da schickte ʿUmar nochmals zu ihm und ließ ihm sagen, es habe sich etwas ereignet, was seine Anwesenheit erfordere. Da ging er zu ihm, und ʿUmar sagte: »Hast du nicht gehört, dass die Helfer in der Vorhalle der Banū Sāʿida versammelt sind? Sie wollen Saʿd ibn ʿUbāda diese Herrschaft übertragen, und das Beste, was sie sagen, ist ›Ein Emir von uns und ein Emir von den Quraiš!‹« Sie eilten zu ihnen und trafen Abū ʿUbaida ibn al-Ǧarrāḥ. Zu dritt gingen sie weiter und trafen ʿĀṣim ibn ʿAdī und ʿUwaim ibn Sāʿida, die zu ihnen sagten: »Geht zurück, denn das, was ihr wollt, wird nicht geschehen.« Sie erwiderten: »Das werden wir nicht tun«, und erreichten die Versammlung.

ʿUmar ibn al-Ḫaṭṭāb sagte: Wir erreichten die Versammlung, und ich hatte mir eine Ansprache ausgedacht, welche ich ihnen halten wollte. Als wir zu ihnen gelangt waren und ich gerade mit meiner Rede beginnen wollte, sagte Abū Bakr zu mir: »Langsam! Lass mich erst reden, und danach sag du, was du willst.« Er redete. ʿUmar sagte: »Er sagte alles, was ich sagen wollte, und noch mehr.«

ʿAbdallāh ibn ʿAbd ar-Raḥmān sagte: Abū Bakr begann. Er lobte und pries Gott und sagte dann: »Gott sandte Muḥammad als Propheten zu seiner Schöpfung und als Zeugen zu seiner Gemeinde, damit sie Gott, und Gott allein dienen sollten, zu einer Zeit, da sie verschiedenen Göttern neben ihm dienten und glaubten, diese könnten für sie bei Gott vermitteln und könnten ihnen hilfreich sein, wiewohl sie nur aus Stein gehauen und aus Holz geschnitzt waren. Dann trug er ihnen vor: ›Sie verehren an Gottes statt etwas, was ihnen weder schadet noch nützt. Und sie sagen: Das (was wir neben Gott verehren) sind unsere Fürsprecher bei Gott!‹ (Koran X, 18). Und sie sagten: ›Wir dienen ihnen nur deshalb, damit sie uns in ein nahes Verhältnis zu Gott bringen!‹ (Koran XXXIX, 3). Es war hart für die Araber, die Religion ihrer Väter aufzugeben. Gott zeichnete die ersten Auswanderer seines Volkes aus, indem er ihnen gewährte, die Wahrheit zu erkennen, an ihn zu glauben, ihn zu trösten und bei ihm auszuharren, als ihr Volk sie schwer kränkte, sie der Lüge bezichtigte, und als alle gegen sie waren und sie verunglimpften. Doch sie waren nicht eingeschüchtert wegen ihrer geringen Zahl und weil die Leute sie feindselig anstarrten und ihr ganzer Stamm gegen sie stand. Sie waren die Ersten auf der Erde, die Gott dienten, und die an Gott und den Propheten glaubten. Sie sind seine Freunde und seine Verwandten und haben von allen Menschen am ehesten ein Anrecht auf diese Herrschaft nach ihm. Wer ihnen diese streitig machte, täte Unrecht. Was euch angeht, ihr Helfer, so kann niemand euer Verdienst um den Glauben oder eure hervorragende Stellung im Islam leugnen. Gott hat es gefallen, euch zu Helfern seiner Religion und seines Propheten zu machen, und er ließ ihn zu euch auswandern; und unter euch weilen noch immer seine verehrungswürdigen Frauen und Gefährten; und nach den ersten Auswanderern gibt es niemanden, der auf gleicher Stufe mit euch stünde. Wir sind die Emire, ihr seid die Wesire. Wir werden eurem Rat nicht zuwiderhandeln, und wir werden nichts ohne euch entscheiden.«

...

Abū Bakr sagte: »Hier steht ʿUmar, und hier steht Abū ʿUbaida. Schwört den Treueid welchem von beiden ihr wollt.« Doch die beiden sagten: »Nein, bei Gott, wir werden diese Herrschaft nicht gegen dich übernehmen; denn du bist wahrlich der Würdigste der Auswanderer und der Zweite der beiden, die in der Höhle waren[2], und der Stellvertreter *(ḫalīfa)* des Propheten beim Gebet[3]; und das Gebet ist der erhabenste Teil der Religion der Muslime. Wem also käme es zu, über dir zu stehen und diese Herrschaft gegen dich zu übernehmen? Strecke deine Hand aus, auf dass wir dir den Treueid schwören.«

Und als sie vortraten, um ihm den Treueid zu schwören, schritt Bašīr ibn Saʿd voran und schwor ihm den Treueid ... und als der Stamm der Aus sah, was Bašīr ibn Saʿd getan hatte ..., kamen sie zu ihm und schworen ihm den Treueid ...

Hišām sagte nach Aussage von Abū Miḥnaf: ʿAbdallāh ibn ʿAbd ar-Raḥmān sagte: Von allen Seiten kamen die Leute herbei, um Abū Bakr den Treueid zu schwören. Aṭ-Ṭabarī I, 1837–1843

2. Die Rede Abū Bakrs nach seiner Ernennung zum Kalifen (632)

Darauf sprach Abū Bakr, pries und lobte Gott in würdiger Weise und sagte dann: Leute, mir wurde die Herrschaft über euch anvertraut, wiewohl ich nicht der Beste unter euch bin. Handle ich gut, helft mir; handle ich schlecht, weist mich zurecht. Wahrheit ist Treue, Falschheit ist Verrat; der Schwache unter euch ist stark in meinen Augen, bis ich für ihn, so Gott will, das erreiche, wozu er berechtigt ist, und der Starke unter euch ist schwach in meinen Augen, bis ich von ihm, so Gott will, das erhalte, wozu er verpflichtet ist. Wenn ein Volk sich dem heiligen Krieg für Gott entzieht, schlägt Gott es mit Erniedrigung. Wenn Unmoral sich in einem Volk ausbreitet, bringt Gott Unheil über es. Gehorcht mir, solange ich Gott und seinem Propheten gehorche. Doch wenn ich Gott und seinem Propheten ungehorsam werde, schuldet ihr mir keinen Gehorsam mehr. Kommt zum Gebet, und Gott erbarme sich euer.

Ibn Hišām, Sīra I/2, 1017

3. Der Tod des ʿUmar ibn al-Ḫaṭṭāb (644)

Und in diesem Jahr starb er.

Der Bericht von seiner Ermordung

Mir überlieferte Salama ibn Ǧunāda: Uns überlieferte Sulaimān ibn ʿAbd al ʿAzīz ibn Abī Ṯābit ibn ʿAbd al-ʿAzīz ibn ʿUmar ibn ʿAbd ar-Raḥmān ibn ʿAuf: Uns überlieferte mein Vater nach Aussage von ʿAbdallāh ibn Ǧaʿfar, nach Aussage seines Vaters, nach Aussage von Miswar ibn Maḫrama (dessen Mutter ʿĀtika bint ʿAuf war), Folgendes: Eines Tages machte ʿUmar ibn al-Ḫaṭṭāb einen Spaziergang auf dem Markt. Dort begegnete ihm Abū Luʾluʾa, ein Sklave des Mughīra ibn Šuʿba, der ein Christ war. Abū Luʾluʾa sagte: »Herrscher der Gläubigen, hilf mir gegen al-Mughīra ibn Suʿba, denn man hat mir eine hohe Steuer auferlegt.« »Wie hoch ist diese Steuer?«, fragte ʿUmar. »Zwei Dirham täglich«, erwiderte er. »Und was ist dein Beruf?« »Schreiner, Maler, Schmied.« »Ich halte deine Steuer nicht für hoch», sagte ʿUmar, »im Hinblick auf die Tätigkeiten, die du ausübst. Ich habe gehört, du habest gesagt, wenn du wolltest, könntest du eine Mühle bauen, welche der Wind antreibt.« »Ja«, antwortete er. »Bau mir eine Mühle«, sagte ʿUmar. «Wenn mir Nachlass gewährt wird«, sagte Abū Luʾluʾa, »will ich dir eine Mühle bauen, von der die Leute in Ost und West reden sollen.«

Darauf verließ er ihn, und ʿUmar – Gott habe Wohlgefallen an ihm – sagte: »Wahrlich, dieser Sklave hat es gerade gewagt, mir zu drohen.«

Dann ging ʿUmar nach Hause. Am folgenden Tag kam Kaʿb ibn al-Aḥbār[1] und sagte zu ihm: »Herrscher der Gläubigen, mache dein Testament, denn in drei Tagen wirst du tot sein.«

»Woher weißt du das?«, fragte ʿUmar.

»Ich finde es im Buch Gottes, des Allmächtigen, in der Torah.«

»Was, du findest ʿUmar ibn al-Ḫaṭṭāb in der Torah?«

»Bei Gott, nein, aber ich finde deine Kennzeichen beschrieben, und wahrhaftig, deine Zeit ist gekommen.«

Doch ʿUmar fühlte weder Schmerz noch Krankheit. Am folgenden Morgen kam Kaʿb zu ihm und sagte: »Herrscher der Gläubigen, ein Tag ist vergangen, zwei bleiben noch.« Und am folgenden

Tag kam er wieder und sagte: »Zwei Tage sind vergangen, ein Tag und eine Nacht bleiben noch; sie gehören dir bis zum Morgengrauen.«

Und als der Morgen graute, ging ʿUmar zum Gebet hinaus, wo er Männer einzuteilen pflegte, und die Leute in Reihen aufzustellen. Als sie geordnet waren, trat er vor und rief *»Allāhu akbar«*[2]. Abū Lu'lu'a trat unter die Leute, in der Hand einen zweiklingigen Dolch mit dem Griff in der Mitte. Sechsmal stach er auf ʿUmar ein, davon einmal unter den Nabel; dieser Stich tötete ihn. Kulaib ibn Abī l-Bukair al-Laiṯī, der hinter ihm stand, wurde auch getötet. Als ʿUmar die Schärfe der Waffe spürte, stürzte er und sagte: »Ist ʿAbd ar-Raḥmān ibn ʿAuf unter den Leuten?«, worauf man antwortete: »Ja, Herrscher der Gläubigen, dort ist er.« Darauf sagte ʿUmar: »Tritt vor und bete mit den Leuten.« Und ʿAbd ar-Raḥmān ibn ʿAuf betete mit den Leuten, während ʿUmar auf dem Boden lag. Dann trug man ihn hinaus und brachte ihn nach Hause, und er ließ ʿAbd ar-Raḥmān ibn ʿAuf kommen und sagte zu ihm: »Ich will dich zu meinem Nachfolger machen.«

Und er antwortete: »Herrscher der Gläubigen, ja – wenn du es mir rätst, werde ich deinem Rat folgen.«

Und er sagte: »Was willst du?«

»Ich beschwöre dich, bei Gott, rätst du mir, es zu tun?«

»Bei Gott, nein«, sagte ʿUmar.

»Dann werde ich dieses Amt, bei Gott, niemals übernehmen«, sagte ʿAbd ar-Raḥmān ibn ʿAuf.

Darauf sagte ʿUmar: »Schweige, bis ich meinen Nachfolger aus der Gruppe jener ernannt habe, die der Prophet – Gott segne und beschütze ihn – liebte, als er starb. Hole mir ʿAlī, ʿUṯmān, az-Zubair und Saʿd.«

[Als sie gekommen waren,] sagte er: »Wartet drei Tage lang auf euern Bruder Ṭalḥa; wenn er dann noch nicht gekommen ist, so entscheidet die Angelegenheit ohne ihn. Ich beschwöre dich, ʿAlī, wenn du Gewalt über die Leute erhältst, nicht die Banū Hāšim[3] den Leuten in den Nacken zu setzen. Ich beschwöre dich, ʿUṯmān, wenn du Gewalt über die Leute erhältst, nicht die Banū Abī Muʿaiṭ den Leuten in den Nacken zu setzen. Ich beschwöre dich, Saʿd, wenn du Gewalt über die Leute erhältst, nicht deine Verwandten den Leuten in den Nacken zu setzen. Erhebt euch und beratet euch, dann entscheidet; und Ṣuhaib soll mit den Leuten beten.«

Dann rief er Abū Ṭalḥa al-Anṣārī und sagte: »Stelle dich vor ihre Tür und lasse niemanden hinein zu ihnen. Ich lege dem Kalifen nach mir die Helfer von Medina ans Herz, ›die in der Behausung (des Islams?) und im Glauben heimisch geworden sind‹ [Koran LIX, 9]; möge er den Guten unter ihnen gut sein und den Bösen unter ihnen verzeihen. Ich lege dem Kalifen nach mir die arabischen Stämme ans Herz, denn sie sind die Stütze des Islams; möge er von ihren Steuern [*ṣadaqāt*] nehmen, was rechtens ist, und es an die Armen verteilen. Und ich lege dem Kalifen nach mir diejenigen ans Herz, die unter dem Schutzvertrag [*ḏimma*] des Gesandten Gottes – Gott segne und beschütze ihn – stehen; möge er den Vertrag mit ihnen einhalten. Gott, habe ich meine Pflicht erfüllt? Ich habe den Kalifen nach mir sauberer als eine Handfläche zurückgelassen. ʿAbdallāh ibn ʿUmar, gehe nachsehen, wer mich tötete.«

Er antwortete: »Herrscher der Gläubigen, Abū Luʾluʾa hat dich getötet, der Sklave des Mughīra ibn Šuʿba.«

Da sagte ʿUmar: »Gott sei gelobt dafür, dass er mein Schicksal nicht durch die Hand eines Mannes vollziehen ließ, der sich auch nur einmal vor Gott verneigte. ʿAbdallāh ibn ʿUmar, begib dich zu ʿĀʾiša[4] und bitte sie, sie möge erlauben, dass ich neben dem Propheten – Gott segne und beschütze ihn – und neben Abū Bakr begraben werde. ʿAbdallāh ibn ʿUmar, wenn es unterschiedliche Meinungen in der Gruppe gibt, halte dich an die Mehrheit; wenn aber drei gegen drei stehen, stelle dich auf die Seite ʿAbd ar-Raḥmāns! ʿAbdallāh, lass die Leute herein!«

Da begannen die Auswanderer und die Helfer einzutreten und ihm ihren Gruß zu entbieten, und er sagte zu ihnen: »Ist dies das Ergebnis einer Verschwörung eurerseits?«, worauf sie antworteten: »Gott bewahre!«

Dann trat Kaʿb unter die Leute; und als ʿUmar ihn erblickte, sagte er folgende Verse auf:

Kaʿb verhieß mir drei Tage. Ich zählte sie,
Und keinen Zweifel gibt es an Kaʿbs Worten.
Furcht vor dem Tod kenne ich nicht, bin ich doch schon tot,
Doch Furcht vor der Sünde, die derselben folgt.

Man sagte zu ihm: »Herrscher der Gläubigen, ließest du doch einen Arzt kommen!« Und man ließ einen Arzt der Banū l-Ḥāriṯ ibn Ka'b kommen. Dieser ließ 'Umar Met trinken, der trüb hervortrat; danach ließ er ihn Milch trinken, die weiß hervortrat. Darauf sagte man ihm: »Herrscher der Gläubigen, mach dein Testament.« Und er sagte: »Ich habe es schon abgeschlossen.«

Dann starb 'Umar Dienstagnacht, drei Tage vor Ende des Monats Ḏū l-Ḥiǧǧa im Jahre 23 [3. November 644].

Am Mittwochmorgen trugen sie ihn hinaus und begruben ihn im Hause 'Ā'išas neben dem Propheten – Gott segne und beschütze ihn – und neben Abū Bakr.

Und Ṣuhaib trat vor und betete für ihn. Doch zuvor traten zwei Gefährten des Propheten – Gott segne und beschütze ihn – vor, 'Alī und 'Uṯmān, deren einer sich zu seinen Häupten, deren anderer sich zu seinen Füßen aufstellte. Da sagte 'Abd ar-Raḥmān: »Es gibt keinen Gott außer Gott! Warum begehrt ihr beiden die Herrschaft? Wisst ihr nicht, dass der Herrscher der Gläubigen sagte: ›Ṣuhaib soll mit den Leuten beten‹?« Da trat Ṣuhaib vor und betete für ihn, und die fünf betraten sein Grab.

Abū Ǧa'far sagte[5]: »Man behauptet auch, er sei am ersten Tag des Muḥarram im Jahre 24 gestorben.«

Erwähnung derer, die das behaupten.

Mir überlieferte al-Ḥārit: Uns überlieferte Muḥammad ibn Sa'd: Uns überlieferte Muḥammad ibn 'Umar: Mir überlieferte Abū Bakr ibn Ismā'īl ibn Muḥammad ibn Sa'd nach Aussage seines Vaters, der sagte: 'Umar – Gott habe Wohlgefallen an ihm – wurde an einem Mittwoch vier Tage vor Ende des Monats Ḏū l-Ḥiǧǧa im Jahre 23 erstochen und am Morgen des Sonntags, des 1. Muḥarram, im Jahre 24 begraben; seine Regierungszeit hatte seit dem Tode Abū Bakrs zehn Jahre, fünf Monate und einundzwanzig Tage gedauert; seit der Hiǧra waren genau zweiundzwanzig Jahre, neun Monate und dreizehn Tage vergangen. Am Montag, dem 3. Muḥarram, leistete man 'Uṯmān den Treueid. (Ich erwähnte das 'Uṯmān al-Aḫnasī gegenüber, worauf dieser sagte: »Ich fürchte, du irrst dich. 'Umar – Gott habe Wohlgefallen an ihm – starb vier Tage vor Ende des Monats Ḏū l-Ḥiǧǧa, und man leistete 'Uṯmān ibn 'Affān am letzten Tag des Ḏū l-Ḥiǧǧa den Treueid, sodass er bei Beginn des Muḥarram des Jahres 24 schon Kalif war.«)

Mir überlieferte Aḥmad ibn Ṯābit ar-Rāzī: Uns überlieferte jemand nach Aussage von Isḥāq ibn ʿIsā, nach Aussage von Abū Maʿšar, der sagte: ʿUmar wurde am Mittwoch, vier Tage vor Ende des Ḏū l-Ḥiǧǧa, im Jahre 23 getötet; seine Amtszeit als Kalif betrug zehn Jahre, sechs Monate und vier Tage; dann leistete man ʿUṯmān ibn ʿAffān den Treueid.

Abū Ǧaʿfar sagte: al-Madāʾinī sagte, wie mir ʿUmar [ibn Šabba] nach seiner Aussage berichtete, nach Aussage von Šarīk, nach Aussage von al-Aʿmaš oder Ǧābir al-Ǧuʿfī, nach Aussage von ʿAuf ibn Mālik al-Ašǧaʿī und ʿĀmir ibn Abī Muḥammad, nach Aussage einiger Scheiche seines Stammes und ʿUṯmān ibn ʿAbd ar-Raḥmān, nach Aussage von Ibn Šihāb az-Zuhrī. Sie sagten: ʿUmar wurde am Mittwoch, sieben Tage vor Ende des Ḏū l-Ḥiǧǧa, erstochen. Andere sagten: sechs Tage vor Ende des Ḏū l-Ḥiǧǧa.

Saif sagte, wie mir as-Sarī über ihn schrieb und erwähnte, Šuʿaib habe ihm nach seiner Aussage überliefert, nach Aussage von Ḫulaid ibn Ḏafara und Muǧālid, die beide sagten: ʿUṯmān wurde am 3. Muḥarram des Jahres 24 zum Kalifen gemacht. Darauf ging er hinaus und sprach mit den Leuten das Nachmittagsgebet, gewährte Soldzulagen und entsandte Boten; dies wurde dann Brauch.

As-Sarī schrieb mir nach Aussage von Šuʿaib, nach Aussage von Saif, nach Aussage von ʿAmr, nach Aussage von aš-Šaʿbī, der sagte: Die Mitglieder des Wahlrats [*šūrā*] einigten sich am 3. Muḥarram, als es schon Zeit für das Nachmittagsgebet war, auf ʿUṯmān. Der Muezzin Ṣuhaibs hatte schon zum Gebet gerufen, und die Einigung kam zwischen dem Gebetsruf und dem Gebet zustande. Da ging ʿUṯmān hinaus und betete mit den Leuten, gewährte ihnen eine Soldzulage von 100 [Dirham] und entsandte die Leute der Provinzen und erwies ihnen Freundlichkeiten. Er war der Erste, der das tat.

Man überlieferte mir nach Aussage von Hišām ibn Muḥammad, der sagte: ʿUmar wurde drei Tage vor Ende des Ḏū l-Ḥiǧǧa im Jahre 23 getötet; sein Kalifat hatte zehn Jahre, sechs Monate und vier Tage gedauert.

Die Abstammung 'Umars – Gott erbarme sich seiner

Uns überlieferte Ibn Ḥumaid: Uns überlieferte Salama nach Aussage von Muḥammad ibn Isḥāq. Mir überlieferte auch al-Ḥāriṯ: Uns überlieferte Ibn Sa'd nach Aussage von Muḥammad ibn 'Umar und Hišām ibn Muḥammad. Mir überlieferte auch 'Umar: Uns überlieferte 'Alī ibn Muḥammad. Sie alle teilten über die Abstammung 'Umars Folgendes mit: Er hieß 'Umar ibn al-Ḫaṭṭāb ibn Nufail ibn 'Abd al-'Uzzā ibn Rijāḥ ibn 'Abdallāh ibn Qurṭ ibn Razāḥ ibn 'Adī ibn Ka'b ibn Lu'ajj; seine *kunja* war Abū Ḥafṣ; seine Mutter war Ḥantama bint Hāšim ibn al-Mughīra ibn 'Abdallāh ibn 'Umar ibn Maḫzūm.

Abū Ǧa'far sagte: Man pflegte ihn al-Fārūq zu nennen, doch bestand schon unter den Alten Uneinigkeit darüber, wer ihm diesen Namen gab.

Manche sagen, der Gesandte Gottes – Gott segne und beschütze ihn – habe ihm diesen Namen gegeben.

Erwähnung derer, die das behaupteten

Mir überlieferte al-Ḥāriṯ: Uns überlieferte Ibn Sa'd: Uns überlieferte Muḥammad ibn 'Umar: Uns überlieferte Abū Ḥazra Ja'qūb ibn Muǧāhid nach Aussage von Muḥammad ibn Ibrāhīm, nach Aussage von Abū 'Amr Ḏakwān, der sagte: Ich fragte 'Ā'iša, wer 'Umar den Namen al-Fārūq gegeben habe, und sie sagte: »Der Prophet – Gott segne und beschütze ihn.«

Andere sagen, die Leute des Buches[6] hätten ihn als Erste so genannt.

Erwähnung derer, die das behaupten

Mir überlieferte al-Ḥāriṯ: Uns überlieferte Ibn Sa'd: Uns überlieferte Ja'qūb ibn Ibrāhīm ibn Sa'd nach Aussage seines Vaters, nach Aussage von Ṣāliḥ ibn Kaisān, der sagte: Ibn Šihāb sagte: »Wir erfuhren, dass die Leute des Buches 'Umar als Erste al-Fārūq nannten und die Muslime das von ihnen übernahmen; wir haben nie erfahren, dass der Gesandte Gottes – Gott schütze und bewahre ihn – etwas Derartiges geäußert habe.«

Beschreibung 'Umars

Uns überlieferte Hannād ibn as-Sarī: Uns überlieferte Wakī' nach Aussage von Sufjān, nach Aussage von 'Āṣim ibn Abī n-Naǧūd, nach Aussage von Zirr ibn Ḥubaiš, der sagte: ʿUmar ging an einem Festtag oder am Begräbnis Zainabs hinaus – er hatte eine rötliche Haut, war hoch gewachsen, kahl, beweglich, und wenn er schritt, sah er aus, als ob er reite.

Uns überlieferte Hannād: Uns überlieferte Šarīk nach Aussage von ʿĀṣim, nach Aussage von Zirr, der sagte: Ich sah ʿUmar zum Fest kommen – er ging barfuß, hatte einen Gürtel um sein Gewand und überragte die Leute, als ob er zu Pferde sitze; er sagte: »Leute, vollzieht die *hiğra* und tut nicht nur so!«

Mir überlieferte al-Ḥāriṯ: Uns überlieferte Ibn Saʿd: Uns überlieferte Muḥammad ibn ʿUmar ibn ʿImrān ibn ʿAbdallāh ibn ʿAbd ar-Raḥmān ibn Abī Bakr nach Aussage von ʿĀṣim ibn ʿUbaidallāh, nach Aussage von ʿAbdallāh ibn ʿĀmir ibn Rabīʿa, der sagte: Ich sah ʿUmar – er war hellhäutig und bleich, mit einem rötlichen Schimmer auf der Haut, hoch gewachsen und kahl.

Mir überlieferte al-Ḥāriṯ: Uns überlieferte Ibn Saʿd: Uns überlieferte Muḥammad ibn ʿUmar: Uns überlieferte Šuʿaib ibn Ṭalḥa nach Aussage seines Vaters, nach Aussage von al-Qāsim ibn Muḥammad, der sagte: Ich hörte, wie ʿUmars Sohn ʿUmar als einen hellhäutigen Mann mit einem rötlichen Schimmer, als hoch gewachsen, grauhaarig und kahl beschrieb.

Mir überlieferte al-Ḥāriṯ: Uns überlieferte Muḥammad ibn Sa'd: Uns überlieferte Muḥammad ibn ʿUmar: Uns überlieferte Ḫālid ibn Abī Bakr, der sagte: ʿUmar pflegte seinen Bart gelblich zu färben und sein Haupt mit Henna einzureiben.

ʿUmars Geburt und Lebensdauer

Mir überlieferte al-Ḥāriṯ: Uns überlieferte Ibn Saʿd: Uns überlieferte Muḥammad ibn ʿUmar: Mir überlieferte Usāma ibn Zaid ibn Aslam nach Aussage seines Vaters, nach Aussage seines Großvaters, der sagte: Ich hörte ʿUmar ibn al-Ḫaṭṭāb sagen: »Ich bin vier Jahre vor dem letzten und größten Fiğār-Krieg[7] geboren.«

Abū Ğaʿfar sagte: Bei den Alten herrschte Uneinigkeit hinsichtlich der Lebensdauer ʿUmars: Einige sagten, am Tag seiner Ermordung sei er fünfundfünfzig Jahre alt gewesen.

Erwähnung einiger, die das behaupten

Mir überlieferte Zaid ibn Aḫzam aṭ-Ṭā'ī: Uns überlieferte Abū Qutaiba nach Aussage von Ǧarīr ibn Ḥāzim, nach Aussage von Ajjūb, nach Aussage von Nāfi', nach Aussage von Ibn 'Umar, der sagte: 'Umar ibn al-Ḫaṭṭāb wurde getötet, als er fünfundfünfzig Jahre alt war.

Mir überlieferte 'Abd ar-Raḥmān ibn 'Abdallāh ibn 'Abd al-Ḥakam: Uns überlieferte Nu'aim ibn Ḥammād: Uns überlieferte ad-Darāwandī nach Aussage von 'Ubaidallāh ibn 'Umar, nach Aussage von Nāfi', nach Aussage von Ibn 'Umar, der sagte: Als 'Umar starb, war er fünfundfünfzig Jahre alt.

Mir wurde, nach Aussage von 'Abd ar-Razzāq, nach Aussage von Ibn Ǧuraiǧ, nach Aussage von Ibn Šihāb, überliefert, dass 'Umar mit fünfundfünfzig Jahren starb.

Andere sagten: Am Tag seines Todes war 'Umar dreiundfünfzig Jahre und einige Monate alt.

Erwähnung derer, die das behaupten

Das wurde mir nach Aussage von Hišām ibn Muḥammad ibn al-Kalbī überliefert.

Andere sagten: Als er starb, war er dreiundsechzig Jahre alt.

Erwähnung derer, die das behaupten

Uns überlieferte al-Muṯannā: Uns überlieferte Ibn Abī 'Adī nach Aussage von Dā'ūd, nach Aussage von 'Āmir, der sagte: Als 'Umar starb, war er dreiundsechzig Jahre alt.

Andere sagten: Als er starb, war er einundsechzig Jahre alt.

Erwähnung derer, die das behaupten

Das wurde mir nach Aussage von Abū Salama at-Tabūḏakī, nach Aussage von Abū Hilāl, nach Aussage von Qatāda überliefert.

Andere sagten: Als er starb, war er sechzig Jahre alt.

Erwähnung derer, die das behaupten

Mir überlieferte al-Ḥāriṯ: Uns überlieferte Ibn Sa'd: Uns überlieferte Muḥammad ibn 'Umar: Uns überlieferte Hišām ibn Sa'd nach Aussage von Zaid ibn Aslam, nach Aussage seines Vaters, der sagte: Als Umar starb, war er sechzig Jahre alt.

Muḥammad ibn 'Umar sagte: Dies ist unserer Meinung nach der verlässlichste Bericht.

Nach Aussage von al-Madā'inī wird berichtet: Als 'Umar starb, war er siebenundfünfzig Jahre alt.

Erwähnung der Namen seiner Kinder und Frauen

Mir überlieferte Abū Zaid ʿUmar ibn Šabba nach Aussage von ʿAlī ibn Muḥammad und von al-Ḥāriṯ, nach Aussage von Muḥammad ibn Saʿd, nach Aussage von Muḥammad ibn ʿUmar, und mir wurde nach Aussage von Hišām ibn Muḥammad überliefert (inhaltlich sind ihre Berichte gleich, obwohl sie verschieden formuliert sind). Sie sagten: ʿUmar heiratete zur Zeit der Unwissenheit *[al-Ǧāhilīja]* Zainab bint Maẓʿūn ibn Ḥabīb ibn Wahb ibn Ḥuḏāfa ibn Ǧumaḥ, und sie gebar ihm ʿAbdallāh, ʿAbd ar-Raḥmān den Älteren und Ḥafṣa.

ʿAlī ibn Muḥammad sagte: Ebenfalls zur Zeit der Unwissenheit heiratete er Mulaika bint Ǧarwal al-Ḫuzāʿī, und sie gebar ihm ʿUbaidallāh ibn ʿUmar; dann trennte er sich von ihr zur Zeit des Waffenstillstands [8], und Abū l-Ǧahm ibn Ḥuḏaifa heiratete sie nach ʿUmar.

Muḥammad ibn ʿUmar sagte: Die Mutter Zaids des Jüngeren und ʿUbaidallāhs, der in der Schlacht von Ṣiffīn auf der Seite Muʿāwijas fiel, war Umm Kulṯūm bint Ǧarwal ibn Mālik ibn al-Musajjab ibn Rabīʿa ibn Aṣram ibn Ḍabīs ibn Ḥarām ibn Ḥabašīja ibn Salūl ibn Kaʿb ibn ʿAmr ibn Ḫuzāʿa; der Islam trennte sie von ʿUmar.

ʿAlī ibn Muḥammad sagte: Ebenfalls zur Zeit der Unwissenheit heiratete ʿUmar Quraiba bint Abī Umajja al-Maḫzūmī, von der er sich auch zur Zeit des Waffenstillstands trennte und die nach ihm ʿAbd ar-Raḥmān ibn Abī Bakr aṣ-Siddīq heiratete.

Sie sagten: ʿUmar heiratete zur Zeit des Islams Umm Ḥakīm bint al-Ḥārit ibn Hišām ibn al-Mughīra ibn ʿAbdallāh ibn ʿUmar ibn Maḫzūm, und sie gebar ihm Fāṭima; dann trennte er sich von ihr.

Al-Madāʾinī sagte: Es heißt auch, er habe sich nicht von ihr getrennt. ʿUmar heiratete zur Zeit des Islams Ǧamīla, die Schwester des ʿAṣim ibn Ṯābit ibn Abī l-Aqlaḥ, das heißt Qais ibn ʿIṣma ibn Mālik ibn Ḍubaiʿa ibn Zaid ibn al-Aus von den Anṣār, und sie gebar ihm ʿĀṣim; dann trennte er sich von ihr. Er heiratete auch Umm Kulṯūm bint ʿAlī ibn Abī Ṭālib, deren Mutter Fāṭima war, die Tochter des Gesandten Gottes – Gott segne und beschütze ihn–, und gab ihr, so heißt es, eine Brautgabe von 40 000 [Dirham]. Sie gebar ihm Zaid und Ruqajja. Er heiratete auch Luhajja, eine Frau aus Jemen, die ihm ʿAbd ar-Raḥmān gebar. Al-Madāʾinī sagte: Sie gebar ihm ʿAbd ar-Raḥmān den Jüngeren. Es heißt, sie sei eine *umm walad*[9] gewesen.

Al-Wāqidī sagte: Diese Luhajja war eine *umm walad.* Er sagte auch: Luhajja gebar ihm ʿAbd ar-Raḥmān den Mittleren. Und er sagte: ʿAbd ar-Raḥmān der Jüngere war der Sohn einer *umm walad*, und zwar, seiner Meinung nach, Fukaihas. (Nach ihren Berichten war sie eine *umm walad* und gebar ihm Zainab.) Al-Wāqidī sagte: Sie war ʿUmars jüngstes Kind. ʿUmar heiratete ʿĀtika bint Zaid ibn ʿAmr ibn Nufail, die zuvor mit ʿAbdallāh ibn Abī Bakr verheiratet gewesen war und die nach ʿUmars Tod az-Zubair ibn al-ʿAwwām heiratete.

Al-Madāʾinī sagte: ʿUmar hielt um Umm Kulṯūm, die Tochter Abū Bakrs, an, als sie noch sehr jung war. Er ließ bei ʿĀʾiša um ihre Hand bitten, und diese sagte zu ihr: »Das musst du entscheiden.« Da erwiderte Umm Kulṯūm: »Es liegt mir nichts an ihm.« Als ʿĀʾiša dann zu ihr sagte: »Verabscheust du den Herrscher der Gläubigen?«, antwortete sie: »Ja, er hat eine raue Lebensart und ist Frauen gegenüber grob.« Da sandte ʿĀʾiša nach ʿAmr ibn al-ʿĀṣ und teilte ihm den Vorfall mit. Da sagte er: »Ich werde das für dich erledigen«, ging zu ʿUmar und sagte: »Herrscher der Gläubigen, mir kam etwas zu Ohren, wovor dich Gott behüten möge!« Als ʿUmar fragte: »Was denn?«, antwortete er: »Du hast um Umm Kulṯūm, die Tochter Abū Bakrs angehalten!« »Ja«, sagte ʿUmar. »Hältst du sie für zu gut für mich oder mich für zu gut für sie?« »Weder noch«, antwortete er, »doch sie ist ein junges Mädchen, das in Milde und Güte unter den Fittichen der Mutter der Gläubigen aufgewachsen ist. Du dagegen bist hart, und selbst wir fürchten dich und können dir keine deiner Veranlagungen abgewöhnen. Wie wäre es denn erst bei ihr? Wenn du sie grob behandeltest, weil sie dir bei irgendetwas widerspricht, würdest du ihren Vater Abū Bakr in für dich unwürdiger Weise bei ihr ersetzen.« ʿUmar sagte: »Was sagt ʿĀʾiša dazu? Ich habe mit ihr darüber gesprochen.« Und er antwortete: »Ich werde das mit ihr in Ordnung bringen. Außerdem werde ich dir eine Bessere als sie zeigen, nämlich Umm Kulṯūm, die Tochter ʿAlī ibn Abī Ṭālibs, durch welche du mit der Familie des Gesandten Gottes – Gott segne und beschütze ihn – verbunden sein wirst.«

Al-Madā'inī sagte: ‘Umar hielt auch um Umm Abān bint ‘Utba ibn Rabī‘a an, doch sie hasste ihn und sagte: »Er hält die Türe verschlossen und häuft Besitz an; mit finsterer Miene kommt er herein, und mit finsterer Miene geht er hinaus.«

Der Zeitpunkt von ‘Umars Bekehrung

Abū Ǧa‘far sagte: Man berichtet, ‘Umar habe den Islam nach fünfundvierzig Männern und einundzwanzig Frauen angenommen.

Erwähnung derer, die das behaupten

Mir überlieferte al-Ḥāriṯ: Uns überlieferte Ibn Sa‘d: Uns überlieferte Muḥammad ibn ‘Umar: Mir überlieferte Muḥammad ibn ‘Abdallāh nach Aussage seines Vaters, der sagte: Als ich ihm von ‘Umar berichtete, sagte er: »‘Abdallāh ibn Ṯa‘laba ibn Ṣu‘air teilte mir mit, ‘Umar habe den Islam nach fünfundvierzig Männern und einundzwanzig Frauen angenommen.«

Die Bezeichnung ‘Umars – Gott habe Wohlgefallen an ihm – als »Herrscher der Gläubigen«

Abū Ǧa‘far sagte: ‘Umar ibn al-Ḫaṭṭāb war der Erste, den man »Herrscher der Gläubigen« nannte. Diese Bezeichnung wurde dann üblich, und man verwendet sie bis heute.

Der Bericht darüber

Mir überlieferte Aḥmad ibn ‘Abd aṣ-Ṣamad al-Anṣārī: Mir überlieferte Umm ‘Amr bint Ḥassān al-Kūfīja nach Aussage ihres Vaters, der sagte: Als man ‘Umar ernannt hatte, sagte man »Stellvertreter des Stellvertreters des Gesandten Gottes«. Darum sagte ‘Umar – Gott habe Wohlgefallen an ihm –: »Das wird immer länger werden, und wenn ein neuer Kalif kommt, wird man sagen ›Stellvertreter des Stellvertreters des Stellvertreters des Gesandten Gottes‹. Ihr seid die Gläubigen, ich bin euer Herrscher.« Und so wurde er »Herrscher der Gläubigen« genannt.

Aḥmad ibn ‘Abd aṣ-Ṣamad sagte: Ich fragte sie (Umm ‘Amr) nach ihrem Alter, und sie sagte, sie sei 133 Jahre alt.

Uns überlieferte Ibn Ḥumaid: Uns überlieferte Jaḥjā ibn Wāḍiḥ: Uns überlieferte Abū Ḥamza nach Aussage von Ǧābir, der sagte: Als jemand ‘Umar ibn al-Ḫaṭṭāb mit »Stellvertreter Gottes!« anredete, sagte dieser: »Gott untersage dir das!« Da sagte der Mann: »Gott

mache mich zu deinem Lösegeld (ich habe es nicht böse gemeint).«
'Umar sagte: »Dann wird Gott dich demütigen[10].«

Die Festlegung der Datumsberechnung durch ihn

Abū Ǧa'far sagte: 'Umar war der Erste, der das Datum festlegte und aufschrieb. So überlieferte es mir al-Ḥāriṯ, dem es Ibn Sa'd nach Aussage von Muḥammad ibn 'Umar überlieferte. Das war im Rabī' I des Jahres 16. Den Grund dafür, dass er es aufschrieb und wie das vor sich ging, habe ich schon erwähnt. 'Umar – Gott habe Wohlgefallen an ihm – war auch der Erste, der Briefe diktierte und sie mit Ton versiegelte. Er war auch der Erste, der die Leute vor einem Imam zusammentreten ließ, damit er mit ihnen im Monat Ramaḍān die *tarāwīḥ*[11] betete, und er schrieb in die Provinzen und befahl, es dort ebenso zu machen.

Folgendes überlieferte mir al-Ḥāriṯ: Uns überlieferte Ibn Sa'd nach Aussage von Muḥammad ibn 'Umar: Im Jahre 14 ernannte er zwei Vorbeter für die Leute, einen, der mit den Männern, und einen, der mit den Frauen betete.

Sein Mitführen der Peitsche *und das Anlegen von Verwaltungsbüchern* [dīwān] *durch ihn*

Er war der Erste, der eine Peitsche bei sich trug und damit schlug, und er war auch der Erste, der im Islam für die Leute Verwaltungsbücher anlegte, in denen er die Leute nach ihren Stämmen aufführte und ihren Sold festlegte.

Mir überlieferte al-Ḥāriṯ: Uns überlieferte Ibn Sa'd: Uns überlieferte Muḥammad ibn 'Umar: Mir überlieferte 'Ā'id ibn Jaḥjā nach Aussage von Abū l-Ḥuwairiṯ, nach Aussage von Ǧubair ibn al-Ḥuwairiṯ ibn Nuqaid, dass 'Umar ibn al-Ḫaṭṭāb – Gott habe Wohlgefallen an ihm – die Muslime über das Anlegen von Verwaltungsbüchern um Rat fragte und 'Alī ibn Abī Ṭālib ihm sagte: »Verteile jedes Jahr alles, was du eingenommen hast, und behalte nichts zurück.« 'Uṯmān ibn 'Affān sagte: »Ich sehe viel Reichtum, der für die Leute ausreicht, der aber nicht gezählt werden kann, bevor man nicht feststellt, wer schon etwas erhalten hat und wer nicht. Ich befürchte, es entsteht ein Durcheinander.« Al-Walīd ibn Hišām ibn al-Mughīra sagte zu ihm: »Herrscher der Gläubigen, als ich in Syrien war, sah ich, dass die dortigen Könige ein Verwaltungsbuch anlegten und ein Heer *[ǧund]* aushoben. Lege auch du ein Verwaltungsbuch an und hebe ein Heer aus.« ʿUmar nahm seinen Rat an und ließ ʿAqīl ibn Abī Ṭālib, Maḫrama ibn Naufal und Ǧubair ibn Muʿṭim, alle drei Genealogen vom Stamm Quraiš, kommen und sagte zu ihnen: »Stellt [eine Liste der] Leute zusammen entsprechend ihrem jeweiligen Rang!« Sie taten es und begannen mit den Banu Hāšim, gefolgt von Abū Bakr samt seiner Familie und ʿUmar samt seiner Familie entsprechend der Reihenfolge des Kalifenamtes. Als ʿUmar sich die Liste angesehen hatte, sagte er: »Ich wünschte, bei Gott, es wäre so! Doch beginnt mit der Verwandtschaft des Gesandten Gottes – Gott segne und beschütze ihn –, dann folgt der verwandtschaftlichen Nähe, und führt ʿUmar dort auf, wohin ihn Gott gestellt hat.«

Mir überlieferte al-Ḥāriṯ: Uns überlieferte Ibn Saʿd: Uns überlieferte Muḥammad ibn ʿUmar: Mir überlieferte Usāma ibn Zaid ibn Aslam nach Aussage seines Vaters, nach Aussage seines Großvaters, der sagte: Ich sah ʿUmar ibn al-Ḫaṭṭāb – Gott habe Wohlgefallen an ihm –, als man ihm die schriftliche Zusammenstellung zeigte, in der die Banū Taim nach den Banū Hāšim und die Banū ʿAdī nach den Banū Taim aufgeführt waren, und ich hörte ihn sagen: »Setzt ʿUmar an die richtige Stelle. Beginnt mit der Familie des Gesandten Gottes entsprechend verwandtschaftlicher Nähe.« Da kamen die Banū ʿAdī zu ʿUmar und sagten: »Du bist der Stellvertreter des Gesandten Gottes.« Er sagte: »Genauer der Stellvertreter Abū Bakrs, und Abū Bakr war der Stellvertreter des Gesandten Gottes.« Sie sagten: »Wenn du dich nun selbst dorthin stelltest, wohin diese dich stellen?!« Er sagte: »Bravo, Banū ʿAdī! Ihr wollt euch an mir mästen und wollt, dass ich meine Ehre für euch opfere. Nein, bei Gott! Nicht, bevor ihr nicht an der Reihe seid, auch wenn die Liste mit euch aufhört und ihr von allen an letzter Stelle steht. Ich habe zwei Herren [Muḥammad und Abū Bakr], die einen bestimmten Weg gingen; wenn ich sie verrate, werde ich verraten. Bei Gott, all das Viele, was wir in dieser Welt gewannen, und alle Belohnung, die wir von Gott im Jenseits erhoffen, alles kommt von Muḥammad – Gott segne und beschütze ihn. Er ist unsere Ehre, und seine Angehörigen sind die edelsten Araber; danach kommen die anderen entsprechend ihrer Verwandtschaft mit ihm. Wahrhaftig, durch den Gesandten Gottes sind die Araber edel geworden, und vielleicht hat so mancher von ihnen viele Vorfahren mit ihm gemein. Was uns angeht, so sind wir offensichtlich mit ihm verwandt, und bis auf Adam zurück haben wir nur wenige nicht gemeinsame Ahnen. Und dennoch, bei Gott, wenn die Nichtaraber Taten liefern, wir aber nicht, so werden sie am Tag der Auferstehung näher bei Muḥammad sein als wir. Niemand soll auf seine Ahnen blicken, vielmehr soll er Taten für Gott vollbringen; denn wer keine Taten vorweisen kann, dem wird sein Stammbaum nichts helfen.«

Mir überlieferte al-Ḥāriṯ: Uns überlieferte Ibn Sa'd: Uns überlieferte Muḥammad ibn ʿUmar: Mir überlieferte Ḥizām ibn Hišām al-Kaʿbī nach Aussage seines Vaters, der sagte: Ich sah, wie ʿUmar ibn al-Ḫaṭṭāb – Gott habe Wohlgefallen an ihm – den *dīwān* der Ḫuzāʿa bis nach Qudaid trug. Dort kamen die Ḫuzāʿa zu ihm, und keine Frau, ob Jungfrau oder verheiratet, fehlte. Da gab er ihnen ihr Geld in die Hand. Am Abend zog er weiter bis nach ʿUsfān, wo er das Gleiche tat. Das setzte er so fort, bis er starb.

Aṭ-Ṭabarī I, 2721–2735. 2748–2752

4. Gespräche mit Muʿāwija (661–668)

Abū ṭ-Ṭufail ʿĀmir ibn Wāṯila suchte Muʿāwija auf, der zu ihm sagte: »Abū ṭ-Ṭufail, du bist einer von denen, die ʿUṯmān töteten.«

»Nein«, erwiderte er, »doch war ich einer von denen, die zugegen waren, ihm aber nicht halfen.«

»Und was hinderte dich daran, ihm zu helfen?«, fragte Muʿāwija.

»Was mich hinderte«, erwiderte er, »war, dass weder die Auswanderer noch die Helfer ihm halfen; ich sah keinen Einzigen, der ihm half.«

»Und meine Forderung nach Blutrache war keine Hilfe für ihn?«, fragte Muʿāwija.

Abū ṭ-Ṭufail lachte und sagte: »Muʿāwija, dein Verhältnis zu ʿUṯmān ist, wie der Dichter sagt:

Nach meinem Tod werd' ich dich sicher finden,
wie du mich beklagst;
Doch als ich lebte, hast keinen Unterhalt du mir gewährt.«

Muʿāwija sagte: »Abū ṭ-Ṭufail, was ist noch übrig von deiner Leidenschaft für ʿAlī?«

»Es ist die Leidenschaft einer kinderlosen alten Frau«, erwiderte er, »oder eines allein gelassenen alten Mannes.«

»Und wie liebtest du ihn damals?«, fragte Muʿāwija.

»Wie Moses' Mutter Moses liebte«, erwiderte er, »und ich klage zu Gott, dass meine Liebe nachlässt.«

...

ʿAmr ibn al-ʿĀṣ sagte zu ʿAbdallāh ibn ʿAbbās: »Söhne Hāšims! Bei Gott, ihr habt euch mit dem Blut ʿUṯmāns umgürtet wie mit den blutverschmierten Tüchern menstruierender Sklavinnen. Ihr habt es dadurch entehrt, dass ihr den Frevlern des Irak folgtet; ihr habt es mit den ägyptischen Rebellen befleckt; und ihr habt seine Mörder beherbergt. Während die Leute nur auf die Quraiš blickten, blickten die Quraiš auf die Banū ʿAbd Manāf und die Banū ʿAbd Manāf auf die Banū Hāšim.«

Ibn ʿAbbās sagte zu Muʿāwija: »ʿAmr brachte nur deine Ansicht zum Ausdruck, doch diejenigen, die am wenigsten berechtigt sind, über den Mord an ʿUṯmān zu sprechen, seid ihr beiden. Du, Muʿāwija, ermutigtest ihn bei dem, was er tat, doch als er umzingelt war und dich um Hilfe bat, säumtest du und zaudertest, und es gefiel dir, dass er ermordet wurde, und du wartetest nur darauf, dir zu nehmen, was du bekommen konntest. Du deinerseits, ʿAmr, legtest in Medina einen Brand gegen ihn, dann flohst du nach Palästina und tatest, was du konntest, jedermann gegen ihn aufzubringen. Als du von dem Mord an ihm hörtest, schlossest du dich aus Hass gegen ʿAlī Muʿāwija an und verkauftest ihm deine Religion für Ägypten.«

Muʿāwija sagte: »Genug, Gott erbarme sich deiner! ʿAmr hat sich selbst und mich vor dir bloßgestellt und nichts damit erreicht.«

ʿAmr ibn al-ʿĀṣ kam zu Muʿāwija mit dem Vorschlag, er solle ihn über Ägypten einsetzen, er werde ihm dafür als Kalif huldigen *[baiʿa]*. Muʿāwija sagte: »Ich möchte nicht, dass die Leute sagen, du habest mir nur gehuldigt, weil ich dir einen Gouverneursposten gab und dich bestach.«

Da sagte Marwān ibn al-Ḥakam zu ʻAmr: »ʻAmr, heute ist kein Tag für Bitten, denn die Lage hat sich dank deiner gebessert. Also ziehe dich nicht zurück, sondern versuche, sie weiter zu verbessern.«

»Marwān!«, erwiderte ʻAmr, »ich kam zu Muʻāwija, als es um seine Sache unsicher bestellt war und sie Gefahr lief, zu platzen wie eine Satteltasche. Ich erneuerte immer wieder seine Kraft, bis ich ihn wie die Himmelssphäre zurückließ. Bei Gott, verließe ich ihn jetzt, würden Zweifel und Schwierigkeiten ihn schwächen, bis all das verschwände, dem er sich jetzt nähert.«

Marwān sagte: »Wenn Gott dich gebraucht hat, dieses Ziel zu erreichen, hat er auch ihn – ebenso wie dich – gebraucht, Hindernisse zu beseitigen und dabei zu helfen, ein gutes Ergebnis zu erzielen. Gehe daher zu ihm, denn er ist dir gewogen.«

Dann sagte er zu Muʻāwija: »Höre! Eines braucht das andere: Handle also schnell und gib ihm das schriftlich, was er verlangt. ʻAmr ist nicht der Mann, dem man vorenthält, was er verlangt.«

Deshalb schrieb er es für ihn, und Muʻāwija sagte zu dem Sekretär: »Schreibe: Die Ernennungsbedingungen können den gebührenden Gehorsam nicht aufheben.« »Nein«, sagte ʻAmr, »schreib: Der gebührende Gehorsam kann die Ernennungsbedingungen nicht aufheben.«

Als Muḥammad ibn Abī Bakr – Gott habe Wohlgefallen an ihnen beiden – in Ägypten getötet worden war, bemächtigte sich ʻAmr des Landes; so wurde Muʻāwijas Herrschaft errichtet. Aber ʻAmr sandte nichts an Muʻāwija aus Ägypten. Muʻāwijas Gefolgsleute pflegten ihn aufzufordern, von ʻAmr Geschenke aus Ägypten zu verlangen, und er pflegte zu antworten: »ʻAmr ist ein widerspenstiger, ehrgeiziger und habgieriger Mensch; also erlasst es mir, an ihn zu schreiben. Ihr könnt ihm ja schreiben!« Da schrieben sie ihm, doch er schickte ihnen nichts. Deshalb sagten sie zu Muʻāwija: »Entlass ihn«, und er sagte: »Entlassen, nein. Doch ich werde ihm Angst machen, dass er hierher kommt, und das wird in seinen Augen einer Entlassung gleichkommen.« Also schrieb er ihm, und er kam.

»ʻAmr«, sagte Muʻāwija, »es ist mir zu Ohren gekommen, dass du in Ägypten auf der Kanzel stehst und von deiner Tapferkeit in der Schlacht von Ṣiffīn berichtest. War es für Gott, so schuldet er dir eine Belohnung; war es für diese Welt, so haben wir dich schon großzügig dafür belohnt. Weißt du, dass du deine Bedingungen nicht erfüllt hast, da du meine Briefe zurückwiesest?«

»Ich habe keinen Brief zurückgewiesen, von dem ich wusste, dass er von dir stammte, wiewohl mich Briefe erreichten, die für dich zu sprechen vorgaben. Und wenn ich auf der Kanzel stand, so beabsichtigte ich damit nicht, dich zu tadeln; und wenn du behauptest, du habest mich in Ägypten großzügig belohnt – das war ja der Grund dafür, dass ich dir Gefolgschaft schwor.«

Muʿāwija sagte: »Geh in deine Unterkunft«, und er ging. Am nächsten Morgen kam er wieder zu ihm und sagte: »Herrscher der Gläubigen! Bis ich zu dir zurückkehrte, hörte ich nicht auf, in Ägypten von allem das Beste zu genießen; und ich dachte, ich sollte dir vorlegen, was ich mitgebracht habe, damit du tun kannst, was dir angemessen erscheint.«

Muʿāwija sagte: »Behalte, was du hast. Du solltest wissen, dass Leute, die dich zu einem Bankett (vielleicht sagte er auch »Tisch») einladen, von dir erwarten, dass du issest. Wenn du willst, iss; wenn du willst, bleib hungrig. Ich gab dir Ägypten nur, damit es dir nütze; geh also zurück an deine Arbeit.«

Al-Balāḏurī, Ansāb al-Ašrāf IVa, 76. 78–80

5. Die Ankunft der al-Ḥaǧǧāǧs in Kūfa (694–695)

Al-Ḥaǧǧāǧ brach als Gouverneur nach dem Irak auf. Er hatte 12 Mann auf edlen Kamelen bei sich. Überraschend kam er frühmorgens in Kūfa an, als Bišr ibn Marwān gerade al-Muhallab gegen die Ḫāriǧiten geschickt hatte. Al-Ḥaǧǧāǧ ging direkt in die Moschee und bestieg die Kanzel, das Haupt mit einem roten Seidenturban verhüllt, und sagte: »Hierher mit den Leuten!« Man hielt ihn und seine Leute für Ḫāriǧiten und machte sich Gedanken über sie. Als die Leute sich in der Moschee versammelt hatten, erhob er sich, enthüllte sein Gesicht und sagte:

»Ich bin ein Wohlbekannter, erreiche hohen Ruhm;
Nehme ich meinen Turban ab, so wisst ihr, wer ich bin.

Bei Gott, ich werde allem Bösen seine eigene Last aufladen, ich werde ihm seine eigenen Sandalen anlegen und es mit seinesgleichen belohnen. Wahrlich, ich sehe Köpfe vor mir, reif zum Pflücken, und ich werde sie pflücken; und wahrlich, ich sehe Blut schimmern zwischen Turbanen und Bärten.

...

Bei Gott, ihr Leute des Irak, voller Zwietracht, Heuchelei und schlechten Charakters! Mich kann man nicht abtasten wie eine Feige oder mit alten Wasserschläuchen schrecken wie ein Kamel. Meine Reife ist geprüft, meine Erfahrung ist bewiesen, und ich verfolge mein Ziel bis zum Ende. Der Herrscher der Gläubigen leerte seine Köcher, biss auf seine Pfeile und fand in mir den bittersten und härtesten. Darum schoss er mich auf euch ab. Schon lange seid ihr schnell bei der Hand mit Aufständen, lagert ihr auf den Raststätten des Irrtums und macht ihr Übertretungen zur Regel. Bei Gott, ich werde euch schälen wie einen Stab, ich werde euch zusammenschnüren wie ein Reisigbündel, ich werde euch schlagen wie streunende Kamele. Fürwahr, ihr seid wie die Bewohner ›einer Stadt, die sich der Sicherheit und Ruhe erfreute, während ihr Unterhalt uneingeschränkt von überall zu ihr kam. Da wurde sie undankbar für die Wohltaten Gottes. Und nun ließ Gott sie das Gewand des Hungers und der Furcht fühlen (zur Strafe) für das, was sie getan hatten‹ (Koran XVI, 112). Bei Gott, was ich verspreche, halte ich; was ich beabsichtige, erreiche ich; was ich abmesse, schneide ich ab. Genug von diesen Zusammenkünften und diesem Getratsche, dem ›er sagte‹ und ›es heißt‹! Was sagt ihr? Ihr seid weit entfernt davon? Bei Gott, ihr werdet euch strikt an den rechten Weg halten, oder ich werde jeden Mann persönlich bestrafen. Wenn ich in drei Tagen noch einen aus al-Muhallabs[1] Truppe finde, werde ich sein Blut vergießen und seinen Besitz einziehen.« Danach ging er nach Hause.

Al-Ǧāḥiẓ, *al-Bajān wat-Tabjīn* II, 307–310 (vgl. aṭ-Ṭabarī II, 863–865; Ibn Qutaiba, *'Ujūn* II, 243; al-Qalqašandī, *Ṣubḥ* I, 218)

6. Die Revolution aus dem Osten (um 716)

Als Muḥammad ibn 'Alī ibn 'Abdallāh[1] seine Emissäre *[dā'ī]* in die verschiedenen Provinzen aussandte, sagte er zu ihnen: »In Kūfa und Umgebung sind die Leute Anhänger *[šī'a]* 'Alīs und seiner Nachkommen. In Baṣra und Umgebung gehören sie zur ʿUṯmānīja[2] und bekennen sich zur Zurückhaltung und sagen, es sei besser, ʿAbdallāh der Ermordete zu sein, als ʿAbdallāh der Mörder. In Mesopotamien sind sie zanksüchtige Ḫāriǧiten, Beduinen gleich ungläubigen Barbaren und Muslime, die sich wie Christen benehmen. In Syrien kennen sie nichts als den Gehorsam den Umajjaden gegenüber, glühenden Hass gegen andere und gewaltige Unwissenheit. In Mekka und Medina sind sie besessen von Abū Bakr und ʿUmar. Eure besondere Aufmerksamkeit gelte den Leuten von Ḫurāsān; denn sie sind zahlreich und unerschütterlich, mit kräftiger Brust und freiem Herzen, nicht durch Leidenschaften gespalten und nicht durch Uneinigkeit verdorben. Sie bilden eine Armee mit Furcht erregenden Körpern, Schultern, Rücken, Köpfen, Bärten, Backenbärten und Stimmen; sie äußern gewaltige Laute, die aus schauerlichen Tiefen kommen. Ich erwarte Gutes aus dem Osten, wo sich das Licht der Welt und die Leuchte der Menschheit erhebt.«

Ibn al Faqīh, *Kitāb al-Buldān*, 315

7. Der Sturz der Umajjaden (Mitte des achten Jahrhunderts)

Eines Tages versammelte sich eine Gruppe von Männern bei al-Manṣūr[1]; man unterhielt sich über die Umajjadenkalifen, ihre Lebensweise, ihre Amtsführung und die Ursache, welche zum Zusammenbruch ihrer Macht geführt hatte. Al-Manṣūr sagte: »ʿAbd al-Malik war ein Tyrann, der nicht darüber nachdachte, was er tat. Sulaimān war nur an seinem Bauch und seinem Geschlecht interessiert. ʿUmar ibn ʿAbd al-ʿAzīz war ein Einäugiger unter den Blinden. Der Beste aus dieser Familie war Hišām. Die Umajjaden hielten die Macht, die ihnen bereitet war, fest in der Hand, sicherten sie, verteidigten sie und bewahrten, was Gott ihnen gegeben hatte, strebten dabei nach den erhabenen Dingen und verwarfen Niedriges, bis die Herrschaft an ihre verweichlichten Nachkommen überging, deren einziges Interesse es war, ihrer Leidenschaft zu frönen und Vergnügungen in den von Gott dem Allmächtigen verbotenen Dingen zu suchen. Dabei dachten sie nicht an Gottes allmähliche

Vergeltung[2] und fühlten sich sicher vor seiner List. So hörten sie auf, das Kalifat zu erhalten, kümmerten sich wenig um die Rechte Gottes und die Pflichten des Herrschers und wurden zu schwach zum Regieren. Darum beraubte sie Gott der Macht, hüllte sie in Schande und entzog ihnen seine Gnade.«

Ṣāliḥ ibn ʿAlī sagte: »Herrscher der Gläubigen, als ʿAbdallāh ibn Marwān[3] auf der Flucht mit seinem Gefolge ins Land der Nubier kam, erkundigte sich der König der Nubier nach ihrer Stellung und ihrer Lage und danach, was ihnen zugestoßen war und wie sie sich verhielten. Nachdem er all das erfahren hatte, ritt er zu ʿAbdallāh und stellte ihm verschiedene Fragen bezüglich seiner Familie und der Ursache ihres Sturzes. Dann sagte er ihm etwas, dessen ich mich nicht erinnere; danach vertrieb er sie aus seinem Land. Wollte der Herrscher der Gläubigen ʿAbdallāh vorführen lassen, könnte jener die Geschichte selbst erzählen.«

Al-Manṣūr ließ ihn also aus dem Gefängnis holen, und als er vor ihm stand, sagte er zu ihm: »ʿAbdallāh, erzähle mir die Geschichte deiner Begegnung mit dem König der Nubier.«

ʿAbdallāh erwiderte: »Herrscher der Gläubigen, ich kam nach Nubien, und nachdem ich mich drei Tage dort aufgehalten hatte, kam der König zu mir. Er setzte sich auf die Erde, obwohl man für ihn einen wertvollen Teppich ausgebreitet hatte. Als ich ihn fragte, was ihn hindere, sich auf meinen Teppich zu setzen, erwiderte er: ›Weil ich ein König bin und es eines Königs Pflicht ist, sich vor der Macht Gottes, der ihn einsetzte, zu demütigen.‹ Dann fragte er mich: ›Warum trinkt ihr Wein, wo es doch in eurem Buch verboten ist?‹ Ich antwortete: ›Unsere Sklaven und unser Gefolge haben sich erkühnt, das zu tun.‹ Er fragte mich: ›Warum zertrampelt ihr mit euren Pferden das Korn, wo euch doch solches Tun in eurem Buch verboten ist?‹ Ich erwiderte: ›Unsere Sklaven und unser Gefolge taten dies aus Unwissenheit.‹ Er fragte: ›Warum tragt ihr Brokat, Silber und Gold, wo euch diese doch in eurem Buch und eurer Religion verboten sind?‹ Ich erwiderte: ›Wir haben unser Königreich verloren und wir suchten die Hilfe von Freunden, die unserer Religion beitraten und teure Kleider trotz unserer Abscheu trugen.‹ Der König neigte sein Haupt, wendete bald seine Hand, klopfte bald auf die Erde und sagte: ›Unsere Sklaven und unser Gefolge und

Freunde, die unserer Religion beitraten. Dann hob er sein Haupt und sagte: ›Es ist nicht, wie du sagtest, vielmehr seid ihr Leute, die erlaubten, was Gott verbot, die taten, was ihnen untersagt war, und die unterdrückten, wo sie regierten. Deshalb nahm euch Gott die Macht und hüllte euch in Schande für eure Sünden. Gott ist mit seiner Rache an euch noch nicht am Ende, und ich fürchte, seine Strafe möchte über euch kommen, während ihr in meinem Land seid, und möchte mich zusammen mit euch treffen. Gastfreundschaft obliegt drei Tage. Daher beschaffe dir, was du benötigst, und verlasse mein Land.‹ Und das tat ich.«

Al-Manṣūr war erstaunt und saß lange schweigend da. Dann bekam er Mitleid mit ihm und dachte daran, ihn freizulassen. Doch als ʿĪsā ibn ʿAlī ihn daran erinnerte, dass diesem Mann der Treueid als Thronfolger geleistet worden sei, sandte er ihn zurück ins Gefängnis. Al-Masʿūdī, *Murūǧ aḏ-Ḏahab* VI, 161–164

II. Die ʿAbbāsiden

Indem die ʿAbbāsiden Bagdad zur neuen Hauptstadt machten, verlagerten sie das Zentrum des Reiches in den Irak. Sie regierten bis 1258, als sie von den Mongolen gestürzt wurden; doch war die Zeit ihrer wirklichen Herrschaft viel kürzer. Die folgenden Auszüge beleuchten einige Aspekte der Außen- und Innenpolitik des Kalifats, außerdem den Rückgang der Macht der Kalifen zugunsten ihrer Minister und Generale.

8. Zwischen Bagdad und Konstantinopel (797–806)

Die Herrschaft über Byzanz[1] fiel an eine Frau[2], da zu jener Zeit im Königshaus nur noch sie übrig war. Sie schrieb respektvoll und ehrerbietig an die Kalifen al-Mahdī und al-Hādī und an ar-Rašīd[3] zu Beginn seines Kalifats; auch überhäufte sie ihn mit Geschenken. Als ihr Sohn [Konstantin VI.] volljährig war und an ihrer statt den Thron bestieg, richtete er Unheil an, säte Zwietracht und provozierte ar-Rašīd. Sie, die ar-Rašīd kannte und seine Macht fürchtete, war nun besorgt, das Königreich der Byzantiner möchte dahinschwinden und ihr Land ruiniert werden. Daher ließ sie ihren Sohn hinterlistig blenden, sodass ihm die Herrschaft genommen und an sie zurückgegeben wurde. Doch der Bevölkerung ihres Reiches missfiel das, und man hasste sie dafür. Deshalb erhob sich Nikephoros[4], ihr Sekretär, gegen sie; und man half ihm und unterstützte ihn, sodass er die Herrschaft übernahm und Regent über Byzanz wurde. Als er die Herrschaft des Reiches fest in der Hand hatte, schrieb er an ar-Rašīd: »Von Nikephoros, dem König von Byzanz, an ar-Rašīd, den König der Araber, Folgendes: Jene Frau stufte dich, deinen Vater und deinen Bruder als Könige ein, sich selbst aber als Untertanen. Ich stufe dich anders ein und beabsichtige, in dein Land einzumarschieren und deine Städte anzugreifen, es sei denn, du gäbest mir zurück, was jene Frau dir gab. Leb wohl!«

Nachdem ar-Rašīd diesen Brief erhalten hatte, erwiderte er: »Im Namen Gottes, des Barmherzigen, des Erbarmers. Vom Diener Gottes, Hārūn, dem Herrscher der Gläubigen, an Nikephoros, den

Hund von Byzanz, Folgendes: Ich habe deinen Brief verstanden, und ich habe eine Antwort für dich; du wirst sie mit eigenen Augen sehen, nicht hören.« Darauf machte er sich gegen das Land der Byzantiner auf mit einer Armee von nie gehörtem Ausmaß, die Feldherren führten, welche an Mut und Urteilskraft ihresgleichen nicht hatten. Als Nikephoros davon erfuhr, wurde ihm unheimlich zumute und er ließ sich beraten. Ar-Rašīd drang erbarmungslos weiter in das byzantinische Gebiet vor, tötete, plünderte, machte Gefangene, zerstörte Burgen und tilgte Spuren, bis er zu den engen Wegen vor Konstantinopel gelangte; und als er dorthin kam, stellte er fest, dass Nikephoros schon hatte Bäume fällen, auf diese Wege werfen und anzünden lassen. Als Erster legte Muḥammad ibn Jazīd ibn Mazjad den Naphthawerferanzug an und stürzte sich hindurch; dann folgten ihm die anderen.

Nikephoros sandte ar-Rašīd Geschenke, unterwarf sich ihm demütig und entrichtete sowohl für sich selbst als auch für seine Gefährten die Kopfsteuer.

Darüber sagte Abū l-ʿAtāhija[5]:

Imam von Gottes Lenkung, du bist zum Hüter der Religion geworden und löschest den Durst der um Regen Bittenden.

Du hast zwei Namen, hervorgegangen aus Rechtschaffenheit [rašād] *und Lenkung* [hudā], *heißest du doch Rašīd und Mahdī.*

Was dir zuwider ist, gilt als abscheulich, was dir gefällt, macht auch das Volk zufrieden.

Du hast uns, in Ost und West, deine edle Hand gereicht, und den aus dem Osten und den aus dem Westen hast du beschenkt.

Das Antlitz der Erde hast du mit Freigebigkeit und Großmut geschmückt, und so wurde das Antlitz der Erde mit Freigebigkeit geziert.

Du bist der Herrscher der Gläubigen, heldenhaft und gottesfürchtig; du hast an Wohltat verbreitet, was bislang verborgen war.

Gott beschloss, das Reich solle Hārūn bleiben, und Gottes Beschluss ist für seine Schöpfung bindend.

Die Welt verehrt Hārūn, den Günstling Gottes, und Nikephoros ist nun ein ḏimmī *Hārūns.*

Darauf zog ar-Rašīd ab wegen all dessen, was Nikephoros ihm gegeben hatte, und kehrte zurück bis ar-Raqqa. Als es schneite und Nikephoros sich vor einem Angriff sicher fühlte, ließ er sich durch das Nachlassen des Drucks verleiten, brach seinen Vertrag mit ar-Rašīd und nahm seine frühere Haltung wieder ein. Jaḥjā ibn Ḫālid [der Wesir], ganz zu schweigen von irgendeinem andern, wagte nicht, ar-Rašīd den Verrat Nikephoros' mitzuteilen. Stattdessen boten er und seine Söhne einigen Dichtern Geld, damit sie ar-Rašīd mit einem Gedicht über den Vorfall informierten. Doch alle zögerten und lehnten ab, außer einem Dichter namens Abū Muḥammad aus Dschidda; dieser war erfahren, von starkem Herzen und kraftvoller Dichtung, angesehen und einflussreich in den Tagen al-Ma'mūns. Er nahm von Jaḥjā und seinen Söhnen 100 000 Dirham an, trat vor ar-Rašīd und trug die folgenden Verse vor:

Das Versprechen, das er dir gab, brach Nikephoros; nun kreist drohend der Untergang über ihm.

Ich bringe dem Herrscher der Gläubigen frohe Kunde, denn Gott gewährt dir einen großen Sieg.

Deine Untertanen freuen sich des Freudenboten, der von seinem Verrat Kunde bringt.

Deine Rechte wünscht eilends einen Angriff, der die Herzen heilt und eine denkwürdige Lektion erteilt.

Er entrichtete dir die Kopfsteuer und neigte seine Wange, aus Furcht vor den scharfen Schwertern und aus Angst vor dem Untergang.

Du bewahrtest ihn vor dem Fall der Schwerter, die gleich Feuerbränden in unseren Händen schwirrten.

Du wandtest dich mit deinem gesamten Heer und zogst ab; da war dein Schützling sicher und glücklich.

Nikephoros! Wenn du Verrat begingst, weil der Imam fern von dir war, wie unwissend und verblendet bist du doch!

Glaubtest du, mit deinem Verrat kämest du davon? Nun möge deine Mutter dich beklagen! Was du glaubtest, ist Verblendung.

Nun wirft dich dein Schicksal in sein übervolles Meer, und seitens des Imams werden Meere dich verschlingen.

Wahrlich, der Imam hat Macht, dich zu bezwingen, gleich ob deine Wohnstatt nah oder fern.

Wenn wir auch nachlässig sind, der Imam vernachlässigt nicht, was er mit Entschlossenheit regiert und beherrscht.

Ein König, der selbst zum heiligen Krieg auszieht! Immer wird sein Feind von ihm bezwungen.

Du, der du durch dein Streben Gottes Wohlgefallen suchst, dein Innerstes ist wahrlich vor Gott nicht verborgen.

Kein guter Rat nützt dem, der seinen Imam betrügt; doch Rat von treuen Ratgebern wird stets gedankt.

Guter Rat an den Imam ist für die Menschen religiöse Pflicht, ist Sühne und Reinigung für die, so ihn erteilen.

Als er seinen Vortrag beendet hatte, fragte ar-Rašīd: »Hat er das getan?«, und erfuhr, dass die Wesire sich dieses Mittels bedient hatten, um ihn darüber zu informieren. Darauf griff er Nikephoros an, als der Schnee noch lag, und eroberte damals Heraklea.

Abū l-Farağ al-Iṣfahānī, *al-Aghānī* XVII, 44–46

9. Der Tod des Mutawakkil (847–861)

Es heißt, al-Mutawakkil habe am ʿĪd al-Fiṭr-Fest [247/861J zwei vier Meilen lange Heereslinien abgeritten. Alle anderen gingen zu Fuß vor ihm her. Er leitete das Gebet und kehrte zu seinem Palast zurück; dort nahm er eine Hand voll Erde und legte sie sich aufs Haupt. Man fragte ihn nach dem Grund dafür, und er erwiderte: »Ich sah das ungeheure Ausmaß dieser Versammlung, und ich vergegenwärtigte mir, dass mir alle diese Menschen untertan sind; da gefiel es mir, mich vor Gott, dem Allmächtigen, zu erniedrigen.« Am Tag nach dem Fest ließ er keinen seiner Zechgenossen kommen. Am dritten Tag, Dienstag, 3. Šawwāl [10. Dezember], war er lebhaft, heiter und zufrieden. ...

Der Sänger Ibn al-Ḥafṣī, der bei dem Fest zugegen war, sagte: Der Fürst der Gläubigen war nie heiterer als an jenem Tag. Er begann sein Fest und ließ seine Zechgenossen und Sänger rufen, und sie kamen. Qabīḥa, die Mutter des Muʿtazz, überreichte ihm einen viereckigen Umhang von grüner Seide, der von unvergleichlicher Schönheit war. Al-Mutawakkil betrachtete ihn lange, pries ihn und zeigte große Bewunderung dafür; dann ließ er ihn in der Mitte durchschneiden und ihr zurückbringen, wobei er zu ihrem Boten sagte: »Er wird sie an mich erinnern.« Dann fügte er hinzu: »Mein Herz sagt mir, dass ich ihn nicht mehr tragen werde, und ich will nicht, dass ein anderer ihn nach mir trägt; deshalb ließ ich ihn zerteilen.« Wir sagten zu ihm: »Herr, heute ist ein Tag der Freude. Gott bewahre dich, Herrscher der Gläubigen, vor solchen Worten!« Er begann zu trinken und sich zu amüsieren, doch wiederholte er ständig: »Bei Gott, ich werde euch bald verlassen.« Dennoch trank er und amüsierte sich bis in die Nacht hinein.

Einige behaupteten, al-Mutawakkil habe zusammen mit al-Fatḥ [ibn Ḫāqān] beschlossen, am folgenden Tag, Donnerstag, 5. Šawwāl [12. Dezember], ʿAbdallāh ibn ʿUmar al Bāzijār aufzusuchen, um ihn zu bitten, al-Muntaṣir zu ermorden und Waṣīf, Bughā und andere Befehlshaber und Führer der Türken zu töten.

Am Tage zuvor, Dienstag, hatte der Kalif, so berichtet al-Ḥafṣī, mit seinem Sohn intensiv Sport getrieben, hatte ihn verschiedentlich beschimpft, ihm verschiedentlich über sein Vermögen hinaus zu trinken befohlen, ihn verschiedentlich schlagen lassen und ihm verschiedentlich mit dem Tode gedroht.

Nach der Aussage von Hārūn ibn Muḥammad ibn Sulaimān al-Hāšimī wird berichtet, ihm habe eine der Frauen hinter dem Vorhang mitgeteilt, al-Mutawakkil habe sich mit folgenden Worten an al-Fatḥ gewandt: »Ich werde mich von Gott lossagen, und ich werde meine Verwandtschaft mit dem Gesandten Gottes – Gott segne und beschütze ihn – aufkündigen, wenn du ihn [d. h. al-Muntaṣir] nicht schlägst.« Daraufhin erhob sich al-Fatḥ und schlug ihn zweimal auf den Nacken. Dann erklärte al-Mutawakkil den Anwesenden: »Ihr seid alle Zeugen, dass ich al-Mustaʿǧil – al-Muntaṣir – von der Thronfolge ausgeschlossen habe.« Danach wandte er sich ihm zu und sagte: »Ich gab dir den Namen al-Muntaṣir [der Siegreiche], doch die Leute nannten dich wegen deiner Dummheit al-Muntaẓir [der Abwartende]. Jetzt bist du al-Mustaʿǧil [der Dringende] geworden.«

»Herrscher der Gläubigen«, sagte darauf al-Muntaṣir, »würdest du meine Enthauptung befehlen, es wäre für mich leichter zu ertragen, als das, was du jetzt tust.«

»Gebt ihm zu trinken!«, rief al-Mutawakkil. Darauf ließ er das Abendessen auftragen; es war schon spät in der Nacht. Al-Muntaṣir ging hinaus und befahl Bunān, dem Sklaven des Aḥmad ibn Jaḥjā, ihm zu folgen. Nachdem er hinausgegangen war, wurde der Tisch vor al-Mutawakkil gestellt, der, betrunken wie er war, zu essen und sich voll zu stopfen begann.

Nach der Aussage von Ibn al-Ḥafṣī nahm al-Muntaṣir, als er hinausging, um in seine Gemächer zurückzukehren, Zurāfa bei der Hand und forderte ihn auf, ihn zu begleiten. »Mein Herr«, sagte dieser, »der Herrscher der Gläubigen hat sich noch nicht erhoben.« »Der Herrscher der Gläubigen ist betrunken«, erwiderte al-Muntaṣir, »und Bughā und die Zechgenossen werden auch bald gehen. Ich möchte gern mit dir über deinen Sohn sprechen. Utamiš bat mich, ich solle seinen Sohn mit deiner Tochter und deinen Sohn mit seiner Tochter verheiraten.«

Zurāfa sagte zu ihm: »Wir sind deine Sklaven, mein Herr. Befiehl also!« Al-Muntaṣir nahm ihn darauf bei der Hand und ging mit ihm fort. Zurāfa hatte schon zuvor zu mir gesagt: »Sei ruhig! Der Herrscher der Gläubigen ist betrunken und wird sich bald erholen. Tamra rief mich zu sich und bat mich, dich zu bitten, zu ihm zu kommen. Lasst uns zu seinen Gemächern gehen.« »Ich werde euch vorangehen«, sagte ich; daraufhin ging Zurāfa mit al-Muntaṣir zu seinen Gemächern.

Bunān, der Sklave des Aḥmad ibn Jaḥjā, berichtete, al-Muntaṣir habe zu ihm gesagt: »Ich habe dem Sohn Zurāfas die Tochter des Utamiš und dem Sohn des Utamiš die Tochter Zurāfas zur Ehe gegeben.«

»Wo ist das Konfetti, mein Herr?«, fragte Bunān, »denn das macht doch einen Eheschluss erst schön.«

»Morgen, so Gott will«, sagte er, »die Nacht ist ja schon vorbei.«

Zurāfa war zu den Gemächern Tamras gegangen. Als er dort eintrat, bat er um etwas zu essen, und man setzte ihm etwas vor. Doch er hatte kaum zu essen begonnen, als wir Lärm und Geschrei vernahmen. Wir standen auf und Bunān sagte: »Das ist nur Zurāfa, der Tamras Gemächer verlässt.« Plötzlich erschien Bughā vor al-Muntaṣir, der ihn fragte: »Woher kommt dieser Lärm?«

Als Bughā antwortete: »Gute Nachricht, Herrscher der Gläubigen!«, rief al-Muntaṣir aus: »Unseliger, was sagst du da?«

»Gott belohne dich großzügig für unseren Herrn, den Herrscher der Gläubigen. Er war Gottes Diener. Gott rief ihn zu sich, und er folgte.«

Al-Muntaṣir hielt eine Audienz ab und befahl, die Türen der Halle zu schließen, in der al-Mutawakkil ermordet worden war; außerdem die Audienzhalle. Alle Türen wurden geschlossen. Dann schickte er nach Waṣīf und befahl ihm, im Namen von al-Mutawakkil al-Mu'tazz und al-Mu'ajjad herbeizurufen.

Nach Aussage von 'Aṯ'aṯ wird berichtet, al-Mutawakkil habe, nachdem sich al-Muntaṣir erhoben hatte und mit Zurāfa weggegangen war, sich seinen Tisch bringen lassen. Bughā der Jüngere, bekannt als aš-Šarābī, habe hinter dem Vorhang gestanden. An jenem Tag war Bughā der Ältere mit dem Palastdienst an der Reihe; da er sich aber an jenem Tag in Sumaisāṭ aufhielt, ließ er sich durch seinen Sohn Mūsā, den Sohn von al-Mutawakkils Tante mütterlicherseits, vertreten. Bughā der Jüngere betrat die Runde und hieß die Zechgenossen in ihre Gemächer zurückkehren.

»Es ist noch nicht Zeit, sich zurückzuziehen«, sagte al-Fatḥ zu ihm. »Der Herrscher der Gläubigen hat sich noch nicht erhoben.«

»Der Herrscher der Gläubigern«, sagte Bughā, »befahl mir, alle fortzuschicken, sobald er sieben Maß *[raṭl]* getrunken habe; inzwischen hat er schon vierzehn getrunken.« Al-Fatḥ protestierte, doch Bughā sagte: »Die Frauen des Herrschers der Gläubigen sind hinter dem Vorhang; er selbst ist betrunken. Steht auf und geht!« Alle bis auf al-Fatḥ, 'Aṯ'aṯ und vier Diener des Kalifen, nämlich Šafī', Farağ der Jüngere, Mu'nis und Abū 'Īsā Mārid al-Muḥrizī, gingen hinaus. 'Aṯ'aṯ sagte: Der Koch stellte den Tisch vor al-Mutawakkil, und dieser begann zu essen und sich voll zu stopfen und forderte Mārid auf, ihm dabei Gesellschaft zu leisten. Er war betrunken, und nach dem Essen trank er weiter.

'Aṯ'aṯ berichtete, Abū Aḥmad, der Sohn al-Mutawakkils und von derselben Mutter geboren wie al-Mu'ajjad, der auch zugegen war, ging austreten. Bughā aš-Šarābī hatte alle Türen verschlossen außer jener, die zum Fluss führte. Durch diese traten die Männer ein, die ausgesucht worden waren, den Kalifen zu ermorden. Abū Aḥmad erblickte sie und rief: »Was soll das, ihr Schurken!«, denn sie hatten ihre Schwerter gezückt. Die Mörder wurden von Baghlūn, dem Türken, Bāghir, Mūsā ibn Bughā, Hārūn ibn Suwārtagīn und Bughā aš-Šarābī geführt.

Als al-Mutawakkil Abū Aḥmad rufen hörte, hob er das Haupt, erblickte sie und fragte: »Was soll das, Bughā?« Bughā antwortete: »Das sind die Männer der Nachtwache, die am Tor meines Herrn, des Herrschers der Gläubigen, Wache halten werden.« Als die Männer al-Mutawakkil mit Bughā reden hörten, zogen sie sich zurück. Weder Wāğin und sein Gefolge noch die Söhne von Waṣīf waren unter ihnen. ʿAṭʿaṭ sagte: Ich hörte Bughā zu ihnen sagen: »Schurken! Ihr seid so gut wie tot und ohne Ausweg. So sterbt wenigstens würdig!« Daraufhin kamen sie in die Halle zurück, und Baghlūn versetzte dem Kalifen den ersten Hieb, der ihm das Ohr abtrennte und ihn an der Schulter traf: Er rief: »Unseliger! Gott schlage dir die Hand ab!« Darauf erhob er sich und wollte sich auf ihn stürzen; er jedoch wehrte ihn mit dem Arm ab, und Bāghir stand ihm bei.

»Unselige!«, rief al-Fatḥ, »dieser ist der Herrscher der Gläubigen!«

»Schweig, Dummkopf!«, sagte Bughā; da warf al-Fatḥ sich über al-Mutawakkil. Doch Hārūn durchbohrte ihn mit dem Schwert, und er schrie: »Tod!« Hārūn und Mūsā ibn Bughā stürzten sich auf ihn mit ihren Schwertern, töteten ihn und zerhackten ihn. ʿAṭʿaṭ wurde am Kopf verwundet. Ein junger Eunuche al-Mutawakkils, der auch zugegen war, versteckte sich hinter dem Vorhang und rettete sich so. Die Übrigen flohen. Aṭ-Ṭabarī III, 1454–1460

10. Ein Spitzel des Kalifen (892–902)

Als al-Qāsim ibn ʿAbdallāh nach dem Tod seines Vaters alleiniger Wesir geworden war, liebte er Trunk und Spiel. Er fürchtete, das könne dem Kalifen al-Muʿtaḍid zu Ohren kommen und dieser möchte ihn dann für unwürdig halten und ihm schamlose Sinnlichkeit und Vernachlässigung seiner Arbeit zugunsten von Vergnügungen vorwerfen. Deshalb trank er nur im Verborgenen und insgeheim.

Eines Tages nun, als er mit seinen Sängerinnen allein war, legte er eines ihrer gefärbten Gewänder an, ließ viele Früchte auftragen und trank und spielte von Mittag bis Mitternacht. Den Rest der Nacht schlief er und meldete sich am folgenden Tag wie üblich frühmorgens bei al-Muʿtaḍid, der tat, als bemerke er nichts. Auch am folgenden Tag erschien er früh, und als der Blick al-Muʿtaḍids auf ihn fiel, sagte er zu ihm: »Nun, Qāsim, was hätte dagegen gesprochen, auch uns zu deinem heimlichen Gelage einzuladen und uns mit gefärbten Gewändern zu bekleiden?«

Da küsste der Wesir die Erde und berichtete wahrheitsgetreu die Vorgänge und zeigte sich dankbar für die Erheiterung des Kalifen. Darauf ging er hinaus, in höchstem Maße darüber beunruhigt, wie viel der Kalif über ihn wusste, und es war ihm unerklärlich, dass sein Verhalten nicht geheim geblieben war.

Niedergeschlagen ging er nach Hause. Nun hatte er in seinem Haus einen Informanten namens Ḫālid, der ihm über die Vorgänge in seinem Haus berichtete. Diesen ließ er kommen und teilte ihm mit, was sich zwischen ihm und al-Muʿtaḍid abgespielt hatte, und sagte zu ihm: »Wenn du mir herausbekommst, wer diese Information hinaustrug, werde ich dein Gehalt erhöhen und dich belohnen; wenn nicht, werde ich dich nach ʿUmān verbannen.« Darauf schwor er auf beides einen Eid. Der Informant verließ ihn ratlos und niedergeschlagen, wusste er doch nicht, was er tun sollte. Er dachte nach, schmiedete Pläne und bemühte sich sehr, doch fiel ihm nichts ein, was er tun könnte.

Der Informant sagte: Am nächsten Morgen ging ich in aller Frühe zum Hause al-Qāsims, und zwar früher als gewöhnlich, da ich in dieser Nacht keinen Schlaf gefunden hatte und äußerst beunruhigt war; auch wollte ich der Sache nachgehen. So kam ich dorthin, doch das Tor von al-Qāsims Haus war noch verschlossen. Als ich mich deshalb hingesetzt hatte, erschien plötzlich ein Mann, der hinkte, wie ein Bettler gekleidet war und auch einen Beutel trug, wie ihn Bettler tragen. Als er ans Tor kam, setzte er sich nieder, bis das Tor aufgemacht wurde, und ging dann vor mir hinein. Die Türhüter begrüßten ihn sehr herzlich, fragten ihn, was es Neues gebe, und klopften ihm auf die Schultern. Dann scherzte er mit ihnen, hänselte sie und tauschte mit ihnen ein paar gut gemeinte Schimpfworte aus. Dann setzte er sich in die Halle und fragte: »Reitet der Wesir heute aus?«

»Ja«, antwortete man ihm, »er reitet jetzt gleich aus.«

»Und wann ging er letzte Nacht schlafen?«

»Um die und die Zeit.«

Als ich ihn diese Fragen stellen hörte, nahm ich an, dass es sich um den Spitzel handelte. Ich hörte aufmerksam zu und stellte fest, dass sie sich nicht sehr um ihn kümmerten, während er jeden Einzelnen von ihnen, ob dieser nun Zugang zum Wesir hatte oder nicht, über den Wesir ausfragte und man ihm antwortete. Die Türhüter teilten ihm darüber hinaus noch weiteres mit. Danach humpelte der Bettler hinein zu den Dienern, und dort spielte sich dasselbe ab wie mit den Türhütern. Dann humpelte er in die Halle, die jedermann zugänglich war, und ich fragte einige Diener, wer er sei. »Ein armer, kranker, etwas einfältiger, aber gutmütiger Mann, der hier ins Haus kommt, scherzt und um Almosen bittet und von Dienern und anderen Angestellten auch immer etwas bekommt.«

Ich folgte ihm bis in die Küche, wo er fragte, was und mit wem der Wesir gegessen habe und worüber man sich unterhalten habe. Der Koch, die Küchenjungen und die Diener des Truchsess berichteten ihm alle etwas. Dann humpelte er weiter und ging in den Getränkeraum und erkundigte sich fortwährend nach jeder Einzelheit und unterhielt sich mit allen. Darauf ging er in die Kleiderkammer, wo er sich ebenso benahm. Schließlich kam er ins Büro der Sekretäre im *dīwān* und horchte mit Aufmerksamkeit und Interesse auf alles, was sich abspielte, fragte einen Knaben nach dem anderen und erhielt eine Information nach der anderen. Er fragte systematisch an jedem Ort und bei jeder Gelegenheit und mischte Ernst und Scherz und Neckerei in allem, was er sagte. Er wurde mit Informationen überhäuft und überschüttet, und man gab ihm Kleinigkeiten, die er in seinen Beutel füllte.

Als er mit alldem fertig war, machte er sich in Richtung Tür auf, um wegzugehen. Doch bei der Türe packte ich ihn, brachte ihn in ein Zimmer, wo ich ihn einschloss, und setzte mich selbst neben die Tür. Als der Wesir allein war, gab ich ihm Kenntnis davon, und er hieß mich, ihm den Mann vorzuführen.

In einer anderen Version wird der Vorfall folgendermaßen berichtet: Als der Mann an die Tür kam, folgte ich ihm bis zu einem Haus im Ḫuld-Viertel, in das er hineinging. Ich wartete, und nach einer Weile kam er, tadellos angezogen, wieder heraus und ging ohne Gebrechen. Ich folgte ihm wiederum bis zu einem Haus in der

Nähe des Pförtnerhauses von Ibn Ṭāhirs Palast, in welches er eintrat. Ich zog Erkundigungen über das Haus ein und erfuhr, es gehöre dem und dem, einem Hāšimiten und anständigen Mann. So wartete ich bis Sonnenuntergang, als ein Diener aus dem Hause Ibn Ṭāhirs kam. Dieser klopfte am Tor und sprach durch ein kleines Fenster mit dem Mann, der ihn rief und ihm ein kleines Stück Papier zuwarf. Der Diener hob es auf und entfernte sich.

Ich ging zurück zum Wesir und bat ihn um einige Diener, die er mir zur Verfügung stellte. Mit ihnen ging ich am nächsten Morgen in aller Frühe zu dem Haus im Ḫuld-Viertel. Dort fand ich auch richtig den Mann mit den Kleidern, die er getragen hatte, als er in sein eigenes Haus in der Nähe von Ibn Ṭāhirs Palast ging. Ich überraschte ihn, als er diese Kleider schon abgelegt und die Bettlerkleidung, in welcher ich ihn zunächst gesehen hatte, angezogen hatte. Ich nahm ihn mit, bedeckte dabei aber sein Gesicht und hielt die Sache geheim und brachte ihn in al-Qāsims Haus. Dort suchte ich al-Qāsim auf und erzählte ihm die ganze Geschichte. Daraufhin übergab er jemandem seine Arbeit und ließ, als wir allein waren, den Mann vorführen und sagte zu ihm: »Erzähle mir wahrheitsgetreu deine Geschichte oder du wirst nie mehr das Tageslicht erblicken und wirst, bei Gott, nie mehr diesen Raum verlassen.«

»Versprichst du mir Sicherheit?«, fragte der Mann.

»Ja«, erwiderte der Wesir, »du bist sicher.«

Als er darauf, ohne Gebrechen, aufstand, war al-Qāsim erstaunt. Der Mann sagte: »Ich teile dir mit, dass ich der und der, Sohn von dem und dem, der Hāšimite bin, ein anständiger Mann. Soundso lange schon spioniere ich dir für al-Muʿtaḍid nach. Ich wohne in der Jaʿqūb-Straße, nahe dem Palast des Ibn Ṭāhir. Al-Muʿtaḍid bezahlt mir fünfzig Dinar im Monat. Jeden Tag gehe ich hinaus, und zwar in einer Art gekleidet, die meinen Nachbarn nicht weiter auffällt, und begebe mich in das Haus im Ḫuld-Viertel, in dem ich ein Zimmer gemietet habe und wo mich die Bewohner für einen der ihren halten und nicht auf meine Kleidung achten. Jenes Haus verlasse ich mit diesen Kleidern und mit einem andersfarbigen Bart über dem meinigen, damit mich kein Bekannter, dem ich auf der Straße zufällig begegne, erkennt. Vom Ḫuld-Viertel humple ich zu deinem Haus, wo ich all das tue, was du inzwischen weißt; ich sammle nämlich bei deinen Dienern, die meine Absicht nicht kennen, Informationen über dich. Sie teilen mir im ungezwungenen Geplauder mit, was sie für Geld nie herausließen. Danach kehre ich in mein Zimmer im Ḫuld-Viertel zurück, ziehe mich um, verteile an die Bettler, was sich in meinem Beutel angesammelt hat, ziehe die Kleider an, in denen mich meine Nachbarn kennen, und gehe nach Hause. Dort esse und trinke ich und genieße den Rest des Tages. Wenn dann bei Sonnenuntergang ein Diener aus Ibn Ṭāhirs Palast zu mir kommt, dem dies aufgetragen ist, werfe ich ihm aus dem Fenster einen Zettel mit dem Bericht jenes Tages zu, ohne ihm die Tür zu öffnen. Doch jeden neunundzwanzigsten Tag gehe ich, wenn der Diener kommt, zu ihm hinab, übergebe ihm den Bericht für jenen Tag, und er übergibt mir meinen Lohn für jenen Monat. Hätte ich deinen Informanten gesehen und mir klar gemacht, um wen es sich handelte, so wäre mir das nicht passiert. Hätte ich ihn auch nur ein einziges Mal erblickt, so wäre mir nicht entgangen, dass er ein Informant ist, und ich wäre von dort, wo ich ihn sah, fortgegangen und er hätte nichts über mich erfahren. Doch nun geschah es so, weil meine Zeit gekommen ist. 0 Gott, mein Leben ist verwirkt.«

Der Wesir sagte: »Sag mir die Wahrheit! Was hast du al-Muʿtaḍid von mir berichtet?« Da nannte er verschiedene Dinge, die er berichtet hatte, unter anderem die Geschichte mit den gefärbten Kleidern. Al-Qāsim hielt den Mann einige Tage in aller Heimlichkeit gefangen und schickte mich zu seinem Haus mit dem Auftrag, die Angelegenheit im Auge zu behalten und zu sehen, was geschieht. Ich ging zu dem von ihm beschriebenen Haus in der Jaʿqūb-Straße und wartete bis Sonnenuntergang, als richtig ein Diener kam und nach ihm rief. Eine Sklavin antwortete ihm, er sei, was er noch nie getan habe, heute nicht zurückgekehrt und sie seien, weiß Gott, sehr beunruhigt. Da ging der Diener fort, und ich ebenfalls. Am folgenden Tag ging ich bei Sonnenuntergang wieder dorthin. Wieder kam der Diener, und wieder sagte die Sklavin: »Heute kam er wieder nicht. Bei Gott, wir sind noch mehr beunruhigt als gestern und fürchten, es möchte ihm etwas zugestoßen sein, wovon wir nichts wissen.« Da ging der Diener fort, und ich ebenfalls.

Am folgenden Tag ging ich wieder dorthin. Wieder kam der Diener, und man sagte ihm: »Bei Gott, wir haben die Hoffnung aufgegeben, ihn je wiederzusehen. Zweifellos ist er tot, und es wurden auch schon Trauerfeiern im Hause seiner Mutter und seines Onkels abgehalten.« Da ging der Diener fort, und ich überbrachte al-Qāsim die Nachricht.

Am nächsten Morgen ritt al-Qāsim zu al-Muʿtaḍid, der ihn, sobald er ihn sah, zu sich rief und sagte: »Ibrāhīm der Hāšimite, der Arme! Bei meinem Leben, lass ihn gehen und behandle ihn gut, dann hast du mein Versprechen, dass ich dir keinen Spitzel mehr nachschicken werde. Doch bei Gott, wenn ihm etwas zugestoßen ist, bist du allein dafür verantwortlich.« Al-Qāsim küsste die Erde, entfernte sich und kehrte nach Hause zurück. Er dankte Gott, dem Allmächtigen, dass er den Mann nicht übereilt getötet hatte. Er teilte uns alles mit, ließ den Hāšimiten kommen, überreichte ihm Gewänder, gab ihm einiges Geld und entließ ihn. Danach wurde nichts mehr über ihn an al-Muʿtaḍid berichtet.

At-Tanūḫī, *al-Farağ baʿd aš-šidda,* 108–111

11. Bekenntnisse eines Kalifen (934–940)

Eines Tages sagte ar-Rāḍī[1] zu uns: »Bei Gott, ich nehme an, die Leute fragen: ›Ist dieser Kalif damit einverstanden *[rāḍī]*, dass ein türkischer Sklave seine Geschäfte führt, ja sogar die Finanzen regelt und die alleinige Macht ausübt?‹ Sie wissen nicht, dass diese Herrschaft [d. h. das Kalifat] schon vor unserer Zeit zugrunde gerichtet wurde und einige Leute sie mir übertrugen, ohne dass ich das wollte. Man übergab mich den Truppen und der Palastwache, die sich mir gegenüber unverschämt betrugen, mehrmals am Tag bei mir vorsprachen und mich sogar bei Nacht aufsuchten. Jeder von ihnen wollte von mir vor seinem Kollegen bevorzugt werden und verlangte gar ein eigenes Schatzhaus. Um mein Leben zu schützen, unterließ ich es, sie zu hintergehen, bis Gott mich schließlich von ihnen befreite. Darauf übernahm Ibn Rā'iq[2] die Macht, und dieser ging noch unverschämter mit dem Staatsschatz um als jene. Er pflegte ohne Gesellschaft zu trinken und sich zu vergnügen. Wenn er oder einer seiner Vorgänger erfuhren, in einer Parasange Entfernung seien Reiter dabei, Besitzungen zu plündern und Menschen zu töten, und man sie ausreiten hieß, verlangten sie zunächst Sold und rückständigen Lohn. Manchmal strichen sie sogar den Sold ein, ohne danach auszurücken. Einzelne von ihnen oder ihren Gefährten ließen sich auch Übergriffe zuschulden kommen, sowohl gegen einzelne meiner Untertanen als auch gegen meine Vertrauten, und wenn ich dann eine Maßnahme gegen sie verfügte, wurde der Befehl nicht befolgt und die Maßnahme nicht ausgeführt oder vollzogen. Meist verlangte einer dieser Hunde etwas von mir, und ich war gar nicht in der Lage, es abzulehnen. Denn wenn ich ablehnte, wurden sie zornig, traten zusammen und redeten miteinander.

Mit diesem Sklaven [Bağkam][3] nun kam einer an die Macht, der mir nicht sagte: ›Ich habe dich zu dem gemacht, was du bist‹ oder ›Ich habe dich auf den Kalifenthron gesetzt‹, wie jene es zu tun pflegten. Im Gegenteil, ich hatte es gewagt, ihn zu meinem ›Werkzeug‹ zu machen. Ich fand heraus, dass er, wenn einer seiner Anhänger sich eine Übertretung hatte zuschulden kommen lassen, sich mit nichts weniger als mit dessen Hinrichtung oder doch äußerst strenger Bestrafung zufrieden gab. Wenn er erfuhr, ein Feind sei in ein Gebiet eingedrungen, brach er, kaum dass er die Nachricht erhalten hatte, gegen ihn auf, ohne mich durch Soldforderungen unter Druck zu setzen und ohne rückständigen Lohn zu verlangen. Ich war zwangsläufig mit ihm zufrieden. Er war ein besserer Diener und mir daher lieber als seine Vorgänger. Für mich wäre es am besten gewesen, ich hätte alle Macht selbst in der Hand gehabt wie meine Vorgänger, doch das Schicksal gewährte mir das nicht.«

Ar-Rāḍī lud Bağkam mehrmals ein, und zwar niemals, ohne für Gewänder und Geschenke für ihn mindestens 20 000 Dinar auszugeben; zusätzlich schenkte er ihm noch goldene und silberne Tabletts, Amber, Weihrauch, Kampfer und Kristall. Er erfuhr, Bağkam habe bei sich zu Hause die Gewohnheit, Wasser, das ihm gebracht wurde, erst zu trinken, wenn es derjenige, welcher es ihm brachte, gekostet hatte, wobei er etwas davon in einen Becher goss, den er bei sich hatte, davon trank und es ihm dann servierte. Ar-Rāḍī machte es bei sich ebenso. Wenn etwas serviert wurde, setzte man es erst ar-Rāḍī vor, der davon aß. Danach setzte man es Bağkam vor. Ebenso wurde es mit dem Wein und allem anderen gemacht, was man ihm anbot. Bağkam bat ihn, damit aufzuhören, doch er bestand darauf.

Bei der letzten Gelegenheit, zu welcher ar-Rāḍī ihn einlud, küsste Bağkam ihm den Fuß und die Hand. Ar-Rāḍī umarmte ihn, zog sich zwei Ringe vom Finger und steckte sie Bağkam an den Finger. Einer von beiden glich in Farbe und Größe dem »Berg« genannten Rubin. Ibn Ḥamdūn und ich, wir schauten uns an und waren bedrückt darüber, dass »der Berg« an einer anderen Hand als der des Kalifen stecken sollte. Er verstand uns, und als Bağkam gegangen war, sagte er zu uns: »Ich sah eure Blicke, als ich ihm den Ring gab, und ich nehme an, ihr glaubtet, es sei ›der Berg‹ gewesen. Er war es nicht; vielmehr war es der Stein, welcher ihm auf der Welt am ähnlichsten ist.«

Als ich nach dem Tode ar-Rāḍīs in Wāsiṭ bei Bağkam war, welchen einige Eunuchen ar-Rāḍīs umgaben, sagte er zu mir: »Diese da berichten mir, ar-Rāḍī habe mich bei einer der Gelegenheiten, zu welchen er mich einlud, festnehmen lassen wollen. Ist das wahr?« »Der Emir weiß«, erwiderte ich, »dass von ar-Rāḍī nun weder etwas zu erhoffen noch etwas zu befürchten ist. Doch, bei Gott, wir haben bei ihm nie etwas dergleichen vernommen, weder in nüchternem noch in betrunkenem Zustand, weder im Ernst noch im Spaß. Er empfand immer nur Zuneigung für den Emir und schätzte sich seinetwegen glücklich. Hingegen pries er Ibn Rā'iq, als dieser ihn drangsalierte, nur zum Schein. Er rühmte ihn und pries ihn, doch uns blieben seine innersten Gefühle nicht verborgen, selbst bevor er sie uns entdeckte.« »Du sagtest, bei Gott, die Wahrheit«, sagte Bağkam, »jene aber logen. Woher sollten sie es wissen? Meiner Ansicht nach war es, wie du sagtest.«

Darauf berichtete ich ihm von ar-Rāḍīs Äußerungen über das Gerede der Leute, die ich schon oben zitierte. Da lachte er und sagte: »Ar-Rāḍī war äußerst intelligent und schlau und ein echter Schmeichler obendrein (so meinte er es, auch wenn er es anders formulierte), aber ich tadle ihn wegen seiner großen Feigheit. Er unterwarf sich eher seinem Vergnügen und seinen Begierden als seinem Urteil.«

Ich bewunderte wirklich Bağkams Klugheit, der, weiß Gott, die beiden einzigen Fehler ar-Rāḍīs erkannt hatte. Darauf teilte ich ihm mit, wir wüssten Bescheid über ar-Rāḍīs geheime Korrespondenz mit dem Emir, in welcher der Kalif ihn ermächtigte, gegen Bagdad zu ziehen, und sich über die Behandlung durch Ibn Rā'iq beschwerte. Er schrieb ihm: »Du schuldest demjenigen Treue, der dich zu dem gemacht hat, was du bist, und dich gut behandelt hat.« Der Emir schrieb zurück: »Gott schütze mich vor dem Gedanken, mein Herr könne auf meine Ermordung sinnen, wie es Ibn Rā'iq tat. Er nämlich gab mir ein Heer mit einem festgesetzten Sold; dann aber zahlte er ihnen nicht, worauf sie Anspruch hatten. Außerdem trachtete er mir nach dem Leben.« Als der Brief des Emirs mit diesem Inhalt dem Kalifen überbracht worden war, schrieb er ihm: »Bei Gott, ich möchte nicht, dass auch nur der Geringste deiner Soldaten oder Gefolgsleute einen Schaden erleide wegen deiner Stellung bei mir und wegen all dessen, was dir aufgrund deiner mutigen und ergebenen Haltung zukommt. Wie könnte ich das wollen, was du erwähntest? Doch da die Sache nun diese Wendung genommen hat und meine Ermahnung an dich, mir gegenüber loyal und treu zu sein, für dich zu Machtverlust geführt hat, was ich wirklich nicht will, tu, was für dich am besten ist.«

Als der Emir diesen Brief gelesen hatte, zog er gegen Bagdad. Dann sagte er zu mir: »Genau so war es, bei Gott. Ich brach erst auf, nachdem dieser Brief mich erreicht hatte.« Aṣ-Ṣūlī, *Aḫbār*, 41–44

III. Syrien, Ägypten, Nordafrika

Vom neunten Jahrhundert an entglitt den 'Abbāsiden nach und nach die Kontrolle über die Provinzen, welche, wiewohl nominell weiterhin unter 'abbāsidischer Herrschaft, tatsächlich von praktisch unabhängigen Herrschern regiert wurden. Ein solcher war der nubische Eunuch Kāfūr, der in Ägypten an die Macht kam. Er war jedoch eine Ausnahme. Häufiger waren diese Herrscher arabischer, lokaler oder türkischer Abstammung. Viele von ihnen gründeten eigene Dynastien.

Die Fāṭimiden, die zunächst in Tunesien, dann in Ägypten regierten, waren nicht nur von persönlichem oder dynastischem Ehrgeiz beseelt; sie waren die Führer einer großen religiösen Bewegung, der Ismā'īliten, deren Ziel nichts weniger als die Umwandlung der gesamten islamischen Welt war. Daher lehnten sie sogar die symbolische Anerkennung des 'abbāsidischen Kalifen ab; sie nahmen für sich in Anspruch, die alleinigen, wahren und rechtmäßigen Erben des Kalifats zu sein, welches sie den 'abbāsidischen Usurpatoren entreißen wollten. Das Fāṭimidenkalifat, das fast drei Jahrhunderte bestand, stellte eine Zeit lang eine echte Herausforderung für die 'Abbāsiden dar. Es gelang ihnen indessen nicht, diese zu verdrängen, und mit der Zeit lösten sie sich auf und verschwanden dann. Die Zīridenherrscher in Nordafrika übertrugen ihre Loyalität von den Fāṭimiden auf die 'Abbāsiden; die Folgen dieser Tat sind in einem der nachstehenden Ausschnitte beschrieben. Der Kampf zwischen Eindringlingen aus Ost und West nach Syrien brachte neue Kräfte und neue Führer nach oben. Ein solcher war der kurdische General Saladin, der ebenfalls eine eigene Dynastie gründete. Er ist besonders für zwei Leistungen unvergessen: seinen Sieg über die Kreuzfahrer und die Wiederherstellung der sunnitischen Orthodoxie und der 'abbāsidischen Herrschaft in Ägypten.

12. Kāfūr (946–968)

Kāfūr al-Iḫšīdī war ein schwarzer Eunuchensklave mit durchbohrter Unterlippe, einem dicken Bauch, hässlichen Füßen und einem schweren Körper. Er wurde im Jahre 310 (922), als er über zehn Jahre alt war, nach Ägypten zum Verkauf gebracht. Von dem Augenblick an, in dem er Ägypten betrat, hoffte er, dort einmal Herrscher zu werden. Der Sklavenhändler, der ihn nach Ägypten gebracht hatte, verkaufte ihn an Muḥammad ibn Hāšim, einen Landsteuerpächter, und dieser verkaufte ihn dem Sekretär Ibn ʿAbbās. Eines Tages suchte Kāfūr in Ägypten einen Astrologen auf, der ihm ein Horoskop erstellte und ihm sagte: »Du wirst in den Dienst eines großen Mannes treten und bei ihm dein Glück machen.«

Kāfūr gab dem Astrologen zwei Dirham; das war alles, was er besaß. Der Astrologe warf sie ihm zurück mit den Worten: »Ich teile dir etwas so Erfreuliches mit, und du speisest mich mit zwei Dirham ab! Ich will dir noch etwas sagen! Du wirst Herr über dieses Land und weitere Länder werden. Erinnere dich an mich!«

Eines Tages nun schickte Ibn ʿAbbās, der Sekretär, ihn mit einem Geschenk zum Emir Abū Bakr Muḥammad ibn Ṭughǧ al-Iḫšīd[1], der zu jener Zeit einer der Heerführer Tekins war, des Gouverneurs von Ägypten. Al-Iḫšīd sandte das Geschenk zurück und behielt Kāfūr. Kāfūr stieg in seinen Diensten auf und wurde schließlich einer seiner vertrautesten Diener. Als al-Iḫšīd in Damaskus starb, übernahm Kāfūr die Regierungsführung. Er gewann die Leute durch Schmeichelei und Versprechungen, beruhigte so die Bevölkerung und beendete den ausgebrochenen Aufruhr. Er ordnete das Begräbnis seines Herrn an, überführte seine Leiche nach Jerusalem und zog dann nach Ägypten. Abū l-Qāsim Onuğur, der Sohn al-Iḫšīds, wurde als Nachfolger anerkannt. Plötzlich kam die Nachricht, Saif ad-Daula ʿAlī ibn Ḥamdān habe Damaskus erobert und sei bis Ramla vorgerückt. Kāfūr brach sofort mit dem Heer auf. Die großen Trommeln wurden am Eingang seines Zeltes zu jeder Gebetszeit geschlagen. Er rückte vor, errang einen Sieg, machte reichlich Beute und kehrte mit einem großen Machtzuwachs nach Ägypten zurück. Er regierte im Namen Onuğurs, und die Heerführer sprachen ihn mit *ustāḏ* [Meister] an. Die Heerführer versammelten sich in seinem Haus, und er verlieh ihnen Ehrengewänder, Pferde und andere Geschenke. Eines Tages schenkte er Ǧanak, einem der Heerführer al-Iḫšīds, 14 000 Dinare und machte ihn zu seinem Sklaven auf Lebenszeit.

Kāfūrs Macht im Staate wuchs. Er verfügte Ernennungen und Entlassungen, Schenkungen und Konfiszierungen; sein Name wurde im Freitagsgebet von allen Kanzeln außer denen von Fusṭāṭ, Ramla und Tiberias genannt; und selbst in Letzteren wurde er im Jahre 340 [951–952] genannt. Jeden Samstag hielt er Gerichtssitzung zur Anhörung von Beschwerden *[maẓālim]*, bei welcher die Qāḍīs, die Wesire, die Zeugen und die Stadtnotabeln zugegen waren. Zwischen ihm und dem Emir Onuğur entbrannte ein Streit, und jeder war vor dem anderen auf der Hut. Als ihre Entfremdung wuchs, wurde auch das Heer gespalten, und ein Teil unterstützte diesen, der andere jenen. Dann starb Onuğur im Monat Ḏū l-Qaʿda 349 [Januar–Februar 961], und es heißt, Kāfūr habe ihn vergiftet. Kāfūr ernannte seinen Bruder Abū l-Ḥasan ʿAlī ibn al-Iḫšīd an seiner statt, behielt aber alle Macht für sich und wies dem von der Macht ausgeschlossenen Emir lediglich 400 000 Dinare im Jahr zu. So besaß Kāfūr die ungeteilte Herrschaft über Ägypten und Syrien.

Bald traten Unstimmigkeiten zwischen dem Emir Abū l-Ḥasan ʿAlī und Kāfūr auf, der seine Bewegungsfreiheit einschränkte und jedermann daran hinderte, ihn zu sehen. Darauf erkrankte Abū l-Ḥasan am selben Leiden wie sein Bruder Onuğur und starb nach langer Krankheit im Monat Muḥarram 355 [Dezember 965–Januar 966]. Danach blieb Ägypten für einige Tage ohne Emir, während deren nur der Kalif al-Muṭīʿ im Freitagsgebet genannt wurde und Kāfūr Ägypten und Syrien verwaltete, und zwar die Steuern und die Menschen. Vier Tage vor dem Ende des Muḥarram jenes Jahres [23. Januar 966] verschaffte sich Kāfūr vom Kalifen al-Muṭīʿ eine Urkunde, die ihn als Nachfolger ʿAlīs, des Sohnes al-Iḫšīds, bestätigte; doch nahm er keinen anderen Titel als *ustāḏ* an. Jetzt wurde im Freitagsgebet von den Kanzeln sein Name nach dem des Kalifen genannt.

Großes ereignete sich zu seiner Zeit. Ein Heer des Muʿizz li-Dīn Allāh Abū Tamīm Maʿadd[2] erreichte von Nordafrika her die Oasen. Kāfūr rüstete gegen diese Truppen ein Heer, welches sie vertrieb und viele von ihnen tötete. Die Trommeln, hundert große Kupfertrommeln, wurden vor seinem Tor fünfmal bei Tag und Nacht geschlagen. Die Missionare des Muʿizz kamen aus Nordafrika, um Kāfūr zur Anerkennung seiner Herrschaft aufzufordern. Kāfūr behandelte sie gut. Die meisten Anhänger al-Iḫšīds und Kāfūrs, alle frommen Männer und Sekretäre, hatten al-Mu'izz schon den Treueid *[bai'a]* geleistet.

Zu Kāfūrs Zeit war die Nilschwemme ungenügend. In jenem Jahr erreichte sie nur zwölf Ellen und einige Finger. Nahrungsmittel wurden teuer, und der Tod ging um, sodass man die Toten nicht mehr in Leichentücher hüllen und begraben konnte. Das Gerücht wurde verbreitet, die Qarmaṭen[3] zögen gegen Syrien, und Kāfūrs Sklaven, neben den Griechen und den einheimischen Schwarzen *[muwallad]* 1070 Türken, wandten sich gegen ihn. Er starb zehn Tage vor Ende des Ǧumādā I 357 [13. April 968], 60 Jahre alt. Man fand in seinem Besitz 700 000 Golddinare, Schmuck, Edelsteine, Amber, Parfüm, Silbermünzen, Stoffe, Geräte, Möbel, Zelte, Sklaven, Sklavinnen und Reittiere, insgesamt im Wert von 600 Millionen Dinar. Er herrschte einundzwanzig Jahre, zwei Monate und zwanzig Tage über Ägypten, Syrien und über die beiden heiligen Städte; davon herrschte er zwei Jahre, vier Monate und neun Tage allein, nach dem Tod der Söhne seines Herrn. Als er starb, hatte er kein Testament gemacht, keine Stiftung errichtet, kein Bauwerk hinterlassen, durch welches man sich seiner erinnern könnte. Vierzehn Wochen lang nannte man ihn im Freitagsgebet von den Kanzeln mit der *kunja*, die ihm der Kalif verliehen hatte, nämlich Abū l-Misk [Vater des Moschus][4]. Nach ihm führte der Aufruhr Ägypten in den Rand des Ruins, bis unter dem Heerführer Ǧauhar die Truppen des Mu'izz kamen und Ägypten Sitz des Kalifats wurde.

Al-Maqrīzī, Ḫiṭaṭ II, 26-27

13. Die Geschichte des Kalifen al-Ḥākim bi-Amr Allāh (996–1021)

Al-Ḥākim bi-amr Allāh Abū 'Alī Manṣūr, der Sohn des 'Azīz billāh Nizār und Enkel des Mu'izz li-dīn Allāh Abū Tamīm Ma'add, wurde in einer Donnerstagnacht, am 23. Rabī' I im Jahre 375 der Hiǧra [14. August 985] in der neunten Stunde im Palast von Kairo geboren, in dem Augenblick, in welchem der 27. Grad des Krebses in der Aszendenz war. In der Stadt Bilbais wurde ihm am Nachmittag des Dienstags, des 20. Ramaḍān 386 [7. Oktober 996], als Kalif gehuldigt. Am Mittwoch zog er mit dem gesamten Hofstaat nach Kairo. Die Leiche seines Vaters al-ʿAzīz wurde auf einer gedeckten Bahre von einer Kamelstute vor ihm hergetragen. Al-Ḥākim war mit einem einfachen Mantel und einem juwelenbesetzten Turban bekleidet. Er hielt eine Lanze in der Hand und war mit einem Schwert gegürtet. Keine Heereseinheit fehlte. Er betrat den Palast vor der Zeit des Sonnenunterganggebets und traf Anordnungen für die Begräbnisfeierlichkeiten für seinen Vater al-ʿAzīz billāh. Am folgenden Tag, dem Donnerstag, erschien der gesamte Hofstaat frühmorgens im Palast. In der Haupthalle war für al-Ḥākim ein goldener Thron mit einem goldenen Kissen aufgestellt worden. Auf dem Haupt einen juwelenbesetzten Turban, kam er aus dem Palast geritten. Die Anwesenden standen in der Halle. Sie küssten vor ihm die Erde und gingen vor ihm her, bis er auf dem Thron Platz genommen hatte. Dann blieben diejenigen stehen, denen zu stehen vorgeschrieben war, und diejenigen setzten sich, denen der Brauch zu sitzen erlaubte; und sie alle huldigten ihm als Imam. Der für ihn gewählte Königstitel war al-Ḥākim bi-amr Allāh [der nach dem Befehl Gottes Herrschende]. Er war zu jener Zeit elf Jahre, fünf Monate und sechs Tage alt, Zum *wāsiṭa* [ersten Minister] ernannte er Abū Muḥammad al-Ḥasan ibn ʿAmmār al-Kitāmī und gab ihm den Ehrentitel »Amīn ad-Daula«. Er schaffte gewisse Steuern ab, die an der Küste erhoben worden waren. Dem *qāʾid* al-Ḥusain ibn Ǧauhar übertrug er den Postdienst *[barīd]* und die Kanzlei. Al-Ḥusains Assistent wurde Ibn Sūrīn. Al-Ḥākim bestätigte ʿĪsā ibn Nasṭūrus als Leiter der Domänenverwaltung und ernannte Sulaimān ibn Ǧaʿfar ibn Falāḥ zum Gouverneur von Syrien. Darauf machte Manǧutekin in Damaskus einen Aufstand, rückte nach einem Ausfall gegen Sulaimān ibn Ǧaʿfar ibn Falāḥ bis Ramla vor, wo sich ihm Ibn al-Ǧarrāḥ aṭ-Ṭāʾī mit einer großen Zahl Beduinen anschloss, und griff Ibn Falāḥ an. Doch er wurde besiegt und ergriff die Flucht. Dann wurde er gefangen genommen und nach Kairo gebracht, wo man ihn ehrenvoll empfing.

Am Hof bildete sich eine Gruppe gegen Ibn ʿAmmār. Ein Kampf entspann sich, der mit seiner Entlassung vom *wāsiṭa*-Amt endete, das er elf Monate weniger fünf Tage innegehabt hatte. Er wurde unter Hausarrest gestellt, erhielt aber weiterhin sein Gehalt und seine Zuwendungen. An seiner Statt wurde drei Tage vor Ende des Ramaḍān 387 [Anfang Oktober 997] der Eunuch Barǧawān as-Siqillī als *wāsiṭa* eingesetzt. Er ernannte seinen Schreiber Fahd ibn Ibrāhīm zum Sekretär in seinem Namen und verlieh ihm den Ehrentitel *raʾīs* [Leiter].

Al-Ḥākim entließ Sulaimān ibn Falāḥ von seinem Gouverneursamt in Syrien und setzte an seiner statt Ǧaiš ibn aṣ-Ṣamṣāma ein. Er ernannte Faḥl ibn Ismāʿīl al-Kitāmī zum Gouverneur von Tyrus, den Eunuchen Jānis zum Gouverneur von Barqa, den Eunuchen Maisūr zum Gouverneur von Tripoli und den Eunuchen Jaman zum Gouverneur von Gaza und Askalon. Ǧaiš griff die Griechen in der Nähe von Afāmija an, tötete 5000 Mann und rückte bis Marʿaš vor, welches er einnahm. Abū ʿAbdallāh al-Ḥusain ibn ʿAlī ibn an-Nuʿmān wurde im Ṣafar 389 [Januar-Februar 999], nach dem Tod des Oberrichters Muḥammad ibn an-Nuʿmān, zum Oberrichter ernannt.

Barǧawān wurde vier Tage vor dem Ende des Monats Rabīʿ II 389 [April 999] hingerichtet. Er hatte sein Amt zwei Jahre und acht Monate weniger einen Tag innegehabt. Der Kalif übertrug die gesamte Aufsicht über die öffentlichen Angelegenheiten, die Verwaltung des Reiches und die Aufgaben des Sekretärs auf al-Ḥusain ibn Ǧauhar, dem der Ehrentitel »Oberqāʾid« verliehen wurde; der *raʾīs* Ibn Fahd wurde sein Stellvertreter.

Al-Ḥākim begann, seine Audienzen bei Nacht abzuhalten, wobei viele wichtige Persönlichkeiten des Hofes zugegen waren. Dann stellte er auch das ein.

Ǧaiš ibn aṣ-Ṣamṣāma starb im Rabīʿ II 390 [März–April 1000], und sein Sohn ging mit seiner Hinterlassenschaft nach Kairo; er hatte ein Schriftstück von der Hand seines Vaters bei sich, das dessen letzten Willen enthielt, ein detailliertes Verzeichnis seines Besitzes und eine Erklärung, wonach dies alles dem Herrscher der Gläubigen al-Ḥākim bi-amr Allāh gehöre und keines seiner Kinder einen Anspruch auf auch nur einen einzigen Dirham davon habe. Der Wert seines Besitzes belief sich auf etwa 200 000 Dinare in Bargeld, Gütern und Tieren. Ibn Ǧaiš hatte alles unter die Mauern des Palastes gestellt. Al-Ḥākim nahm das Schriftstück, las es, gab es den

Kindern des Ǧaiš zurück, verlieh ihnen Ehrengewänder und sagte zu ihnen im Beisein der hohen Hofbeamten: »Ich habe das Testament eures Vaters – Gott erbarme sich seiner – gelesen, samt seiner Verfügung über Gold und Güter. Nehmt alles und genießt es mit Gottes Segen.« Darauf entfernten sie sich mit dem gesamten Besitz.

Al-Ḥākim ernannte Faḥl ibn Tamīm zum Gouverneur von Damaskus und, nach seinem Tod wenige Monate später, ʿAlī ibn Falāḥ. Er ernannte ʿAbd al-ʿAzīz ibn Muḥammad ibn an-Nuʿmān zum Beschwerdenaufseher. Er verbot der Bevölkerung, irgendeinen anderen als einzig den Herrscher der Gläubigen mündlich oder schriftlich mit »Fürst« oder »Herr« anzureden. Er erlaubte, jedermann sofort zu töten, der diesen Befehl missachtete. Im Monat Šawwāl ließ er Ibn ʿAmmār hinrichten.

Im Jahre 391 [1000-1001] ritt al-Ḥākim Nacht für Nacht durch die Straßen und die Gassen, und die Leute übertrafen sich selbst mit Fackeln und Dekorationen. Sie gaben viel Geld für Speisen, Getränke, Musik und Unterhaltung aus und vergnügten sich dergestalt über jedes Maß hinaus. Daher verbot al-Ḥākim erst den Frauen, bei Nacht auszugehen, dann auch den Männern, in den Läden zu sitzen.

Im Ramaḍān 392 [Juli–August 1002] ernannte er Tamwasalt ibn Bakkār an Ibn Falāḥs statt zum Gouverneur von Damaskus.

Im Jahre 393 begann er mit dem Umbau der Rāšida-Moschee. Am 8. Ǧumādā II desselben Jahres ließ er Fahd ibn Ibrāhīm töten. Dieser hatte fünf Jahre, neun Monate und zwölf Tage das Amt des *raʾīs* innegehabt. An seiner statt wurde ʿAlī ibn ʿUmar al-ʿAddās ernannt. Mārūḥ ging als Emir nach Tiberias. Im selben Jahr begann man auch mit dem Umbau der außerhalb des Bāb al-Futūḥ [Tor der Siege] gelegenen Moschee, um diese fertig zu stellen. Al-Ḥākim hörte auf, nachts herumzureiten. Tamwasalt starb, und an seiner statt wurde der Eunuch Mufliḥ al-Liḥjānī zum Gouverneur von Damaskus ernannt. Al-Ḥākim ließ ʿAlī ibn ʿUmar al-ʿAddās, den Eunuchen Raidān as-Siqillī und noch viele andere hinrichten.

Im Muḥarram des Jahres 394 [Oktober–November 1003] ernannte er den Neger Ṣandal zum Emir von Barqa. Im Ramaḍān desselben Jahres [Juni–Juli 1004] entließ er al-Ḥusain ibn an-Nuʿmān von seinem Richteramt, welches er fünf Jahre, sechs Monate und dreiundzwanzig Tage innegehabt hatte. Er hatte auch das Amt des Oberdāʿī bekleidet und trug die Titel »Oberrichter« und »Oberdāʿī«. Auf beide Ämter ernannte al-Ḥākim ʿAbd al-ʿAzīz ibn Muḥammad ibn an-Nuʿmān, und zwar zusätzlich zu seiner Stellung als Beschwerdeaufseher.

Im Jahre 395 [1004–1005] befahl er den Christen und Juden das Tragen eines Gürtels [*zunnār*] und eines besonderen Abzeichens. Er verbot den Leuten den Verzehr von *mulūḫīja*, Rauke, *mutawakkilīja* und *tellīna*[1], ebenso das Schlachten von gesunden Kühen zu anderen Gelegenheiten als zum Opferfest. Er verbot jeglichen Kauf und jegliche Herstellung von Bier. Auch schrieb er vor, niemand dürfe ein Bad ohne ein Tuch um die Hüften betreten, Frauen dürften auf der Straße oder bei einem Begräbnis ihr Gesicht nicht enthüllen und sich nicht herausputzen, und Fische ohne Schuppen dürften weder verkauft noch von irgendeinem Fischer gefangen werden. Er setzte alle diese Bestimmungen mit äußerster Strenge durch, und so mancher wurde wegen Übertretung seiner Gebote und Verbote ausgepeitscht.

Im selben Jahr zogen die Truppen gegen die in der Provinz al-Buḥaira lebenden Banū Qurra. Al–Ḥākim ließ an den Toren der Moscheen, der Läden, der Kasernen und der Friedhöfe Anschläge anbringen, in welchen die frühen Muslime geschmäht und verflucht wurden[2]. Er zwang die Leute, all das in verschiedenen Farben allerorts anzuschreiben. Darauf kamen von allen Seiten Leute, um sich der *daʿwa* anzuschließen. Er setzte für sie zwei Tage in der Woche fest, und die Menschenmenge war so groß, dass eine Anzahl von ihnen im Gedränge umkam.

Al-Ḥākim verbot der Bevölkerung, nach Sonnenuntergang auf die Straße zu gehen oder sich dort zum Ein- oder Verkaufen zu zeigen. So gab es keine Passanten mehr auf den Straßen. Überall wurden die Weingefäße zerschlagen und der Wein ausgegossen. Die Furcht unter den Leuten wuchs, die Angst verstärkte sich, und die Unruhe nahm zu. Viele Sekretäre und andere versammelten sich unter den Mauern des Palasts, schrien und baten um Nachsicht, und viele Briefe mit Sicherheitsversprechen wurden geschrieben für alle Staatsbedienstete und auch für Händler und andere.

Al-Ḥākim befahl, alle Hunde zu töten, und unzählige wurden getötet, sodass sie völlig verschwanden. In Kairo wurde das »Haus der Weisheit« eröffnet, in welches Bücher gebracht wurden und welches die Bevölkerung aufsuchte.

Besonders hart ging al-Ḥākim gegen die Steigbügelhalter vor, die bei den Steigbügeln angestellt waren. Er ließ viele von ihnen hinrichten; dann begnadigte er einige von ihnen und gab ihnen Sicherheitsversprechen. Er verbot jedermann, nach Kairo hineinzureiten, und untersagte der Bevölkerung, in die Nähe des Palastes zu kommen. Er ließ den Oberrichter Ḥusain ibn Nuʿmān hinrichten und verbrennen. Außerdem ließ er eine große Anzahl Menschen enthaupten.

Im Jahre 396 [1005–1006] kam es zur Revolte Abū Rakwas. Dieser warb für sich und behauptete, er stamme von den Umajjaden ab. Die Banū Qurra leisteten seinem Aufruf Folge, wegen all dessen, was al-Ḥākim ihnen angetan hatte. Ebenso schlossen sich ihm die Luwāta, Mezāta und Zenāta an. Er nahm Barqa ein und besiegte mehr als einmal die Heere al-Ḥākims und erbeutete, was sie bei sich hatten. Im Rabīʿ I [Dezember 1005] zog der *qāʾid* Faḍl ibn Ṣāliḥ zum Kampf gegen ihn aus, doch auch er wurde von ihm geschlagen. In Kairo griff die Unruhe um sich, und die Preise stiegen. Die Vorbereitungen für den Kampf gegen Abū Rakwa wurden verstärkt. Das Heer lagerte in Gizeh. Abū Rakwa rückte heran und wurde vom *qāʾid* Faḍl angegriffen, der dabei jedoch eine Anzahl seiner Männer verlor. Das war ein beängstigendes Ereignis, und die Besorgnis wuchs. Aus Furcht vor einem Angriff der Truppen Abū Rakwas verließ die Bevölkerung die Stadt und übernachtete auf den Landstraßen. Die Kämpfe dauerten fort, bis Abū Rakwa am 3. Ḏū l-Ḥiǧǧa [31. August 1006] bei Fajjūm besiegt wurde und die Flucht ergriff. Der *qāʾid* Faḍl verfolgte ihn, nachdem er 6000 Köpfe und 100 Gefangene nach Kairo hatte bringen lassen, und ergriff ihn im Lande der Nubier; er wurde dann nach Kairo gebracht und dort hingerichtet. Dem *qāʾid* Faḍl wurde ein Ehrenkleid verliehen, und die Nachricht vom Tode Abū Rakwas verbreitete man in allen Provinzen.

Im Jahre 397 [1006–1007] befahl al-Ḥākim, die frühen Muslime sollten nicht mehr verflucht werden, worauf alle diesbezüglichen Aufschriften getilgt wurden. Wegen des niedrigen Wasserstandes des Nils, der nur 16 Ellen und 16 Finger erreichte und dann fiel, stiegen die Preise. Im Ḏū l-Ḥiǧǧa [August–September 1007] starb Manǧutekin.

Im Jahre 398 [1007–1008] stiegen die Preise stark an. ʿAlī ibn Falāḥ wurde zum Gouverneur von Damaskus ernannt. Al-Ḥākim konfiszierte allen Kirchenbesitz und unterstellte ihn der Staatsverwaltung. Er ließ am Tor der Moschee von Fusṭāṭ viele Kreuze verbrennen und schrieb in die Provinzen, man solle dort dasselbe tun.

Am 16. Raǧab [27. März 1008] ernannte er Mālik ibn Saʿīd al-Fāriqī zum Oberrichter. Er übernahm auch die Aufsicht über die *daʿwa*-Bücher, die man im Palast der Anhänger las. Er entließ ʿAbd al-ʿAzīz ibn Nuʿmān von diesem Posten. Ebenso entließ er am 7. Šaʿbān [17. April 1008] den Oberqāʾid al-Ḥusain ibn Ǧauhar von seiner Stellung und ernannte an seiner statt Ṣāliḥ ibn ʿAlī ar-Rūḏbārī. Das syrische Büro, dem ar-Rūḏbārī vorgestanden hatte, wurde dem Sekretär Abū ʿAbdallāh al-Mauṣilī übertragen. Ḥusain ibn Ǧauhar und ʿAbd al-ʿAzīz wurden unter Hausarrest gestellt, und ihnen und ihren Kindern wurde die Teilnahme an Umzügen verboten. Wenige Tage später wurde die Strafe jedoch aufgehoben und ihnen die Teilnahme befohlen. Die Nilschwemme ging zurück, und zweimal täglich wurden Bittgebete um Regen verrichtet. Al-Ḥākim befahl die Aufhebung einiger Steuern. Brot wurde knapp und teuer und war schwer aufzutreiben. Der Kanal wurde am 4. Tot geöffnet, als der Wasserstand 15 Ellen betrug. Die Teuerung verschärfte sich. Am 9. Muḥarram 399 [13. September 1008][3], welcher der Mitte des [koptischen] Monats Tot entspricht, fiel das Wasser, bevor der Wasserstand auch nur 16 Ellen erreicht hatte. Da verbot al-Ḥākim der Bevölkerung, in der Öffentlichkeit Musik zu machen und in Booten zu fahren. Er untersagte den Verkauf berauschender Getränke und gestattete keinem, sich vor Anbruch des Tages oder nach Einbruch der Nacht auf die Straße zu begeben. Es war, aufgrund der Furcht, die auf den Leuten lastete, aufgrund der Teuerung und aufgrund der Ausbreitung von Krankheit und Tod, für alle eine harte Zeit.

Im Monat Raǧab [März 1009] fielen die Preise. Es kam ein Erlass heraus, wonach diejenigen, welche Beginn und Ende des Fastens nach ihren Berechnungen ansetzten, das tun durften, während andererseits auch jene, welche den Augenschein dabei zugrunde legten, unbehelligt bleiben sollten[4]. Ebenso wenig sollten diejenigen, welche entsprechend ihrer Lehren das *ḫamsīn*-Gebet[5], das Morgengebet oder das *tarāwīḥ*-Gebet sprechen, daran gehindert oder davon abgehalten werden. Bei Beerdigungen solle der *takbīr*, je nach Sitte und ohne irgendwelche Eingriffe, vier- oder fünfmal gesprochen werden dürfen; der Muezzin solle in seinen Ruf den Satz »Kommt und tut Gutes!« einfügen, doch solle keinem, der ihn auslasse, daraus ein Nachteil erwachsen; keiner der frühen Muslime solle mehr geschmäht werden, und jedermann dürfe sie straflos lobend erwähnen oder bei ihrem Namen schwören; jeder Muslim könne in religiösen Fragen nach seinem eigenen Urteil entscheiden.

Ṣāliḥ ibn ʿAlī ar-Rūḏbārī erhielt den Ehrentitel eines Obertreuhänders [*ṯiqat ṯiqāt*] des Schwertes und der Feder[6]. Der *qāḍī* ʿAbd al-ʿAzīz ibn an-Nuʿmān wurde wieder in das Amt des Beschwerdeaufsehers [*maẓālim*] eingesetzt. Krankheiten breiteten sich aus, die Zahl der Todesfälle nahm zu und die Medikamente wurden knapp. Die abgeschafften Steuern wurden wieder eingeführt. Die Kirchen entlang der Straße nach Maks wurden niedergerissen und geplündert, ebenso die Kirche an der Straße der Griechen. Viele Eunuchen, Sekretäre und Slawen wurden getötet, nachdem man einigen der Sekretäre auf einem Holzklotz die Hand und den halben Arm abgeschlagen hatte. Im Monat Ḏū l-Qaʿda desselben Jahres [Juni–Juli 1009] wurde der *qāʾid* Faḍl ibn Ṣāliḥ hingerichtet.

Am II. Ṣafar [400; 4. Oktober 1009] wurde Ṣāliḥ ibn ʿAlī ar-Rūḏbārī entlassen und durch einen christlichen Sekretär namens Ibn ʿAbdūn ersetzt. Dieser arbeitete als al-Ḥākims Sekretär und Verwalter. Aufgrund eines schriftlichen Befehls al-Ḥākims wurde die Auferstehungskirche zerstört. Al-Ḥākim richtete einen neuen *dīwān* ein, der »Sonder*dīwān*« benannt wurde und dessen Aufgabe darin bestand, den von Hingerichteten und anderen Personen eingezogenen Besitz zu registrieren. Die Krankheiten nahmen zu, und Medikamente wurden knapp. Einige Leute, bei denen sich Bier, *mulūḫīja* und *tellīna* fanden, wurden öffentlich ausgepeitscht und angeprangert. Al-Ḥākim ließ [das Kloster] Dair al-Qaṣr niederreißen und erzwang die Befolgung des Befehls, wonach Christen und Juden ein besonderes Kennzeichen zu tragen hatten. Er erließ ein Edikt zur Aufhebung der Abgabe des Fünften, und der *naǧwā-* und *fiṭra*-Steuer[7]. Al-Ḥusain ibn Ǧauhar und seine Kinder flohen, ebenso ʿAbd al-ʿAzīz ibn an-Nuʿmān und Abū l-Qāsim al-Ḥusain ibn al-Maghribī. Al-Ḥākim schrieb einigen Leuten, die in großer Furcht lebten, Sicherheitsversprechen. Die Lesungen im Hause der Weisheit im Palast wurden eingestellt. Das Verbot berauschender Getränke wurde noch strenger gehandhabt, und viele Sekretäre, Eunuchen und Diener wurden getötet. Im Monat Šawwāl [Mai–Juni 1010] wurde Ṣāliḥ ibn ʿAlī ar-Rūḏbārī hingerichtet.

Am 4. Muḥarram 401 [18. August 1010] entließ al-Ḥākim al-Kāfī ibn ʿAbdūn sowohl aus seinem Amt als Verwalter als auch aus dem als Sekretär und ersetzte ihn durch den Sekretär Aḥmad ibn Muḥammad al-Qašūrī. Al-Ḥusain ibn Ǧauhar und ʿAbd al-ʿAzīz ibn an-Nuʿmān kehrten nach Kairo zurück und wurden in Ehren empfangen. Al-Qašūrī wurde nach einer Amtsdauer von nur zehn Tagen seiner Ämter enthoben und enthauptet. Er wurde durch den christlichen Sekretär Zurʿa ibn ʿĪsā Nasṭūrus ersetzt, welcher den Ehrentitel *aš-Šāfī* erhielt.

Al-Ḥākim verbot der Bevölkerung, auf dem Kanal mit Booten zu fahren, und ließ Türen und Fenster derjenigen Häuser verrammeln, die auf den Kanal hinausgingen. Den Oberrichter Mālik ibn Saʿīd machte er auch noch zum Beschwerdenaufseher. Die Lesungen im Hause der Weisheit und die Erhebung der *naǧwā*-Steuer wurden wieder aufgenommen. Ibn ʿAbdūn wurde hingerichtet und sein Vermögen eingezogen. Eine Anzahl Leute wurde ausgepeitscht und öffentlich angeprangert, weil sie *mulūḫīja*, schuppenlosen Fisch und Wein verkauft hatten. Am 12. Ǧumādā II 401 [21. Januar 1011] wurden al-Ḥusain ibn Ǧauhar und ʿAbd al-ʿAzīz ibn an-Nuʿmān hingerichtet und ihr Vermögen eingezogen. Verschiedene Steuern wurden aufgehoben, Musik und Spiel wurden verboten, ebenso der Verkauf von Sängerinnen und das Feiern von Festen in der Wüste.

Im selben Jahr kündigte Ḥassān ibn Mufarriǧ ibn Daghfal ibn al-Ǧarrāḥ al-Ḥākim den Gehorsam auf, anerkannte Abū l-Futūḥ Ḥusain ibn Ǧaʿfar al-Ḥasanī, den Emir von Mekka, als Kalifen, leistete ihm den Treueid, rief die Leute auf, dasselbe zu tun, und kämpfte gegen die Heere al-Ḥākims.

Im Jahre 402 [1011-1012] verbot man den Verkauf von Rosinen und versandte Erlasse, um ihre Einfuhr zu unterbinden; eine große Menge davon wurde in den Nil geschüttet oder verbrannt. Den Frauen wurde der Besuch der Gräber untersagt, und man sah an Festtagen keine einzige Frau mehr auf den Friedhöfen. Es war auch untersagt, sich am Nilufer zum Vergnügen zu versammeln. Es wurde verboten, mehr als vier *raṭl* Trauben auf einmal zu verkaufen und aus Trauben Saft zu pressen. Große Mengen Trauben wurden auf die Straße geworfen und zertreten oder in den Nil geschüttet. Auch die Einfuhr von Trauben war verboten, alle Weinstöcke in Gizeh wurden abgehauen, und nach allen Richtungen versandte man den Befehl, dasselbe zu tun. Im Jahre 403 [1012–1013] stiegen die Preise, und die Leute drängten sich nach Brot. Am 2. Rabīʿ I [12. September 1012] desselben Jahres kam ʿĪsā ibn Nasṭūrus um, worauf den Christen befohlen wurde, sich schwarz zu kleiden und sich Holzkreuze um den Hals zu hängen; diese sollten eine Elle lang, ebenso breit und fünf *raṭl* schwer sein; außerdem sollten sie offen, für alle sichtbar getragen werden. Auch wurde ihnen verboten, auf Pferden zu reiten; nur noch Maultiere und Esel waren ihnen erlaubt, dazu schwarze Holzsättel und schwarzes unverziertes Zaumzeug. Sie mussten den *zunnār* tragen, durften keine Muslime anstellen und keine Sklaven oder Sklavinnen kaufen. Diese Bestimmungen wurden streng durchgesetzt, weswegen viele von ihnen sich zum Islam bekehrten.

Am 29. Rabīʿ I [18. Oktober 1012] dieses Jahres ernannte al-Ḥākim Ḥusain ibn Ṭāhir al-Wazzān zum *wāsiṭa* und Sekretär und verlieh ihm den Ehrentitel eines Oberkämmerers. Al-Ḥākim ließ in sein Siegel folgende Worte eingravieren: »Mit Gottes, des Allmächtigen und des Beschützers Hilfe ist der Imam Abū ʿAlī siegreich.« Einige Leute wurden ausgepeitscht, weil sie Schach gespielt hatten. Kirchen wurden niedergerissen und ausgeplündert und der dazugehörige Besitz eingezogen. Diesbezügliche Befehle schickte man auch in die Provinzen, worauf die Kirchen dort ebenfalls zerstört wurden. Im selben Jahr kam Abū l-Fatḥ nach Mekka, nannte al-Ḥākim im Freitagsgebet und ließ Münzen in seinem Namen prägen. Al-Ḥākim befahl, keiner solle mehr die Erde vor ihm küssen; keiner solle ihm mehr zum Gruß bei öffentlichen Umzügen den Steigbügel oder die Hand küssen, denn sich vor einem Sterblichen zur Erde zu verneigen sei eine Erfindung der Griechen; keiner solle mehr sagen als »Gegrüßt sei der Herrscher der Gläubigen, Gott erbarme sich seiner und segne ihn«; keiner solle, sei es in schriftlicher oder mündlicher Anrede, den Ausdruck »Gott bete für ihn« verwenden, vielmehr solle man sich auf folgende Worte beschränken: »Der Friede, die Gnade und der Segen Gottes mögen dem Herrscher der Gläubigen zuteil werden«; es solle nur das herkömmliche Bittgebet für ihn gesprochen werden, nicht mehr; die Sprecher des Freitagsgebetes sollten nicht mehr als Folgendes sagen: »Gott, segne Muḥammad, deinen Erwählten; gib dem Herrscher der Gläubigen, ʿAlī, an dem du Wohlgefallen hast, Frieden; Gott, gib den Herrschern der Gläubigen, den Vorfahren des Herrschers der Gläubigen, Frieden; Gott, gib deinen edelsten Frieden deinem Diener und deinem Stellvertreter [*ḫalīfa*].« Er verbot das Schlagen von Trommeln und das Blasen von Trompeten in Palastnähe, worauf die Leute ohne Trommeln und Trompeten umherzogen.

Al-Ḥākim machte viele Geschenke, weswegen der Oberkämmerer Ḥusain ibn Ṭāhir al-Wazzān die Anweisungen nicht mehr unterzeichnete. Darauf schrieb ihm al-Ḥākim persönlich, pries und lobte Gott und sagte dann Folgendes: »Gott allein ist meine Hoffnung und meine Furcht; sein ist die Gnade. Mein Ahn ist mein Prophet, mein Imam ist mein Vater, meine Religion ist Treue und Gerechtigkeit. Aller Besitz ist Gottes Besitz, alle Menschen sind Gottes Diener, wir sind seine Sachwalter auf Erden. Gib den Leuten ihren Lohn, und zwar ungekürzt. Leb wohl.«

Am ʿĪd al-Fiṭr ritt al-Ḥākim ohne Zierrat, ohne Beipferde und ohne Pomp zum Gebetsplatz. Nur zehn Pferde wurden mitgeführt mit Sätteln und Zaumzeug, verziert mit weißlichem Silber, mit einfachen Flaggen und einem weißen Sonnenschirm ohne jede Goldverzierung. Er selbst war weiß gekleidet, und seine Kleidung war unbestickt und ohne jede Goldverzierung; sein Turban war nicht mit Juwelen besetzt und seine Kanzel nicht mit Teppichen ausgelegt. Er verbot der Bevölkerung, die frühen Muslime zu schmähen, und ließ Zuwiderhandelnde auspeitschen und öffentlich anprangern. Am Opferfest ging er wie am ʿĪd al-Fiṭr ohne Pomp zum Gebet. Die Opferung nahm Abd ar-Raḥīm ibn Iljās ibn Aḥmad ibn al-Mahdī für ihn vor. Al-Ḥākim ritt oft in die Wüste hinaus, wobei er an den Füßen nur Sandalen und auf dem Kopf nur ein Tuch trug.

Im Jahre 404 [1013–1014] zwang er die Juden, eine Glocke, die Christen, ein Kreuz um den Hals zu tragen, wenn sie ein Bad betraten. Der Bevölkerung wurde untersagt, von den Sternen zu sprechen, und die Astrologen wurden von den Straßen verjagt, verfolgt und verbannt und hielten sich versteckt. Al-Ḥākim verteilte viele Geschenke und Almosen und ließ zahlreiche Sklaven frei.

Er befahl den Juden und Christen, Ägypten zu verlassen und sich ins Land der Griechen oder anderswohin zu begeben. ʿAbd ar-Raḥīm ibn Iljās wurde als Thronerbe eingesetzt und musste folgendermaßen gegrüßt werden: »Gegrüßt sei der Vetter des Herrschers der Gläubigen und Thronerbe der Muslime.« Er erhielt im Palast einen Platz zugewiesen. Al-Ḥākim begann, in einem weißen Wollmantel, mit einem Tuch auf dem Kopf und arabischen Riemensandalen an den Füßen auszureiten, und ʿAbd ar-Raḥīm übernahm die Aufsicht über alle Regierungsgeschäfte. Al-Ḥākim machte übermäßig viele Geschenke und gab eingezogene Ländereien und konfiszierten Besitz an die Eigentümer zurück.

Im Rabīʿ II [Oktober–November 1013] ließ er Abū l-Qāsim al-Ǧarǧarāʾī, dem Sekretär des *qāʾid* Ghain, beide Hände abhauen. Ebenso ließ er Ghain die zweite Hand abschlagen. Nachdem ihm die Hand abgehauen worden war, sandte ihm al-Ḥākim tausend Goldstücke und Gewänder; später ließ er ihm jedoch auch noch die Zunge abschneiden. Er hob einige Steuern auf, ließ alle Hunde töten und ritt immer häufiger bei Nacht umher. Den Frauen verbot er, auf die Straße zu gehen, und man sah keine einzige Frau mehr auf den Straßen. Die Frauenbäder wurden geschlossen, und man untersagte den Schuhmachern, Frauenschuhe herzustellen, was zur Einstellung der Arbeit in ihren Werkstätten führte.

Das Gerücht verbreitete sich immer weiter, wonach viele Leute dem Schwert zum Opfer fallen sollten. Daher flohen sie, und die Märkte wurden geschlossen, und nichts mehr wurde verkauft. Von den Kanzeln wurde für ʿAbd ar-Raḥīm ibn Iljās gebetet, und auf die Münzen wurde sein Name als der des Thronerben geprägt.

Im Monat Rabīʿ II des Jahres 405 [Oktober 1014] ließ al-Ḥākim Mālik ibn Saʿīd al-Fāriqī hinrichten, der sechs Jahre, neun Monate und zehn Tage das Amt des Oberrichters innegehabt hatte. Seine Einkünfte [*iqṭāʿ*] beliefen sich auf jährlich 15 000 Dinare. Al-Ḥākim ritt immer häufiger umher, schließlich ritt er mehrmals am Tage aus. Er kaufte sich Esel und ritt statt auf Pferden auf diesen. Im Ǧumādā II [November–Dezember 1014] desselben Jahres ließ er al-Ḥusain ibn Ṭāhir al-Wazzān hinrichten, der zwei Jahre, zwei Monate und zwanzig Tage das Amt des *wāsiṭa* innegehabt hatte. Er befahl auch, dass alle Regierungsbeamten in ihren Büros bleiben sollten. Al-Ḥākim begann, nur mit einem Tuch auf dem Kopf und ohne Turban auszureiten. Dann setzte er den Sekretär ʿAbd ar-Raḥīm ibn Abī s-Sajjid und seinen Bruder Abū ʿAbdallāh al-Ḥusain als *wāsiṭas* und Sekretäre ein und ernannte Aḥmad ibn Muḥammad ibn Abī l-ʿAwwām zum Oberrichter. Al-Ḥākim überschritt jedes Maß beim Verteilen von Geschenken und belehnte [*aqṭaʿa*] schließlich auch Seeleute, Henker und die Banū Qurra. Die Lehen schlossen auch Alexandria, Buḥaira und deren Umgebung ein. Er ließ die beiden Söhne Abū s-Sajjids hinrichten, nachdem sie ihre Ämter für zweiundsechzig Tage innegehabt hatten, ernannte daraufhin Faḍl ibn Ǧaʿfar ibn al-Furāt zum *wāsiṭa*, den er jedoch am fünften Tag nach seiner Ernennung ebenfalls hinrichten ließ. Die Banū Qurra bemächtigten sich Alexandrias und seiner Umgebung. Al-Ḥākim ging noch häufiger aus, nämlich sechsmal am Tag, teils zu Pferde, teils auf einem Esel, teils in einer von Männern getragenen Sänfte, teils mit einem Boot auf dem Nil, und immer ohne Turban. Er vergab immer mehr Lehen an Soldaten und an [schwarze] Sklaven. Er machte Quṭb ad-Daula Abū l-Ḥasan ʿAlī ibn Ǧaʿfar ibn Falāḥ, den »Mann mit den beiden Führungsstellen«, zum *wāsiṭa* und zum Sekretär und ernannte ʿAbd ar-Raḥīm ibn Iljās zum Gouverneur von Damaskus. Dieser begab sich im Ǧumādā II 409 [Oktober–November 1018] dorthin. Nachdem er zwei Monate dort gewesen war, fiel eine Gruppe Männer über ihn her, tötete einen Teil seines Gefolges, ergriff ihn und schaffte ihn in einer Kiste nach Ägypten. Danach wurde er nach Damaskus zurückgeschickt, wo er blieb, bis man ihn am Vorabend des ʿĪd al-Fiṭr aus der Stadt entfernte.

Zwei Tage vor Ende des Monats Šawwāl im Jahre 411 [13. Februar 1021] verschwand al-Ḥākim. Es heißt, seine Schwester habe ihn getötet, doch das ist nicht wahr. Er war sechsunddreißig Jahre und sieben Monate alt und hatte fünfundzwanzig Jahre und einen Monat regiert. Er war zwar großzügig, doch vergoss er viel Blut und ließ unzählige Personen töten. Seine Lebensweise war äußerst merkwürdig. Man nannte seinen Namen in der Freitagspredigt von den Kanzeln Ägyptens, Syriens, Ifrīqijas und des Ḥiǧāz. Er beschäftigte sich mit den Wissenschaften der Alten, beobachtete die Sterne und betrieb Astronomie. Er besaß ein Haus auf dem Muqaṭṭam-Berg, in welches er sich zu diesem Zwecke zurückzog. Es heißt, er habe an Trockenheit des Gehirns gelitten, und diese sei die Ursache für seine Widersprüchlichkeit gewesen. Jemand sagte sehr richtig von ihm: »Seine Taten waren ohne Sinn und seine Wahnvorstellungen ohne Erklärung.«

Al-Musabbiḥī berichtet, im Muḥarram des Jahres 415 [März–April 1024] sei ein Mann aus der Familie Ḥusains festgenommen worden, der im fernsten Oberägypten einen Aufstand angezettelt habe, und dieser habe behauptet, al-Ḥākim bi-amr Allāh getötet zu haben. Er sagte, sie seien zu viert gewesen und alle in verschiedene Länder geflohen. Er zeigte ein Stück von al-Ḥākims Kopfhaut und ein Stück seines Kopftuchs. Als man ihn fragte: »Warum hast du ihn getötet?«, erwiderte er: »Aus Sorge für Gott und den Islam.« Als man ihn fragte: »Wie hast du ihn getötet?«, zog er einen Dolch heraus, stieß ihn sich ins Herz, tötete sich selbst und sagte: »So habe ich ihn getötet.« Man enthauptete ihn und sandte sein Haupt samt den Dingen, welche man bei ihm fand, zum Kalifen. Das ist der wahre Hergang des Mordes an al-Ḥākim und nicht die Geschichte, seine Schwester habe ihn getötet, welche man im Osten erzählt.

Al-Maqrīzī, *Ḫiṭaṭ* II, 285–289 (Varianten aus anderen Texten)

14. Die Invasion Nordafrikas (1052)

In diesem Jahr [443/1051–1052] begann der Aufruhr [*fitna*] in Nordafrika.

Bericht von einem Teil des großen Aufruhrs und von der Zerstörung Kairuans

Ibn Šaraf[I] sagte: Als der Befehl ausging, die Banū ʿUbaid[2] von den Kanzeln zu verfluchen, und al-Muʿizz ibn Bādīs[3] befahl, ihre Anhänger zu töten, erlaubten die Banū ʿUbaid den Arabern[4], den Nil zu überschreiten. Das war ihnen zuvor untersagt gewesen, und kein Araber hatte ihn überquert. Dann befahl [der Fāṭimidenkalif] sogar, jedem, der den Nil überschritt, einen Dinar zu geben, worauf viele von ihnen hinübergingen, ohne dazu gezwungen zu sein; er wusste nämlich, dass es für sie keines Befehls bedurfte. Sie überquerten [den Nil] in Scharen und ließen sich im Gebiet von Barqa nieder.

Einige Zeit war darüber hinweggegangen, da suchte einer von ihnen, Muʾnis ibn Jaḥjā ar-Rijāḥī, al-Muʿizz auf. Dieser hegte einen Groll gegen seine Brüder, die Ṣanhāǧa, und hätte sie gern durch andere ersetzt; er hasste sie, was sie aber nicht wussten. Dieser Muʾnis nun erfreute sich al-Muʿizz' Gunst; er war eine führende Persönlichkeit bei seinem Volk, war tapfer und weise. Al-Muʿizz holte seinen Rat darüber ein, ob er seine Vettern, die Rijāḥ[5], als Truppen annehmen solle, wovon Muʾnis ihm abriet und ihn auf ihren Mangel an Einigkeit und an Disziplin aufmerksam machte. Al-Muʿizz bestand jedoch darauf und sagte schließlich: »Du willst doch nur allein [in meiner Gunst] stehen, aus Neid auf deinen eigenen Stamm!« Da beschloss Muʾnis, zu seinen Leuten hinauszugehen, nachdem er einiges zu seiner Verteidigung vorgebracht hatte und einige Männer des Sultans zu Zeugen angerufen hatte. Dann brach er zu ihnen auf. Er rief sie auf, scharte sie um sich, machte ihnen Versprechungen und erregte ihr Interesse, indem er ihnen die Großzügigkeit und Gefälligkeit des Sultans darstellte. Dann zog er mit einer Gruppe Reiter los, die noch nie das Wohlleben kennen gelernt und noch nie sesshaftes Leben gesehen hatten. Als sie zu einem Dorf kamen, riefen sie: »Das ist Kairuan«, und plünderten es auf der Stelle.

Als die Nachricht davon nach Kairuan gelangte, bedrückte das al-Mu'izz ibn Bādīs sehr, und er sagte: »Das hat Mu'nis getan, um seine Worte zu bekräftigen und seinen Rat zu unterstreichen.« Darauf ließ er seine Kinder und andere Angehörige festnehmen und sein Haus versiegeln, um festzustellen, was er unternehmen werde. Als Mu'nis erfuhr, was man seiner Familie und seinen Kindern angetan hatte, war er sehr bedrückt und niedergeschlagen. »Ich erteilte guten Rat«, sagte er, »doch nun richtet sich die Sache gegen mich, und der Fehler wird mir angelastet.« Darauf richtete er größeren Schaden an als sein Stamm, da ihm die schwachen Stellen Kairuans bekannt waren. Dann schickte der Sultan einige Rechtsgelehrte zu ihnen mit Botschaften, Bedingungen und Verfügungen. Sie teilten ihnen mit, der Sultan habe ihnen ihre Familien zurückgegeben und sie hätten ihm versprochen und versichert, sie würden in den Gehorsam zurückkehren. Die Araber sandten zu diesem Zweck einige ihrer Scheiche, brachen aber danach ihr Abkommen mit dem Sultan und richteten allenthalben große Verwüstungen an.

Der Sieg der Araber über al-Mu'izz ibn Bādīs

Am zweiten Tag des Opferfestes in diesem Jahr [II. Ḏū l-Ḥiǧǧa 443/4. April 1052], ereignete sich die gewaltige Katastrophe, das schreckliche Unglück. Der Sultan feierte nämlich den zweiten Tag des Festes und ging am Morgen jenes Tages zu einem Dorf, das [später] nach den Banū Hilāl benannt wurde. Gegen Mittag erreichte ihn die Meldung, ihr ganzer Stamm nähere sich ihm. Da befahl er, in den Klüften und Tälern ein Lager aufzuschlagen. Doch das Lager war noch nicht fertig, als die Araber wie ein Mann angriffen und das Heer in die Flucht schlugen. Al-Mu'izz harrte standhaft aus, bis ihn die Speere der Araber erreichten und viele seiner schwarzen Sklaven[6] schon in Aufopferung für ihn gefallen waren. Die Banū Manād[7] und alle Ṣanhāǧa und andere Stämme flohen, und die Araber plünderten ihre Zelte. Die Araber drangen auch ins Lager des Sultans al-Mu'izz ein und rissen alles an sich. Gott allein weiß, was es an Gold und Silber, an Geräten, Gütern und Mobiliar, an Kamelen und Pferden enthielt. Es gab darin über 10 000 Zelte und Ähnliches, gegen 15 000 Kamele und unzählige Maultiere. Kein Soldat rettete auch nur ein Stirnband[8]. Die meisten zogen zum

Berg Ḥaidarān und verteilten sich dort. Später schlossen sie sich wieder zusammen. All das geschah, ohne dass die Bevölkerung von Kairuan etwas davon erfuhr; dennoch war man aufmerksam und wachsam. Am dritten Tag des Festes kam Ibn al-Bawwāb mit zwei Reitern an. Sie waren so bedrückt und niedergeschlagen, dass Fragen sich erübrigten. Doch viele fragten nach dem Befinden des Sultans. Sie erwiderten, er sei mehr oder weniger in Sicherheit, und wenig später zog er mit seinen Söhnen in die Festung ein. Ihm folgten, teils einzeln, teils in Gruppen, nach und nach die anderen. Viele erschienen nicht mehr, wobei man das Los der einen von diesen kannte, das der anderen nicht. Dann hieß es, die Araber hätten viele der Ṣanhāǧa und auch andere gefangen genommen.

Ibn Šaraf sagte: Das geschlagene Heer bestand aus 80 000[9] Reitern und einer entsprechenden Anzahl Fußsoldaten. Die Araber verfügten über 3000 Reiter und eine entsprechende Anzahl Fußsoldaten. Darüber verfasste ʿAlī ibn Rizq eine *qaṣīda*, die mit folgendem Vers beginnt:

Der Geist Umaims besuchte mich um Mitternacht,
Als schnell der Pferde Hufe trabten.

und in der es an einer Stelle heißt:

Mit dreißigtausend wurdet ihr geschlagen
Von dreitausend; fürwahr, ein warnendes Exempel.

Dann erreichten die Araber die Umgebung von Kairuan. Wer immer von ihnen zuerst in ein Dorf kam, benannte die Einwohner nach sich, gewährte ihnen Sicherheit und schenkte ihnen seine Kopfbedeckung oder ein Stück Papier mit einem Zeichen darauf, wodurch er den anderen zu verstehen gab, er sei schon dort gewesen. Zwei Nächte verbrachten die Bewohner von Kairuan in einer Furcht, die nur Gott kennt, und ohne zu wissen, was mit ihrer Stadt geschehen werde. Zwei Tage lang kam niemand herein und ging niemand hinaus. Die arabischen Reiter bewegten sich frei und ungestört in der ganzen Umgebung von Kairuan, während die Bewohner sie aufmerksam beobachteten.

Am siebten Tag des Opferfestes zog der Sultan mit seinen Truppen und in Begleitung der Bevölkerung von Kairuan hinaus. Doch er kam nicht weiter als bis zum Gebetsplatz. Die Araber widerriefen das Sicherheitsversprechen, das sie der Landbevölkerung gegeben hatten; sie plünderten alle Dörfer aus, und die Bewohner flohen nach Kairuan. Darauf befahl der Sultan allen, die Ländereien in der Umgebung von Kairuan und Ṣabra, d. h. al-Manṣūrīja, zu plündern. Darüber freuten sich die Muslime und betrachteten das als ihre Entlöhnung. Diese Ländereien, von Tieren heimgesucht und kahl gefressen, erfuhren das Schicksal, das ihnen Gott bestimmt hatte.

Am 17. Ḏū l-Ḥiǧǧa [20. April 1052] erschienen arabische Reiter in drei Meilen Entfernung vor Kairuan. Der Sultan schritt zu Fuß durch die Stadt und forderte die Bevölkerung auf, sich zu schützen und zu bauen, worauf die Leute begannen, ihre Häuser zu befestigen. Sultan al-Muʿizz befahl der einfachen Bevölkerung von Ṣabra, sich nach Kairuan zu begeben und alle Läden in Ṣabra zu räumen. Und er befahl allen Soldaten, seien sie von den Ṣanhāǧa oder nicht, sich nach Ṣabra zu begeben und dort Läden und Märkte zu besetzen. Das brachte viel Unruhe in die Stadt, und Sorge und Angst waren groß. Die schwarzen Sklaven und die Ṣanhāǧasoldaten legten Hand an die Holzteile und Galerien der Läden und rissen sie nieder. Innerhalb einer Stunde war das gewaltige Gebäude zerstört. Voller Furcht verbrachten die Leute die Nacht. Dann am folgenden Morgen sahen sie die arabischen Reiter. Der Sultan verbot den Truppen, auf die Mauern von Ṣabra zu steigen. Ibn Šaraf sagte: Jemand, dem ich vertraue, berichtete mir: Ich verließ Kairuan, reiste bei Nacht und versteckte mich bei Tag. An keinem Dorf kam ich vorbei, das nicht vernichtet und zerstört war und dessen Einwohner nicht nackt an den Mauern standen, Männer, Frauen und Kinder, und vor Hunger und Kälte weinten. Keine Nahrungsmittel kamen mehr nach Kairuan, und die Märkte waren verlassen. Die Araber hielten alle fest, die sie gefangen genommen hatten, und ließen Gefangene nur gegen Lösegeld frei, wie z. B. Europäer [Rūm][10]. Die Schwachen und die Armen behielten sie als Diener.

Einige Einzelheiten der Schlacht am Tunistor, einem der Tore Kairuans

Als die Araber dieses Tor angriffen, zogen ihnen die einfachen Leute entgegen, einige bewaffnet, andere mit einem Stock in der Hand, mit dem man nicht einmal den schwächsten Hund hätte abwehren können. Sie wurden von den arabischen Reitern angegriffen und von ihnen mit Schwertern und Speeren besiegt. Sie fielen, einer nach dem anderen, aufs Gesicht oder auf die Seite. Die Araber legten sie zwischen dem Ende der Backsteinöfen und diesem Tor hin, und es entkamen nur diejenigen, deren Zeit noch nicht gekommen war. An keinem, ob tot oder lebendig, ließen sie auch nur einen Fetzen, der ihn bedeckt hätte. Als die Araber abgezogen waren, gingen die Familien der Toten hinaus, um ihre Angehörigen zu holen, und man hörte überall in den Straßen von Kairuan das Jammern der Klageweiber und der Trauernden; es war anzuschauen und anzuhören, dass es einen Stein hätte erweichen können. Viele Fremde blieben auf dem Schlachtfeld zurück. Viele hatten so hässliche Wunden erhalten, dass ihr Anblick die Leute verstörte. Lebern wurden zerstückelt[11], Herzen und Körper schmolzen dahin angesichts von Mädchen, die sich aus Trauer über den Verlust ihrer Väter und Brüder das Gesicht geschwärzt und das Haupt geschoren hatten. Es war ein Tag der Schicksalsschläge, der Katastrophen und des Unglücks, wie man ihn an keinem Ort und zu keiner Zeit je erlebt hatte. Die Leute verbrachten die Nacht in Kummer und Gram.

Hier endet der gekürzte Bericht des Ibn Šaraf.

Ibn ʿIḏārī, *Bajān* I, 288–292

15. Ein Kriegerporträt (1089–1106)

Ḫalaf ibn Mulāʿib al-Ašhabī mit dem Ehrennamen Saif ad-Daula war großzügig, tapfer, anmaßend und tyrannisch. Er wirkte als Straßenräuber und terrorisierte die Passanten. Nach ihm ist Qubbat ibn Mulāʿib benannt, eine verfallene Festung bei Aleppo, zwischen jener Stadt und Salamīja ...

Im Jahre 482 [1089–1090] gehörte Ḥimṣ Saif ad-Daula Ḫalaf ibn Mulāʿib al-Ašhabī. Er griff Salamīja an, nahm den *šarīf* Ibrāhīm al-Hāšimī gefangen und schleuderte ihn mit einer Wurfmaschine vom Turm von Salamīja. Er nahm auch eine Anzahl seiner Neffen gefangen. Die anderen gingen fort und wandten sich an den Kalifen und an Sultan Malikšāh um Hilfe gegen ihn. Darauf erging der Befehl des Sultans an die Emire von Syrien, Tāǧ ad-Daula Tutuš, den Herrn von Damaskus, Qasīm ad-Daula, den Herrn von Aleppo, Bozān ibn Alp, den Herrn von ar-Ruhā, und Jaghisighan, den Herrn von Antiochien, gegen Ḥimṣ zu ziehen, Saif ad-Daula Ḫalaf ibn Mulā'ib gefangen zu nehmen und ihn zu ihm zu schicken. Sie zogen gegen Ḥimṣ, belagerten es, nahmen ihn gefangen und schickten ihn zum Sultan. Er blieb in Gefangenschaft, bis Malikšāh im Šawwāl des Jahres 485 [November 1092] starb. Danach ließ ihn die Frau des Sultans frei. ... Im Jahre 489 [1096] kam er von Ägypten nach Afāmija [Apameia], da die Leute von Afāmija nach Ägypten gegangen waren, um ihre Bitte um einen Gouverneur vorzutragen, wobei sie ihn vorschlugen. Er kam am Mittwoch, dem 8. Ḏū l-Qa'da [26. Oktober 1096], an, zog in Afāmija ein und regierte dort ...

Einige Bewohner von Afāmija waren Ismā'īliten und verschworen sich gegen ihn. Sie stellten es folgendermaßen an. Sechs Personen kamen, die sich schon vorher ein Pferd, ein Maultier und einige fränkische Ausrüstungsgegenstände, darunter einen Schild und ein Kettenhemd, beschafft hatten. Sie brachten diese Ausrüstung und diese Tiere von Aleppo mit. Zu Saif ad-Daula Ḫalaf ibn Mulā'ib, der ein großzügiger und tapferer Mann war, sagten sie: »Wir kamen, um in deinen Dienst zu treten, und trafen unterwegs auf einen fränkischen Ritter. Wir töteten ihn und haben dir sein Pferd, sein Maultier und seine Ausrüstung mitgebracht.« Er nahm sie in Ehren auf und quartierte sie auf der Burg von Afāmija ein, und zwar in einem unmittelbar an der Mauer gelegenen Haus. Sie bohrten ein Loch durch die Mauer und trafen für Sonntagnacht, den 24. Ǧumādā I 499 [3. Februar 1106], mit den Bewohnern von Afāmija Vereinbarungen. Diese kamen durch jenes Loch herein, töteten Ḫalaf ibn Mulā'ib und bemächtigten sich der Burg von Afāmija. ...

Die Ismā'īliten verschworen sich gegen die Festung von Afāmija, töteten Mulā'ib darin hinterrücks und bemächtigten sich der Festung; doch gleich darauf kamen die Franken, griffen sie an, belagerten sie darin und nahmen schließlich die Festung ein.

Ibn al-'Adīm, *Bughjat aṭ-ṭalab*, 332–336

16. Eine Inschrift Saladins (1191) an der Jūsuf-Kuppel in Jerusalem

Im Namen Gottes, des Barmherzigen, des Erbarmers. Er gewähre seinen Segen dem Propheten Muḥammad und seiner Familie. Ihren Bau und die Aushebung des Grabens befahl unser Herr al-Malik an-Nāṣir Ṣalāḥ ad-Dunjā wad-Dīn, der Sultan des Islams und der Muslime, der Diener der beiden heiligen Städte und Jerusalems, Abū l-Muẓaffar Jūsuf ibn Ajjūb, der Erneuerer des Reiches des Herrschers der Gläubigen – Gott verlängere seine Tage und lasse seine Fahnen siegreich sein – in den Tagen des Emirs und Oberbefehlshabers Saif ad-Dīn ʿAlī ibn Aḥmad – Gott stärke ihn – im Jahre 587 der Hiǧra des Propheten (1191), unter der Aufsicht des Emirs Nāṣir ad-Dīn Altun-Bā as-Saifī – Gott verleihe ihm Erfolg.

RCEA IX, 174–178 (Nr. 3447)

17. Ein Besuch bei Saladin

Man verbreitete die Nachricht, Saladin habe mit den Franken einen Waffenstillstand geschlossen und sei nach Jerusalem zurückgekehrt. Da ich gezwungen war, ihn aufzusuchen, nahm ich möglichst viele Bücher der Alten mit und begab mich nach Jerusalem. Dort traf ich einen gewaltigen, Achtung gebietenden und Zuneigung erweckenden, fernen und nahen, umgänglichen und gnädigen König, den seine Gefährten sich zum Vorbild nahmen, indem sie sich in guten Taten überboten. Wie geschrieben steht: »Wir nehmen dann von ihnen weg, was sie an Gehässigkeit in ihrem Innern hegen« [Koran VII, 43].

An meinem ersten Abend dort erlebte ich eine große Versammlung gelehrter Männer, welche alle möglichen Wissensgebiete erörterten. Er erwies sich als guter Gastgeber und Diskussionsteilnehmer. Er sprach beredt und kenntnisreich darüber, wie man Mauern errichtet und Gräben aushebt; er war nämlich damit beschäftigt, die Mauern von Jerusalem aufzubauen und den Graben um die Stadt auszuheben. Er beaufsichtigte die Arbeiten persönlich und schleppte sogar Steine auf seinen Schultern, sodass alle Leute mitmachten, arm und reich, stark und schwach, selbst der Sekretär ʿImād ad-Dīn und der Richter al-Fāḍil.

Er pflegte vor Sonnenaufgang zur Baustelle zu reiten und dort bis Mittag zu bleiben; dann ging er nach Hause, speiste und ruhte; am Nachmittag ritt er wieder hinaus und kehrte erst zurück, wenn die Fackeln entzündet wurden. Den längsten Teil der Nacht plante er seine Tätigkeit für den Tag.

Saladin schrieb mir eine Zuweisung über dreißig Dinare monatlich zu Lasten des *dīwāns* der Moschee von Damaskus. Auch seine Söhne machten mir Zuwendungen, sodass ich auf monatlich hundert Dinare kam. So kehrte ich nach Damaskus zurück und widmete mich den Studien und dem Unterricht an der Moschee ...

Dann kam Saladin nach Damaskus. Er zog hinaus, die Pilger zu verabschieden. Als er zurückkehrte, erkrankte er an Fieber. Ein unerfahrener Arzt ließ ihn zur Ader, seine Kräfte schwanden, und er starb nach weniger als vierzehn Tagen. Die Bevölkerung beklagte ihn, wie sie sonst nur Propheten beklagt. Ich habe außer ihm nie einen Herrscher gesehen, um den die Leute trauerten, denn ihn liebten die Guten und die Bösen, die Gläubigen und die Ungläubigen.

ʿAbd al-Laṭīf, Zitat aus Ibn Abī Uṣaibiʿa, *ʿUjūn al-anbāʾ* II, 206

IV. Iran und die Ostprovinzen

Im Osten erhob sich eine neue Kraft – die Türken. Diese erschienen zunächst als Einzelne – als durch Raub oder Kauf erworbene Sklaven, die dann für militärische Aufgaben ausgebildet wurden. Viele von ihnen gelangten in hohe Stellungen, sie wurden Generale und Gouverneure; manche gründeten eigene Dynastien. Ihnen folgte der Einbruch freier Türken, in Stammesverbänden und unter eigenen Stammesführern. Die Bedeutendsten unter ihnen waren die Selǧūqen, eine Familie, welche die islamische Welt wohl im späten zehnten Jahrhundert betrat und im Verlauf des elften Jahrhunderts das Großsultanat errichtete. Der erste Auszug entstammt einer arabischen Chronik und stützt sich wahrscheinlich auf eine türkische Familien- oder Stammesüberlieferung. Die drei folgenden sind persischen Chroniken entnommen; eine davon gibt eine Episode aus der Ghaznavidengeschichte wieder; die anderen handeln von Selǧūqenherrschern. Der letzte Auszug zeigt klar und deutlich die neue, eingeschränkte Rolle, die unter der Ägide des Sultanats dem Kalifat zugewiesen wurde.

18. Der Ahnherr der Selǧūqen
(zehntes Jahrhundert?)

Tuqāq, sein Name bedeutet im Türkischen »eiserner Bogen«, war ein Mann voller Scharfsinn, Urteilsvermögen und Führungsqualitäten. Der König der Türken überließ ihm die Zügel der Regierung und stellte sich in den Schein des Lichtes seines Scharfsinns und seines Urteilsvermögens. Eines Tages nun musterte der König der Türken, der Jabgū hieß, seine Truppen, um in islamisches Gebiet einzufallen. Der Emir Tuqāq hinderte ihn daran, worin der König der Türken einen Widerstand gegen sich selbst erblickte. Tuqāq ging nun zu weit und schlug den König der Türken ins Gesicht. Daraufhin befahl dieser, ihn zu ergreifen und zu binden. Der Emir Tuqāq erzürnte und nahm seine Zuflucht zu Gott [Lücke im Text], und sie trennten sich von ihm und brachten den König in sein Haus, wo er sich ruhig verhielt wie eine Hyäne im Bau und über seine Machenschaften und Ansichten bestürzt war. Er entschloss sich, zum Emir Tuqāq zu gehen und sich mit ihm zu versöhnen. Jabgū, der König der Türken, hielt seine Arglist in seinem Innersten verborgen, bis der Emir Tuqāq starb. Als der Emir Selǧūq, der Sohn des Emirs Tuqāq, volljährig geworden war, übertrug ihm der König der Türken den Oberbefehl über das Heer und verlieh ihm den Titel Subašı, was in ihrer Sprache »Heerführer« heißt.

Die Frau des Königs der Türken flößte ihrem Mann Furcht vor dem Emir Selǧūq ibn Tuqāq ein, wodurch sie ihn daran hinderte, ihm zu trauen und ihm offen entgegenzutreten. Sie verbarg sich nicht vor ihm, und eines Tages sagte sie zu ihrem Mann: »Herrschaft ist unfruchtbar; sie trägt keine Teilhaberschaft. Der Trunk deiner Herrschaft wird nicht ungetrübt sein, bevor nicht Selǧūq getötet ist, und die Morgensonne deiner Macht wird nicht strahlen, bevor du ihn nicht den Todesbecher kosten lässt. Denn bald wird er dich aus dem Haus deiner Herrschaft vertreiben und wird auf deinen Untergang sinnen.« Diese Worte fielen in Sicht- und Hörweite Selǧūqs. Darauf bestieg der Emir Selǧūq sein Pferd und zog mit seinen Pferden und seinen Soldaten ins Gebiet des Islams, wo ihm der Segen der wahren Religion zuteil wurde. Er wählte die Gegend von Ǧand, vertrieb die heidnischen Regenten und ließ sich dort nieder. Der Emir Selǧūq lebte hundert Jahre. Eines Nachts sah er sich im Traum Feuer ejakulieren und die Funken nach Ost und West stieben. Als er einen Traumdeuter befragte, sagte ihm dieser: »Unter deinen Nachkommen wird es Könige geben, deren Herrschaft bis an die Enden der Welt reichen wird.«

Al-Ḥusainī, *Aḫbār ad-daula as-salǧūqīja*, 1–2

19. Die Plünderung von Āmul (1035)

Emir Mas'ūd – Gott habe Wohlgefallen an ihm – zog am Samstag, dem 12. Rabī' I [426/25. Januar 1035] sicher, triumphierend und siegreich in Āmul ein. An einer bestimmten Stelle hielt er an und befahl, man solle den Pavillon und das große Zelt aufstellen; dann lagerte er sich dort glücklich und zufrieden. Dem Kanzler, Abū Naṣr, trug er auf, im ganzen Land durch Boten Briefe mit der Nachricht von seinem Sieg verschicken zu lassen. Die Briefe wurden geschrieben und von Soldaten und Palastdienern ausgetragen. Am Freitag hielt er eine prunkvolle Audienz, an welcher der ʿAlide[1] und alle Stadtnotabeln ihm ihre Aufwartung machten. Der Emir sagte zum Wesir: »Nimm im Zelt Platz und lasse den ʿAliden und die Stadtnotabeln Platz nehmen; denn wir haben ihnen eine Mitteilung zu machen.« Also ging der Wesir ins Zelt und ließ jene Leute Platz nehmen. Der Emir verspürte Lust zu trinken. Man traf Vorbereitungen, und die Trinkgenossen und Musikanten erschienen. Abū Naṣr, der bei der Entsendung der Briefe und Boten einige Mühe gehabt hatte, kam zurück. Ich tat gerade im Kanzleibüro Dienst, als ein Diener kam und mich rief. Ich nahm Tinte und Papier und trat vor den Thron. Er hieß mich Platz nehmen, und ich nahm Platz. Da sagte der Emir: »Schreibe: Folgendes muss von Āmul und Ṭabaristān eingetrieben werden, und zwar durch Abū Sahl Ismāʿīl. Eine Million in Nīšāpūrī Gold; 1 000 griechische und andere Roben; 1 000 *maḥfūrīs*[2] und Teppiche; 5 000 Kleidungsstücke.«

Ich schrieb das nieder und erhob mich. Da sagte er: »Bring dieses Schreiben dem Wesir und übermittle ihm meine Botschaft. Er möge diese Leute auffordern, sie sollten sich bemühen, all das schnell bereitzustellen, was wir verlangt haben, damit es nicht nötig wird, einen Steuereintreiber zu entsenden oder an das Heer den Befehl auszugeben, es mit Gewalt zu beschaffen.«

Ich brachte dem Wesir das Schreiben und übermittelte ihm die Botschaft. Er lachte und sagte: »Du wirst sehen, wie sie dieses Land brandschatzen und unseren Ruf schädigen. Sie werden keine 3 000 Dirham finden! Das ist ein schweres Verbrechen! Selbst wenn sie ganz Ḫurāsān umkrempeln, werden sie dieses Gold und diese Kleidungsstücke nicht zusammenbringen. Der Sultan seinerseits trinkt Wein, und das hat ihm der Gedanke an das eigene Wohlleben, den eigenen Reichtum und die eigenen Schätze diktiert.« Dann wandte er sich dem ʿAliden und den Stadtnotabeln zu und sagte: »Wisset, dass die Gurgānīs, die ihr Schwert gegen ihren eigenen Herrscher zogen und sich gegen ihn auflehnten, dann aber zerstreut wurden, dieses Land nicht mehr sehen werden. Hierher wird ein gewaltiger Herrscher kommen, wie er nach Ḫwārazm ging, um in diesem Land die Macht zu übernehmen; dann werdet ihr frei von Schwierigkeiten sein.«

Die Notabeln von Āmul priesen ihn, dann sagte er: »Wisset auch, dass es den Sultan viel Geld gekostet hat, ein Heer hierher zu schicken und diese Tyrannen zu vertreiben; deswegen sollte ihm ein angemessener Beitrag von diesen Ländern geleistet werden.« Darauf sagten sie: »Wir wollen gehorchen und alles in unserer Macht Stehende tun, doch dieses Land und seine Bevölkerung sind arm. Unsere Abgabe wurde vor langer Zeit festgesetzt, und zwar für Āmul und Ṭabaristān 100 000 Dirham und eine gewisse Anzahl von *maḥfūrīs* und Teppichen. Wenn mehr verlangt wird, werden die Leute in große Schwierigkeiten kommen. Was also befiehlt der Wesir jetzt?«

»Der Sultan«, sagte der Wesir, »hat einen schriftlichen Befehl erlassen und hat Abū l-Faḍl die und die Botschaft aufgetragen.« Darauf legte er ihnen das Schreiben vor, erläuterte ihnen die Botschaft und sagte: »Ich werde es euch leichter machen und dafür sorgen, dass die erwähnten Forderungen auf Gurgān, Ṭabaristān, Sārī und alle diese Gebiete verteilt werden, sodass es für euch weniger hart ist.«

Als die Vertreter von Āmul diese Mitteilung vernommen hatten, waren sie betroffen und völlig verwirrt und sagten: »Wir können darauf nicht sofort antworten, denn niemand ist in der Lage, dieser Forderung nachzukommen. Wenn du erlaubst, werden wir zu unserem Volk zurückkehren und es von alldem unterrichten.«

Der Wesir sagte zu mir: »Berichte dem Sultan, was du vernommen hast.« Darauf ging ich zu ihm und teilte es ihm mit, worauf er antwortete: »Das ist gut so. Heute sind sie zu ihrem Volk gegangen; morgen werden sie willig zurückkehren. Dieses Geld muss schnellstens hereinkommen, damit wir uns hier nicht lange aufhalten müssen.«

Ich kam zurück und teilte das mit, worauf die Vertreter von Āmul tief bekümmert zurückkehrten. Auch der Wesir kehrte zurück. Am folgenden Tag hielt der Sultan Audienz. Als er nach der Audienz mit dem Wesir allein war, fragte er ihn: »Was soll man heute hinsichtlich dieses Geldes unternehmen?«

Darauf erwiderte der Wesir: »Möge mein Herr lange leben. Mir wäre wohler, wenn das Schatzhaus aus dem Land versorgt würde; doch die Summe ist zu groß, und die Notabeln von Āmul reagierten gestern nur sehr zögernd. Was also befiehlt mein Herr?«

»Was in dem Schreiben steht«, sagte der Sultan, »wird von Āmul allein verlangt. Wenn sie willig gehorchen – schön und gut; wenn nicht, müssen wir Abū Sahl Ismā'īl in die Stadt schicken, damit er mit Gewalt noch mehr nimmt.«

Der Wesir kehrte zu seinem Zelt zurück, versammelte die Notabeln von Āmul, von denen viel weniger gekommen waren, und teilte ihnen mit, was der Sultan gesagt hatte.

Der 'Alide und der *qāḍī* sagten: »Gestern hielten wir eine Versammlung ab und besprachen diese Angelegenheit. Ein großes Geschrei erhob sich, und die Leute lehnten ab und gingen fort. Es steht fest, dass letzte Nacht viele Menschen aus der Stadt flohen. Wir aber konnten nicht fliehen, denn wir haben keine Sünde begangen und bleiben gehorsam. Jetzt ist es am Sultan und am Wesir zu befehlen, was die Lage erfordert.«

Der Wesir wusste, dass sie die Wahrheit sagten, doch er wagte nicht, es auszusprechen. Er ließ Abū Sahl Ismā'īl kommen, überantwortete ihm die Notabeln und schickte ihn in die Stadt. Abū Sahl stellte einen dīwān zusammen und versammelte das Volk, und diejenigen, die ihm in die Hand fielen, berichteten ihm von den Geflohenen, sodass es in der ganzen Stadt keinen Ort gab, aus dem man nicht Klagen und Jammern hörte. Reiter und Fußsoldaten zogen aus, nahmen die Flüchtigen fest und brachten sie zurück; Abū Sahl gab Erlasse heraus, wonach die Soldaten ihren Lohn von der Bevölkerung einziehen sollten. Sie legten Feuer in der Stadt, und sie taten, was sie wollten, und nahmen sich, wen sie wollten – es war wie am Jüngsten Gericht. Er löste den *dīwān* wieder auf. Der Sultan wusste von alledem nichts, und niemand hatte den Mut, ihn davon zu unterrichten und ihm die Wahrheit zu sagen. In vier Tagen brachte das Heer 160 000 Dinar zusammen, außerdem doppelt so viel durch wilde Plünderung, und dazu noch verschiedenes andere. Das führte zu einem großen Skandal; denn sieben oder acht Monate später erfuhr man, einige der Betroffenen aus dieser Stadt seien nach Bagdad gegangen und hätten sich an den Kalifen gewandt, und es heißt, sie seien sogar nach Mekka – Gott beschütze es – gegangen. Die Leute von Āmul sind schwach, aber beredt und hartnäckig, und es war ihr Recht, das zu sagen.

Für alle diese Verbrechen und Übeltaten sind Abū l-Ḥasan und die anderen verantwortlich, doch es hätte am Emir – Gott habe Wohlgefallen an ihm – gelegen, diesen Vorgängen Aufmerksamkeit zu schenken. Es fällt mir schwer, solche Dinge zu schreiben, doch was kann ich machen? In der Geschichte gibt es keine Nachsicht. Wenn diejenigen, die mit uns in Āmul waren, diese Abschnitte lesen und sie gerecht beurteilen, werden sie zugeben, dass ich die Wahrheit geschrieben habe. Baihaqī, *Tārīḫ*, 460–462

20. Sultan Malikšāh (1072-1092)

Das Heer, das er immer bei sich hatte, und dessen Soldaten namentlich in den Stammrollen des *dīwān* eingetragen waren, war 46 000 Mann stark. Ihre Lehen *[iqṭāʿ]* waren auf verschiedene Teile des Reiches verteilt, damit sie, wo immer sie hinkämen, Futter und Verpflegung zur Verfügung hätten. Sultan Malikšāh war von solcher Gerechtigkeit und solchem staatsmännischen Geschick, dass zu seiner Zeit niemandem Unrecht geschah. Wenn jemand erschien und behauptete, ihm sei Unrecht widerfahren, so hinderte ihn niemand daran, mit dem Sultan von Angesicht zu Angesicht zu sprechen und Gerechtigkeit zu verlangen, gemäß dem Sprichwort: »Wessen Eifer groß ist, dessen Wert ist hoch.« Zu seinen guten Werken gehört, dass er die Wasserbehälter entlang der Straße zum Ḥiǧāz zu errichten befahl, dass er die Pilger von Wegzöllen und Schutzgebühren befreite und dass er dem Emir der heiligen Städte, der zuvor von jedem Pilger sieben rote Dinare erhoben hatte, ein *iqṭāʿ* und Einkünfte verlieh. Den Beduinen und den in der Nähe der Kaʿba Ansässigen *[muǧāwir]* gegenüber zeigte er sich wohltätig, und einige dieser Bräuche gibt es bis heute.

Gib deiner Religion Anteil an deiner Weltlichkeit und sei du selbst Wächter über dich selbst.

Gib jedem deiner Glieder einen Zügel aus Vernunft und Beschränkung, einen Zaum aus Frömmigkeit und Gottesfurcht.

Von allen Arten des Sports und des Spiels war ihm die Jagd am liebsten. Ich sah sein Jagdbuch von der Hand des Abū Ṭāhir Ḫātūnī, in dem zu lesen steht, dass der Sultan an einem Tag siebzig

Gazellen mit Pfeil und Bogen erlegte. Er machte es sich zur Regel, für jeden Treffer einen maghribinischen Dinar an die Armen zu geben. In jedem Jagdrevier im Irak und in Ḫurāsān errichtete er Türme aus den Hufen der Gazellen und Wildesel. In Transoxanien, in der arabischen Wüste, in Marǧ, Ḫūzistān und der Provinz Iṣfahān, überall, wo es viel zu jagen gab, hinterließ er Monumente.

Als Regierungssitz und Residenz wählte er von allen Ländern Iṣfahān, wo er innerhalb und außerhalb der Stadt viele Gebäude errichtete, einschließlich Paläste und Gärten, so beispielsweise den Garten von Kārān, das Wasserhaus, den Garten des Aḥmad Sijāh und den Garten von Dašt-i Gūr und andere. Er erbaute die Burg der Stadt und die Burg von Dizkūh; dort bewahrte er seinen Schatz auf. Ar-Rāwandī, *Rāḥat aṣ-ṣudūr*, 131-132

21. Sultan Ṭughrul ibn Arslān (1175–1194)

Sultan Ṭughrul sah gut aus. Er ließ sein Haar in drei Strähnen auf den Rücken fallen, hatte einen vollen Bart und einen gezwirbelten Schnurrbart, der ihm bis an die Ohren reichte. Er war hoch gewachsen, breitschultrig und langhalsig. Niemand konnte seine Keule hochheben oder seinen Bogen spannen.

Auf seinem Siegel stand: »Ich verlasse mich allein auf Gottes Hilfe.«

Seine Wesire waren die folgenden: der Wesir Ǧalāl ad-Dīn, der Wesir Kamāl ad-Dīn az-Zanǧānī, der Wesir Ṣadr ad-Dīn al-Marāghī, der Wesir ʿAzīz ad-Dīn al-Mustaufī, der Wesir Muʿīn ad-Dīn al-Kāšī und der Wesir Faḫr ad-Dīn ibn Ṣafī ad-Dīn al-Varāmīnī.

Seine Kämmerer waren der Privatkämmerer, der Oberkämmerer Karagöz as-Sulṭānī und der Oberemir Ǧamāl ad-Dīn ...

Sultan Ṭughrul war ein Herrscher, der im Nest der Macht geboren wurde und im Haus des Glücks aufwuchs. Das Königtum fiel ihm in den Schoß; ohne Mühe legte er sich sein Gewand um. Von der Wiege wechselte er auf den Thron über, von der Schule bestieg er, ohne die Strapazen des Lernens, das Pferd des Königtums. Er war nicht abhängig vom Versprechen der Tage, vom Spiel der Jahre, vom Einfluss von Geschick und Schicksal. Der Vogel der Macht ging ungeködert in seine Falle; das Pferd seines Schicksalsgestirns wurde ohne Zaumzeug und Zügel gebändigt. Ohne mühselige Strapazen zu erdulden, ohne das Brot der Armen zu kosten, kam er an einen gedeckten Tisch, einen geschmückten Audienzsaal, eine gefüllte Schatzkammer.

All dieses Glück seiner frühen Jahre verdankte er dem glanzvollen Staat, der erfolgverheißenden Erziehung, der Weisheit und Bedachtsamkeit, dem erobernden Schwert und der triumphierenden Fahne des islamischen Herrschers *[Pādišāh]*, des ruhmreichen Königs, des mächtigen Atābek, des *ḫāqān* der Perser, der Sonne der Welt und des Glaubens, des Beistands des Islams und der Muslime, des Abū Ǧa'far Muḥammad ibn Ildegiz – Gott erbarme sich seiner. Es geschah, dass ein Gebiet seiner Hand entglitt und ein Fürst sich vor den Toren von Iṣfahān mitten in der Provinz einnistete, die umliegenden Herrscher aber die Zügel der Hilfe zurückhielten und auf die Drehung des Schicksalsrads warteten. Da verließ Sultan Ṭughrul sich, ohne auf ihre Unterstützung zu bauen, auf die Hilfe des allmächtigen Gottes und auf seinen starken Arm. Innerhalb eines Monats unternahm er zwei Feldzüge, einen gegen Fārs, den anderen gegen Iṣfahān, und befreite dadurch beide Gebiete und zwang ihre beiden gierigen Fürsten, sich mit ihren Burgen zufrieden zu geben. Heil folgte seinem glänzenden Schwert, Glück begleitete segensreich seinen Steigbügel. Die Welt war seinem Befehl unterstellt und erfüllt vom Glanz und Erfolg seiner Macht, vom Sieg nach Belieben und der Zerschlagung und Vernichtung seiner Feinde. Die Fahne der Sorge um die Sache der Landherren und Bauern wurde gehisst, und alle waren ruhig und sicher am Ufer süßer Wasser und auf fruchtbaren Weiden. Sie baten Gott, den Allmächtigen, er möge seine Herrschaft verlängern und seine Wohltaten erhalten. Eine Fülle von Gerechtigkeit und ein Übermaß an Sorge führten dazu, dass in kürzester Zeit alle Länder der Welt unter seinen Befehl und unter die Herrschaft der Diener des großen Sultans gelangten. Jeden Tag sah man bei ihm, der den Glanz Ǧamšīds, das Herz 'Alīs, den Körper Tehemtens und die Hand Ḥātims[1] besaß, neue Anzeichen der Eigenschaften eines Herrschers und der Merkmale eines Welteroberers.

…

Die Hoffnung des großen Atābek und der anderen Emire, die Diener seines Staates waren, wurde in seinen Tagen zu einer großen Glückseligkeit. In keinem seiner königlichen Vorfahren – Gott erleuchte ihre Beweise – waren alle diese Eigenschaften vereint: Vollkommenheit des Geistes, Übermaß an Gerechtigkeit, Fülle an Wissen, große Geduld, Wachsamkeit, Vorsicht, Liebe zu Gelehrten, Tugend, [Kenntnis der] Kalligraphie, Beredsamkeit, Reitkunst und großes Geschick im Umgang mit dem Speer und anderen Waffen; denn Gott, der Allmächtige, hatte ihm diese vom Beginn seines Lebens und von den frühen Tagen seiner Jugend an verliehen.

…

Dieser glückliche Sultan war die Zierde von Krone und Thron, seine Taten schufen Freude und schmückten das Reich. Zehn Jahre lang oblag dem mächtigen Atābek, der Sonne der Welt und der Religion, Muḥammad ibn Ildegiz – Gott erbarme sich seiner – die Verantwortung für Wohlstand, Sicherheit und Zufriedenheit im Staat; er kümmerte sich um alles, während der Sultan von der Sorge um Nahrung und Tiere frei und von der Dreistigkeit der Höflinge ungestört war. Seine Loyalität zum Sultanat war dergestalt, dass das gesamte Tun des Atābek, im Geheimen und öffentlich, auf die eine Sache gerichtet war: dem Sultan zu verschaffen, was Sanǧar und Malikšāh nie hatten. Er sandte Boten in verschiedene Gebiete und ließ seinen Namen und seine Titel im Freitagsgebet nennen und auf die Münzen der Länder prägen. Zu jeder Zeit bestand er auf seiner Herrschaft über Bagdad, und er sandte jemanden, der den Wiederaufbau des Sultanspalastes verlangte. Zu jener Zeit beabsichtigten die Beamten des Kalifats, die Emire der angrenzenden Gebiete zu umschmeicheln und im Land Verwirrung zu stiften, um ihre eigene Herrschaft zu errichten und auf andere auszudehnen; doch sie konnten sich gegen den Atābek Muḥammad nicht durchsetzen. Der Atābek sagte vor allen Leuten: »Der Kalif *[Imām]* sollte sich mit der Predigt und der Leitung des Gebets befassen, welche dem Schutz weltlicher Herrscher dienen und die besten Taten und hervorragendsten Handlungen darstellen, und sollte die Herrschaft den Sultanen anvertrauen und die Regierung der Welt diesem Sultan überlassen.« Ar-Rāwandī, *Rāḥat aṣ-ṣudūr*, 331–334

V. Die Mongolen

Das Auftreten der Türken war die erste Phase des Eindringens der Steppenvölker nach Vorderasien; die zweite und dramatischere war die große mongolische Invasion im dreizehnten Jahrhundert. Die Türken kamen in Etappen und wurden bekehrt und assimiliert. Ihre Ankunft brachte der islamischen Welt neue militärische und politische Kraft, und zwar zu einer Zeit, da sie diese bitter nötig hatte. Die Mongolen kamen als Heiden und Eroberer. Die Zerstörung des Bagdader Kalifats durch sie war, wiewohl mehr von symbolischer als von praktischer Bedeutung, der Todesstoß für die alte islamische Ordnung.

Der erste der folgenden Ausschnitte stammt aus der Chronik eines in mongolischen Diensten stehenden persischen Historikers. Die übrigen sind aus dem Arabischen übersetzt. Der letzte Abschnitt ist, als persönlicher Bericht, von besonderem Interesse.

22. Die Mongolen kommen (1253–1258)

Als Mengü Ḫān [1251–1259] in Karakorum und Kelüren, der ursprünglichen Heimat und dem Regierungssitz Čingis Ḫāns, sich nach einer Zusammenkunft der Fürsten und Emire, und mit deren allgemeiner Zustimmung, auf den Thron gesetzt, als er Gerechtigkeit geübt und Strafen verhängt hatte, richtete er seine Aufmerksamkeit auf die Regelung der Angelegenheiten des Reiches. Er entsandte Heere in die Provinzen und an die Grenzen. Bittsteller und Händler, Perser und Türken, die von nah und fern herbeigekommen waren, wurden nach Gewährung ihrer Anliegen und Wünsche entlassen, wie es in seiner Geschichte aufgezeichnet ist. Er sandte Baiğu Nojon[1], vom Stamm Jisüt, mit einem gewaltigen Heer zum Schutz des Landes Iran. Als er dort ankam, schickte er Gesandte mit Beschwerden über die Ismāʿīliten[2] und den Kalifen von Bagdad. Zu jener Zeit erschien eines Tages der verstorbene Oberrichter Šams ad-Dīn Qazvīnī, der am Hof war, mit einem Brustharnisch angetan vor dem Ḫān. Er erklärte, er trage aus Furcht vor den Ismāʿīliten immer diesen Brustharnisch unter seiner Kleidung; darauf gab er einige Beispiele von der Macht und den Übergriffen der Ismāʿīliten.

Der Ḫān hatte im Charakter seines Bruders Hülägü Ḫān die Merkmale eines Herrschers bemerkt und in seinen Taten die Kennzeichen eines Eroberers entdeckt. Er dachte darüber nach, dass seit der Zeit Čingis Ḫāns einige Länder durch Eroberung oder Unterwerfung hinzugewonnen worden waren, während andere noch nicht befreit waren; und auch darüber, dass er, da die Welt von unendlicher Ausdehnung war, in jeden Teil einen seiner Brüder schicken könnte, jenes Land völlig zu unterwerfen und darüber zu wachen, während er selbst in der Mitte seines Reiches, in der alten Heimat der Mongolen, unbeschwert und wohlbehütet sitzen und seine Zeit in Ruhe damit verbringen könnte, Gerechtigkeit zu üben. Wenn irgendein nahe gelegenes Land sich ihm widersetzte, könnte er die Truppen in der Nähe seiner Hauptstadt entsenden, es zu befreien.

Nachdem er diesen Plan entworfen hatte, übertrug er seinem Bruder Qubilai Ḫān die Verantwortung über die Länder des Ostens: Ḫitai [China], Mačin, Karačanak, Tangut, Tibet, Ǧurǧe, Solanga, Gaoli und den sich an Ḫitai und Mačin anschließenden Teil Indiens. Seinem Bruder Hülägü übertrug er die Verantwortung über die Länder des Westens – Iran, Syrien, Ägypten, Rūm und Armenien. Diese beiden sollten, mit den ihnen unterstellten Truppen, seinen rechten und linken Flügel bilden.

Nach der großen Versammlung *[qurultai]* sandte er Qubilai Ḫān an die Grenzen Ḫitais und der anderen erwähnten Länder und teilte ihm ein Heer zu. Mit der Zustimmung aller Fürsten ernannte er Hülägü Ḫān über Iran und die anderen erwähnten Länder. Er ordnete an, das zuvor unter dem Befehl Baiǧu Nojons und Ǧurmaguns nach Iran entsandte Heer solle, ebenso wie das unter dem Befehl Dair Bahadurs nach Kaschmir und Indien entsandte, Hülägü gehören. Die Armee, welche Dair Nojon bei seinem Tod befehligte … befehligte sie … und nach ihm[3] … man gab sie Sali Nojon vom Volk der Tataren. Er eroberte das Land Kaschmir und brachte von dort mehrere tausend Gefangene mit zurück. Alle diese Truppen, die Sali Nojon unterstanden hatten, wo immer sie auch waren, sind nun aufgrund von erblichen Rechten zur Spezialtruppe *[inǧu]* des Königs des Islams, Ghazan Ḫān[4], geworden. Zusätzlich zu diesen sollten nach seinem Befehl aus allen Truppen Čingis Ḫāns, die unter seine Söhne, Brüder und Neffen aufgeteilt worden waren, jeweils zwei von zehn Mann herausgenommen und der Spezialtruppe Hülägü Ḫāns zugeteilt werden, damit sie ihn begleiteten und bei ihm blieben. Die Fürsten wählten diejenigen, die mit Hülägü Ḫān gehen sollten, aus ihren Kindern, Verwandten und Gefolgsleuten. Aus diesem Grund gab es in diesem Land immer und gibt es bis heute Emire aus der Familie und Verwandtschaft jedes einzelnen von Čingis Ḫāns Emiren, und jeder von ihnen bekleidet ein erbliches Amt.

Nach diesen Ernennungen schickte Mengü Ḫān Gesandte nach Ḫitai, die tausend ḫitaische Familien von Wurfmaschinen schützen, Naphthawerfern und Armbrustschützen holen sollten. Man schickte dem Heer von Karakorum bis an die Ufer des Oxus, durch den gesamten Bereich, den die Soldaten Hülägü Ḫāns durchziehen sollten, Boten voraus, den Zugang zu Wiesen und Weiden zu verbieten und über tiefe Flüsse und Gewässer Brücken zu bauen. Baiǧu Nojon und die vormals dem Oberbefehl Ǧurmaguns unterstellten Truppen erhielten den Befehl, in Richtung Rūm zu marschieren. In allen Provinzen lag für das Heer Proviant bereit, und zwar ein *tagar* [etwa 180 Pfund] Mehl und ein Schlauch Wein pro Soldat.

Als die ernannten Fürsten und Nojons zum Abmarsch mit ihren Einheiten von 1 000 und 100 Mann bereit waren, schickte man Kitbughā Nojon vom Stamm Naiman, der den Rang eines *Baurǧi* [Verwalter] innehatte, mit 12 000 Mann als Vorhut voraus. Er zog schnell voran, und als er Ḫurāsān erreicht hatte, verbrachte er die Zeit, während der er die Ankunft der kaiserlichen Banner erwartete, mit der Eroberung von Quhistān.

Als die Vorbereitungen für den Zug Hülägü Ḫāns abgeschlossen waren, gab er, gemäß der Sitte und um sich zu verabschieden, in seinem Lager Festessen. Auch sein jüngerer Bruder Arīgh Böke und die anderen Fürsten, die übereingekommen waren, das Frühjahrslager in Karakorum aufzuschlagen, gaben Festessen und richteten allerlei Feste und Vergnügungen aus. Mengü Ḫān gab aus brüderlicher Liebe Hülägü Ḫān die folgende Ermahnung: »Nun ziehst du mit einer ungeheuren Armee und unzähligen Soldaten von der turanischen Mark ins iranische Reich.

Ziehe voller Ruhm von Turan nach Iran.
Trage deine Berühmtheit zur strahlenden Sonne.

Behalte in allen Dīngen, im Allgemeinen wie im Besonderen, die Gebräuche, Sitten und Gesetze Čingis Ḫāns bei. Vom Oxus bis zu den fernen Grenzen Ägyptens sollst du jedem, der sich unterwirft und deinen Befehlen und Verboten Folge leistet, besondere Güte, Gunst und Wohlwollen erweisen. Doch ist jemand halsstarrig und störrisch, so lass ihn mit seiner Frau, seinen Kindern, seiner Familie und seiner Verwandtschaft dem Bösen, der Gewalt und Erniedrigung ausgesetzt sein. Von Quhistān in Ḫurāsān aus mache Burgen und Festungen dem Erdboden gleich.

Reiß nieder Girdkūh und die Festung Lammasar[5]
und kehre das Unterste zuoberst.
Lass keine einzige Festung in der Welt.
Lass auch kein Stückchen Erde übrig.

Wenn du das getan hast, ziehe weiter in den Irak. Entferne Luren und Kurden von den Straßen, die sie immer heimsuchen. Wenn der Kalif von Bagdad dir sofort Dienst und Gehorsam zusagt, belästige ihn in keiner Weise; doch wenn er sich überheblich zeigt und sein Herz und seine Zunge nicht übereinstimmen, behandle ihn wie alle anderen. In allen Dingen lass dich von einem scharfen Verstand und einer tiefen Einsicht leiten, in allen Angelegenheiten sei wachsam und vorsichtig. Sorge für die Zufriedenheit deiner Untertanen und erspare ihnen unangemessene Abgaben und Forderungen. Besiedle verwüstete Länder wieder. Unterwirf durch die Kraft Gottes, des Allmächtigen, die Feindesländer, damit du über zahlreiche Sommer- und Winterlager verfügst. In allen Angelegenheiten befrage Doquz Ḫātūn[6] und berate dich mit ihr.«

Rašīd ad-Dīn, *Ǧāmiʿ at-tawārīḫ* III, 20–24

23. Der letzte Kalif in Bagdad (1242–1258)

Man huldigte al-Mustaʿṣim an dem Tage des Jahres 640 [1242], da sein Vater al-Mustanṣir gestorben war. Er war der Unterhaltung und dem Vergnügen ergeben, leidenschaftlich dem Spiel mit Vögeln zugetan und von Frauen beherrscht. Er war urteilsschwach, unentschlossen und nachlässig hinsichtlich der Erfordernisse der Regierungsführung. Wenn man ihm sagte, was er im Hinblick auf die Tataren unternehmen solle, entweder um sie sich geneigt zu machen, sich ihnen zu unterwerfen und ihr Wohlwollen zu erwirken, oder andernfalls seine Heere aufzubieten und ihnen an den Grenzen Ḫurāsāns entgegenzutreten, bevor sie die Oberhand gewännen und den Irak eroberten, pflegte er zu sagen: »Bagdad genügt mir, und sie werden es mir nicht neiden, wenn ich ihnen alle anderen Länder überlasse. Auch werden sie mich nicht angreifen, solange ich mich darin aufhalte; denn es ist meine Wohnung und meine Residenz.« Solche und ähnliche unhaltbare Hirngespinste hielten ihn davon ab, angemessene Maßnahmen zu ergreifen, und so trafen ihn Unglücksschläge, wie er sie sich nie vorgestellt hatte.

Abū l-Farağ, *Ta'rīḫ muḫtaṣar ad-duwal*, 445–446

24. Der Fall Bagdads (1258)

Dann begann das Jahr 656 [1258], in welchem die Tataren Bagdad einnahmen und die meisten Bewohner, sogar den Kalifen, töteten; damit endete die Herrschaft *[daula]* der ʿAbbāsiden.

Als dieses Jahr begann, hatten die Tatarenheere Bagdad schon angegriffen, und zwar unter den beiden Emiren, welche die Truppen für den Sultan der Tataren, Hülägü Ḫān, befehligten. Zu ihnen stießen Hilfstruppen des Herrschers von Mosul, die ihnen gegen Bagdad helfen sollten, mit Proviant, Geschenken und Gaben von ihm. Er tat all das, weil er sich vor den Tataren fürchtete und sich bei ihnen – Gott verdamme sie – einschmeicheln wollte. Man verteidigte Bagdad und brachte Wurfmaschinen, Steinschleudern und anderes Verteidigungsgerät in Stellung, was aber alles Gottes Beschluss nicht abwenden kann. Wie der Prophet ja auch sagte: »Vorsicht hilft nichts gegen das Schicksal«, und wie Gott sagte: »Wenn aber die von Gott gesetzte Frist (einmal) gekommen ist, wird sie nicht (weiter) aufgeschoben« (Koran LXXI, 4), und ebenso: »Gott verändert nichts an einem Volk, solange sie nicht (ihrerseits) verändern, was sie an (?) sich haben. Aber (?) wenn Gott mit einem Volk Böses vorhat, lässt es sich nicht (mehr) abwenden.

Und sie haben außer ihm keinen Freund *(wālin)*« (Koran XIII, 11).

Die Tataren umzingelten den Sitz des Kalifats und ließen von allen Seiten Pfeile darauf niederregnen, bis sogar eine Sklavin getroffen wurde, während sie vor dem Kalifen musizierte und ihn unterhielt. Es war eine seiner Konkubinen, eine Mulattin namens ʿUrfa; ein Pfeil flog durch ein Fenster herein und tötete sie, während sie vor dem Kalifen tanzte. Der Kalif war darüber beunruhigt und sehr erschreckt. Man brachte ihm den Pfeil, der sie getroffen hatte, und darauf stand: »Wenn Gott seinen unabänderlichen Ratschluss verwirklichen will, beraubt er verständige Menschen ihres Verstandes.« Danach ordnete der Kalif eine Verstärkung der Vorkehrungen an, und die Verteidigungseinrichtungen für den Sitz des Kalifen wurden vermehrt.

Hülägü Ḫān kam mit seinem ganzen Heer, etwa 200 000 Mann, am 12. Muḥarram dieses Jahres [19. Januar 1258], in Bagdad an. ... Er kam nach Bagdad mit seinen zahlreichen ungläubigen, schamlosen, gewalttätigen und brutalen Truppen, mit Männern, die weder an Gott noch an das Jüngste Gericht glaubten und Bagdad von Westen und Osten umzingelten. Die Truppen in Bagdad waren sehr wenige und in äußerst miserablem Zustand; ihre Zahl belief sich auf nicht einmal 10 000 Reiter. Sie, wie das übrige Heer, waren ihrer Lehen *[iqṭāʿ]* beraubt worden, sodass viele von ihnen auf den Märkten und an den Moscheetoren bettelten. Dichter trugen Elegien auf sie vor und beklagten den Islam und die Muslime. Der Grund für all das waren die Ansichten des schīʿitischen Wesirs Ibn al-ʿAlqamī; denn im vorhergehenden Jahr, als die Sunniten und die Schīʿiten heftig miteinander gekämpft hatten, wurden Karḫ und das Schīʿitenviertel, ja selbst die Häuser der Verwandten des Wesirs, geplündert. Er hegte deswegen einen tiefen Groll, und das war es, was ihn dazu trieb, über den Islam und die Muslime das grässlichste Unheil zu bringen, das man vom Bau Bagdads bis zu dieser Zeit verzeichnete. Darum ging er als Erster zu den Tataren hinaus. Er ging mit seiner Familie, seinen Gefährten, seinen Dienern und seinem Gefolge, traf Sultan Hülägü Ḫān – Gott verfluche ihn – und kehrte dann zurück und riet dem Kalifen, zu ihm hinauszugehen, sich von ihm empfangen zu lassen und unter der Bedingung der

Teilung der irakischen Landsteuer mit ihm Frieden zu schließen. Der Kalif musste mit 700 Reitern, unter denen sich Qāḍīs, Rechtsgelehrte, Ṣūfīs, Oberemire und Notabeln befanden, hinausgehen. Als sie sich dem Lager Sultan Hülägü Ḫāns näherten, trennte man alle außer siebzehn von ihm; man riss sie von ihren Pferden, raubte sie aus und tötete sie bis auf den letzten Mann. Der Kalif und die Restlichen blieben verschont. Darauf brachte man den Kalifen vor Hülägü, der ihm viele Fragen stellte. Es heißt, der Kalif habe aus Schrecken über die Geringschätzung und den Hochmut, denen er sich ausgesetzt sah, wirr gesprochen. Dann kehrte er in Begleitung des Ḫoǧa Naṣīr ad-Dīn aṭ-Ṭūsī, des Wesirs Ibn al-ʻAlqamī und anderer nach Bagdad zurück. Der Kalif wurde bewacht und sein Vermögen beschlagnahmt; auch schleppte man große Mengen an Goldjuwelen, goldenen und silbernen Gegenständen, Edelsteinen und anderen Wertsachen vom Sitz des Kalifen fort. Doch jene Gruppe von Schīʻiten und anderen Heuchlern riet Hülägü, mit dem Kalifen keinen Frieden zu schließen. Der Wesir sagte: »Wenn man auf der Grundlage der Teilung Frieden schließt, wird er nicht länger als ein oder zwei Jahre halten; dann wird es wieder sein wie zuvor.« Und sie stellten ihm die Ermordung des Kalifen als etwas Gutes hin; daher befahl Sultan Hülägü, als der Kalif wieder zu ihm kam, man solle ihn töten. ...

Sie [die Tataren] machten sich über die Stadt her und töteten alle, deren sie habhaft wurden, Männer, Frauen, Kinder, Alte, Erwachsene, Jugendliche. Viele Bewohner stiegen in Brunnen, Latrinen, Abwässerkanäle und versteckten sich dort viele Tage, ohne herauszukommen. Viele Bewohner scharten sich in den Karawansereien zusammen und schlossen sich dort ein. Die Tataren öffneten die Tore, indem sie sie aufbrachen oder verbrannten. Wenn sie eindrangen, flohen die Menschen darin immer höher, doch die Tataren töteten sie auch auf den Dächern, bis das Blut aus den Abflussrohren auf die Straße lief. »Wir gehören Gott, und zu ihm kehren wir (dereinst) zurück« (Koran II, 156). Dasselbe geschah in den Moscheen, den Freitagsmoscheen und den Derwischklöstern. Keiner entkam ihnen außer den jüdischen und christlichen *ḏimmīs*, denen, welche bei ihnen oder im Haus des schīʻitischen Wesirs Ibn ʻAlqamī Zuflucht suchten, und einer Gruppe Kaufleute, die von ihnen Sicherheitsversprechen erhalten hatten, nachdem sie zum Schutz ihres Lebens und Besitzes große Mengen Geld bezahlt hatten. Und Bagdad, einst die erquicklichste aller Städte, wurde zur Ruinenstadt mit wenigen Einwohnern, die in Furcht, Hunger, Elend und Bedeutungslosigkeit dahinlebten.

Ibn Kaṯīr, *al-Bidāja wan-nihāja* XIII, 200–202

25. Die Schlacht von 'Ain Ǧālūt (1260)

In diesem Jahr 658 [1260] kamen die Gesandten Hülägüs nach Ägypten und überbrachten einen Brief folgenden Inhalts:

Vom König der Könige im Osten wie im Westen, dem allgewaltigen Ḫān:

In deinem Namen, Gott, der du die Erde ausgebreitet und den Himmel errichtet hast.

Es wisse al-Malik al-Muẓaffar Qutuz vom Geschlecht der Mamlūken, die vor unseren Schwertern in dieses Land flohen, die seine Annehmlichkeiten genossen und dann seine Herrscher töteten, es wisse al-Malik al-Muẓaffar Qutuz sowie die Emire seines Staates und die Bevölkerung seines Reiches in Ägypten und in den angrenzenden Ländern, dass wir das Heer Gottes auf seiner Erde sind. Er schuf uns aus Ärger und trieb uns gegen diejenigen, welche seinen Zorn auf sich zogen. In allen Ländern finden sich Beispiele, euch zu warnen und euch abzuhalten, unserem Vorsatz zu trotzen. Zieht aus dem Schicksal anderer eine Lehre und übergebt eure Macht an uns, bevor der Schleier gelüftet wird und ihr bereut und eure Fehler auf euch zurückfallen. Denn mit den Weinenden haben wir kein Erbarmen und mit den Klagenden kein Mitleid. Ihr habt von den Ländern gehört, die wir eroberten, und ihr habt vernommen, dass wir die Erde von Verderbtheit säuberten und dass wir die meisten Bewohner töteten. Euer ist die Flucht, unser die Verfolgung. Doch welches Land wird euch Zuflucht gewähren, welche Straße Rettung, welches Gebiet Schutz? Vor unseren Schwertern gibt es keine Rettung und auch kein Entrinnen vor unseren Schrecken verbreitenden Waffen. Unsere Pferde sind schnell in der Verfolgung, unsere Pfeile durchdringend, unsere Schwerter gleich

Donnerkeilen, unsere Herzen wie Stein und wir so zahlreich wie der Sand. Festungen können uns nicht widerstehen; Heere kämpften vergeblich gegen uns. Eure Gebete gegen uns werden nicht erhört, denn ihr habt Verbotenes gegessen, und eure Rede ist schmutzig; ihr bracht Eide und Versprechen, und Ungehorsam und Zanksucht herrschen unter euch. Wisset, dass euer Schicksal Schande und Demütigung sein werden. »Heute wird euch mit der Strafe der Erniedrigung dafür vergolten, dass ihr euch auf der Erde unberechtigterweise hochmütig gebärdet und dass ihr euch (fortwährend) versündigt habt« (Koran XLVI, 20). »Diejenigen, die freveln (und Unrecht tun), werden (schon noch zu) wissen (bekommen), welche Wendung es (schließlich) mit ihnen nehmen wird« (Koran XXVI, 227). Wer gegen uns kämpft, wird es bereuen; wer bei uns Schutz sucht, wird sicher sein. Wenn ihr euch unseren Befehlen und Bedingungen unterwerft, werdet ihr dieselben Rechte und Pflichten haben wie wir. Wenn ihr Widerstand leistet, werdet ihr vernichtet. Vernichtet also nicht euch selbst mit euren eigenen Händen. Wer gewarnt ist, sollte sich in Acht nehmen. Ihr seid davon überzeugt, wir seien Ungläubige, wir sind davon überzeugt, ihr seid Übeltäter. Gott, der alles bestimmt, trieb uns gegen euch. Vor uns sind eure Vielen wenig und eure Mächtigen erbärmlich, und für eure Könige führt kein anderer Weg zu uns als der der Schande. Redet nicht lang, sondern antwortet uns schnellstens, bevor die Kriegsflamme auflodert und ihre Funken über euch regnen lässt. Dann werdet ihr bei uns kein Ansehen, keinen Trost, keinen Beschützer und keine Zuflucht mehr finden. Ihr werdet durch unsere Hand das schrecklichste Unheil erleiden, und euer Land wird von euch geleert sein. Indem wir euch schrieben, haben wir euch gegenüber billig gehandelt, indem wir euch warnten, haben wir euch zur Wachsamkeit gerufen. Jetzt seid nur noch ihr unser Ziel. Friede sei mit uns, mit euch und mit allen denen, welche der göttlichen Leitung folgen, welche die Folgen des Bösen fürchten und welche dem allerhöchsten König Gehorsam leisten.

Sagt Ägypten, Hülägü sei angekommen,
mit Schwertern, gezogen und scharf.
Seine mächtigsten Bewohner werden niedrig,
ihre Kinder schickt er den Alten nach.

Qutuz versammelte die Emire, und man kam überein, die Gesandten zu töten und dann nach Ṣāliḥīja zu ziehen. Die Gesandten wurden festgenommen und ins Gefängnis geworfen. Der Sultan ließ sich von den von ihm ausgewählten Emiren Gefolgschaftstreue schwören und gab Befehl zum Abmarsch. Die Emire zogen widerwillig los, da sie nur ungern den Tataren entgegentraten. Am Montag, dem 15. Šaʿbān [26. Juli 1260], verließ al-Malik al-Muẓaffar Qutuz mit allen Truppen Ägyptens und denen des syrischen Heeres, den Beduinen, den Turkmenen und anderen, die sich ihm angeschlossen hatten, die Zitadelle [von Kairo] und machte sich nach Ṣāliḥīja auf.

An jenem Tag ließ er sich die tatarischen Gesandten vorführen. Einer von ihnen wurde auf dem Pferdemarkt am Fuße der Zitadelle zweigeteilt, ein anderer vor dem Zawīlator, der dritte vor dem Naṣrtor und der vierte in Raidānīja. Ihre Köpfe hängte man am Zawīlator auf; es waren die ersten dort aufgehängten Tatarenköpfe. Qutuz verschonte einen Knaben, der die Gesandten begleitet hatte, und ließ ihn bei seinen eigenen Mamlūken eintreten.

In Kairo, Fusṭāṭ und im übrigen Ägypten erließ man Aufrufe zur Teilnahme am heiligen Krieg für die Sache Gottes und zur Verteidigung der Religion des Propheten Gottes – Gott segne und beschütze ihn. Qutuz sandte Befehl an die Gouverneure, die Truppen für den Feldzug mobil zu machen. Diejenigen, welche sich versteckt hielten, sollten ausfindig gemacht und ausgepeitscht werden.

Qutuz zog nach Ṣāliḥīja, wo er lagerte und wo seine Truppen sich sammelten. Er ließ seine Emire zu sich kommen und sprach mit ihnen über den Feldzug; doch sie alle verhielten sich ablehnend und weigerten sich mitzuziehen. Qutuz sagte zu ihnen: »Emire der Muslime! Die Gelder des Staatsschatzes verbraucht ihr zwar schon lange, nun aber wollt ihr nicht kämpfen. Ich für meinen Teil werde aufbrechen. Wer sich für den heiligen Krieg entscheidet, der möge mich begleiten; wer nicht, der möge nach Hause gehen. Gott sieht auf ihn, und die Schuld derer, welche muslimische Frauen schänden, lastet auf den Säumigen.« Er sprach zu den von ihm ausgewählten Emiren und ließ sie unter Eid dem Feldzug zustimmen. Die Übrigen konnten nicht anders als zustimmen, und die Versammlung löste sich auf.

Bei Einbruch der Nacht ritt der Sultan umher, ließ seine Trommeln schlagen und sagte: »Ich werde allein gegen die Tataren ziehen.« Als die Emire sahen, was der Sultan vorhatte, zogen auch sie mit, wenngleich widerwillig. Quṭuz befahl dem Emir Rukn ad-Dīn Baibars al-Bunduqdārī, mit einigen Truppen vorauszuziehen und die Tataren auszukundschaften. Baibars erreichte Gaza, wo sich einige Tataren aufhielten, die sich aber bei seiner Ankunft zurückzogen; so konnte er Gaza einnehmen.

Darauf begab sich der Sultan mit den Hauptkräften nach Gaza und blieb dort einen Tag. Dann nahm er die Küstenstraße nach Akko, das damals in fränkischer Hand war. Sie kamen Quṭuz zur Begrüßung entgegen und wollten sich ihm als Hilfstruppen anschließen. Er dankte ihnen, verlieh ihnen Ehrengewänder und erhielt ihre eidlichen Zusagen, sie würden sich ihm gegenüber neutral verhalten. Er schwor ihnen, er werde, sollte einer von ihnen ihm zu Pferd oder zu Fuß folgen und das muslimische Heer belästigen, umkehren und sie bekämpfen, bevor er den Tataren entgegentrete.

Darauf ließ er die Emire zu sich kommen und drängte sie zum Kampf gegen die Tataren. Er erinnerte sie an die Blutbäder, die Versklavungen und die Feuer, die andere Länder heimgesucht hatten, und erregte ihre Furcht mit dem Gedanken, dasselbe könne sich wieder ereignen. Er drängte sie, Syrien vor den Tataren zu retten und den Islam und die Muslime zu verteidigen, und warnte sie vor Gottes Strafe. Sie brachen in Tränen aus und schworen allesamt, sie würden die Tataren mit aller Kraft bekämpfen und sie aus dem Land vertreiben. Der Sultan hieß den Emir Rukn ad-Dīn Baibars al-Bunduqdārī mit einer Abteilung vorzurücken; dieser rückte vor, bis er auf die tatarische Vorhut stieß. Er schrieb an den Sultan und unterrichtete ihn davon; dann begann er einige Scharmützel mit den Tataren, wobei er einmal vorrückte, einmal sich zurückzog, bis der Sultan in der Nähe von ʿAin Ǧālūt zu ihm stieß.

Als Kitbughā und Baidarā, die beiden Stellvertreter Hülägüs, vom Vormarsch des ägyptischen Heeres erfuhren, zogen sie die über Syrien verstreuten Tataren zusammen und brachen zum Kampf gegen die Muslime auf. Die Vorhut des muslimischen Heeres traf auf die tatarische Vorhut und zerschlug sie. Am Freitag, dem 25. Ramaḍān [3. September], trafen die beiden Heere aufeinander, und die Herzen der Muslime waren von großer Furcht vor den Tataren erfüllt. Die Sonne war gerade aufgegangen, und das Tal war voller Soldaten. Die Bauern in den Dörfern schrien laut, und die Trommeln des Sultans und der Emire wurden ununterbrochen geschlagen. Die Tataren waren gegen den Berg hin aufgestellt. Als die beiden Heere zusammenstießen, geriet ein Flügel vom Heer des Sultans in Unordnung und wurde teilweise aufgerieben. Als das geschah, nahm al-Malik al-Muẓaffar seinen Helm ab, warf ihn zu Boden und rief mit aller Kraft: »Islam!« Dann stürzte er sich mit denen, die bei ihm standen, geradewegs auf den Feind. Gott gewährte ihm den Sieg. Kitbughā, der Befehlshaber der Tataren, fiel; danach fiel auch al-Malik as-Sa'īd Ḥasan ibn al-'Azīz, der auf der Seite der Tataren stand. Die Übrigen wurden besiegt, und Gott ließ sie ihre Rücken den Muslimen zukehren; diese verfolgten sie, töteten sie und nahmen sie gefangen. Der Emir Baibars bewies in Gegenwart des Sultans seinen Mut.

Während der Schlacht geschah es, dass der Knabe, der die tatarischen Gesandten begleitet hatte und den der Sultan verschont und seinen eigenen Mamlūken eingegliedert hatte, hinter ihm herritt, als die Heere aufeinander stießen. Als die Schlacht entbrannt war, zielte er mit einem Pfeil nach dem Sultan, wurde aber von jemandem in seiner Nähe beobachtet, der ihn ergriff und auf der Stelle tötete. Nach einer anderen Version schoss er tatsächlich mit einem Pfeil nach dem Sultan, traf aber sein Pferd, das zu Boden stürzte, wobei der Sultan aber nicht fiel. Faḫr ad-Dīn Māmā stieg von seinem Pferd, gab es dem Sultan und bestieg, als die Ersatzpferde gebracht wurden, eines von diesen.

Das Heer verfolgte die Tataren bis in die Gegend von Baisān, wo diese kehrtmachten und noch grimmiger fochten als zuvor. Doch Gott besiegte sie, und ihre Führer und viele von ihnen wurden getötet. Die Muslime waren sehr mitgenommen. Der Sultan rief dreimal mit lauter Stimme, die fast das ganze Heer vernahm: »Islam! Gott, schenke deinem Diener Quṭuz den Sieg über die Tataren.« Nach dem zweiten Sieg über die Tataren stieg der Sultan vom Pferd, presste sein Gesicht auf die Erde, küsste sie, sprach ein Gebet mit zwei Niederwerfungen, um Gott zu danken, und ritt dann weiter. Die Truppen zogen mit beutevollen Händen weiter.

Die Nachricht von der Niederlage der Tataren erreichte Damaskus am Sonntag, dem 27. Tag des Monats [5. September], bei Nacht. Das Haupt Kitbughās, des Feldherrn der Tataren, wurde nach Kairo gebracht. Zain al-Ḥāfiẓī und die tatarischen Repräsentanten flohen, gefolgt von ihren Anhängern, aus Damaskus. Doch die Landbevölkerung griff sie an und raubte ihre Habe. Die Tataren hatten Damaskus sieben Monate und zehn Tage besetzt gehalten.

Am selben Sonntag lagerte der Sultan in Ṭiberias. Von dort schrieb er nach Damaskus, um den Sieg, welchen Gott ihm gegeben hatte, und seine Niederwerfung der Tataren zu verkünden. Es war der erste Brief von ihm, der nach Damaskus gelangte. Als er dort ankam, freuten sich die Leute sehr, griffen sofort die Häuser der Christen an, plünderten sie und zerstörten so viel sie konnten. Sie rissen die Kirche der Jakobiten und die Marienkirche nieder und steckten sie in Brand, sodass nur noch ein Trümmerhaufen übrig blieb. Sie töteten eine Anzahl Christen; die Übrigen hielten sich versteckt. Der Grund dafür war, dass die Christen während der Besetzung durch die Tataren mehrmals eine Erhebung gegen die Muslime geplant und Moscheen und Minarette in der Nähe ihrer Kirchen zerstört hatten. Sie läuteten in aller Öffentlichkeit ihre Glocken, trugen das Kreuz bei Prozessionen, tranken Wein auf der Straße und bespritzten die Muslime damit.

Am achtundzwanzigsten Tag desselben Monats raubten die Muslime die Juden in Damaskus aus und ließen ihnen nichts. Ihre Läden auf den Märkten wurden zu Schutt. Eine Gruppe Soldaten hinderte die Menge jedoch daran, ihre Synagogen und Häuser zu verbrennen. Am selben Tag nahmen die Damaszener an einer Anzahl Muslime, welche die Tataren unterstützt hatten, Rache und töteten sie. Sie zerstörten die Häuser in der Nähe der Kirchen und töteten eine Anzahl Mongolen. Es war ein schrecklicher Vorfall.

Am frühen Morgen des neunundzwanzigsten Tages desselben Monats [7. September] brachte der Emir Ǧamāl ad-Dīn al-Muḥammadī aṣ-Ṣāliḥī einen Erlass von al-Malik al-Muẓaffar Quṭuz nach Damaskus und stieg im Dār as-Saʿāda [Haus der Glückseligkeit] ab. Der Erlass war ein Sicherheitsversprechen für die Bevölkerung und ihr Land.

Am Mittwoch, dem letzten Tag des Monats Ramaḍān [8. September], erschien al-Malik al-Muẓaffar mit seinen Truppen vor Damaskus. Er errichtete dort ein Zeltlager und blieb bis zum 2. Šauwāl [10. September]; an jenem Tag betrat er Damaskus und rückte in die Burg ein. Er entsandte den Emir Rukn ad-Dīn Baibars nach Ḥimṣ, wo dieser viele Tataren tötete, viele von ihnen gefangen nahm und dann nach Damaskus zurückkehrte.

Al-Maqrīzī, *Sulūk* I, 427– 432

26. Ein Besuch bei den Mongolen (1260)

Aus der Chronik des Qirtai al-ʿIzzī al-Ḫaznadārī (gestorben 734/1333); zitiert bei Ibn al-Furāt (gestorben 807/1405), aus dessen Werk G. Levi Della Vida, nach einem Manuskript in der vatikanischen Bibliothek, den Text mit italienischer Übersetzung in *Orientalia*, N. S. IV (1935), 358–376, veröffentlicht hat.

Aṣ-Ṣārim Uzbek, ein Mamlūke des Ajjūbidenherrschers von Ḥimṣ, al-Malik al-Ašraf, sagte:

Als Hülägü vor Aleppo sein Lager aufschlug, befand ich mich außerhalb der Stadt und hielt mich drei Tage lang in einer Höhle in der Nähe Aleppos verborgen, wo ich das Stampfen der Pferde über meinem Kopf hörte. Als es aufgehört hatte, trat ich aus der Höhle und fand am Ausgang einen toten Mongolen. Ich zog seine Kleider an und suchte, mongolisch gekleidet, das Lager Hülägüs auf. Nun gehörte es zum Rechtswesen der Mongolen, wo immer sie ein Lager aufschlugen, in der Nähe des königlichen Bereichs einen Pfahl zu errichten. Von der Spitze des Pfahls hing an einer Schnur eine kleine Schachtel, und bei dem Pfahl hielten die zuverlässigsten Mongolen Wache. Wenn jemand eine Beschwerde vorzubringen hatte oder ihm Unrecht widerfahren war, schrieb er seine Klage nieder, siegelte das Schriftstück und legte es in die Schachtel. Jeweils am Freitag ließ der König sich die Schachtel bringen, öffnete sie mit einem Schlüssel, den er bei sich trug, und erfuhr so vom Unrecht, das den Leuten widerfahren war.

Aṣ-Ṣārim sagte: Ich schrieb nun Folgendes auf: »Der Mamlūke aṣ-Ṣārim.« (Ich sagte nicht Uzbek; ich hatte nämlich Angst, das zu schreiben, da mich die Mongolen damals nicht Ṣārim, sondern Uzbek nannten.) Also schrieb ich: »Der Mamlūke aṣ-Ṣārim, Mamlūke des Herrschers von Ḥimṣ, al-Malik al-Ašraf, küsst den Boden und bittet um Erlaubnis, vor dem Ḫān erscheinen zu dürfen.« Als er nach mir sandte und ich vor ihn trat, sah ich vor mir einen König von eindrucksvoller Haltung, hoher Majestät und großer Würde, eine Person von kleinem Wuchs, mit sehr flacher Nase, breitem Gesicht, lauter Stimme und gütigem Blick. Die Damen saßen ihm zur Seite, Doquz Ḫātūn zu seiner Linken.

Aṣ-Ṣārim sagte: Als ich vor Hülägü stand, unterhielt er sich mit mir mithilfe von vier Kämmerern und sagte zu mir, kurz zusammengefasst: »Du bist der Mamlūk des Malik al-Ašraf, des Herrschers von Ḥimṣ, des *bahadur*[1], das heißt des Ritters der Muslime?« Ich sagte: »Ja.« Darauf begann er, sich mit mir mithilfe eines Kämmerers nach dem anderen zu unterhalten, wobei mich der vierte Kämmerer auf Türkisch ansprach. Als Hülägü merkte, dass ich beredt, scharfsinnig und schlagfertig war, hieß er mich näher treten und ordnete an, es sollte nur noch ein Kämmerer zwischen mir und ihm stehen. Dann fragte er mich: »Trinkst du Wein?« Ich antwortete: »Ja.« Daraufhin befahl er, man solle mir eine Schale mit Wein bringen, und gab dem Kämmerer ein Zeichen, sie mir zu überreichen. Dann küsste ich den Boden, tanzte und vollführte all die Dinge, welche die Akrobaten vor den Königen des Islams zu vollführen pflegten, als das Land noch ihnen gehörte.

Aṣ-Ṣārim sagte: Den Damen gefiel das. Sie waren belustigt und lächelten. Hülägü seinerseits hob den Blick nicht vom Boden. Dann befahl Hülägü mir, mich zu setzen, und ich setzte mich, zu trinken, und ich trank, zu essen, und ich aß. Als er sah, dass ich alles tat, was er mir befahl, ordnete er an, ich solle oberhalb seiner Höflinge Platz nehmen, auf einem würdigeren und ranghöheren Sitz. Von jenem Zeitpunkt an war ich immer zugegen, wenn er aß und trank, und wenn Hülägü schlief, ließ mich seine Frau, Doquz Ḫātūn, kommen. So blieb es eine erste, zweite und dritte Nacht, während wir Aleppo belagerten.

Aṣ-Ṣārim sagte: Dann befragte mich Hülägü über eine bestimmte Sache, und ich gab ihm eine unwahre Antwort; ich wünschte eher, ich wäre im Erdboden versunken, als so zu ihm zu sprechen. Er fragte mich durch einen Kämmerer, wie lang die Eroberung dieses Ortes, also Aleppos, dauern werde, und ich antwortete: »Zehn

Jahre.« Darauf blickte Hülägü, erzürnt gegen mich, zu Boden und sagte zu seinem Kämmerer: »Frag ihn, wie lange wir zur Eroberung dieser Burg, also der Burg Aleppos, brauchen werden.« »Dreißig Jahre«, erwiderte ich und beabsichtigte mit dieser meiner Antwort, Hülägü möchte sich, wenn er meine Worte hörte, von Aleppo zurückziehen. Doch Hülägü lächelte und sagte zu seinem Kämmerer: »Hätte mir dieser Mann nicht schon Dienste geleistet, ließe ich ihn köpfen. Schämt er sich denn nicht, so zu reden? So lange würden ihre Könige dazu brauchen, das heißt die Könige der Muslime, da sie uneinig und miteinander beschäftigt sind.« All das erfolgte auf Mongolisch, und ich wusste nicht, was er sagte.

Aṣ-Ṣārim sagte: Ich schwieg und bereute meine Antwort wegen des Ärgers, den ich auf seinem Gesicht bemerkte. Hülägü hatte noch nicht ausgeredet, als ein Mongole hereinkam, mit dem Haupt eines Menschen in der Hand, das er an den Haaren hielt und das blutverschmiert war. Er warf es vor Hülägü hin und sprach mit ihm auf Mongolisch. Dann hob er es wieder auf und ging hinaus. Der Kämmerer wandte sich mir zu und sagte: »Ṣārim, weißt du, was dieses Haupt ist und wer dieser Mann ist?« »Nein«, sagte ich. Darauf sagte er: »Dieser Mann ist der größte Heerführer der Mongolen. Er war in einem der unter die Burg getriebenen Schächte; er ging zum Austreten hinaus und ließ seinen Sohn an seiner Stelle zurück. Die Leute von Aleppo überraschten sie und griffen sie durch den Schacht an. Sein Sohn floh mit einer Anzahl Mongolen. Der Vater hörte davon, eroberte den Schacht zurück, schlug seinem Sohn mit eigener Hand das Haupt ab und brachte es dem Ḫān.«

Aṣ-Ṣārim sagte: Darauf wurde mir klar, dass die Mongolen Aleppo auf jeden Fall erobern würden, dass unsere Söhne, Töchter und Anhänger in ihre Hand fallen würden und dass dies der Wille Gottes, des Allmächtigen, war, gegen den es keinen Widerspruch gibt.

Eines Nachts trank ich mit Hülägü, als eine Gruppe mongolischer Heerführer vor ihn trat, die viele verschiedene Dinge mitbrachten, unter anderem Rosinen, Baumwollsamen, Getreide, Hobelspäne, Holzkohle und Johannisbrot. Hülägü begann mich zu betrachten und zu lächeln, ich wusste aber nicht, was ihm durch den Kopf ging. Dann befahl er uns, aus großen Bechern und Porzellanschalen zu trinken. Als ich hinausging, um ein Bedürfnis zu verrichten, begleitete mich der Kämmerer (er hatte mich sehr gern, und ich hatte ihn auch sehr gern) und sagte zu mir: »Ṣārim, weißt du, was das für Dinge sind, welche die Heerführer mitbrachten?« »Nein, bei Gott«, erwiderte ich. Dann sagte er: »Sie haben den Schacht schon bis unter die Burg vorgetrieben und sind auf die Dinge gestoßen, die du eben sahst. Darauf fragte Hülägü die Heerführer: ›Welches Ausmaß hat der Schacht?‹, und sie sagten: ›Er fasst 6 000 Mann.‹ Darauf sagte Hülägü: ›Verbreitert ihn, sodass er 10 000 Mann fassen kann.‹ Morgen Nachmittag werden die Mongolen die Burg von Aleppo einnehmen, und eure Töchter und Frauen und die Töchter der Könige, die in dieser Burg eingeschlossen sind, werden Sklavinnen Doquz Ḫātūns werden, und Hülägü wird sie wie Kriegsgefangene behandeln. Pass also auf, was du tust, Ṣārim ad-Dīn.«

Aṣ-Sārim sagte: Als ich ihn das sagen hörte, wurde ich trotz allen Trinkens nüchtern, ging zurück zur Gesellschaft, setzte mich vor Hülägü und sagte zu ihm wie im Scherz: »Bei Gott, die Könige der Mongolen gleichen Eseln.« Doquz Ḫātūn blickte zu mir herab, lächelte und sagte: »Wie meinst du das, Ṣārim?« Und ich sagte: »Immer wenn die muslimischen Könige Wein tranken, ließen sie Pistazien, Zitronensaft, Zitronenscheiben in Porzellanschalen, Kannen mit Rosenwasser, Basilienkraut, Veilchen, Myrte, Nelken, Narzissen und ähnliche feine Dinge bringen. Ihr Mongolen dagegen trinkt euren Wein mit Holzkohle, Baumwollsamen, Rosinen, Hobelspänen und ähnlichen hässlichen Dingen.« Hülägü lächelte, und die Damen brachen in Gelächter aus.

Aṣ-Sārim sagte: Dann ließ ich eine Bemerkung entschlüpfen, die mich den Kopf hätte kosten können. Ich sagte: »Ich weiß, woher diese Heerführer diese Dinge brachten.« Da wurde Hülägü zornig und sagte: »Woher weißt du das?« Ich küsste die Erde und sagte: »Gott beschütze den Ḫān. Beim Haupt des Königs, ich selbst habe, mit eigenen Händen, alle diese Vorräte in der Zitadelle angehäuft, aus Furcht vor den Mongolen und um für eine Belagerung gerüstet zu sein.« Da ließ Hülägüs Zorn nach; er hatte nämlich bei sich geglaubt, der Kämmerer habe mir etwas von dem verraten, was gesagt worden war, was ja auch tatsächlich geschehen war. Ich erhob mich, küsste die Erde und sagte: »Gott helfe dem Ḫān! Deine Majestät ist groß und dein Reich weit, die Könige fürchten dich, und keiner vermag dir Widerstand zu leisten. Bei Gott, bei Gott, mein Fürst, die Könige wären froh, so vor dir stehen zu können wie wir, deine Sklaven, jetzt vor dir stehen; doch sie fürchten deine Macht.« Meine Worte gefielen Hülägü, und er sagte zu mir: »Ṣārim.« Ich erwiderte: »Zu deinen Diensten!«, und er sagte: »Könntest du deinen Herrn, al-Malik al-Ašraf, den Herrscher von Ḥimṣ, zu mir bringen?« Ich antwortete: »Ja.« Hülägü sagte: »Besteig dein Pferd und bring ihn her.« Ich antwortete: »In zwei Tagen.« Und er sagte: »Ja.«

Aṣ-Ṣārim sagte: Hülägü ließ mir ein Pferd geben und sagte: »Geh, ohne zu halten«, und ich sagte: »Unter einer Bedingung.« Er fragte: »Welcher?« Ich antwortete: »Dass du diese Burg nicht eroberst, bis al-Malik al-Ašraf vor den Ḫān tritt.« Er antwortete: »Ja.« Darauf saß ich auf und nahm noch zehn Trosspferde mit. Ich band mir das Zeichen des Kurierdienstes um den Hals und ritt, bis ich nach Gaza kam. Dort erfuhr ich, die Könige flöhen verstreut, ratlos und gedemütigt durch die Wüste. Die muslimischen Könige hatten nämlich von meiner Stellung bei Hülägü gehört. Ich ritt weiter und holte die Könige in einem Ort namens Birkat Zīra ein. Als die Könige mich sahen, stiegen sie von ihren Pferden und küssten mir die Hand, wie ich ihnen die Hand zu küssen pflegte, und selbst mein eigener Herr, al-Malik al-Ašraf, küsste mir die Hand. Das ging mir zu weit, und ich schämte mich für meinen Herrn und für al-Malik an-Nāṣir. Darauf sagte ich zu al-Malik al-Ašraf: »Der Ḫān möchte dich sehen.« Er war entsetzt, und ich sagte zu ihm: »Wen fürchtest du?« Er erwiderte: »Den Ḫān.« Ich sagte: »Ich verbürge mich dafür, dass du entsprechend deinem Wunsch wieder ein großer König werden wirst und dass dir nichts Unangenehmes widerfahren wird.« Dann wandte sich mir al-Malik an-Nāṣir zu und sagte: »Und was ist mit mir, Sārim ad-Dīn?« Ich antwortete: »Dir habe ich nichts zu sagen.« Da weinte al-Malik an-Nāṣir [Lücke im Text].

Als ich al-Malik al-Ašraf zu Hülägü gebracht hatte und er vor ihm stand, wies man ihm ein Zelt aus Ziegenfell als Unterkunft zu, außerdem ein Schaf, einen Topf und etwas Brennholz. Bei Gott, in dem Zelt, das Hülägü für al-Malik al-Ašraf errichten ließ, hätten nicht einmal Hunde wohnen wollen; das Schaf hätte kein Wolf gefressen; und mit dem Brennholz hätten nicht einmal Straßenkehrer ihre Fackeln angezündet. So leben die Mongolen immer.

Er sagte: Ich ließ al-Malik al-Ašraf in seinem Zelt zurück und begab mich zu meinem Dienst bei Hülägü. Er ließ mich an meinem gewohnten Platz niedersitzen, befahl mir zu essen, und ich aß, zu trinken, und ich trank. Er fragte mich nach der Lage und dem Befinden der Könige und wie ich sie zurückgelassen hätte, und ich sagte: »In der miserabelsten Lage, auf der Flucht, verstreut, gedemütigt, ratlos in der Wüste, aus Furcht vor dem Ḫān sogar unfähig, sich des Schlafes zu erfreuen.«

Aṣ-Ṣārim sagte: Hülägü gefiel mein Bericht, und er sagte: »Wie hast du deinen Herrn zurückgelassen, Ṣārim ?« Ich antwortete: »Ich habe keinen anderen Herrn als den Ḫān.« Er sagte: »Nicht? Ist dein Herr nicht al-Malik al-Ašraf?« Ich sagte: »Ich weiß nicht, wie es ihm geht.« Er sagte: »Wie konntest du ihn nur alleine lassen?« Ich sagte: »Ich werde mich nicht vom Antlitz des Ḫāns, Gott stehe ihm bei, entfernen.« Darauf neigte Hülägü sein Haupt eine Weile und sagte: »Sag das nicht, Ṣārim, sondern geh zu deinem Herrn und sieh nach, wie es ihm geht.« Also ging ich zu al-Malik al-Ašraf und fand ihn niedergeschlagen, seinen Kopf auf die Hand gestützt, das Schaf war mit einer Schnur festgebunden, und das Holz lag auf dem Boden verstreut. Ich fragte ihn: »Was ist los, Herr?« Und er antwortete: »Siehst du nicht, in welchem Zustand ich mich befinde, Ṣārim ad-Dīn?«, und begann zu weinen. Ich sagte zu ihm: »Weine nicht, Herr. Bei Gott, bei Gott, so leben die Mongolen immer. Das sind ihre Lebensbedingungen. Bei Gott, Herr, sie taten das nicht aus Geringschätzung dir gegenüber, im Gegenteil, das ist die beste Lebensart, die sie kennen.«

Aṣ-Ṣārim sagte: Darauf lächelte al-Malik al-Ašraf und sagte: »So sollten Könige sein. Mit einem solchen Lebensstil und solchen Männern erobern Könige Länder.« Während ich mich so mit al-Malik al-Ašraf unterhielt und ihn beruhigte, kam ein Befehl von Hülägü, er solle vor ihm erscheinen. Da, bei Gott, sah ich al-Malik al-Ašraf erbleichen. Ich hatte al-Malik al-Ašraf nie vorher erbleichen sehen. Al-Malik al-Ašraf hatte die Ḫwārazmier besiegt, als sie 6 000 Mann stark waren und er nur 1 500 Reiter hatte; doch er war nicht erbleicht. Er hatte einmal die Mongolen besiegt, als sie 2 500

Reiter hatten und al-Malik al-Ašraf nur 800; doch er war nicht erbleicht.

Als al-Malik al-Ašraf vor Hülägü stand, stützte ich ihn von links, und der Kämmerer stützte ihn von rechts. Bei Gott, ich merkte, dass al-Malik al-Ašraf zitterte wie ein Schilfrohr und außerstande war, sich auf seinen eigenen Füßen zu halten, und all das aus Furcht vor Hülägü. Al-Malik al-Ašraf war ein junger Mann, mittelgroß, mit einem schönen Gesicht, hatte rotbraune Hautfarbe und einige Leberflecke im Gesicht. Er trug einen grünen Mongolenmantel mit einem roten Atlasgürtel, bulgarische Sandalen mit goldenen Schnallen und einen kleinen goldbestickten Turban. Doquz Ḫātūn blickte auf al-Malik al-Ašraf und dann auf Hülägü und sagte: »Das ist ein hübscher junger Mann und der Ritter der Muslime. So sollten Könige sein.« Da blickte Hülägü lächelnd zu ihr zurück und sagte: »Und doch sind wir die Könige, vor welchen diese Könige erniedrigt und voller Furcht vor unserer Macht stehen.« Während sich all dies abspielte, stand al-Malik al-Ašraf vor Hülägü und wusste nicht, welches Schicksal ihm zuteil werden sollte. Dann hob Hülägü das Haupt und sagte: »Ašraf, verlange als Geschenk, was du willst.« Und al-Malik al-Ašraf küsste dreimal die Erde.

Aṣ-Ṣārim sagte: Ich sagte zu ihm: »Bitte ihn um den Turm der Burg, in dem sich deine Mutter, deine Schwestern, deine Töchter, die Frauen der Könige und die Töchter und Frauen al-Malik an-Nāṣirs befinden. Wenn du nicht jetzt um diesen Turm bittest, werden die Mongolen heute Nacht die Burg Aleppos einnehmen, und die Frauen der muslimischen Könige werden Sklavinnen Doquz Ḫātūns.« Al-Malik al-Ašraf fragte: »Wird er mich nicht töten?« Ich antwortete: »Die Mongolen töten niemanden, der bei ihnen als Gast weilt.« Dann sagte Hülägü ein zweites Mal: »Verlange als Geschenk, was du willst, Sultan Ašraf.« Da sagte al-Malik al-Ašraf: »Ich bitte den Ḫān, mir jenen Turm zu geben, in dem sich meine Frauen, an-Nāṣirs Frauen und jene der Könige, welche vor des Ḫāns Macht auf der Flucht sind, befinden.« Aṣ-Ṣarim sagte: Das erzürnte Hülägü, und er senkte das Haupt und sagte: »Bitte um etwas anderes.« Doch al-Malik al-Ašraf schwieg. Da schaute Doquz Ḫātūn König Hülägü an und sagte zu ihm: »Schämst du dich nicht? Jemand wie dieser König bittet dich um jenen Turm, und du verweigerst ihn ihm. Bei Gott, hätte er mich um Aleppo gebeten, ich hätte es ihm nicht ausgeschlagen; ist er doch der Ritter der Muslime.« Hülägü sagte: »Aber ich verweigerte ihn ihm doch nur um deinetwillen, damit die Töchter und Frauen der Könige deine Sklavinnen würden.« Darauf sagte sie: »Ich erkläre sie frei vor Gott, dem Allmächtigen, und um al-Malik al-Ašrafs willen.« Darauf gewährte Hülägü al-Malik al-Ašraf das, worum er gebeten hatte, und al-Malik al-Ašraf küsste Hülägü dreimal die Hand.

Aṣ-Ṣarim sagte: Nachdem al-Malik al-Ašraf Hülägü die Hand geküsst hatte und zu uns zurückgetreten war, stand er zwischen uns und wollte die Erde küssen, wobei ich ihn von links und der Kämmerer ihn von rechts stützten. Bei Gott, al-Malik al-Ašraf küsste die Erde, doch als er sich wieder erheben wollte, war er dazu nicht imstande, und all das aus Furcht vor Hülägü. Darauf zogen ich und der Kämmerer ihn an den Schultern hoch, und ich sagte zu ihm: »Sei stark«, und rezitierte dann: »Gott festigt diejenigen, die glauben, im diesseitigen Leben und im Jenseits durch die feste Aussage« [Koran XIV, 27].

VI Nach den Mongolen

Im Lauf der Zeit wurden auch die Mongolen islamisiert und assimiliert, und unter ihren Nachfolgern und Nachahmern entwickelte sich in der islamischen Welt eine neue Ordnung. Zwei wichtige Machtzentren entstanden in Vorderasien. Der Schwerpunkt des einen war in Ägypten, wo das Mamlūkensultanat, das von eingeführten türkischen Sklaven getragen wurde, die Kernländer des Islams gegen Mongolen und Kreuzfahrer verteidigte. Das andere hatte seinen Schwerpunkt in Iran, wo islamisierte Mongolen und deren Erben herrschten, unter denen besonders der große Eroberer Tīmūr (manchmal auch Tīmūr Lang, der Lahme, genannt, woraus sich Tamerlan entwickelte) erwähnenswert ist. Die beiden ersten Auszüge stammen aus arabischen Werken; der dritte und vierte aus einer zeitgenössischen persischen Biographie Tīmūrs.

27. Die Mamlūken (dreizehntes bis vierzehntes Jahrhundert)

Als der [ʿabbāsidische] Staat in Verfall und Luxus versank, das Gewand der Heimsuchung und der Machtlosigkeit anlegte und von den heidnischen Tataren gestürzt wurde, welche den Sitz des Kalifats vernichteten, den Glanz der Länder tilgten und dem Unglauben über den Glauben zum Sieg verhalfen, da die Gläubigen, versunken in Bequemlichkeit, erfüllt vom Vergnügen und hingegeben ans Wohlleben, zur Verteidigung zu schwach und unwillig geworden waren und die Hülle des Mutes und die Kennzeichen der Männlichkeit abgestreift hatten – da war Gott so gütig, den Glauben zu retten, indem er seinen Odem belebte und die Einheit der Muslime in den Ländern Ägyptens wiederherstellte, die Ordnung erhielt und die Wälle des Islams verteidigte. Er erreichte das, indem er den Muslimen von diesem türkischen Volk und aus seinen großen und zahlreichen Stämmen Herrscher sandte, sie zu verteidigen und ihnen loyale Helfer zu sein. Diese wurden vom Haus des Krieges ins Haus des Islams gebracht im Rahmen der Sklaverei, welche in sich eine göttliche Gunst birgt: Durch die Sklaverei erfuhren sie von Ruhm und Segen und unterstellten sich der göttlichen Vorsehung, indem sie der islamischen Religion beitraten mit den festen Vorsätzen des wahren Gläubigen und doch mit den nomadischen Tugenden, welche noch keine verderbte Natur befleckt, noch nicht der Schmutz des Vergnügens verfälscht und noch nicht die sesshafte Lebensart besudelt hat, und mit einem noch nicht von der Fülle des Luxus gebrochenen Eifer. Die Sklavenhändler bringen sie in Gruppen nach Ägypten, wie Flughühner an die Wasserstellen, und Käufer der Regierung lassen sie zur Begutachtung vorführen, bieten für sie und treiben so die Preise über ihren Wert. Sie tun das nicht, um sie zu unterjochen, sondern weil es ihre Loyalität vermehrt, ihre Macht erhöht und sie zu glühendem Eifer führt. Sie treffen aus jeder Gruppe je nach den festgestellten Rassen- und Stammesmerkmalen ihre Auswahl. Dann bringen sie sie in den Kasernen des Reiches unter, behandeln sie gut und gerecht, bilden sie aus, lassen sie im Koran unterweisen und religiöse Studien treiben, bis sie darin gut Bescheid wissen. Danach bilden sie sie im Bogenschießen und Fechten, in der Reitkunst, im Pferderennen und im Speerwerfen und im Umgang mit dem Schwert aus, bis ihre Arme stark sind und sie alle diese Fähigkeiten beherrschen. Wenn ihre Herren dann ihre Bereitschaft feststellen, sie zu verteidigen, ja für sie zu sterben, verdoppeln sie ihre Bezahlung und vergrößern ihre Zuweisungen [*iqṭāʿ*] und verpflichten sie dazu, sich im Gebrauch der Waffen und in der Reitkunst zu vervollkommnen und dadurch die Zahl der Männer ihrer eigenen Rasse, die für solche Aufgaben eingesetzt werden können, zu vergrößern. Oft verwendet man sie im Staatsdienst, ernennt sie in hohe Staatsämter, und einige von ihnen werden sogar ausgewählt, den Sultansthron zu besteigen und die Herrschaft über die Muslime auszuüben, entsprechend der göttlichen Vorsehung und der Barmherzigkeit des Allmächtigen für seine Geschöpfe. So kommt eine Ladung nach der anderen, und Generation folgt auf Generation, und der Islam erfreut sich des durch sie erreichten Wohlergehens, und die Zweige des Königreichs gedeihen mit Jugendfrische.

Ibn Ḫaldūn, *ʿIbar* V, 371

28. *Ein Gesandter der Franken (um 1300)*

Im Zusammenhang mit dem König von Frankreich erinnere ich mich an einen einzigen Gesandten von ihm, der Blitz und Donner schnaubte. Er kam mit der Forderung nach Jerusalem und nach der Öffnung der Küste von Cäsarea oder Askalon für ihn: Die Muslime sollten ihre Gouverneure dort neben seinen Gouverneuren behalten; das Land solle gleichmäßig aufgeteilt werden; die Moscheen sollten erhalten, und für die Bedürfnisse ihres Personals solle gesorgt werden. Er werde auch jedes Jahr 200 000 Dinare im Voraus bezahlen; das sei, auf der Grundlage des Durchschnitts von drei Jahren berechnet, die Hälfte der Einkünfte des von ihm zu besetzenden Landes. Außerdem werde er jedes Jahr erlesene Geschenke und Gaben überreichen.

Diesen Vorschlag fanden gewisse koptische Sekretäre gut, welche hohe Staatsbeamte geworden waren und weiße Turbane und schwarze Geheimnisse trugen, jedoch grimmige [wörtlich: blaue][1], roten Tod schluckende Feinde des Islams geblieben waren. Sie arbeiteten für das Gelingen dieses Planes. Gift sickerte in die Körper ein, und nach einem Gegengift suchte man vergebens. »Das«, sagten sie, »ist eine große Summe bares Geld. Wie könnten sie uns denn schaden? Sie sind doch nur ein Tropfen im Meer, ein Kiesel in der Wüste.«

Mein Vater[2] – Gott erbarme sich seiner – erfuhr davon und beschloss, sich öffentlich vernehmen zu lassen und alles in seiner Macht Stehende dagegen zu unternehmen; er fürchtete nämlich, der Sultan möchte sich dazu verleiten lassen, auf den Rat dieser Lügner zu hören. »Komm mit mir«, sagte mein Vater zu mir, »wir wollen es denen sagen, selbst wenn unsere Kleider mit Blut gefärbt werden sollten.« Wir wandten uns an den Oberrichter, den Prediger al-Qazwīnī, der seine Zustimmung gab und gute Vorbereitungen traf. Am nächsten Morgen gingen wir zum Dienst und wohnten der Audienz des Sultans im Gerichtsgebäude bei. Als die Gesandten vorgelassen wurden, war auch einer jener koptischen Sekretäre anwesend und zum Sprechen bereit. Wir unsererseits waren ebenfalls bereit. Doch sie hatten noch nicht ausgeredet, als der Sultan[3] ärgerlich wurde, einen Wutanfall bekam und sie in seinem

Zorn fast verschlang. Da schwieg jener Heuchler beschämt; und auch wir schwiegen, zufrieden darüber, dass er sich vom Sultan enttäuscht sah. Jenem Teufel war ein Strich durch die Rechnung gemacht; Gott ersparte den Gläubigen eine Schlacht, und der Spieß kehrte sich gegen die, welche ihn warfen.

Der Sultan sagte Folgendes: »Elende! Ihr wisst doch, welches Unglück euch bei Damiette[4] durch das Heer al-Malik aṣ-Ṣāliḥs ereilte, und dieses war nur ein zusammengewürfelter Haufen Kurden. Diese Türken waren noch nicht dabei[5]! Damals hielten uns nur unsere Kriege gegen die Tataren von euch fern. Doch heute haben wir – Gott sei Dank – Frieden. Wir und sie sind dieselbe Rasse, und wir lassen uns gegenseitig in Ruhe. Wir wollen anfangen, also kommt nur her! Und wenn ihr nicht kommt, werden wir zu euch kommen, sollten wir auch das Meer durchreiten müssen. Elende! Ihr fandet Zungen, Jerusalem zu erwähnen. Bei Gott, alles was einer von euch von seinem Boden berühren soll, ist das, was der Wind über seinen gekreuzigten Körper wehen wird!«

Darauf stieß er einen Schrei aus, der auch die Stärksten von ihnen erschütterte, und entließ sie aufs Schimpflichste. Er verlas ihnen kein Schreiben und gab ihnen keine weitere Antwort.

Ibn al-ʿUmarī, *at-Taʿrīf bil-muṣṭalaḥ aš-šarīf,* 63–64
[al-Qalqašandī, *Ṣubḥ* VIII, 36–38)

29. Tīmūr und sein Chronist (1401–1402)

Sultane und Herrscher gehören, je nach den Bedürfnissen einer Zeit, zu einer von drei Kategorien. Sie können ganz Güte und Nachsicht sein; sie können ganz Gewalt und Rachsucht sein; und sie können diese beiden in sich vereinigen. Jenes Wesen ist der Vollkommenheit am nächsten, jener Mensch vollkommener, welcher die Zeichen von Hoheit und Würde auf sich vereint. Die Zeichen seiner Güte oder seiner Gewalttätigkeit offenbaren sich je nach Gelegenheit und je nach den Personen, mit welchen er Umgang pflegt. Der Gerechte und der Gottlose, der Würdige und der Nichtswürdige, der Gute und der Böse, der Gläubige und der Ungläubige, der Fromme und der Übeltäter, jeder wird von ihm nach Verdienst behandelt. Solch ein Mensch, der diese beiden Eigenschaften auf sich vereint, erscheint nur einmal in Jahrhunderten. Seine Werke, seine Gewohnheiten und die Nachwirkungen seiner Worte und Taten bleiben auf Jahre, vielleicht Jahrhunderte in der Welt, und noch seine Kinder und Kindeskinder, seine Gefolgsleute und Anhänger folgen seinen Regeln und richten sich nach seinen Taten und Befehlen.

Zeuge und Beweis dafür, dass es sich so verhält, ist das edle Sein und die erhabene Gegenwart des allermächtigsten, allergerechtesten und alleredelsten Emirs, des Auserwählten im Palast Gottes, des Schattens der Gegenwart des Allmächtigen, des Herrn des Reiches, des Fürsten der günstigen Konjunktion, der Achse der Wahrheit, der Welt und des Glaubens, des Emirs Tīmūr Göregen[1] – Gott lasse sein Königtum und sein Sultanat auf dieser Erde ewig dauern und seine Barmherzigkeit und Großmut sich auf die ganze Welt erstrecken. Denn seine Gerechtigkeit verbindet sich mit Staatskunst, und seine Gewalt ist mit Güte gepaart; sein Stachel enthält auch seinen Honig, seine Großmut auch seinen Zorn. Auf der Stufe der Offenbarung der Schönheit strebt er danach, die Gebote von Muḥammads heiligem Gesetz zu befolgen. Peinlich darauf bedacht, die Sajjids zu ehren, die Zweige am Baum der Prophetie, die Samen in den Garben der Heiligkeit, die Kinder des Gesandten Gottes, das Licht in den Augen der strahlenden Fāṭima, heißt er sie achten und zieht sie bei Audienzen allen anderen vor. Er vernachlässigt auch keine Kleinigkeit bei der Achtung der Würde der *'ulamā'*, der Erben der prophetischen Botschaft und der Beauftragten im Palast der Prophetie. Er kann den Besseren vom Schlechteren unterscheiden und ernennt jeden auf den ihm zustehenden Rang, weist jedem einen seiner Fähigkeit und Kenntnis entsprechenden Platz zu und ist in höchstem Maße bestrebt, die Scheiche und die Rechtschaffenen zu ehren. Er ist immer begierig, sie zu treffen und sich mit ihnen zu unterhalten. Er sorgt für die Schwachen und die Bauern, für die Kaufleute und die Adligen und lässt allen Gerechtigkeit widerfahren. Iran und Turan, den beiden Ländern, welche Jahrhunderte lang kein Freier als Braut begehrte, brachte er eine so vollkommene Ordnung, eine so umfassende Gerechtigkeit, dass sie auch weise Männer erstaunt. Nicht nur Kaufleute, sondern sogar Kinder und Witwen können in den Tagen seiner Gerechtigkeit und seines Gesetzes von der entferntesten Ecke Transoxaniens, von den Grenzen Chinas und Ḫotans bis ins Gebiet von Delhi und Cambay und von Darband bis an die Grenzen Ägyptens und Rūms, mit Stoffen, Gold, Silber und wertvoller Ware kommen und gehen, ohne dass jemand von ihnen auch nur ein Körnchen erwartet und ohne dass sie auch nur einen Dirham Verlust erleiden. Diese unermessliche Wohltätigkeit und grenzenlose Großzügigkeit entsprangen der Staatskunst und der Gerechtigkeit des siegreichen Emirs.

Seine gesegnete Person ist geschmückt mit der Ehre von Verdienst und Herkunft. Verdienst erlangen Männer durch eigenes Bemühen und eigene Anstrengung, Abstammung ererben sie von ihren Vätern. Was Ersteres angeht, so wird dieses Buch von Anfang bis Ende von den Vorzügen und Auszeichnungen berichten, die er durch eigene umfangreiche Bemühungen erlangte und die daher hier nicht erläutert zu werden brauchen. Denn wer immer die Ehre hat, diese segensreiche Geschichte zu lesen, wird von seinen großen Anstrengungen um die Regierungsgeschäfte und um das Land erfahren und von seinen Bemühungen um die wichtigen Angelegenheiten in Religion und Staat – das Wie, das Woher, das Wohin.

Was seine erlauchte Herkunft angeht, so gewährte der erhabene Herrscher Čingis Ḫān, da er für seine Kinder Anordnungen traf, Čagatai, seinem zweiten Sohn, der im mongolischen Gesetz und Brauch vor den anderen Kindern bevorzugt wurde, besondere Gunst. Er stellte eine besondere Gruppe aus den besten Männern seines Heeres unter dem Befehl Qaračars vom Stamm Barlas zusammen. Er vertraute seinem Urteil, seiner Fähigkeit, seiner Disziplin und seinem Mut vollkommen. Die Durchführung von Staatsgeschäften und die Aufrechterhaltung der Herrschaft übertrug der erhabene Herrscher seiner Weisheit und Führung. Er war der erlauchte Großvater des siegreichen Emirs. Notwendig trat, was der erhabene Herrscher in seiner klaren Voraussicht gesehen hatte, einige Zeit später in unseren Tagen ein: Der siegreiche Emir brachte das Land nach Aufruhr und Tumult unter Kontrolle und Ordnung. Er machte die gesegnete Linie Čagatais zu Herrschern über Iran und Turan, ja über den größten Teil der bewohnten Erde, und begründete ihre königliche Macht. Er drückte die Nacken der Aufrührer ins Joch der Erniedrigung und schleuderte die Köpfe der

Aufsässigen in den Staub der Vernichtung. Diejenigen, die Schonung fanden vor dem Hieb seines leuchtenden Schwertes, stellten fest, dass es der Gipfel an Dummheit und das Höchstmaß an Abwegigkeit ist, Hand an die Fahne zu legen, sich am Berg festzuklammern, das Meer bezwingen zu wollen oder mit einem Elefanten zu ringen; sie sahen keine andere Möglichkeit, als seinem Befehl zu gehorchen, und sie reihten sich unter seine Diener und Gefolgsleute ein. Nach ihren Sünden und Verbrechen retteten sie sich durch ihre Bereitschaft, Steuern und Tribut zu entrichten, aus dem Meer des Unglücks und erreichten die rettende Küste. So wurden sie, indem sie ihr Haupt an der Schwelle der Unterwerfung beugten, gehorsam ...

Der Grund für die Abfassung dieses Buches war der, dass im Jahre 804 [1401–1402] der siegreiche Emir – Gott lasse sein Königtum über die Zeit hin ewig dauern – Befehl gab, mich, seinen ergebensten Diener, Niẓām Šāmī, kommen zu lassen. Nachdem ich die Ehre gehabt hatte, nach meiner Respektsbezeugung seinen Teppich zu küssen, zeigte er seinem ergebenen Sklaven Güte, Großmut und Wohltätigkeit und geruhte dann anzudeuten, die Geschichte seiner eigenen Taten und der Taten all jener Herrscher, welche seit der Gründung dieses ewigen Königreichs bis zum heutigen Tag geherrscht hatten, sei zwar geschrieben, jedoch noch nicht angemessen dargeboten, und ich solle daher die Aufgabe übernehmen, sie zu berichtigen, anzuordnen, einzurichten und zu untergliedern, und zwar unter der Bedingung, dass dieses Buch frei und unberührt von verbaler Eitelkeit und blumigem Schwulst sein solle und unbelastet und unbeschwert vom Stil der Beredsamkeit und Bildersprache bleibe, denn in solcherart verzierten und mit der Sprache des Vergleichs und der Metapher geschmückten Büchern gehe der Inhalt leicht verloren und verschwinde. Nur jemand mit Kenntnis der Worte könne diese Inhalte verstehen, während zehn, vielleicht hundert andere unfähig seien, ihren Sinn zu erfassen. Aus diesem Grund sei der Nutzen eines solchen Buches nicht allgemein und seine Brauchbarkeit nicht umfassend.

Daraufhin küsste ich den Teppich vor ihm und sagte: »Wie viele Wortschattierungen es auch geben mag und wie unzählbar auch ihre Stufen in der Zeit dieses ewigen Königreichs, dein Sklave hat einige Fähigkeit in dieser Kunst und einiges Ansehen unter denen, die sie betreiben. Die Gelehrten haben über die Worte sehr schön gesagt, ›was die Vielen verstehen und die Wenigen nicht zurückweisen‹; das heißt, dass diejenigen Worte gut sind, deren Bedeutung die große Menge erfasst und an denen die Gebildeten nichts auszusetzen haben. Man sagt auch:

Allein dein Sklave weiß Worte zu sprechen,
Welche die Vielen kennen und die Wenigen billigen.«

Darauf geruhte er zu erwidern: »Diese Art Worte wünsche ich mir.« Niẓām ad-Dīn Šāmī, *Ẓafarnāma*, 8–11

30. Die Eroberung Aleppos durch Tīmūr (1400)

Als die kaiserlichen Standarten Behesnī erreichten, ergriffen Furcht und Schrecken die Herzen der Bewohner Aleppos. Timurtaš, der Oberemir von Aleppo, unterrichtete die Regierung in Ägypten über die Lage. Daraufhin befahl der Herrscher von Ägypten, die Emire der umliegenden Provinzen, wie Damaskus, Tripoli, Ḥimṣ, Ḥamā, Baʿalbakk, Ṣafad, Qalʿat ar-Rūm und andere, sollten sich nach Aleppo begeben, um ihm zu helfen. Dementsprechend versammelten sich alle, und sie bildeten eine riesige Menge. Sudun, der Oberemir von Damaskus, kam mit einem gewaltigen Heer. Da alle diese Orte dicht beieinander lagen, kam innerhalb kurzer Zeit ein großes Heer zusammen.

Als sie zusammentrafen, wollte Timurtaš, der klüger war als die anderen, keine überstürzte Entscheidung treffen und sagte: »Wir müssen diese Sache überdenken; wir müssen uns mit den Weisen beraten und uns auf einen Weg einigen; denn wenn Leute bei einer wichtigen Angelegenheit sich nicht einig werden, stärken sie ihre Feinde. Diese Leute, welche gegen uns ziehen, folgten dem Rat Čingis Ḫāns, ihres Herrschers, und durch Einigkeit haben sie die Welt erobert.

Ja, wahrlich, durch Einigkeit kann man die Welt erobern.

»In dieser Angelegenheit möge jeder sagen, was er denkt, damit man hinsichtlich dessen, was die Lage erfordert, zu einer Entscheidung kommt.«

Eine Gruppe kenntnisreicher weiser Männer mit praktischer Erfahrung in verschiedenen Angelegenheiten sagte: »Diesem Mann hilft Gott. Wohin er auch ging, er machte Eroberungen; wer sich ihm auch widersetzte, unterlag. Die Sultane der Welt haben sich ihm unterworfen. Sich einem solchen Mann entgegenzustellen, führte zu nichts und endete in Reue. Macht euch nichts vor, sondern haltet euch vor Augen, was sie Städten und Festungen, besonders in Ḫurāsān, Sīstān, Ḫwārazm und Transoxanien, schon angetan haben. Das Beste für uns wäre es, den Weg des Gehorsams und der Friedfertigkeit einzuschlagen. Lasst uns ihm würdige Geschenke und Gaben senden, damit er uns das Gewand des Erbarmens umlegt und sich von uns abwendet, sodass das Land verschont bleibt.«

Doch einige hochmütige Personen, die, wie Sudun und andere, über wenig Welterfahrung verfügten und die ihre eigene Stärke und Macht überheblich gemacht hatten, wollten diesem Rat nicht folgen; vielmehr ließen sie sich durch die große Zahl ihrer Soldaten, die Befestigungen ihrer Stadt und die Festigkeit ihrer Burg täuschen. Sie gaben zur Antwort: »Wer sich fürchtet, schadet sich. Dieses Land ist nicht wie andere Länder. In jenen Ländern sind die Befestigungen meistens aus Lehm und Erde, während unsere Festungen und Städte aus Stein und sogar aus Stahl errichtet sind. Wenn sie irgendeine unserer Städte durch Kampf und Belagerung einnehmen wollen, wird es Monate oder gar Jahre dauern. Wenn ihr ihre Kämpfer fürchtet und durch die Menge ihrer Waffen beunruhigt seid, dann ist, Gott sei gelobt, zwischen ihnen und uns ein großer Unterschied. Unsere Bogen stammen aus Damaskus, unsere Schwerter aus Ägypten, unsere Speere aus Arabien und unsere Schilde aus Aleppo. Wenn ihr an die Größe ihres Heeres denkt – in diesem Land sind 60 000 Dörfer und Landstädte verzeichnet. Wenn aus jedem Ort auch nur ein Soldat kommt, sind wir ihnen zahlenmäßig überlegen. Und was noch wichtiger ist, sie werden im Freien sein, während wir uns im Schutz von Befestigungen befinden. Die Mauern ihrer Häuser sind aus Fellen und Schnüren, während unsere Festungen aus Stein und Eisen sind.«

Eine Gruppe weiser Männer sagte: »Nur wer die Wechselfalle des Schicksals noch nicht gesehen hat, wünscht in den Krieg zu ziehen. Ein Problem, welches man auch mit friedlichen Mitteln lösen kann, durch einen Krieg lösen zu wollen, ist weit vom Weg der Vernunft entfernt. Sein Leben, seinen Besitz und seine Kinder aus eitlen Vorstellungen der Vernichtung anheim zu geben, ist alles andere als weise. Es wäre sicherer, Frieden zu schließen.«

Eine andere Gruppe, die nicht an die Folgen dachte, sagte: »Was sind das für Worte? In einer solchen Angelegenheit ist der einzige Schutz der Mut, die einzige Hilfe die Entschlossenheit. Wenn ein weiser Mann im entscheidenden Augenblick Schwäche und Unsicherheit zeigt, trägt er zu seiner eigenen Vernichtung bei, und ihm verzeihen weder die Menschen noch Gott. Fürchtet euch nicht und rüstet zum Krieg!«

Unter ihnen gab es eine Gruppe Perser, von denen man wusste, dass sie eine Zeit lang sehr gut unter den Mongolen gelebt hatten. Als sie sahen, dass sie unterschiedlicher Meinung waren, nahmen sie an, ihre Worte würden leidenschaftslos angehört werden und warnten sie: »Wir sind über diese Leute besser informiert«, sagten sie, »und wir kennen sie gut; wir wissen, wo das enden wird. Eilt nicht zum Kampf! Nehmt diese Sache nicht zu leicht!«

Doch die anderen führten diese Worte auf Eigennutz zurück. Sie begannen, sie zu beschimpfen, und sagten: »Diese Männer sind Spione. Sie kamen durch eine List hierher und beabsichtigen, dieses Land eines Tages zu einem mongolischen Land zu machen.«

Die Vernunft lachte darüber, doch das Schicksal weinte über sie. Da der Ratschlag der Wohlmeinenden vergeblich war, beschlossen sie, die Stadt nicht zu verlassen und hinter ihren Mauern, Wällen und Befestigungen Zuflucht zu suchen und dem Feind mit Pfeilen entgegenzutreten.

Wahrlich, hätten sie daran festgehalten, so wäre der Kampf lang geworden, und das Heer wäre in Schwierigkeiten geraten. Als der siegreiche Emir [Tīmūr] von dieser Lage unterrichtet worden war, nahm er sich seinen klaren Geist und seine Umsicht zum Minister und Berater und vertraute auf die Hilfe Gottes. Er beeilte sich bei seinem Vormarsch nicht, sondern nahm sich für einen Zweitagesmarsch eine Woche Zeit. Jeden Tag marschierte er eine Parasange oder mehr. Wenn sie ein Lager aufschlugen, wurde angeordnet, um das Heer herum Gräben auszuheben und Schilde und Schirme aus

Ochsenfellen aufzustellen, um den Feind zur Annahme zu verleiten, sie hätten nicht die Absicht, weiterzuziehen, und seien nicht stark genug, sehr bald vorzurücken. Dadurch ermutigt, gaben sie ihren um einiges vernünftigeren Plan auf und verließen, im Vertrauen auf ihre Kraft und Stärke, die Stadt, schlugen ein Lager auf und errichteten große und kleine Zelte. ...

An jenem Tag erreichte Prinz Sulṭān Bahadur, einer der geschätzten Söhne des siegreichen Emirs, mit einigen persönlichen Gefolgsmännern [*nöker*] die Außenposten des Feindes. Obwohl sie sehr zahlreich waren, bewies er großen Mut, zog gegen sie und zeigte große Tapferkeit. Er ergriff drei von ihnen, band sie an Händen und Füßen und schleppte sie fort. Die anderen Soldaten, die seine Kraft sahen, ergriffen die Flucht.

Ebenfalls am selben Tag traf sein Enkel, Prinz Abū Bakr Bahadur, der mit sechzig Mann anrückte, auf eine unzählige Feindesmacht und begann einen heftigen Kampf. Nach einem unentschiedenen Ausgang kehrten schließlich beide Seiten auf ihren Platz zurück.

Am folgenden Tag trafen die Soldaten wieder auf den Feind und kämpften tapfer. Am dritten Tag beim Morgengrauen stellte der siegreiche Emir seine sieggewohnten Soldaten auf, richtete den rechten und den linken Flügel in vorteilhaftester Weise ein, ernannte seinen Großemir und berühmte Soldaten jeden auf seinen Platz, und er selbst, der Gesegnete, ruhmreich durch Sieg und Triumph, blieb auf der Flanke des Heeres. Er bildete eine Reihe aus Elefanten, auf welchen altgediente Soldaten mit Waffen und Rüstung saßen. Das war ein so Furcht erregender und schrecklicher Anblick, dass den feindlichen Kämpfern das Herz in der Brust zu beben begann und vor Furcht und Schrecken ihr Geist verwirrt und ihr Urteil verkehrt wurde.

Er ließ eine Einheit ausgewählter Soldaten der rechten Flanke auf einem Hügel und befahl ihnen, ihre Stellung auch im Falle der Niederlage und Flucht des Feindes zu halten.

Gleichzeitig rückten Prinz Abū Bakr Bahadur und seine persönlichen Gefolgsmänner von der rechten Flanke gegen den Feind vor und griffen ihn mit Speeren, Pfeilen, Keulen und Schwertern an. Prinz Sulṭān Ḥusain Bahadur griff von der linken Flanke an, und

Amīr Ǧihānšāh kam hinter ihm und schlug mit Gottes Hilfe den Feind in die Flucht.

Doch dann kam ihnen der Gedanke, sich zu sammeln und anzugreifen. Der siegreiche Emir begann einen königlichen Kampf und zog in eigener Person gegen den Feind. Als die Männer von Aleppo das Ausmaß dieses Heeres sahen, waren sie bestürzt und hilflos und sahen den einzigen Ausweg in der Flucht. Notgedrungen wandten sie sich und flohen.

Das siegreiche Heer verfolgte sie und griff im fliegenden Galopp an. Sie töteten so viele ihrer Reiter und Fußsoldaten, dass sich die Toten häuften, und die Tore und Straßen Aleppos waren so mit Leichen übersät, dass die Reiter über die Toten hinwegreiten mussten und die Pferde und Maultiere nur schwer durchkamen. Die Truppen aus den anderen Gebieten flohen nach Damaskus. Das siegreiche Heer verfolgte sie und tötete viele mit Pfeilen und Schwertern. Die Überlebenden warfen sie von ihren Pferden. Sie erbeuteten so viel Ausrüstung und so viele Tiere, dass auch erfahrene Buchhalter sie nicht zu zählen in der Lage wären. Der Rest des Heeres eroberte die Stadt, plünderte sie und nahm die Bevölkerung gefangen. Sie erbeuteten unvorstellbar und unzählbar viel Gold, Geld und Stoff.

Sudun und Timurtaš begaben sich in die Burg, auf deren Stärke und Höhe sie vertrauten. Sie war eine der berühmtesten Burgen. Die Breite des Grabens wurde auf dreißig Ellen geschätzt; er war also breit genug, dass man darauf mit Booten hätte fahren können. Die Höhe der Böschung wurde auf hundert Ellen geschätzt; darüber erhoben sich steinerne Mauern und Türme. Die Böschung war so steil, dass Fußsoldaten sie nicht besteigen konnten.

Nachdem sie sich in die Burg geflüchtet hatten, stellte man das Heer auf. Als sie die große Zahl der Soldaten sahen, kamen sie auf weitere schlimme Gedanken. Sie schlugen die Pauken und begannen, mit ihren Geschützen [*ra'dandāz*[1]] zu schießen. Der siegreiche Emir, der auf einem königlichen Teppich gegenüber der Burg saß, beschäftigte seine klaren Gedanken mit Plänen für die Einnahme dieses Ortes. Er befahl seinen Soldaten, um den Graben herum in Stellung zu gehen, und durch einen ständigen Pfeilregen gaben sie keinem Feind die Möglichkeit, den Kopf aus dem Turm zu strecken. Er erteilte Arbeitern und Pionieren den Befehl, in einer Nacht den Grabenrand wie ein Sieb zu durchlöchern; dann durchschritten sie das Wasser, liefen wie Rebhühner die Böschung hinauf und durchbohrten die aus festem Stein gebauten Fundamente der Burg.

Zu jener Zeit war ich, in der Absicht, nach Ḥiǧāz weiterzureisen, nach Aleppo gekommen und war von einer Gruppe von ihnen gefangen genommen worden. Ich sah merkwürdige Dinge, die zu erwähnen hier am Platze ist. Einmal saß ich auf einem Dach gegenüber dem Tor der Burg und betrachtete so Gottes Werk und die Furchtlosigkeit dieser Männer. Plötzlich sah ich fünf bewaffnete Männer aus dem Tor der Burg herauskommen und die Pioniere angreifen. Als die Pioniere das bemerkten, kamen sie aus den von ihnen gegrabenen Löchern, gingen von unten an sie heran und hefteten die fünf Männer mit Pfeilen an die Erde. Daraufhin erhob sich ein großes Geschrei auf der Burg. Man band diesen Männern Seile um die Hüften, und das andere Ende der Seile hielten die Männer auf der Burg in der Hand. Diese zogen sie an den Seilen hinauf, doch weiß ich nicht, ob tot oder lebendig. Niemand mehr wagte, aus den Turmfenstern herauszuschauen, geschweige denn aus der Burg herauszukommen. Die Leute auf der Burg begannen, vor Furcht zu zittern, und begriffen, dass der Kampf gegen Gottes Beschluss und der Versuch, die Hand des Schicksals gewaltsam abzuwenden, von verständigen Menschen weder unternommen würde noch auch in ihrer Macht liege.

Während sie darüber nachdachten, kam ein Bote mit einem Brief vom siegreichen Emir. Seine Aufforderung an die Unbekümmerten lautete folgendermaßen: »Gott, der Allmächtige, hat die Welt unserer Herrschaft unterworfen, und des Schöpfers Wille hat die Länder der Erde unserer Macht anvertraut. Festungen können unseren Soldaten nicht widerstehen, Befestigungen können unseren Zorn nicht abwehren. Wenn ihr euer Leben retten wollt, wäre das gut für euch. Andernfalls werdet ihr euch, eure Frauen und eure Kinder opfern.«

Als sie merkten, dass sie keine andere Wahl hatten, nahmen Sudun und Timurtaš, zusammen mit den Qāḍīs, den Imamen und anderen Notabeln die Schlüssel der Burg und der Schatzkammer, öffneten die Tore, gingen zu seiner Hoheit und zeigten an der Schwelle des Erbarmens eine Miene der Schwäche und Demut.

Der siegreiche Emir befahl, Sudun und Timurtaš zu fesseln und einzukerkern. Besitz und Schätze aus alter und neuer Zeit, das, was frühere Könige dort angesammelt hatten, und das, was die Stadtnotabeln dorthin gebracht hatten, all das wurde den Beamten des hohen *dīwāns* unterstellt . ... Er verteilte diesen Besitz und diese Habe an die Emire und Soldaten und ließ den Rest des Schatzes in der Zitadelle.

Niẓām ad-Dīn Šāmī, *Ẓafarnāme*, 224–228

VII. Das islamische Spanien

Einige Zeit war Spanien die weitab gelegene westliche Grenzprovinz der islamischen Welt, wo Soldaten, Grenzer und Siedler den Barbaren die Zivilisation brachten und für sich die üblichen Früchte ernteten. Anfangs herrschte ein von Osten entsandter Gouverneur in den eroberten Gebieten. Nach dem Sturz der Umajjaden durch die 'Abbāsiden errichtete ein aus Syrien geflohener Umajjadenprinz in Córdoba ein unabhängiges Emirat, später ein Kalifat, das bis gegen 1031 bestand. Nach seinem Zusammenbruch löste sich das islamische Spanien in eine Anzahl kleiner Fürstentümer auf, deren meiste der Herrschaft von Berberdynastien unterstanden. Der erste der folgenden Texte entstammt einer ostarabischen Chronik und gibt einen, halb historischen, halb legendären, Bericht von der arabischen Eroberung. Die übrigen, spanisch-arabischen Quellen entnommen, behandeln die Ankunft einer Gruppe syrisch-arabischer Siedler, einige Ereignisse aus der Regierungszeit eines Umajjadenemirs in Córdoba und, nach den Memoiren eines Mitglieds der Fürstenfamilie, das Leben am Hof eines Berberfürsten in Granada.

31. Die Eroberung Spaniens (710–715)

Mūsā ibn Nuṣair sandte seinen Sohn Marwān ibn Mūsā nach Tanger, damit er die Küste besetze. Er und seine Gefährten hielten die abzuführenden Steuern für zu hoch; deshalb zog er ab und übergab den Oberbefehl über sein Heer an Ṭāriq ibn 'Amr. Es zählte 1 700 Mann. Nach einer anderen Version verfügte Ṭāriq über 12 000 Berber und nur 16 Araber; doch das ist nicht glaubwürdig.

Man berichtet auch, Mūsā ibn Nuṣair habe Ifrīqija verlassen, um einen Kriegszug gegen Tanger zu unternehmen. Er war der erste Gouverneur, der Tanger besetzte, in welchem Berber vom Stamm Butr und vom Stamm Barānis wohnten, die sich noch nicht unterworfen hatten. Als er sich Tanger näherte, sandte er Stoßtrupps aus, und seine Reiter erreichten das untere Sūs. Sie gingen hart mit den Bewohnern um und nahmen viele von ihnen gefangen, worauf sie sich ihm unterwarfen. Mūsā ernannte einen Gouverneur, der sie gut behandelte. Er sandte Busr ibn Abī Arṭāt gegen eine drei Tagesreisen von Kairuan entfernte Festung. Busr eroberte sie, nahm die Kinder gefangen und plünderte den Ort. Die Festung erhielt daraufhin den Namen Qalʿat Busr [Busrs Festung] und ist bis heute unter keinem anderen Namen bekannt. Dann entließ Mūsā den Gouverneur, den er in Tanger eingesetzt hatte, und ernannte an seiner statt Ṭāriq ibn Zijād. Danach zog er nach Kairuan. Ṭāriq nahm Umm Ḥakīm, eine seiner Sklavinnen, mit sich. Er blieb dort auf seinem Grenzposten für einige Zeit. Das war im Jahre 92 [710–711].

Die Meerenge zwischen ihm und Spanien unterstand der Herrschaft eines Fremden namens Julian, des Herrn von Ceuta und einer Stadt in Spanien namens al-Ḫaḍrāʾ [Algeciras], die auf der spanischen Seite der Meerenge gegenüber von Tanger liegt. Julian war ein Untertan Rodrigos, des spanischen Herrschers, der in Toledo residierte. Ṭāriq schrieb an Julian und brachte ihn durch Schmeichelei so weit, mit ihm Geschenke auszutauschen.

Julian seinerseits hatte eine seiner Töchter zu Rodrigo, dem Herrscher von Spanien, gesandt, damit er sie ausbilde und unterweise, doch Rodrigo machte sie schwanger. Als Julian das erfuhr, sagte er: »Ich kann mir keine bessere Strafe und Vergeltung denken, als die Araber gegen ihn zu schicken.« Darum schrieb er Ṭāriq: »Ich will dich nach Spanien führen.« Zu jener Zeit war Ṭāriq in Tlemcen und Mūsā ibn Nuṣair in Kairuan. Ṭāriq antwortete: »Ich kann dir kein Vertrauen schenken, es sei denn, du schicktest mir Geiseln.« Darauf schickte ihm Julian seine beiden Töchter, da er keine anderen Kinder besaß. Ṭāriq ließ sie in Tlemcen einquartieren und brach, nachdem er sich ihrer versichert hatte, auf, um Julian zu treffen, der sich in Ceuta an der Meerenge aufhielt. Julian war über sein Kommen erfreut und sagte zu ihm: »Ich will dich nach Spanien führen.«

In der Meerenge zwischen Ceuta und Spanien steht ein Felsen, der heute Ǧabal Ṭāriq [der Berg Ṭāriqs] heißt. Bei Einbruch der Nacht brachte Julian Schiffe herbei und setzte ihn über die Meerenge. Den Tag über versteckten sie sich, und bei Einbruch der Nacht schickte er die Schiffe zurück, um seine restlichen Männer zu holen. Sie setzten alle bis auf den letzten Mann über, ohne dass die Spanier etwas bemerkten. Diese nahmen lediglich an, es handle sich um die übliche Tätigkeit der Schiffe. Ṭāriq selbst fuhr mit der letzten Gruppe und schloss sich seinen Männern an. Julian und die Kaufleute um ihn blieben in al-Ḫaḍrā' zurück, um seinen Gefährten und Landsleuten gefällig zu sein. Inzwischen hatten die Spanier erfahren, wer Ṭāriq und seine Leute waren.

Ṭāriq begann seinen Zug. Er überschritt mit seinen Männern eine Brücke, die von dem Felsen zu einem Dorf namens Qarṭağanna [Carteya] führte. Auf seinem Vormarsch in Richtung Córdoba zog er in der Nähe einer Insel im Meer vorbei, auf der er seine Sklavin, Umm Ḥakīm, mit einigen seiner Männer zurückließ. Seit jenem Tag heißt die Insel Ğazīrat Umm Ḥakīm [die Insel der Umm Ḥakīm]. Als die Muslime auf dieser Insel landeten, trafen sie dort nur einige Weinbauern an, die sie gefangen nahmen. Dann packten sie einen der Weinbauern, töteten ihn, zerstückelten ihn und kochten ihn angesichts seiner überlebenden Gefährten. Nun hatten die Muslime schon in anderen Töpfen Fleisch zubereitet. Als dieses bereit war, warfen sie, ohne dass die Spanier es bemerkten, das gekochte Fleisch jenes Bauern fort und nahmen und aßen stattdessen das vorher gekochte Fleisch. Die überlebenden Weinbauern sahen das und zweifelten nicht daran, dass jene ihren Freund verzehrten. Danach ließen sie sie gehen, und sie erzählten den Spaniern, die Muslime äßen Menschenfleisch, und erzählten ihnen, was man mit dem Weinbauern gemacht hatte.

Nach der Überlieferung meines Vaters 'Abdallāh ibn 'Abd al-Ḥakam und des Hišām ibn Isḥāq gab es in Spanien ein mit vielen Schlössern verschlossenes Haus, dem jeder König bei seiner Thronbesteigung ein weiteres Schloss hinzufügte. Dies blieb so bis zur Zeit des Königs, der den Einmarsch der Muslime erlebte. Bei seiner Thronbesteigung forderte man ihn auf, wie alle Könige vor ihm ein weiteres Schloss anzubringen. Er weigerte sich und sagte: »Ich werde kein weiteres Schloss anbringen, bevor ich nicht weiß, was darin ist.« Er gab Befehl, es zu öffnen, und man fand darin Bilder von Arabern mit der Aufschrift: »Wenn diese Tür geöffnet wird, werden diese Menschen in dieses Land eindringen.«

Nachdem Ṭāriq die Meerenge überquert hatte, trat ihm das Heer von Córdoba entgegen und sah sich durch den Anblick seiner nur wenigen Männer ermutigt. Sie griffen an, wurden aber nach heftigem Kampf in die Flucht geschlagen. Ṭāriq verfolgte sie und tötete sie auf dem ganzen Weg bis Córdoba. Rodrigo erfuhr von dieser Niederlage und zog ihm von Toledo aus entgegen. Ihre Begegnung fand an einem Ort namens Šadūna statt, bei einem Tal, das heute Wādī Umm Ḥakīm heißt. Es kam zu einem heftigen Gefecht, und Gott, der Allmächtige, ließ Rodrigo und seine Männer umkommen. Mughīṯ ar-Rūmī, ein *ghulām* im Dienste des Walīd ibn ʿAbd al-Malik, der Ṭāriqs Reiterei befehligte, rückte gegen Córdoba vor, Ṭāriq seinerseits nach Toledo, welches er einnahm. Sein ganzes Interesse dort galt dem Tisch, der nach Behauptung der Schriftbesitzer Salomo, dem Sohn Davids, gehört habe.

Jaḥjā ibn Bukair berichtete nach der Überlieferung des Laiṯ ibn Saʿd: Spanien wurde unter dem Befehl des Mūsā ibn Nuṣair erobert, und man nahm den Tisch Salomos, des Sohnes Davids – Friede sei mit ihm –, ebenso wie die Krone. Man berichtete Ṭāriq, der Tisch befinde sich in einer Festung namens Firās, zwei Tagesreisen von Toledo entfernt, und diese Festung werde von einem Neffen Rodrigos befehligt. Ṭāriq entsandte einen Boten zu ihm und gab ihm ein Sicherheitsversprechen für ihn selbst und seine Familie. Er kam Ṭāriq entgegen, der ihm ein Sicherheitsversprechen gab und es hielt. Dann sagte Ṭāriq: »Gib mir den Tisch«, und er gab ihn ihm. Er war in einzigartiger Weise mit Gold und Juwelen verziert. Ṭāriq brach eines der mit Gold und Juwelen besetzten Beine ab und ersetzte es durch ein anderes. Der Wert dieses Tisches wurde wegen seiner Juwelen auf 200 000 Dinare geschätzt. Ṭāriq nahm sich alles, was es an Juwelen, Waffen, Gold, Silber, Gefäßen und an anderem Besitz gab, und fand Dinge, dergleichen man noch nie gesehen hatte. Nachdem er all dies zusammengetragen hatte, ging er nach Córdoba und blieb dort. Er schrieb an Māsā ibn Nuṣair und berichtete ihm von der Eroberung Spaniens und der Beute, welche er gemacht hatte. Mūsā schrieb an den Kalifen al-Walīd ibn ʿAbd al-Malik und berichtete ihm darüber, wobei er sich alles selbst zuschrieb. Mūsā schrieb auch an Ṭāriq, wies ihn an, nicht über Córdoba vorzurücken, bis er selbst nachgekommen sei, und beschimpfte ihn mit unflätigen Worten.

Mūsā ibn Nuṣair machte sich im Rağab des Jahres 93 [April bis Mai 712] nach Spanien auf, und zwar in Begleitung von führenden Arabern, *mawālī* und Berberhäuptlingen. Als er aufbrach, war er wütend auf Ṭāriq. Er nahm Ḥabīb ibn Abī ʿUbaida al-Fihrī mit und setzte seinen ältesten Sohn, ʿAbdallāh ibn Mūsā, als Stellvertreter in Kairuan ein. Er landete in al-Ḫaḍrāʾ und zog weiter nach Cordoba. Ṭāriq kam ihm entgegen und suchte ihn zu versöhnen. »Ich bin nur dein *maulā*«, sagte er, »diese Eroberung ist die deinige.« Darauf trug Mūsā unbeschreibliche Reichtümer zusammen, und Ṭāriq übergab ihm die gesamte Beute.

Nach einer anderen Version kam Rodrigo Ṭāriq entgegen, als er im Gebirge war. Als Rodrigo sich näherte, zog Ṭāriq gegen ihn. Rodrigo saß an jenem Tag auf seinem Königsthron, den zwei Maulesel trugen. Er trug seine Krone, seine Handschuhe und allen Schmuck, den auch seine Vorgänger zu tragen pflegten. Ṭāriq und seine Männer griffen zu Fuß an; sie hatten keinen einzigen Reiter bei sich. Sie kämpften von Sonnenaufgang bis Sonnenuntergang, und es schien, als seien sie alle verloren. Doch Gott ließ Rodrigo und seine Männer umkommen und schenkte den Muslimen den Sieg. Nie hatte es im Maghrib ein größeres Blutbad gegeben. Drei Tage lang ließen die Muslime mit ihren Schwertern nicht vom Feind ab, dann zogen sie nach Córdoba.

Man überliefert auch, es sei Mūsā gewesen, der nach seinem Einzug in Spanien Ṭāriq nach Toledo geschickt habe. Toledo liegt auf der halben Strecke zwischen Córdoba und Narbonne, welches den äußersten Punkt Spaniens darstellt. Der Erlass des ʿUmar ibn ʿAbd al-ʿAzīz galt bis zu dieser Stadt, welche die Polytheisten später einnahmen und welche sich heute in ihrer Hand befindet. In Narbonne fand Ṭāriq den Tisch. Rodrigo hatte auf dieser Seite 200 Meilen Küstenstreifen besessen.

Die Muslime erbeuteten viel Gold und Silber. ʿAbd al-Malik ibn Maslama berichtete Folgendes nach der Überlieferung des Laiṯ ibn Saʿd: Es gab mit Goldfäden gewobene Teppiche, an deren Goldketten Perlen, Rubine und Topase aufgereiht waren. Als die Berber einen solchen fanden und ihn nicht forttragen konnten, nahmen sie eine Axt und halbierten ihn, und zwei von ihnen nahmen sich je eine Hälfte. Einige gingen mit ihnen fort, während andere Männer anderweitig beschäftigt waren.

ʿAbd al-Malik ibn Maslama berichtete uns nach der Überlieferung des Laiṯ ibn Saʿd: Während der Eroberung Spaniens kam ein

Mann zu Mūsā ibn Nuṣair und sagte: »Gib mir einen Begleiter mit, so will ich dir einen Schatz zeigen.« Mūsā schickte jemanden mit ihm. Der Mann sagte: »Brecht hier ein.« Sie taten es und wurden mit Topasen und Rubinen überflutet, dergleichen sie noch nie gesehen hatten. Als sie das sahen, wurden sie von Furcht befallen, und sie sagten: »Mūsā ibn Nuṣair wird uns keinen Glauben schenken.« Sie ließen ihn holen, und er kam und sah es selbst.

...

ʿAbd al-Malik ibn Maslama berichtete uns nach der Überlieferung des Mālik ibn Anas, nach Aussage von Jaḥjā ibn Saʿīd: Bei der Eroberung von Spanien machten die Männer große Mengen an Beute und unterschlugen viel davon. Sie luden sie auf Schiffe und setzten Segel. Auf hoher See hörten sie eine Stimme rufen: »Gott, lass sie ertrinken.« Sie beteten zu Gott und gürteten sich mit Koranen, doch plötzlich erhob sich ein Sturm, und die Schiffe stießen zusammen, zerbrachen und gingen mit ihnen unter. Die Ägypter halten diesen Bericht für unwahr und behaupten, die Ertrunkenen seien nicht Muslime aus Spanien, sondern aus Sardinien gewesen. Nach Saʿīd ibn ʿUfair gingen die Sardinier, als die Muslime nach Sardinien kamen, zu einem ihrer Häfen, schlossen den Eingang, ließen das Wasser ablaufen und legten alle ihre Gold- und Silbergefäße hinein. Dann ließen sie das Wasser wieder bis zu seinem Normalstand einlaufen. Auch gingen sie in eine ihrer Kirchen, zogen unter der echten Decke eine falsche ein und legten ihren Besitz zwischen die beiden Decken. Nun ging ein Muslim an der Stelle baden, welche sie geleert und dann wieder mit Wasser gefüllt hatten. Er stieß mit dem Fuß an etwas und nahm es heraus; es war ein silberner Teller. Er tauchte nochmals unter und zog weitere Dinge empor. Als die Muslime davon erfuhren, ließen sie das Wasser ablaufen und nahmen alle Gefäße an sich. Ein anderer Muslim betrat mit seiner Armbrust die Kirche, in welcher sie ihre Reichtümer zwischen den beiden Decken verborgen hatten. Er schoss nach einigen Tauben, die er sah, verfehlte sie aber und traf eine Holzplanke. Diese brach, und das Gold regnete auf sie herunter. An jenem Tag unterschlugen die Muslime viel Beute. Manch einer von ihnen fing sogar eine Katze, tötete sie, entfernte ihre Eingeweide, füllte sie mit seiner Beute, nähte sie zusammen und warf sie auf die Straße, sodass jeder, der sie sah, sie lediglich für ein totes Tier hielt. Auf dem Rückweg las er sie dann auf. Manch einer von ihnen entfernte die Klinge seines Schwertes, warf sie fort, füllte die Scheide mit Beute und setzte dann den Griff auf die Scheide. Nachdem sie an Bord gegangen und unterwegs waren, hörten sie eine Stimme rufen: »Gott, lass sie ertrinken.« Sie gürteten sich mit Koranen, doch sie ertranken alle außer Abū ʿAbd ar-Raḥmān al-Ḥubulī und Ḥanaš ibn ʿAbdallāh as-Sabaʾī, die nichts unterschlagen hatten.

ʿAbd al-Malik ibn Maslama berichtete uns nach der Überlieferung des Ibn Lahīʿa, der sagte: Ich hörte Abū Aswad sagen: Ich hörte ʿAmr ibn Aus sagen: Mūsā ibn Nuṣair sandte mich auf die Suche nach den Gefährten des ʿAṭāʾ ibn Rāfiʿ, eines *maulā* des Stammes Huḏail, nachdem sie Schiffbruch erlitten hatten. Nun traf ich zufällig auf einen Mann, der in einem Tuch zwischen seinen Beinen Dinare verbarg. Ein anderer Mann, sagte er, ging auf einen Stab gestützt an mir vorbei. Ich ging, um ihn zu durchsuchen, doch er versuchte, sich zu widersetzen. Ich wurde zornig, nahm seinen Stab und schlug ihn damit. Der Stab zerbrach, und die darin verborgenen Dinare fielen heraus. Ich las sie alle auf.

ʿAbd al-Malik berichtete uns nach al-Laiṯ ibn Saʿd: Ich erfuhr von einem Mann, der bei einem von ʿAṭāʾ ibn Rāfiʿ oder einem anderen geführten Zug im Maghrib einen Teil der Beute unterschlug und seinen Gewinn in Pech verbarg. Im Augenblick seines Todes rief er aus: »Aus dem Pech! Aus dem Pech!«

Mūsā ibn Nuṣair ließ Ṭāriq ibn ʿAmr festnehmen, belud ihn mit Ketten, warf ihn ins Gefängnis und beabsichtigte, ihn zu töten. Mughīṯ ar-Rūmī war ein *ghulām* im Dienste des Walīd ibn ʿAbd al-Malik. Ṭāriq sandte ihm folgende Botschaft: »Wenn du al-Walīd von meinem Los berichtest und davon, dass die Eroberung Spaniens mein Werk war und dass Mūsā mich eingekerkert hat und mich zu töten beabsichtigt, werde ich dir hundert Sklaven geben.« Er verpflichtete sich, das zu tun. Bei seiner Abreise ging Mughīṯ zu Mūsā ibn Nuṣair, um sich von ihm zu verabschieden, und sagte ihm: »Überstürze nichts gegen Ṭāriq; denn du hast Feinde, und der Fürst der Gläubigen kennt die beste Lösung für ihn. Ich fürchte, seine Gefühle möchten sich gegen dich kehren.« Mughīṯ reiste ab, und Mūsā blieb in Spanien. Als Mughīṯ beim Kalifen al-Walīd vorsprach, teilte er ihm mit, die Eroberung Spaniens sei das Werk Ṭāriqs und Mūsā habe ihn eingekerkert in der Absicht, ihn zu töten. Da schrieb al-Walīd an Mūsā und schwor bei Gott: »Wenn du ihn schlägst, werde ich gewisslich dich schlagen. Wenn du ihn tötest, werde ich gewisslich deinen Sohn töten, als Rache für ihn.« Er gab Mughīṯ ar-Rūmī den Brief mit, welcher ihn in Spanien an Mūsā übergab. Als dieser ihn gelesen hatte, ließ er Ṭāriq frei, der Mughīṯ die versprochenen hundert Sklaven gab.

Mūsā ibn Nuṣair verließ Spanien mit seiner Beute, Juwelen und dem Tisch und setzte seinen Sohn ʿAbd al-ʿAzīz ibn Mūsā als Stellvertreter ein. Er war in Spanien während der Jahre 93, 94 und während einiger Monate des Jahres 95 [711–714] gewesen. Als Mūsā nach Ifrīqija kam, schrieb ihm der Kalif al-Walīd ibn ʿAbd al-Malik, er möge zu ihm kommen. Mūsā ging und ließ seinen Sohn ʿAbdallāh ibn Mūsā als Stellvertreter in Ifrīqija zurück. Er zog mit Beute und Geschenken beladen los; doch als er nach Ägypten kam, erkrankte al-Walīd ibn ʿAbd al-Malik. Er schrieb an Mūsā und drängte ihn, sich zu beeilen, doch zur selben Zeit schrieb ihm Sulaimān und hieß ihn säumen und bis zum Tode al-Walīds zu bleiben, wo er sei, damit er Mūsās Beute erhalte. Doch Mūsā zog weiter, und in Tiberias erfuhr er vom Tod al-Walīds. Daher erschien er mit allen seinen Geschenken vor Sulaimān, der darüber hocherfreut war. Man berichtet auch, Mūsā habe bei seiner Rückkehr aus Spanien in Kairuan nicht Halt gemacht, sondern sei daran vorbeigezogen und habe erst in Qaṣr al-Māʾ angehalten und dort das Opferfest gefeiert. Dann habe er seine Reise fortgesetzt, auf der er Ṭāriq mitnahm.

Jaḥjā ibn ʿAbdallāh ibn Bukair berichtete uns nach Aussage des Laiṯ ibn Saʿd: Mūsā ibn Nuṣair verließ Spanien, um sich zum Herrscher der Gläubigen zu begeben, im Jahre 96 [714–715]. Er erreichte Fusṭāṭ am Donnerstag, sechs Nächte vor Ende des Monats Rabīʿ I. Während Sulaimān diese Geschenke begutachtete, trat einer von Mūsā ibn Nuṣairs Gefährten zu ihm. Er hieß ʿĪsā ibn ʿAbdallāh aṭ-Ṭawīl, stammte aus Medina und hatte die Aufsicht über die Beute. »Herrscher der Gläubigen«, sagte er, »Gott gab dir genügend rechtmäßige Beute, um unrechtmäßige Beute überflüssig zu machen. Ich bin für die Aufteilung verantwortlich, und Mūsā hat von all dem, was er dir brachte, noch kein Fünftel abgezogen.« Sulaimān erhob sich erzürnt von seinem Thron und zog sich zurück. Als er danach wiederkam, sagte er vor den Leuten: »Es ist wahr. Gott gab mir genügend Rechtmäßiges, um Unrechtmäßiges überflüssig zu machen.« Dann befahl er, die Beute ins Schatzhaus zu bringen. Sulaimān befahl Mūsā ibn Nuṣair und seinen Gefährten, sich zu versorgen, und dann in den Maghrib zurückzukehren.

Nach einer anderen Version erschien Mūsā ibn Nuṣair vor al-Walīd ibn ʿAbd al-Malik, während dieser krank war, und brachte ihm den Tisch. »Ich fand ihn«, sagte darauf Ṭāriq, doch Mūsā nannte ihn einen Lügner. »Lass den Tisch herbringen«, sagte Ṭāriq zu al-Walīd, »und prüfe, ob etwas daran fehlt.« Al-Walīd ließ ihn bringen und untersuchte ihn. Ein Bein unterschied sich von den anderen. »Frag ihn nach der Ursache, Herrscher der Gläubigen«, sagte Ṭāriq, »und sieh, ob er eine Antwort weiß, die dich von der Richtigkeit seiner Aussage überzeugt.« Al-Walīd fragte Mūsā nach dem Bein, und dieser erwiderte: »Genauso fand ich ihn.« Darauf zog Ṭāriq das Bein hervor, das er abgebrochen hatte, als er den Tisch fand, und sagte: »Dieses Bein sollte den Herrscher der Gläubigen von der Richtigkeit meiner Worte überzeugen. Ich war es, der den Tisch fand.« Al-Walīd glaubte ihm, ließ gelten, was er sagte, und beschenkte ihn reichlich.

Ibn ʿAbd al-Ḥakam, *Futūḥ*, 204–211

32. Syrer in Spanien (742)

Als die Syrer mit ihrem Emir, Balǧ, Spanien stolz und kühn betraten, wie die Löwen von aš-Šarā, fühlten sich diejenigen, die früher nach Spanien gekommen waren, also die einheimischen Araber [*baladī*], von ihnen zurückgedrängt und verlangten, die Neuankömmlinge sollten das Land verlassen, das sie erobert hatten und von dem sie glaubten, es biete nicht Platz für beide. Sie taten sich zum Kampf gegen sie zusammen, und bis zur Ankunft von Abūl-Ḫaṭṭār Ḥuṣām ibn Ḍirār al-Kalbī in Spanien dauerten die kriegerischen Auseinandersetzungen zwischen den beiden Gruppen an. Dieser setzte heimlich von der tunesischen Küste aus über und erschien plötzlich in

Córdoba, als jene noch miteinander kämpften. Sie alle fügten sich seinen Befehlen, aufgrund der Vereinbarung mit Ḥanẓala ibn Ṣafwān, dem Gouverneur von Ifrīqija. Er nahm die Führer der Syrer gefangen und hieß sie, was wohlbekannt ist, sich zu entfernen. Um eine Wiederaufnahme des Bürgerkriegs zu verhindern, beschloss er, die syrischen Stämme auf die spanischen Provinzen zu verteilen. Das tat er und teilte ihnen ein Drittel der Einkünfte von den noch vorhandenen romanischen *ḏimmīs* zu. Also verließen die syrischen Stämme Córdoba.

Abū Marwān sagte: Ardabast, der Fürst von Spanien und Führer der einheimischen *ḏimmīs*, der auch von ihnen die Steuern eintrieb, die sie an die Emire der Muslime abführen mussten, hatte Abū l-Ḫaṭṭār dies vorgeschlagen. Dieser Fürst war für sein Wissen und seine Klugheit bekannt, und es war seine Idee, die syrischen Stämme der ʿAlam von der Hauptstadt Córdoba, wo kein Platz für sie war, fortzuschicken und sie in den Provinzen anzusiedeln, wo sie leben konnten, wie sie es von den Provinzen ihrer syrischen Heimat gewohnt waren. Der Gouverneur tat es und ließ ihnen eine Wahl. Er siedelte den *ǧund* Damaskus in der Provinz Elvira an, den *ǧund* Jordan in der Provinz Reiya, den *ǧund* Palästina in der Provinz Sidona, den *ǧund* Ḥimṣ in der Provinz Sevilla, den *ǧund* Qinnasrīn in der Provinz Jaén und einige vom *ǧund* Ägypten in der Provinz Beja und einige in der Provinz Todmīr. Das sind die Wohnstätten der syrischen Araber. Er teilte ihnen zum Lebensunterhalt ein Drittel der Einkünfte von den örtlichen *ḏimmīs* zu. Die ortsansässigen Araber und die Berber blieben ihre Partner. Die Syrer waren zufrieden und wurden groß und reich . ... Doch diejenigen, welche sich nach ihrer Ankunft an Orten niedergelassen hatten, die ihnen zusagten, verließen diese nicht, sondern blieben dort mit den ortsansässigen Arabern, und wenn der Sold verteilt wurde oder die Truppen für einen Feldzug mobilisiert wurden, begaben sie sich zu ihrem jeweiligen *ǧund*. Man nannte sie damals »die Abgesonderten« [*aš-šāḏḏa*].

Aḥmad ibn Mūsā sagte: Der Kalif ernannte normalerweise zwei Führer in jedem *ǧund*, einen, der in den Kampf [*ghazw*] zog, und einen, der im *ǧund* blieb. Der Kampfesführer erhielt für die Zeit seines Oberbefehls 200 Dinare, während der andere drei Monate lang keine Bezahlung erhielt. Danach löste er einen Kampfesführer ab, entweder einen vom selben oder einen von einem anderen Stamm. Die syrischen Krieger waren Brüder, Söhne oder Neffen des Führers, und jeder erhielt nach Abschluss des Feldzugs zehn Dinare. Der Führer pflegte neben dem Befehlshaber [*qā'id*] zu sitzen und zu erklären, wer gekämpft habe und Sold verdiene; und der Sold wurde gemäß seiner Angabe verteilt. Er war für ihren Dienst im Heer und für ihre Musterung verantwortlich. Syrer, die in den Kampf zogen, ohne mit dem Führer verwandt zu sein, erhielten nach Abschluss des Feldzugs je fünf Dinare. Dagegen erhielt unter den ortsansässigen Arabern keiner außer dem Führer einen Sold. Auch sie hatten zwei Führer, deren einer in den Kampf zog und deren anderer zu Hause blieb. Der Kriegsführer erhielt Gold im Gewicht von hundert Dinaren und blieb Führer für sechs Monate. Danach wurde er vom anderen Führer, der entweder zu seinem oder einem anderen Stamm gehörte, abgelöst. Der *dīwān* und das Sekretärsbüro bestanden ausschließlich für die Syrer. Sie standen für den Militärdienst bereit, waren aber vom Zehnten befreit und bezahlten lediglich eine feste Steuer [*muqāṭa'a*] auf das Geld, das sie von den Romanen erhielten. Die ortsansässigen Araber entrichteten den Zehnten wie alle anderen auch. Einige von ihnen zogen genauso in den Krieg wie die Syrer, jedoch ohne Sold, und sie wurden dann behandelt wie oben dargestellt. Die ortsansässigen Araber wurden nur angemustert, wenn der Kalif zwei Heere in zwei verschiedene Richtungen aussandte; in diesem Fall bediente er sich ihrer. Es gab auch noch eine dritte, als Reserve [*naẓīr*, wörtlich: entsprechend] bekannte Gruppe, die aus Syrern und ortsansässigen Arabern bestand und die unter denselben Bedingungen in den Kampf zog wie die beiden Hauptgruppen, mit denen sie verbunden war.

Ibn al-Ḫaṭīb, *Kitāb al-iḥāṭa fī aḫbār Gharnāṭa* I, 17–19

33. Ereignisse aus der Regierungszeit Al-Ḥakams von Córdoba (796–822)

Einer Gruppe von Notabeln aus Córdoba missfielen gewisse Taten des Emirs, die sie argwöhnisch machten; da versuchten sie, ihn abzusetzen. Sie traten an einen seiner Vettern heran, einen Mann namens Ibn aš-Šammās aus der Linie des Mundir ibn ʿAbd ar-Raḥmān ibn Muʿāwija. Sie verhandelten mit ihm darüber und wollten ihn auf den Thron heben und al-Ḥakam absetzen. Er gab vor zuzustimmen und sagte: »Nennt mir alle diejenigen, die in dieser Angelegenheit zu euch gehören«, was sie ihm auf einen von ihnen festgesetzten Tag zusagten. Dann ging er selbst zu al-Ḥakam und unterrichtete ihn davon. »Du versuchst«, sagte al-Ḥakam zu ihm, »mich gegen die Notabeln meiner Stadt aufzuhetzen. Bei Gott, das sollst du mir beweisen, oder ich werde dir den Kopf abschlagen.« »Schicke mir in der und der Nacht jemanden, dem du vertraust«, sagte Ibn aš-Šammās, und al-Ḥakam schickte seinen Pagen Vicent und seinen Sekretär Ibn al-Ḫadā. Ibn aš-Šammās versteckte sie an einem Ort, von dem aus sie die Unterhaltung zwischen ihm und ihnen hören konnten. Sie kamen und erörterten die Angelegenheit, und er fragte sie: »Wer gehört zu euch in dieser Sache?« Sie gaben die Namen an, welche der Sekretär in seinem Versteck hinter dem Vorhang notierte. Sie nannten so viele, dass der Sekretär, aus Sorge, er selbst möchte auch genannt werden, mit seiner Feder auf dem Pergament ein Geräusch machte. Die Verschwörer waren erschreckt und fragten: »Was hast du getan, Feind Gottes?« Diejenigen, die sofort weggingen und flohen, konnten sich retten; diejenigen, die blieben, wurden festgenommen. Unter denen, die flohen, befanden sich ʿĪsā ibn Dīnār, der führende Rechtsgelehrte Spaniens, Jaḥjā ibn Jaḥjā und andere. Sechs angesehene Männer nahm man fest; davon wurden Jaḥjā ibn Naṣr al-Jaḥṣubī, ein Mann aus Secunda, Mūsā ibn Sālim al-Ḫaulānī und sein Sohn gekreuzigt.

Anlässlich dieses Vorfalls erhoben sich die Bewohner der Vororte in Waffen und kämpften gegen das Heer [*ǧund*]. Doch da sie zahlenmäßig weit unterlegen waren, riefen sie, sie würden sich ergeben. Einige Wesire rieten ihm, ihre Unterwerfung abzulehnen, während andere zur Annahme rieten, da, wie sie sagten, unter ihnen Gute und Schlechte seien. Er nahm den Rat derer an, die zur Nachsicht rieten, und erlaubte ihnen, Córdoba zu verlassen. Sie zerstreuten sich und erreichten die Küste der Berberei, wo sich einige niederließen, während eine große, etwa 15 000 Mann zählende Gruppe sich von ihnen trennte und sich nach Alexandria einschiffte, welches sie zu Beginn der Regierungszeit ar-Rašīds einnahmen. Sie fielen aufs Abscheulichste über die Einwohner her und erschlugen die meisten von ihnen – und all das, weil ein Metzger einem von ihnen, einem Muslim, mit einem Tiermagen ins Gesicht geschlagen hatte. Sie fühlten sich deswegen so gekränkt, dass sie die meisten Bewohner erschlugen. Als ar-Rašīd davon erfuhr, sandte er den Kämmerer Harṯama ibn Aʿjan, um die Sache mit ihnen beizulegen. Er kaufte die Stadt von ihnen um eine beträchtliche Summe frei und gestattete ihnen, sich niederzulassen, wo immer sie wünschten, sei es in Ägypten oder auf den Inseln. Sie wählten die Insel Kreta und landeten dort. Und sie leben dort bis zum heutigen Tag.

...

Einer von denen, welche die Erhebung in den Vorstädten anstifteten, war Ṭālūt ibn ʿAbd al-Ǧabbār al-Maʿāfirī, der unter Mālik und seinen Zeitgenossen studiert hatte. Als die Erhebung fehlschlug, floh er aus seinem Haus, das in der Nähe der Moschee und des Grabens lag, welche seinen Namen tragen, und hielt sich ein Jahr lang im Haus eines Juden versteckt, bis alles wieder ruhig und friedlich war. Zwischen ihm und dem Wesir Abū l-Bassām, dem Stammvater der Banū l-Bassām, dem Verwalter des Getreidelagers, bestand eine Freundschaft, und als er des Aufenthaltes im Haus des Juden überdrüssig war, begab er sich bei Einbruch der Nacht zum Haus des Wesirs Abū l-Bassām. Als er dorthin gekommen war, fragte ihn der Wesir, wo er gewesen sei, und Ṭālūt erwiderte: »Bei einem Juden.« Der Wesir versprach ihm Sicherheit, beruhigte ihn und sagte: »Der Emir – Gott schütze ihn – bedauert, was geschah.« Ṭālūt blieb über Nacht bei ihm, und am folgenden Morgen ließ der Wesir seinen Gast im Gewahrsam, ging zu al-Ḥakam und sagte: »Was denkst du von einem fetten Schaf, das ein ganzes Jahr an der Krippe gehalten wurde?« »Das Fleisch eines gefütterten Tieres ist schwer«, erwiderte al-Ḥakam, »das eines frei grasenden Tieres ist leichter und schmackhafter.« »Ich meine etwas anderes«, sagte Abū l-Bassām. »Ṭālūt ist in meiner Hand.« »Wie hast du ihn gefasst?«, fragte al-Ḥakam. »Ich nahm ihn mit Güte«, erwiderte der Wesir.

Darauf wurde er vorgeladen, und man gab ihm einen Stuhl. Der von Furcht gezeichnete alte Mann wurde vorgeführt. Er bezeugte seine Ehrerbietung, und al-Ḥakam sagte: »Sage mir, Tālūt, wenn dein Vater oder dein Sohn an meiner Stelle regiert hätten, hätten sie dich mehr achten und ehren können als ich? Hast du mich je um etwas gebeten, sei es für dich oder für einen anderen, das ich dir nicht umgehend gewährt hätte? Habe ich dich nicht mehrmals besucht, als du krank darniederlagst? Kam ich nicht beim Tode deiner Frau an deine Tür? Schritt ich nicht bei ihrem Begräbnis bis in die Vororte und ging dann mit dir zurück zu deinem eigenen Haus? Was geschah dann mit dir? Was war los mit dir, dass dich nichts anderes zufrieden stellen konnte, als mein Blut zu vergießen und Schande und Schmach über mich zu bringen?« »In diesem Augenblick«, sagte Ṭālūt , »weiß ich nichts, was mir besser diente als die Wahrheit. Um Gottes willen hasste ich dich, und alles, was du tatest, nützte dir nichts bei mir.«

Al-Ḥakam schwieg erschüttert und sagte dann: »Ich ließ dich kommen, und es gibt keine Strafe auf Erden, die ich nicht über dich zu verhängen gedachte. Doch wisse, dass er, um dessentwillen du mich hasstest, mich davon abbrachte, dich zu bestrafen. Geh in Frieden und Gott befohlen! Bei Gott, ich werde bis zum Ende meiner Tage nicht aufhören, dich zu behandeln wie früher, so Gott will. Doch ich wünschte, was sich ereignete, hätte sich nicht ereignet.« »Hätte es sich nicht ereignet«, sagte Ṭālūt, »so wäre es besser für dich.«

Dann fragte al-Ḥakam: »Wie hat Abū l-Bassām dich gefasst?«

»Er hat mich nicht gefasst«, sagte Ṭālūt. »Ich übergab mich ihm und suchte ihn aufgrund der Freundschaft, die zwischen uns besteht, auf.«

»Und wo warst du das ganze Jahr ?«, fragte al-Ḥakam.

»Im Haus eines Juden«, erwiderte er.

Darauf sagte al-Ḥakam zum Wesir: »Abū l-Bassām, ein Jude gewährte ihm wegen seines Ansehens in Religion und Gelehrsamkeit Schutz und brachte sich selbst, seine Frau, seinen Besitz und seine Kinder in Gefahr – und du wolltest mich wiederum in etwas hineinziehen, was ich schon bereut habe!« Dann sagte er zu Abū l-Bassām: »Verlass mich! Bei Gott, ich will dein Gesicht nie wieder sehen!« Er befahl, seinen Teppich [d. h. seinen Sitzplatz im Rat] zu entfernen und entließ ihn; seine Nachfahren sind bis zum heutigen

Tag ohne Ansehen und Stellung. Ṭālūt wurden, entsprechend der Verpflichtung des Emirs, Ehre und Respekt gezollt, bis er starb, und al-Ḥakam nahm an seinem Begräbnis teil.

Danach befiel den Kalifen eine Krankheit, an der er sieben Jahre litt, bis er in Zerknirschung und Reue über seine Taten starb. Während seiner Krankheit wurde er sanft und verbrachte bis zu seinem Tod die Nächte damit, im Koran zu lesen.

Ibn al-Qūṭīja, *Ta'rīḫ iftitāḥ al-Andalus,* 50–55

34. Der Tod eines Juden in Granada (1066)

[Der jüdische Wesir[1]] unterrichtete seine Vertrauten vom Sinneswandel Saif ad-Daulas ihm gegenüber. Der Scharfsinnigste und Klügste unter ihnen sagte zu ihm: »Rechne nicht damit, dass es dir weiterhin gut geht, wenn der *šaiḫ* [Sultan al-Muẓaffar Bādīs ibn Ḥabbūs[2]] nicht mehr lebt, und setze keine Hoffnung auf Saif ad-Daula. Überlege dir vielmehr, wen du als Nachfolger einsetzen willst, wenn dein Herr stirbt. Hast du einen gefunden? Sorge dafür, dass Saif ad-Daula vergiftet wird. Sein Bruder Māksan ist jetzt ein Nichts. Wenn du Ersteren umbringst und Letzteren an seine Stelle setzest, wirst du ihm einen Dienst erweisen, den er dir nicht vergessen wird.«

Der Wesir ließ sich dazu verleiten, Saif ad-Daula zu vergiften. Er war dazu leicht in der Lage, denn mein Vater pflegte häufig mit ihm zu trinken und hielt sich häufig in seinem Haus auf. Eines Tages trank er mit ihm wie üblich in seinem Haus. Er hatte kaum das Haus verlassen, als er seinen gesamten Mageninhalt erbrach und zu Boden stürzte. Nur mit großer Mühe schleppte er sich nach Hause, wo er zwei Tage später starb. Gott erbarme sich seiner.

Ich hörte einen von Bādīs' Obereunuchen Folgendes erzählen: Eines Tages sandte Saif ad-Daula nach mir und sagte: »Geh und suche meine Königinmütter[3] auf und teile ihnen mit, dass ich den Juden zu töten beabsichtige.« Ich sagte zu ihm: »Ich werde diese Botschaft nicht übermitteln, denn er würde ohne Zweifel davon erfahren. Wenn du ihn wirklich zu töten beabsichtigst, solltest du weder mich noch irgendein anderes Geschöpf Gottes davon unterrichten.« Ich begriff, dass sein Zustand ihn zu solchen Handlungen veranlasste.

Etwas anderes, was zuvor schon die Atmosphäre vergiftet hatte, war die Tatsache, dass zwischen meinem Vater und den Königinmüttern, die seinen Sohn und meinen Bruder al-Mu'izz erzogen hatten, ein alles andere als vertrauensvolles Verhältnis bestand. Der Grund dafür war, dass sie für seinen Sohn, schon als dieser noch ein kleiner Junge war, reichlich Geld ausgaben, während sie es ihm selbst vorenthielten, sodass er sich an den Juden wenden musste, um zu Geld zu kommen. Die Königinmütter beklagten sich bei ihm und versuchten, ihn von seinem Umgang mit dem Juden abzubringen, bis dieser es merkte und mein Vater und er übereinkamen, die Frauen beim Herrscher anzuschwärzen und sie zu beschuldigen, sie hätten Geld gestohlen und im ganzen Land verteilt. Als mein Großvater der ganzen Angelegenheit und des Streits gewahr wurde, der zwischen den Frauen und ihrem Sohn, Saif ad-Daula, entstanden war, wurden diesem gleichzeitig von seinem Vater und den Frauen Vorwürfe gemacht, während die Frauen es fertig brachten, sich von der verleumderischen Anschuldigung gegen sie reinzuwaschen. Da nun sein Vater aufseiten der Frauen stand, war Saif ad-Daula genötigt, Frieden mit ihnen zu schließen, und schließlich fiel die ganze Geschichte auf den Juden zurück. All das verstärkte den Hass und die Rachsucht des Juden, bis Gottes Ratschluss ihn, zur festgesetzten Zeit, zum Instrument von Saif ad-Daulas Tod machte.

Als der Streit gerade begann, hatte der Jude für sich einen großen Teil der Steuereinnahmen von Guadix zurückbehalten. Saif ad-Daula beklagte sich darüber bei seinem Vater. Daher unternahm das Schwein es, meinen Vater zu sich zu einem Trinkgelage einzuladen. Als mein Vater betrunken war, ließ der Jude seine Söhne und Frauen in Trauerkleidern kommen. Mein Vater war von ihrem Zustand und von ihrem Wehklagen erschüttert und fragte den Wesir: »Ist in deinem Haus jemand gestorben?« »Eine große Geldsumme ist in meinem Haus gestorben«, erwiderte er. »Es wird dir wegen der langsamen Steuerentrichtung deiner Untertanen vorenthalten. Doch heute ist ein guter Tag. Beruhige also meine Familie, indem du einen Schuldenerlass schreibst, in dem du mich dieser Schuld enthebst, bis du dein Geld erhältst. Meine Familie ist von Furcht und Schrecken erfüllt. Mach deine Güte vollständig, indem du diesen Erlass schreibst!« So ergriff er die Gelegenheit, und mein Vater schrieb ihm den Erlass. Dann brachte der Jude diese Quittung seinem Vater [Bādīs] und sagte zu ihm: »Er verbraucht sein Geld für die Wesire und für ständige Trinkgelage. Hier ist ein Dokument, in dem er mir Erlass erteilt. Worüber also beklagt er sich?« Saif ad-Daula fiel in noch größere Ungnade bei seinem Vater und verlor gegen den Wesir und gegen die Frauen, da es Gottes Wille war, seinem Leben ein Ende zu setzen. Gott belohne ihn [im Jenseits] für seine guten Absichten und seine Aufrichtigkeit gegen hoch und niedrig.

Der Tod meines Vaters war für die Leute ein schwerer Schlag, da sie auf seine Gerechtigkeit gebaut hatten. Die Bevölkerung war in Aufruhr und wollte den Juden töten. Das waren die ersten Anzeichen seines Sturzes, doch erwarteten sie von meinem Großvater, dem Herrscher, er werde ihn bestrafen. Der Jude setzte seine Machenschaften gegen die Familie Qarawī fort und behauptete vor al-Muẓaffar [Bādīs], einige aus dieser Familie hätten vor seinem Sohn den Weingenuss derart gepriesen, dass er sich zu Tode getrunken habe. Daraus erwuchs der Familie Qarawī großes Unglück. Sie wurde von ihren Ländereien vertrieben, ihr Eigentum wurde konfisziert, und einige von ihnen, die als Wesire eng mit meinem Vater verbunden waren, wurden aufgrund der gegen sie vorgebrachten Anschuldigungen hingerichtet, während der wahre Schuldige unentdeckt blieb.

Nach dem Tod Saif ad-Daulas führte sich der Jude wie ein Barmakide[4] auf und bemühte sich, meinen Onkel Māksan zum Thronerben aufzubauen. Damals war mein Großvater schon sehr alt. Er neigte zur Ruhe, und wegen seines Alters und des Todes seines Sohnes unternahm er keine weiteren Eroberungen und überließ die Zügel der Regierung dem Juden, der seine Stelle einnahm. Somit war dieser in der Lage, nach Belieben zu regieren. Der große Wunsch meines Großvaters und das Ziel seiner gewaltigsten Anstrengungen war die Eroberung von Málaga. Und jedes Mal, wenn er irgendeine Festung in Spanien erobert hatte, erhielt er von al-Muʿizz ibn Bādīs eine Botschaft folgenden Inhalts: »Der Herr von Granada teilt mir mit, er habe Landstriche und Dörfer eingenommen. Hätte er Córdoba, Málaga oder ähnliche Hauptstädte eingenommen, würde ich ihm dafür huldigen.« Solche Worte veranlassten Bādīs zu einer besonderen Anstrengung gegen Málaga. Außerdem war er sich der Schwäche der Sultane jener Stadt bewusst und befürchtete, ein anderer könnte sie erobern und ihm Schwierigkeiten machen. Mehrere Jahre lang setzte er seine Unternehmungen gegen Málaga unermüdlich und ununterbrochen fort, bis er die Stadt schließlich einnahm. Dann baute er eine Kasba in der Stadt, wie sie zu seiner Zeit niemand bauen konnte. Er stattete sie mit allem Notwendigen aus und gab dafür das Geld, das er von seinem Sohn geerbt hatte, und noch weiteres obendrein aus. Er fürchtete nämlich die Habgier der spanischen Sultane und die Möglichkeit, sie könnten sich gegen ihn verbünden. In diesem Fall wollte er in Málaga so lange wie möglich ausharren oder, wenn das misslang, mit seiner Familie und seinen Schätzen an die Küste des Reiches seiner Vettern [in Afrika] übersetzen.

Nach der Eroberung von Málaga zog sich mein Großvater aus dem aktiven Leben zurück. Ibn ʿAbbād versuchte, ihm Málaga zu entreißen, und die Bewohner außerhalb der Kasba leisteten ihm Gehorsam. Mein Großvater entsandte Truppen, die Ibn ʿAbbād in der Nähe von Málaga in die Flucht schlugen, und gewann die Stadt zurück, nachdem er die Hoffnung darauf schon aufgegeben hatte. Kein Sultan hat je für eine Stadt so lange Kämpfe und so große Ausgaben auf sich genommen wie er für Málaga. Nachdem er schließlich das Ziel seiner Wünsche erreicht hatte, zog er sich aus dem aktiven Leben zurück und wollte nurmehr seine Herrschaft genießen. Doch er geriet dadurch in viele Schwierigkeiten wegen seines blinden Vertrauens auf die Wesire und Gouverneure des Landes, worüber ich an anderer Stelle noch berichten werde.

Eine Zeit lang herrschten Friede und Wohlergehen. Die Schatzkammern waren gefüllt, und mehrere Jahre hörte man von keiner Zwietracht und sah keine Unruhe. Dann verschlechterte sich die Lage. Der Jude – Gott verfluche ihn – trieb nämlich falsches Spiel, und Guadix und Umgebung gerieten in die Hand Ibn Ṣumādiḥs[5]. Auch die anderen Fürsten stürzten sich auf unser Land, bis uns außer Granada, Almuñecar, Priego und Cabra nichts mehr blieb. Unter den Untertanen verbreitete sich das Gerücht, der große Herrscher sei tot, da er sich tatsächlich nicht mehr zeigte. Die Truppen verließen die Burgen, und die Bevölkerung ergriff die Gelegenheit, sie zu beziehen, und zwar unter Umständen, die ich – so Gott will – noch beschreiben werde.

Als Bādīs' Macht und Ruhm auf ihrem Höhepunkt waren, suchte ihn an-Nāja auf, ein Sklave des Muʿtaḍid ibn ʿAbbād – Gott erbarme sich seiner–, der zu jener Gruppe gehörte, die sich im Einverständnis mit seinem Sohn, dessen Geschichte ja bekannt ist, gegen ihn verschworen hatte. An-Nāja kam nach Granada, getrieben von seinem unentrinnbaren Schicksal, und einige Führer der [schwarzen] Sklaven kümmerten sich um ihn und baten den Sultan, ihm Geschenke zu machen. Der Sultan entsprach ihrer Bitte in der Absicht, ihnen gefällig zu sein und so ihren Eifer und ihre Loyalität in seinen Diensten zu mehren. »Dieser Mann«, sagten sie, »ist zu dir gekommen und hat mit einem anderen gebrochen, da er auf dich zählte. Er hat seine Hoffnungen auf dich gesetzt. Was immer du für ihn tust, tust du auch für uns.«

Er kam nach Granada in einer für ihn sehr günstigen, für das Land sehr unruhigen Zeit. Zunächst war er höflich und bescheiden im Umgang mit Beamten, sodass sie sein Verhalten lobten und ihn beim Sultan empfahlen und er ihn in seinen Dienst nahm und ihn auf einen militärischen Posten ernannte. Wegen seiner Rachegelüste gegen die ʿAbbādiden verlegte er sich mit Eifer auf den Kampf um Málaga und zog einige Heereseinheiten in der Stadt, in welcher er unter dem kommandierenden General *[qāʾid]* Muqātil ibn Jaḥjā diente, auf seine Seite. Dieser Muqātil berichtete al-Muẓaffar [Bādīs] jedes Mal, wenn ein Einfall in das Gebiet Ibn ʿAbbāds gemacht worden war, wohlwollend über an-Nājas Anteil daran, und zwar solcherart, dass er ihm fast alles Verdienst daran gab; daher erhielt er einen Brief vom Sultan, in welchem er sie zu Partnern machte. So wurde an-Nāja zusammen mit Muqātil *qāʾid* in Málaga. Sein Eifer nahm zu, und sein Ansehen wuchs. Der Sultan verdoppelte ihm gegenüber seine Gunst; und immer wenn er nach Málaga kam, wohnte er im Hause an-Nājas und trank in seiner Gesellschaft. Im Laufe der Zeit begünstigte und förderte er ihn immer mehr. Dank seiner engen Beziehung zum Sultan nahm er diesen gegen den

Juden ein, wenn er allein mit ihm war oder seine Trunkenheit ausnutzte und zu ihm sagte: »Er hat dein Geld verschlungen, hat sich einen Großteil deines Vermögens angeeignet und sich einen prächtigeren Palast als deinen gebaut. Bei Gott! Du musst ihn loswerden und durch seine Beseitigung die Liebe der Muslime gewinnen.« Al-Muẓaffar versprach es ihm dann und sagte: »Ich muss es wirklich tun, und ich werde dir die Aufgabe anvertrauen, ihn zu töten.« Zweifellos kamen solcherlei Äußerungen einigen seiner Sklaven oder Hofbediensteten zu Ohren, auf die er nicht achtete und die sofort liefen, es dem Juden zu berichten.

Der Zorn und der Hass jenes Schweines steigerten sich nur noch mehr, und er kam fast um vor Wut und Ärger und vor Neid auf an-Nāja und seine hohe Stellung, die er zu seinem Nachteil erlangt hatte. Vor allem wünschte er, beim Sultan Klagen gegen ihn vorzubringen; doch der Sultan wollte nichts davon wissen. Da er nun sah, dass an-Nājas Stellung immer stärker wurde, und befürchtete, jener werde den Sultan dazu verleiten, ihn zu töten, ließ er alle Hoffnung fahren und sagte sich: »Nur zum Ruhme des Sultans behandelte ich die Leute mit Verachtung und zählte dabei für meine Sicherheit auf seinen Schutz und seine Fürsorge. Doch nun ist alle Hoffnung dahin, und ich kann nicht mehr beim Sultan Schutz suchen. Ein böser Gefährte stachelt ihn gegen mich auf, das Volk wünscht meinen Tod, und wir [Juden] sind wenige und schwach im Land.«

Er hatte schon vorher versucht, meinen Onkel Mākšan unter seinen Einfluss zu bekommen, und zwar in der Hoffnung, sich auf ihn stützen zu können. Mākšan jedoch reagierte äußerst feindselig, da er niemanden hatte, ihn zu leiten und in Besonnenheit zu unterweisen. Er sagte ihm schließlich ins Gesicht hinein: »Willst du mich töten, wie du meinen Bruder getötet hast?« Diese Worte beschäftigten den Juden. Zu alledem offenbarte Mākšan ein schlechtes Benehmen, einen Mangel an Achtung anderen gegenüber und eine ungebührliche Ausdrucksweise. Er stieß so viele Drohungen aus, dass die Leute am Hofe seines Vaters ihn hassten und verabscheuten und viele Klagen über ihn an seinen Vater gelangten. Seine Mutter wollte nichts mehr mit dem Wesir zu tun haben, der versucht hatte, ihren Sohn unter seinen Einfluss zu bekommen; stattdessen zog sie seinen Onkel mütterlicherseits vor, einen anderen Juden namens Abū r-Rabīʿ ibn al-Māṭūnī, den Steuereintreiber. Sie schrieb ihn ständig um zinslose Vorschüsse an. Der Wesir wurde neidisch und beschloss, etwas gegen ihn zu unternehmen, was gleichzeitig gegen Māksans Mutter und sein Gefolge gerichtet wäre. Daher brachte er gegen sie beim Sultan eine falsche Anschuldigung vor, die von einer Gruppe von Höflingen bestätigt wurde, welche, wie ich eben sagte, Māksan gegenüber feindlich eingestellt waren. Der Sultan wurde in solchem Maße aufgehetzt, dass er, empört über das, was man ihm berichtet hatte, die Hinrichtung von Māksans Mutter, seinen Ammen und anderen Personen aus ihrem Gefolge anordnete. Der Wesir ließ seinen Onkel hinterrücks in seinem eigenen Haus während eines Trinkgelages umbringen, und zwar weil er sich in diesem und anderen Fällen gegen ihn gestellt hatte und aus Furcht, er könnte den Sultan warnen. Diesem übergab er eine sehr große Summe Geldes, damit er ihm wegen dieses Mordes keine Vorwürfe machte. Der Sultan nahm es von ihm an, und er hätte es gern gesehen, hätte er jeden Tag einen Juden getötet und ihm dafür einen Schadenersatz entrichtet.

Einige Zeit danach ordnete al-Muẓaffar die Verbannung seines Sohnes an. Ein Hauptgrund dafür war folgender Vorfall: Als zur Zeit der Auseinandersetzungen mit Ibn Ṣumādiḥ der Sultan eines Tages eine Truppenschau abnahm, trat einer der Scheiche des Heeres vor ihn hin und sagte: »Es ist nicht richtig, schwarze Sklaven und ähnliche Männer zu Truppenführern zu machen und deinen eigenen Sohn zu übergehen. Entsende ihn mit uns, so werden wir ihm in guten wie in schlechten Tagen folgen.« Er meinte Māksan. Das war zu viel für den Vater, der schon zornig auf ihn war wegen all dessen, was er von seinem Sohn sah und hörte. Er fürchtete, hinter diesen Worten stehe ein Plan, ihn zu beseitigen und die Herrschaft auf seinen Sohn zu übertragen. Auch der Jude war darüber erschreckt und bemerkte später: »An jenem Tag war ich sicher, dass ich getötet werden sollte.« Er legte seine Gedanken dem Sultan dar, der die sofortige Verbannung seines Sohnes aus dem Land anordnete. Er sandte einen seiner Sklaven mit ihm, um ihn außer Landes zu geleiten. Der Jude – Gott verfluche ihn – legte dem Sklaven nahe, ihn an einen bestimmten, von ihm genannten Ort zu bringen und ihn dort heimlich zu enthaupten. Mein Bruder al-Muʿizz war von meinem Großvater aufgezogen und von ihm gut behandelt worden, und die Familie seines Vaters liebte ihn. Alle waren sich mit dem Juden einig, Māksan zu töten und al-Mu'izz zum Thronerben zu machen, zumal sie auch fürchteten, Māksan möchte sich gegen sie wenden und sie dafür bestrafen, dass sie seinen Neffen liebten und ihn aufzogen. Daher erfüllten sich durch seine Verbannung ihre Hoffnungen. Mein Onkel verließ also Granada unter den schlimmsten Umständen, in Furcht und Zittern. Einige rieten, man solle ihn töten, andere widersprachen und schlugen nur vor, man solle ihm den Aufenthalt im gesamten Reich verbieten. Schließlich ging er einen bestimmten Weg und wurde durch den Tod des Juden, über den ich noch berichten werde, von seinen Sorgen befreit.

Als dieses Schwein – Gott verfluche ihn – die Bewegung unter den Frauen am Hofe sah, von denen jede Gruppe die Ernennung desjenigen Prinzen zum Thronerben wünschte, den sie erzogen hatte, und als er auch die Veränderung in der Haltung seines Herrn ihm gegenüber wahrnahm sowie die Entschlossenheit an-Nājas, ihn zu vernichten und seine Stellung beim Herrscher, sah er nirgends mehr einen Ausweg und fand kein Mittel zu seiner Rettung. Er fragte die weisesten Männer seines Volkes um Rat, und einer von ihnen sagte: »Rette dich und schicke einen Großteil deines Vermögens in ein Land deiner Wahl voraus. Dann kannst du dich dorthin begeben und in Wohlstand und Sicherheit leben.«

»Das wäre möglich«, antwortete er, »jedoch würde mein hoher Herr an den Herrscher jenes Landes eine Nachricht über mich senden und ihm mitteilen: ›Mein Wesir ist mit meinem Geld entflohen. Entweder schickst du ihn zurück oder ich werde einen Krieg gegen dich beginnen.‹ Glaubst du wirklich, er würde dann mich dem Sultan vorziehen? Es ginge nur, wenn ich ihm ein Stück Land gäbe und darüber zwischen beiden ein Krieg ausbräche. Das würde mir bei dem Herrscher, zu welchem ich ginge, Sicherheit garantieren, denn da ich ihm neues Land und großen Ruhm gebracht hätte, könnte er mich nicht ausliefern.«

Sie kamen daher überein, sich an Ibn Ṣumādiḥ zu wenden, da er als Nachbar im Bedarfsfall leicht zu erreichen war.

Ibn Ṣumādiḥs Bote, Ibn Arqam, den sie für diese Aufgabe ausgewählt hatten, berichtete mir Folgendes: Eines Tages empfing mich al-Muẓaffar [Bādīs] – Gott erbarme sich seiner – in einem seiner Lustschlösser, in welches er sich begeben hatte. An-Nāja war bei ihm, und der Jude stand hinter ihm. An-Nāja bemerkte einen jüdischen Arzt des Wesirs. Er gab Befehl, ihn zu beschimpfen und zu zwingen, in Gegenwart des Herrschers abzusitzen. Er führte sich dabei sehr anmaßend auf und setzte den Juden heftiger Beschimpfung aus. Der Jude war empört und sagte zu Ibn Arqam: »Was denkst du über diese unerträgliche Beschimpfung? Wenn ihr mir nicht helfen könnt, werde ich mich anderswo umsehen müssen.« Darauf sagte Ibn Arqam zu ihm: »Du bist durchaus in der Lage, dich hier durchzusetzen. Was brauchst du dich an uns zu wenden, da du doch die Bevölkerung in der Hand hast und die Steuereintreibung kontrollierst? Der Sultan hat nichts an deiner Stellung geändert, und das sind nichts anderes als Nadelstiche dieses Verleumders. Wappne dich mit Geduld, bis Scheich al-Muẓaffar [Bādīs] stirbt, zumal er ja schon alt ist. Dann kannst du Einfluss auf seinen Enkel al-Muʿizz gewinnen und bei ihm dieselbe Stellung einnehmen, die du bei seinem Großvater innehattest. Das ist der beste Weg für deine Rettung.«

Darauf erwiderte der Jude: »Ich täte, was du sagst, doch al-Muʿizz ist noch sehr jung. Er steht unter dem Einfluss der Frauen des Hofes und einer großen Zahl verschiedener Arten von Frauen und deren Gefolge. Wie kann ich hoffen, mich gegen sie zu behaupten? In diesem Fall wäre meine Lage wegen ihrer unterschiedlichen Interessen noch schwieriger. Außerdem weiß ich sicher, dass mich der junge Mann hasst, weil die Leute sagen, ich hätte seinen Vater vergiftet. Ich habe alle diese Gesichtspunkte erwogen, und ich sehe keinen anderen Weg mehr, als mich al-Muʿtaṣim anzuvertrauen.«

Ibn Arqam sagte: Ich ging zu al-Muẓaffar, machte ihm Andeutungen über dieses Gespräch und sagte zu ihm: »Gott helfe dir – sei wachsam! Du bist noch nicht so betagt und hast noch nicht ein Alter erreicht, das dich nötigte, die Regierungsgeschäfte zu vernachlässigen.« Ich hoffte, ihn dadurch zu veranlassen, mir weitere Fragen über das Gespräch zu stellen, um ihm mehr davon berichten zu können. Doch er ließ den Juden kommen und sagte zu ihm: »Geh und suche Ibn Arqam, frage ihn, warum er mir eben riet, wachsam zu sein, und lasse es dir von ihm erklären.«

Ibn Arqam fuhr fort: Als der Jude zu mir kam und mir die Sache mitteilte, war ich entsetzt und wäre am liebsten im Erdboden versunken; ich wusste nicht, was ich antworten sollte. Da schöpfte das Schwein Verdacht, schrieb an al-Muʿtaṣim [Ibn Ṣumādiḥ] über mich und riet ihm, mich meiner Aufgabe zu entheben und einen anderen zu schicken, dem er trauen könne. Al-Muʿtaṣim entschied sich für seinen Milchbruder und befahl ihm, mit dem Juden bei der Ausarbeitung eines Plans zusammenzuarbeiten, der die Regierung von Granada in seine Hand gäbe, obwohl diese Stadt doch ein Truppenlager darstellte und von Ṣanhāǧa-Berbern[6] war, die das nicht hingenommen hätten. Der Gesandte sagte dem Juden: »Ziehe dich selbst und al-Muʿtaṣim nicht in eine schließlich undurchführbare Sache hinein; du gerietest dadurch bei al-Muẓaffar, der reich und zur Kriegführung durchaus in der Lage ist, in ein schlechtes Licht. Du wärest der Grund für deine eigene Vernichtung und für al-Muʿtaṣims Ruin.« Auf diesen Rat hin beschloss das Schwein, all diejenigen aus Granada zu vertreiben, deren Widerstand er befürchtete. Also wählte er gewisse führende Persönlichkeiten der Ṣanhāǧa und gewisse Sklaven, von denen er Schwierigkeiten erwartete, und riet dem Sultan, sie mit Ernennungsschreiben zu den wichtigsten Festungen zu schicken. Insgeheim sagte er zu ihnen: »Ihr seid meine Brüder; denn euch hat man beiseite geschoben wie mich; ihr habt es selbst gesehen. In der Herrschaft dieses Sultans sehe ich Dinge, die ihr mit Recht missbilligt. Er setzt Männer über euch, die euch nach Art und Stellung fremd sind. Seine Herrschaft wird, solange sie dauert, euch weiterhin Schande und Schmach bringen. Ich habe den Sultan gut beraten in seinen Angelegenheiten, doch er hat meinen Rat nicht angenommen, wiewohl er keine Einwände dagegen fand. Nun befürchte ich, dass er dieses edle Land und diese ansehnlichen Festungen an-Nājas Leuten übergibt. Wir würden alle darunter leiden und wären nicht in der Lage, uns gegen sie bei der Leitung des Staates zu behaupten. Sie hätten die Gewalt über uns, und wir könnten zu niemandem als nur zu an-Nāja selbst unsere Zuflucht nehmen. Doch wenn wir diese Festungen halten und eure Stammesgenossen am Hof sind, wird er nicht wagen, euch zu zerstreuen, und er wird bald alle Macht verlieren. Wenn er die Lage zu ändern sucht, werden wir ihn töten.

Wenn der Sultan sich gegen einen von uns erzürnt und seine Verbannung anordnet, kann er zur Festung eines Freundes gehen.«

Sie billigten seine Worte, und zwar umso bereitwilliger, als sie auf Gouverneursstellen begierig waren, und eilten auf ihre Posten. Er sandte Jaḥjā ibn Ifrān in die Stadt Almuñecar, Musakkan ibn Ḥabbūs al-Maghralī nach Jaén und die Übrigen in andere Provinzhauptstädte. Der Jude machte dem Sultan vor, dass all dies zu seinem Vorteil sei, dass nur große Männer wichtige Städte verteidigen könnten und dass er Beweise für die Nachlässigkeit und Unfähigkeit der entlassenen Gouverneure habe; und das Vertrauen des Sultans in den Juden war so groß, dass er bei solchen Fragen keinem außer ihm Gehör schenkte.

Darauf schrieb der Jude an Ibn Ṣumādiḥ, um ihn davon zu unterrichten, dass alle Unruhestifter sich aus der Stadt entfernt hätten, dass sich nur noch unbedeutende Leute darin aufhielten, welche sein Schwert gleich beim Einzug niedermähen werde, und dass er bereit sei, ihm die Tore Granadas zu öffnen, sobald er das Unternehmen wage. Er vernachlässigte absichtlich alle Festungen außer den Provinzhauptstädten, und er versäumte es, wie aus Versehen, ihnen den benötigten Nachschub und die benötigten Verstärkungen zu schicken, sodass sie geräumt wurden.

Al-Muẓaffar erfuhr nichts von alledem und widmete sich ganz dem Trunk und dem Müßiggang. Dann räumten die Truppen die Festungen, da sie feststellten, dass sich niemand um sie kümmerte und dass der Sultan sich ihnen nicht mehr zeigte; darum hielten auch sie das Gerücht von seinem Tod für wahr. Sie ermunterten sich gegenseitig und gaben die von ihnen kontrollierten Festungen und Gebiete auf. Ibn Ṣumādiḥs Truppen ergriffen die Gelegenheit und besetzten sie. Schließlich war nur noch eine Festung übrig, und zwar Cabrera, in der Nähe von Granada, an der Straße nach Guadix. Der Jude sandte sofort eine Botschaft an Ibn Ṣumādiḥ und drängte ihn, gegen die Stadt zu ziehen, da ihn niemand mehr daran hindern könne. Doch Ibn Ṣumādiḥ zog sich aus der Unternehmung zurück, da er nicht wagte, eine Stadt wie Granada anzugreifen. Inzwischen erweiterte sich die Kluft zwischen dem Juden und der Bevölkerung, und die Unruhen nahmen zu. Der Jude siedelte von seinem Haus in die Kasba über, um sich vor dem Volk zu schützen, bis seine Hoffnungen sich erfüllten. Die Bevölkerung nahm ihm das übel, ebenso wie die Errichtung der Alhambra durch ihn, wohin er sich mit seiner Familie beim Einrücken Ibn Ṣumādiḥs in die Stadt zurückziehen und dort bis zur Wiederherstellung der Ordnung bleiben wollte. Die einfachen Leute und der Adel waren empört über die Arglist der Juden, über die von ihnen bewirkten allgemeinen Veränderungen und darüber, was sie, entgegen dem mit ihnen bestehenden Pakt, für Stellungen innehatten. Am Samstag, dem 10. Ṣafar [459; 31. Dezember 1066], beschloss Gott ihre Vernichtung. In der Nacht vorher hatte der Jude mit einigen Sklaven al-Muẓaffars gezecht, von denen einige seine Verbündeten und Vertrauten waren, andere ihn aber heimlich hassten. Er berichtete ihnen von Ibn Ṣumādiḥ , welcher, wie er sagte, ihnen nach seiner baldigen Ankunft die und die Dörfer in der Ebene von Granada überlassen werde. Einer jener Sklaven, die ihn heimlich hassten, trat vor ihn hin und sagte: »Das alles wissen wir. Doch statt uns Dörfer zuzuteilen, sag uns, ob unser Herr noch lebt oder nicht.« Einige Anhänger des Juden wiesen ihn zurecht und rügten ihn für seine Worte. Der Sklave ging gekränkt hinaus, lief, betrunken wie er war, fort und rief den Leuten zu: »Ihr alle, die ihr al-Muẓaffar treu seid! Der Jude hat ihn verraten, und dieser Ibn Ṣumādiḥ kommt bald in die Stadt!« Jedermann, hoch und niedrig, hörte auf diese Worte und kam, entschlossen, den Juden zu töten. Er erreichte es jedoch, dass al-Muẓaffar vor den Leuten erschien, und sagte zu ihnen: »Hier ist euer Sultan, am Leben!« Der Herrscher versuchte sie zu beruhigen, doch ohne Erfolg; schließlich ging alles drunter und drüber. Der Jude floh ins Palastinnere, doch die Menge verfolgte ihn, ergriff ihn und tötete ihn. Darauf erschlugen sie alle Juden in der Stadt und bemächtigten sich großer Mengen ihres Besitzes.

Danach wurden die Ṣanhāǧa dreist und anmaßend zu ihrem Herrn, der sich einer allgemeinen Rebellion gegenübersah. Sie wurden Wesire und die eigentlichen Herren im Staat. All das führte dazu, dass al-Muẓaffar in Furcht und Schmach dahinlebte. Er hasste die Ṣanhāǧa für das, was sie seinem Wesir angetan hatten, da er nichts von seinen Missetaten wusste und nicht glaubte, was sie ihm über ihn erzählten. Mit freundlichen Worten und mit Geduld versuchte er, sie, so gut es ging, zu ertragen, bis sein Land erobert und seine Herrschaft wiederhergestellt wurden, worüber ich später berichten werde, so Gott will.

Sultan ʿAbdallāh von Granada, *Kitāb at-Tibjān* ... in *al-Andalus* III (1935), 265–274

VIII. Der Aufstieg der Osmanen

Zunächst waren die neueroberten Gebiete Anatoliens politisch und kulturell von den älteren Zentren im Osten abhängig. Das Selǧūqensultanat von Rūm war erst dem Großsultan unterstellt, dann, nach einer Unterbrechung, während der es unabhängig war, den Mongolenherrschern von Iran. Nach der Auflösung des Selǧūqenstaates wurde Anatolien in eine Anzahl türkischer Fürstentümer aufgelöst. Eines davon, die Grenzmark der Osmanen, wurde zum Kerngebiet eines ausgedehnten Reiches und zum letzten großen islamischen Sultanat. Die folgenden vier, alle frühen türkischen Chroniken entstammenden Ausschnitte schildern, aus dem Blickwinkel der Grenzbewohner, die Entwicklung und Umwandlung des osmanischen Staates.

35. Die gute alte Zeit (1360–1389)

Zu jener Zeit [Regierungszeit Murāds I. (1360–1389)] waren die Steuern sehr niedrig. Die Last war so, dass sie selbst die Ungläubigen nicht drückte. Es war nicht üblich, ihnen den Geldbeutel [? Kleider] zu nehmen oder den Ochsen oder den Sohn oder die Tochter und sie zu verkaufen oder als Unterpfand festzuhalten. Zu jener Zeit waren die Herrscher *[Pādišāh]* nicht habgierig. Was in ihre Hand kam, gaben sie weiter, und sie wussten noch nichts von einem Schatzhaus. Doch als Ḫaireddīn Pascha an die Pforte kam, wurden gierige Gelehrte zu Gefährten der Herrscher. Sie begannen mit der Zurschaustellung von Frömmigkeit und schritten dann zur Ausgabe von Rechtsgutachten *[fetvā]*. »Ein Herrscher muss über ein Schatzhaus verfügen«, sagten sie. Zu jener Zeit gewannen sie die Herrscher und übten Einfluss auf sie aus. Gier und Unterdrückung traten auf, denn wahrlich, wo Gier ist, muss es auch Unterdrückung geben. Diese hat in unserer Zeit noch zugenommen. Für alle Unterdrückung und Verderbtheit in diesem Land sind die Gelehrten verantwortlich. Sie sind die Ursache dafür. Würden sie in ihrem Handeln der Weisheit folgen, so würden auch die unwissenden einfachen Leute ihnen folgen. Darüber gibt es eine Geschichte.

In Anatolien, in der Gegend von Jenišehir, lebte Akbıjık Dede. Als er eines Tages in Bursa mit Mevlana Jiken zusammensaß, sagte Akbıjık Dede: »Mevlana[1]! Die Ursache für alle Sünden, welche diese unwissenden einfachen Leute begehen, sind die *ʿulemā*. Gott dürfte euch für diese Sünden zur Rechenschaft ziehen.« »Warum sollte er uns zur Rechenschaft ziehen?«, fragte Mevlana Jiken. Darauf erwiderte Akbıjık Dede: »Aus folgendem Grund: Die einfachen Leute sehen, wie ihr Unzucht und Päderastie treibt, Geld gegen Zinsen verleiht und nicht zwischen Erlaubtem und Verbotenem unterscheidet. Sie sehen euch das tun und machen es euch nach. Wenn sie nicht euch diese Dinge tun sähen, täten sie sie auch nicht. Weil ihr kein Schweinefleisch esst, essen die einfachen Leute auch keines. Würdet ihr nicht alle diese anderen Dinge tun, täten sie sie auch nicht.« Und seien wir ehrlich – ist es nicht wirklich so? Gibt es gegenwärtig einen Einzigen unter den *ʿulemā*, der die Annahme von irgendetwas verweigert, weil es gegen das Gesetz verstößt? Bei allem, dessen sie habhaft werden, kennen sie nichts Verbotenes oder auch nur Zweifelhaftes. Wenn irgendetwas verboten oder zweifelhaft ist, wird es für sie notwendig. Wenn doch einer von ihnen einmal im Leben etwas ablehnte! Aber ablehnen kommt nicht infrage. Mag es erlaubt sein, mag es verboten sein, solange er es nur bekommt. Ja, wahrlich, vollends verwunderlich ist es, dass sie sogar Futterneid zeigen. Almosen zu verteilen oder jemandem zu essen zu geben, halten die Männer der Gelehrsamkeit für unangebracht. Erwähne solche Worte nicht in ihrer Gegenwart.

Die altosmanischen anonymen Chroniken, 25–26

36. Sultan Bājezīd Jıldırım (1389–1402)

Als Gāzī Murād[1] – Gottes reichliche Gnade werde ihm zuteil – in jener Schlacht gefallen war, berieten sich die Bege, sobald sie davon erfahren hatten, miteinander. Schließlich ließen sie Jaʿqūb Čelebi kommen und sagten zu ihm: »Komm, dein Vater begehrt nach dir!« Als er kam, ergriffen sie ihn, entledigten sich seiner und erhoben Jıldırım Bājezīd[2] als Pādišāh auf den Thron. Auch der König der Serben, Lazoğlu[3], war in jener Schlacht gefangen genommen worden. Sie führten ihn Jıldırım Ḫān vor und töteten ihn – möge er im Höllenfeuer verweilen. Murād Gāzī herrschte dreißig Jahre; dann starb er. Man errichtete ein Monument *[türbe]* an der Stelle, an der er gefallen war, und bezeichnete sie deutlich. Sein Monument steht noch heute an jener Stelle. Dann trug man seinen Körper nach Kaplıǧa und begrub ihn dort. Das geschah im Jahre 791 der Hiǧra [1389]. Darauf brach Bājezīd nach Edirne auf.

...

In jenem Jahr eroberte Bājezīd Jıldırım die Bergwerke von Karatova und Umgebung. Es gab einen kühnen Krieger namens Fīrūz Beg, den er aussandte und der ging und Vidin eroberte. Danach blieb Jıldırım Ḫān in Edirne. Dann betraute man Fīrūz Beg mit dem Kriegszug, und er überfiel und plünderte die Walachei und machte Beute zur Genüge. Ebenso überfiel und plünderte und eroberte Paša Jiǧit, der Lehrer Isḥāq Begs, Bosnien. Darauf zog Jıldırım Ḫān nach Bursa, wo er den Bau einer Moschee, einer *medrese* und eines Krankenhauses begann und vollendete. Dann baute er auch in Edirne eine Herberge, welche er ebenfalls vollendete. Darauf ging er zurück nach Bursa, sammelte ein Heer und brach gegen Qaramān auf. Die Qaramānlis zogen ihm entgegen. Darauf eroberte Jıldırım Ḫān Alašehir. Die Bevölkerung selbst übergab das Land Aidın und Ajasoluk. Von dort zog Jıldırım Ḫān ins Land Sāruḫān und eroberte es. Danach starben der Beg von Aidin, der Beg von Sāruḫān und der Beg von Germijān, deren Stunde gekommen war. Alle diese Länder fielen an Jıldırım Beg . ... Darauf gab er das Gebiet von Sāruḫān seinem Sohn Ertoğrul. Diese Eroberungen fielen in das Jahr 792 der Hiǧra. Dann zog Sultan Bājezīd gegen Konstantinopel, griff es an und bekriegte es. Während man im Krieg stand, griff der verfluchte Ungarnkönig an, überfiel Nikopolis und belagerte es. Als Jıldırım Ḫān diese Nachricht erhielt, zog er sich von Konstantinopel zurück, und als er nahe herangerückt war, sammelte er bei Nacht seine Truppen, machte einen nächtlichen Angriff, warf den König mit seinem Heer in die Donau und vernichtete ihn. Das geschah im Jahre 793 der Hiǧra. Danach wiederholte Jıldırım seinen Angriff auf Konstantinopel. Oberhalb von Galata gibt es einen hohen Wall. Dort errichtete er einen Beobachtungsposten, der die Ungläubigen überragte und umgab, sodass sie ratlos waren.

Schließlich schickte der Kaiser in seiner Verzweiflung einen Gesandten und schloss mit Sultan Jıldırım Ḫān Frieden. Jıldırım Ḫān ernannte dort einen *qāḍī*; er führte die Truppen von Taraqlı Jeniğesi heran und siedelte sie innerhalb Istanbuls an. Sie bildeten ein Stadtviertel und errichteten eine Moschee. Das geschah im Jahre 794 der Hiğra [1391–1392]. Danach nahm Jıldırım Ḫān Nikopolis und Silistra. Darauf marschierte er gegen den Peloponnes. Er machte in Karaferia Halt, sandte Stoßtrupps in alle vier Himmelsrichtungen und brachte viel Geld zusammen. Er baute auch eine Herberge in Karaferia. Dann ging er nach Edirne und blieb dort. Vulkoğlu[4] gab Jıldırım Ḫān seine Tochter. Sie wurden Schwäger. Bis Vulkoğlus Tochter zu Jıldırım Ḫān kam, kannte er keine Trinkgelage. Er trank selbst nicht und hielt keine Zechereien ab. Zur Zeit ʿOsmāns, Orḫān Gāzīs und Murāds trank man keinen Wein. Zu jener Zeit gab es *ʿulemā*, die ihren Worten Geltung verschaffen konnten. Zu jener Zeit schämten sich die Sultane vor den *ʿulemā* und folgten diesen in allem, was sie sagten. Wenn im Hause ʿOsmān irgendeine Sünde oder Ungerechtigkeit auftrat, geboten sie ihr Einhalt. Hätten sie nicht damit aufgehört, hätten die *ʿulemā* jener Zeit sie verlassen, und keiner von ihnen wäre zu einem solchen Pādišāh gekommen. Die *ʿulemā* jener Zeit waren nicht Sünder wie die heutigen. Es waren angesehene Männer, die an des Pādišāhs Tor kamen. Wenn sich etwas dem Gesetz Zuwiderlaufendes ereignete, wussten sie ihren Worten sehr wohl Geltung zu verschaffen.

...

Qāḍīs

Zu jener Zeit pflegte man, um das Amt des *qāḍīs* zu besetzen, nach einem Gelehrten aus den Reihen der Professoren Ausschau zu halten. Ein *qāḍī*-Amt konnte lange Zeit unbesetzt bleiben, und wenn man einen geeigneten Gelehrten gefunden hatte, nahm er die Ernennung zum *qāḍī* nicht gern an. Man sagte, das *qāḍī*-Amt sei ein gepolsterter Sitz in der Hölle, und man entzog sich der Ernennung zum *qāḍī*. Es ist bemerkenswert, dass man sich heutzutage für ein *qāḍī*-Amt gegenseitig umbringen würde, sollte man eines angeboten bekommen. Daher erstreben und erhalten heutzutage ungeeignete Personen nach einer gewissen Dienstzeit bei irgendjemandem *qāḍī*-Stellen. Wenn ihnen ihr eigener Name aufgeschrieben überreicht wird, können sie ihn nicht lesen. In unseren Tagen haben wir sogar *qāḍīs* angetroffen, welche, wenn ein Dokument benötigt wird, sagen: »Ich kann nicht schreiben. Wenn jemand hier ist, der es kann, so möge er schreiben.« Bei Gott, ist solch einer geeignet, *qāḍī* zu sein und das heilige Gesetz durchzusetzen? Wehe dem Land, in welchem die heutigen Gelehrten *qāḍīs* werden und nach dem heiligen Gesetz richten. In vergangenen Zeiten pflegte man einen Gelehrten für das *qāḍī*-Amt wirklich auszuwählen.

...

Als Perser und Qaramānlis Berater der Fürsten des Hauses ʿOṣmān wurden, begingen diese allerlei Sünden. Čandarlı Kara Ḫalīl und den karamanischen Türken Rüstem hielt man zu jener Zeit für groß und gelehrt. Als diese beiden zu den osmanischen Fürsten kamen, füllten sie die Welt mit allerlei schlauen Tricks. Bis dahin kannte man keinerlei Buchhaltung. Als sie jedoch zu den Osmanenfürsten kamen, legten sie Rechnungsbücher an. Der Brauch, Geld anzuhäufen und in einem Schatzhaus aufzubewahren, stammt von ihnen. Sie dachten nicht an das Ende und überlegten sich nicht, dass sie es würden zurücklassen müssen; vielmehr waren sie sehr stolz auf sich.

...

Als ʿAlī Paša, der Sohn Kara Ḫalīls, Wesir geworden war, nahmen Sünde und Gottlosigkeit zu. Er scharte hübsche Knaben um sich und nannte sie Pagen *[ičoğlan]*. Wenn er sie eine Weile missbraucht hatte, ließ er sie gehen und gab ihnen Posten. Vor jener Zeit waren erfahrene Greise Familienvorstände; diese hatten alle Posten inne; sie wurden weder fortgeschickt noch entlassen, und ihre Stellungen wurden nicht an andere vergeben. Wenn ein *sipāhī* starb, erhielt sein Sohn seinen Posten; und wenn kein Sohn vorhanden war, vielmehr nur eine Tochter und eine Witwe, gab man sie einem Sklaven der Pforte, damit sie keinen Mangel litten; auch erhielt er das Lehen *[tīmār]* des Verstorbenen. Ein *ičoğlan* galt damals weniger als ein Hund. Das hohe Ansehen der *ičoğlans* stammt aus der Zeit ʿAlī Pašas.

Als ʿAlī Paša Wesir geworden war, nahm zu seiner Zeit auch die Zahl der Gelehrten zu. Sie kamen an die Tore der Bege, jeweils einer zu einem Beg, und gaben ihnen, im Wunsch, ihnen gefällig zu sein, die Antworten, die sie hören wollten, und ließen Gottes Gebot und die Worte des Propheten fahren. Die Osmanen waren standhafte Menschen, doch diese Fremden kamen zu ihnen und führten allerlei Tricks ein und beseitigten die Gottesfurcht *[taqvā]* und führten das *fetvā* ein. Seit jener Zeit konnte altes Geld, da neues geprägt wurde, nicht mehr verwendet werden. Sie verboten, das alte Geld auszuführen.

ʿAlī Paša war ein sehr falscher Mensch, und die meisten Leute folgten ihm darin. Auch unter den *qāḍīs* begann die Korruption sich auszubreiten. Als Bājezīd Ḫān dessen gewahr wurde, gab er Befehl, alle *qāḍīs*, gleich wie viele, sollten zusammengeholt und in ein Haus in Jenišehir gebracht werden. Dann sagte er: »Zündet das Haus an. Verbrennt sie alle.« ʿAlī Paša, der Wesir, wusste nicht, was tun, und sann vergeblich auf ein Mittel, die *qāḍīs* zu retten.

Nun hatte der Pādišāh einen schwarzen Hofnarren, einen Äthiopier. Ein Wort von ihm genügte; als Zechbruder hatte er nicht seinesgleichen. Wenn Jıldırım Ḫān zornig war, durfte kein anderer ein Wort zu ihm sagen.

...

ʿAlī Paša rief den Schwarzen und sagte: »He, Schwarzer, ich gebe dir alles, worum du bittest, wenn du die *qāḍīs* vor Jıldırım retten kannst.« Der Schwarze wartete eine Weile, legte dann Rock und Kappe eines Reisenden an und trat so angetan vor Jıldırım Ḫān. Als der Pādišāh ihn sah, sagte er: »He, Schwarzer, bist du unter die Reisenden gegangen?«

»Ich erbitte von meinem Sultan eine Gunst«, sagte der Schwarze.

»Erbitte, was du willst«, sagte der Pādišāh.

»So bitte ich dich, mich als Gesandten nach Istanbul zu schicken«, sagte der Schwarze, »damit ich dorthin gehen kann.«

»He, Schwarzer«, sagte der Pādišāh, »was willst du in Istanbul tun?«

»Ich möchte zum Kaiser gehen und ihn um vierzig bis fünfzig Mönche bitten«, sagte der Schwarze.

»He, Schwarzer«, sagte der Pādišāh, »was willst du mit all diesen Mönchen tun?«

»Mein Sultan«, erwiderte der Schwarze, »lass uns die *qāḍīs* töten und die Mönche an ihre Stelle setzen.«

»He, Schwarzer«, sagte der Pādišāh, »statt der Mönche möchte ich lieber meine eigenen Diener zu *qāḍīs* machen.«

»Mein Sultan«, sagte der Schwarze, »als *qāḍī* ist ein ausgebildeter Mann vonnöten. Diese deine Diener sind aber nicht ausgebildet.«

»He, Schwarzer«, sagte der Pādišāh, »sind diese *qāḍīs* ausgebildet?«

»Mein Sultan«, sagte der Schwarze, »kann es einen nicht ausgebildeten *qāḍī* geben?«

»Wenn sie ausgebildet sind«, sagte der Pādišāh, »warum handeln sie nicht, wie sie es gelernt haben?«

Der Schwarze dachte eine Weile nach und wusste nichts zu sagen. Da ließ Jıldırım ʿAlī Paša kommen und fragte ihn: »Sind diese *qāḍīs* ausgebildet?«

»Mein Sultan«, erwiderte ʿAlī Paša, »kann es einen nicht ausgebildeten *qāḍī* geben?«

»Wenn sie ausgebildet sind«, sagte der Pādišāh, »warum handeln sie so?«

»Mein Sultan«, sagte ʿAlī Paša, »diese Richter haben kein Einkommen, darum handeln sie so.«

Darauf sagte Jıldırım Ḫān: »Also, was sollen wir mit diesen *qāḍīs* tun?« Und ʿAlī Paša erwiderte: »Nun, mein Sultan, sie müssen ein Einkommen erhalten.«

»Dann finde ihnen ein Einkommen«, sagte der Pādišāh. Darauf setzte ʿAlī Paša für den *qāḍī* von jeweils tausend Asper aus dem Vermögen eines Verstorbenen zwanzig Asper und zwei Asper für jeden Brief fest. Die Gebühren für den *qāḍī* stammen aus jener Zeit. ʿAlī Paša führte diese Neuerung ein. Er ließ die *qāḍīs* frei. Diese Gebühr ist für *qāḍīs* und *qāḍīʿaskers* [Militärrichter] immer noch in Kraft.

Die altosmanischen anonymen Chroniken, 27–33

37. Die Schlacht von Varna (1444)

Daraufhin entließ Sultan Murād[1] die Janitscharen und seine anderen Männer, verzichtete auf seine Herrschaft, ließ sich in Manisa nieder und setzte Sultan Meḥmed auf den Thron. Ḫalīl Paša wurde Wesir und Mevlana Ḫusrev Militärrichter *[qāḍīʿasker]*. Man erhob Sultan Meḥmed auf den Thron. Das geschah im Jahre 847 der Hiǧra (1443–1444).

Wiederum griff der verfluchte König[2] und der üble Janko[3] an. Die Ungarn versammelten sich, die Heere der Sachsen, Deutschen, Tschechen, Lateiner, Bosnier, Apulier, ebenso wie die Walachen, Franken und Karamanen waren miteinander verbündet. Außer den Karamanen waren alle beim König. Die versammelten Heere waren 70 000 bis 80 000 Mann stark. Sie brachten tausende von Kanonen mit, sodass die Truppen förmlich in blauem Eisen ertranken. In solcher Pracht zogen sie an Belgrad und Severin vorbei und kamen nach Madara; sie verwüsteten das Gebiet von Šumla, gelangten nach Nikopolis, belagerten erfolglos Pravadia und setzten ihren Vormarsch fort. Der Beg des *sanǧaqs* Nikopolis, Meḥmed Beg, der Sohn Fīrūz Begs, folgte den Ungläubigen mit den Truppen aus Nikopolis und den dort anwesenden *aqınǧıs,* griff einige Ungläubige an, vernichtete sie und nahm gepanzerte, geharnischte und gerüstete Ungläubige gefangen. Dann erhielt Sultan Murād in Manisa Nachricht davon.

Doch Sultan Murād kam nicht. »Euer Beg ist dort«, sagte er, »geht und kämpft.« Schließlich sagten die Bege: »Ohne dich können wir nicht angreifen. Du bist unser Beg, und du musst wirklich mit uns kommen.« Sie bestanden darauf und brachten ihn schließlich dazu, den Ort zu verlassen und nach Gallipoli zu kommen. Die verfluchten Franken hatten viele Schiffe gesandt und beherrschten das Meer. Schließlich setzte Sultan Murād in der Gegend von Galata, bei Jeniḥiṣār, auf einem fränkischen Schiff über und kam nach Rumelien. Auch das anatolische Heer setzte über. Während er in Edirne weilte, sandte Meḥmed Beg, der Sohn Fīrūz Begs, die gepanzerten Ungläubigen. Der Sultan sagte: »Dieser Sieg ist ein gutes Zeichen. Unsere Sache ist gerecht.« Unter Gottes Obhut dankte er Gott und gürtete seine Lenden in der Absicht, einen heiligen Krieg zu führen. Bei seinem Auszug aus Edirne führte er eine große Zahl Janitscharen, rumelische und anatolische Truppen, *aqınǧıs, ʿazabs* und *serāḫors*[4] an, und die Muslime kamen von allen Seiten herbei und folgten dem allgemeinen Ruf zu den Waffen. Sultan Murād zog gegen den verfluchten Ungarn und stieß bei Varna auf ihn. Es war eine gewaltige Schlacht. Man schoss aufeinander mit Kanonen,

Musketen und Armbrüsten; es war wie ein Todesregen. Der verfluchte König stand in der Mitte, der verfluchte Janko auf der einen und Kara Miḫal auf der anderen Seite; so griffen sie Sultan Murād an und überwältigten ihn, rissen seine beiden Flügel fort und verkeilten sich mit den anatolischen Truppen. Es war eine gewaltige Schlacht. Der *beglerbeg* von Anatolien, Güvegü Karağa, wurde getötet. Als die Anatolier das sahen, liefen sie auseinander. Als die rumelischen Truppen und die *aqınğıs* sahen, dass die Anatolier auseinander gelaufen waren, flohen auch sie, bevor die Ungläubigen sie auch nur angegriffen hatten. Kein Einziger blieb; sie rannten fort, ohne hinter sich zu blicken. Als Sultan Murād das sah, blickte er gen Himmel und betete zu Gott: »Gott, gib der islamischen Religion Stärke und gewähre ihr den Sieg, aus Achtung vor dem Licht Muḥammads, um des Lichtes Muḥammads willen.« So betete er und flehte demütig. Bevor der Pfeil des Gebets sein Ziel auch nur erreicht hatte, erhörte Gott sein Gebet. Durch den Segen der Wunder Muḥammads, durch die Fürbitte heiliger Männer, durch den Segen des Glaubens der Glaubenskämpfer verlieh ihm Gott, der Allmächtige, den Sieg. Er ließ Versuchungen sich in das Herz des verfluchten Königs einschleichen, sodass er anmaßend wurde und Sultan Murād angriff. In seinem Stolz hielt er sich selbst für einen gewaltigen Helden und dachte: »Ich allein will dieses Heer vernichten«, und stürzte sich auf Sultan Murāds Leute. Durch Gottes Güte stolperte des Königs Pferd, und er selbst fiel kopfüber aufs Gesicht. Zwei Janitscharen waren zur Stelle. Einer hieß Koğa Hizir und war ein Mann von großem Mut. Er schlug dem König sofort das Haupt ab und brachte es Sultan Murād. Als Sultan Murād es sah, dankte er Gott überschwänglich und ließ das Haupt auf eine Lanze aufspießen und hochhalten. In alle vier Himmelsrichtungen riefen Ausrufer: »Dem König wurde das Haupt abgeschlagen und auf eine Lanze gespießt.« Die ganze auseinander gelaufene Armee sammelte sich um Sultan Murād. Als die Truppen der Ungläubigen das sahen, meldeten sie es dem verfluchten Janko. Dieser erkannte die Lage. Sein Heer begann auseinander zu laufen. Er suchte es daran zu hindern. Folgendes wird berichtet. Als der verfluchte Janko sah, dass das Heer auseinander zu laufen begann, sagte er zu den Ungläubigen: »Wir kamen hierher um unseres Glaubens willen, nicht um unseres Königs willen!«, und so brachte er wieder Ordnung in das Heer. Dann wandte er sich und griff mehrmals an. Er sah, dass die Zahl der Muslime zugenommen hatte, und hielt es für das Beste, ohne weitere Umstände zu fliehen. Als das Heer der Ungläubigen geschlagen war, wandte es sich zur Flucht. Als das islamische Heer das sah, verfolgte es die Ungläubigen in alle Richtungen. Die Soldaten des Islams hatten die Soldaten der Ungläubigen geschlagen und begannen, sie zu töten. Die Truppen, welche zuvor auseinander gelaufen waren, kamen jetzt zurück. Dann erreichten die Janitscharen, die *ʿazabs* und andere anwesende Soldaten die Wagen der Ungläubigen. Es wurde heftig gekämpft. Schließlich plünderten sie die Wagen und machten reiche Beute. Sie kamen zu Sultan Murād und gratulierten ihm mit folgenden Worten: »Möge dein Fest glücklich sein.« Sie blieben drei Tage lang auf dem Schlachtfeld. Am vierten Tag zogen sie mit ihren Gütern und ihrer Beute nach Edirne.

Die altosmanischen anonymen Chroniken, 68–70

38. Die Eroberung Konstantinopels (1453)

Was Sultan Meḥmed Ḫān Gāzī[1] *nach seiner Rückkehr von Qaramān tat und welche Gebäude er errichtete*

Er wünschte bei Gallipoli nach Rumeli überzusetzen, doch man sagte zu ihm: »Erhabener Sultan! Schiffe der Ungläubigen sind gekommen und haben die Meerengen bei Gallipoli geschlossen.«

So zog der Sultan nach Koğaeli und lagerte in Akčaḥiṣār, am Ufer des Bosporus oberhalb Istanbuls.

Dort, wo sein Vater übergesetzt hatte, setzte er nach Rumeli über und lagerte sich gegenüber von Akčaḥiṣār.

Er sagte zu Ḫalīl Paša: »Lala[2], hier brauche ich eine Festung!« Kurz gesagt, er ließ eine Festung errichten, und sie wurde vollendet.

Dann entsandte er Akčajluoğlu Meḥmed Beg und sagte zu ihm: »Belagere eilends Istanbul.«

Meḥmed Beg kam, entfernte die Leute von den Stadttoren und trieb Schafe und Ziegen aus den umliegenden Dörfern fort. Dem Kaiser wurde berichtet: »Der Türke hat uns ins Herz getroffen und uns unsere Häuser überm Kopf eingerissen.«

Der Kaiser sagte: »Nachbarschaft zwischen ihnen und uns ist wie eine solche zwischen Falken und Krähen.«

Dann sagte er: »Wenn es für uns irgendeinen Weg der Rettung vor diesem Türken gibt, so durch unseren Freund Ḫalīl Paša. Wir wollen ihm einige kleine Fische schicken.« Er füllte die Mägen der Fische mit Guldenstücken und sandte sie Ḫalīl Paša. Der Kaiser hatte einen Wesir namens Meister Lukas[3]. Er sagte: »Ha! Ḫalīl Paša wird den Fisch verzehren, und es wird dir nichts helfen. Überlege dir selbst etwas.« Man brachte Ḫalīl die Fische. Er aß sie und legte ihren Inhalt in seine Geldtruhe. Dann setzte er sich für die Ungläubigen ein. Er ging zum Sultan und trug ihm so manches vor. Der Sultan sagte: »Lass nur den Sommer kommen, dann wollen wir sehen. Was Gott befiehlt, werden wir tun.«

Sie waren schon einige Zeit mit den Vorbereitungen für die Eroberung der Stadt beschäftigt. Als alles bereit war und der Sommer kam, sagte Sultan Meḥmed: »Wir werden diesen Sommer in Istanbul verbringen.«

Sie kamen und lagerten an den Stadtmauern von Istanbul. Vom Land und mit Schiffen vom Meer umzingelten sie die Stadt völlig. 400 Schiffe kamen auf dem Wasser und 70 Schiffe wurden oberhalb Galatas übers trockene Land gezogen. Die Soldaten standen bereit und entrollten ihre Fahnen. Am Fuß der Mauern gingen sie ins Meer und schlugen eine Brücke über das Wasser. Sie griffen an.

Der Kampf dauerte fünfzig Tage lang, Tag und Nacht.

Dann ordnete der Sultan die Plünderung an. Am einundfünfzigsten Tag, einem Dienstag, wurde die Burg erobert. Es gab reichlich Beute und Raub. Man fand Gold, Silber, Juwelen und feine Stoffe, stapelte sie auf dem Lagermarkt und begann mit ihrem Verkauf. Man versklavte die Stadtbevölkerung und tötete ihren Kaiser, und die *ġāzīs* umarmten ihre hübschen Mädchen.

Am Mittwoch nahm man Ḫalīl Paša, seine Söhne und seine Offiziere fest und warf sie ins Gefängnis. Ihre Geschichte ist lang, doch habe ich sie gekürzt, da all die Ereignisse um Ḫalīl Paša wohlbekannt sind.

Um es kurz zu machen, am ersten Freitag nach der Eroberung sprach man das Gemeinschaftsgebet in der Hagia Sofia, und das islamische Bittgebet erfolgte im Namen von Sultan Meḥmed Ḫān Ġāzī, des Sohnes von Sultan Murād Ḫān Ġāzī, des Sohnes von Sultan Meḥmed Ḫān Ġāzī, des Sohnes von Sultan Bājezīd Ḫān, des Sohnes von Murād Hünkār Ġāzī, des Sohnes von Orḫan Ġāzī Ḫān, des Sohnes von ʿOṯmān Ġāzī Ḫān, des Sohnes von Ertoġrul Ġāzī Ḫān, des Sohnes von Süleimānšāh Ġāzī Ḫān vom Hause Gökalps, des Sohnes von Oġuz Ḫān. Ich habe ihren Stammbaum im ersten Kapitel aufgeführt.

Den Sieg errang Sultan Meḥmed Ḫān im Jahr 857 der Hiǧra [1453].

Wie Istanbul bei seiner Eroberung zerstört wurde, und wie es wieder zur blühenden Stadt wurde

Nachdem Sultan Meḥmed Ḫān Ġāzī Istanbul erobert hatte, ernannte er seinen Diener Süleimān Beg zum Stadtkommandanten. Darauf sandte er Boten in alle seine Länder, die verkünden sollten: »Wer will, möge kommen und Besitzer von Häusern, Weingärten und Gärten in Istanbul werden.« Und man versorgte alle, die kamen, damit.

Doch das reichte nicht zur Neubevölkerung der Stadt. Darum gab nun der Sultan Befehl, man möge aus jeder Provinz Familien, arme und reiche, schicken. Des Sultans Diener wurden mit Befehlen zu den Richtern und Militärkommandanten jeder Provinz gesandt und bestimmten, entsprechend dieser Befehle, sehr viele Familien, die sie mitbrachten. Diese Neuankömmlinge erhielten auch Häuser, und diesmal begann die Stadt zu blühen.

Auf die Häuser, die man diesen Neuankömmlingen gab, wurde eine Miete *[muqāṭaʿa]* erhoben, die schwer auf ihnen lastete. Sie sagten: »Hat man uns aus unserer Heimat fortgeführt und hierher gebracht, damit wir die Miete für diese Häuser der Ungläubigen bezahlen?« Und einige verließen Weib und Kind und liefen davon.

Sultan Meḥmed hatte einen Diener namens Kula Šahin, der schon seinem Vater und Großvater gedient hatte und auch schon Wesir gewesen war. Kula Šahin sagte zum Pādišāh: »Erhabener Sultan! Dein Vater und Großvater eroberten viele Länder, doch nirgends erhoben sie eine Miete. Es wäre angemessener für meinen Sultan, das auch nicht zu tun.«

Der Pādišāh nahm sich zu Herzen, was er sagte, und verzichtete auf die Miete. Er gab folgenden Befehl heraus: »Jedes zugeteilte Haus sei als Eigentum *[mülk]* zugeteilt.« Fortan gab man mit jedem zugeteilten Haus eine Urkunde aus, die das Eigentum bestätigte. Auf diese Weise begann die Stadt wieder zu blühen. Man begann mit dem Bau von Moscheen. Einige von ihnen bauten Derwischklöster, einige Privathäuser, und die Stadt wurde wieder wie früher.

Dann kam ein neuer Wesir, der Sohn eines Ungläubigen, zum Pādišāh und wurde dessen enger Vertrauter. Der Vater und die Freunde dieses Wesirs waren Ungläubige, die seit alters in Istanbul wohnten. Sie kamen zu ihm und sagten: »He, was machst du denn? Die Türken haben diese Stadt neu bevölkert. Besitzest du keine Loyalität? Sie nahmen deines Vaters und unsere Heimat und verfügten vor unseren Augen darüber. Du aber bist der Vertraute des Pādišāh; tu also alles dir Mögliche, damit diese Leute vom Wiederaufbau der Stadt ablassen, dann wird sie wie zuvor in unserer Hand bleiben.«

Der Wesir sagte: »Wir werden jene Miete wieder erheben, die sie anfangs erhoben hatten. Dann werden diese Leute aufhören, private Häuser zu bauen, und auf diese Weise wird die Stadt wieder verfallen und schließlich in der Hand unserer Gemeinde bleiben.«

Eines Tages fand dieser Wesir eine Gelegenheit, den Pādišāh zu überreden, worauf er die Miete wieder einführte. ... Was dieser intrigante Ungläubige auch sagte, tat er, und sie schrieben es auf.

Frage: »Wer also war dieser Wesir?«

Antwort: »Es war der Grieche Meḥmed Paša, den er später wie einen Hund erwürgen ließ.«

Frage: »Welche Gebäude errichtete Sultan Meḥmed Ḫān Ġāzī in Istanbul?«

Er errichtete acht *medresen*, in deren Mitte eine große Freitagsmoschee stand, der gegenüber eine Herberge und ein Krankenhaus errichtet waren; neben den acht *medresen* baute er acht kleinere *medresen* als Unterkunft für die Schüler. Außerdem ließ er ein schönes Mausoleum über dem Grab des Abū Ejjūb-i Enṣārī[4] bauen, mit einer Herberge, einer *medrese* und einer Moschee daneben.

Wegen dieser Miete begannen die Leute vor dem Wiederaufbau von Istanbul zu fliehen. Die Auferlegung dieser Miete, die es bis heute gibt, geht zu Lasten dieses Griechen Meḥmed.

'Āšıqpāšāzāde, *Tevārīḫ-i Āl-i 'Os̱mān,* (ed. Nihal Atsız) 191–194; (ed. Ālī) 141–144

ZWEITER TEIL

REGIERUNG

IX. Religion und Herrschaft

Gemäß strenger juristischer Theorie ist die einzige legitime politische Autorität im Islam das Kalifat, und zwar entsprechend den Forderungen und Bestimmungen des Gesetzes. Die politische Wirklichkeit zwang jedoch die Juristen zur Anpassung ihrer Gesetzesauslegung, um sie so mit den neuen Regierungsformen in Einklang zu bringen und doch gleichzeitig den Grundsatz zu wahren, dass, was die Gemeinde als Ganze tut, richtig ist. Einige Abschnitte beleuchten den Wandel in der Interpretation gesetzlicher Bestimmungen. Im ersten finden sich zwei häufig zitierte Koranstellen politischen Inhalts. Der zweite enthält eine Auswahl von ḥadīṯen, *welche die verschiedenen Interessen, Parteien und Themen der frühen Jahrhunderte islamischer Geschichte illustrieren. Der dritte ist eine Ermahnung an den Kalifen Hārūn ar-Rašīd; sie wurde von einem bekannten Rechtsgelehrten als Einleitung seinem Buch über die Landsteuer vorangestellt, das er auf Veranlassung des Kalifen abfasste. Den vierten Abschnitt bildet ein ḥanbalitischer Text, in dem Gründe für die Unterwerfung unter Tyrannei, mit religiösen Vorbehalten, aufgeführt werden. Der fünfte Abschnitt ist ein Auszug aus einer klassischen politischen Schrift über das Regieren und die Regierung. Der letzte Textauszug schließlich, der aus der Zeit nach der Mongoleninvasion stammt, gibt die resignierende und dennoch allgemein anerkannte Ansicht wieder, jede noch so schlimme Tyrannei sei besser als die Anarchie, und Gehorsam sei auch in diesem Fall eine vom heiligen Gesetz vorgeschriebene Pflicht.*

39. Islam und Regierung: Aus dem Koran

Ihr Gläubigen! Gehorchet Gott und dem Gesandten und denen unter euch, die zu befehlen haben. (Sure IV, 59)

Und in Anbetracht von Gottes Barmherzigkeit warst du mild zu ihnen. Wenn du grob und hartherzig gewesen wärest, wären sie dir davongelaufen. Verzeih ihnen nun und bitte (Gott) für sie um Vergebung, und ratschlage mit ihnen über die Angelegenheit! Und wenn du dich (erst einmal zu etwas) entschlossen hast, dann vertrau auf Gott! Gott liebt die, die (auf ihn) vertrauen. (Sure III, 159)

Ich ermahne den Kalifen nach mir, Gott zu fürchten, und ich vertraue ihm die Gemeinde der Muslime an, die Großen unter ihnen zu achten, sich der Kleinen zu erbarmen, die Gelehrten unter ihnen zu ehren, sie nicht zu schlagen und zu erniedrigen, sie nicht zu unterdrücken und in den Unglauben zu treiben, seine Türe nicht vor ihnen zu verschließen und nicht die Starken die Schwachen vertilgen zu lassen.

Die Imame entstammen den Quraiš; die Gottesfürchtigen unter ihnen als Herrscher über die Gottesfürchtigen und die Sündigen unter ihnen als Herrscher über die Sündigen. Wenn die Quraiš einem knollennasigen äthiopischen Sklaven die Herrschaft über euch geben, so hört auf ihn und gehorcht ihm, solange er keinen von euch zwingt, zwischen seinem Islam und seinem Hals zu wählen. Doch wenn er irgendeinen zwingen sollte, zwischen seinem Islam und seinem Hals zu wählen, lasst ihn seinen Hals opfern.

Hört und gehorcht, selbst wenn ein zottiger schwarzer Sklave über euch gesetzt ist.

Wer auch versuchen sollte, meine Gemeinde zu teilen, schlagt ihm den Kopf ab.

Wenn zwei Kalifen gehuldigt wird, tötet den zweiten.

Wer an seinem Herrscher etwas sieht, was er missbilligt, soll geduldig sein; denn wer sich selbst von der Gemeinde auch nur eine Spanne weit entfernt und dann stirbt, stirbt als Ungläubiger.

Gehorcht euren Herrschern, was auch geschieht. Wenn ihre Befehle im Einklang stehen mit der Offenbarung, die ich euch brachte, werden sie dafür belohnt und ihr werdet für euern Gehorsam belohnt; wenn ihre Befehle nicht im Einklang stehen mit dem, was ich euch brachte, tragen sie die Verantwortung dafür, ihr aber seid ohne Schuld. Wenn ihr Gott trefft, sollt ihr sagen: »Gott, unser Herr! Kein Unrecht!« Und er wird sagen: »Kein Unrecht.« Und ihr sollt sagen: »Gott, unser Herr! Du sandtest uns Propheten, und wir gehorchten ihnen auf dein Geheiß; du setztest über uns Kalifen, und wir gehorchten ihnen auf dein Geheiß; und du stelltest über uns Herrscher, und wir gehorchten ihnen auf dein Geheiß.« Und er wird sagen: »Ihr spracht die Wahrheit. Sie tragen die Verantwortung, ihr aber seid ohne Schuld.«

Wenn ihr Herrscher über euch habt, die das Gebet, die Almosensteuer und den heiligen Krieg für Gott anordnen, dann verbietet euch Gott, sie zu schmähen, und erlaubt euch, hinter ihnen zu beten.

Wenn jemand gegen meine Gemeinde auftritt, wenn sie vereint ist, und sie zu teilen trachtet, tötet ihn, wer immer es sei.

Wer ohne einen Imam stirbt, stirbt als Ungläubiger; und wer seinen Gehorsam abwirft, wird am Gerichtstag keine Verteidigung haben.

Schmäht nicht den Sultan; denn er ist Gottes Schatten auf Erden. Gehorsam ist die Pflicht eines jeden Muslims, ob es ihm gefällt oder nicht, solange ihm nicht befohlen wird, eine Sünde zu begehen. Wenn ihm befohlen wird, eine Sünde zu begehen, muss er nicht gehorchen.

Je näher ein Mensch der Herrschaft ist, desto ferner ist er Gott; je mehr Anhänger jemand hat, desto mehr Teufel hat er; und je größer eines Menschen Reichtum, desto genauer rechnet er ab.

Wer einem Sultan empfiehlt, was Gott erzürnt, stellt sich außerhalb der Religion Gottes.

Auszüge aus al-Muttaqī, *Kanz al-ʿummāl* III, 197–201

41. Ein guter Rat für den Kalifen (spätes achtes Jahrhundert)

Folgendes schrieb Abū Jūsuf – Gott erbarme sich seiner – an Hārūn ar-Rašīd, den Herrscher der Gläubigen [regierte 786–809].

Gott schenke dem Herrscher der Gläubigen ein langes Leben, er vermehre seinen Ruhm in der Fülle des Genusses und dem Fortbestand der Ehre und lasse, was er ihm gewährt, fortdauern in den Segnungen des Jenseits, die sich weder erschöpfen noch schwinden, und in der Gesellschaft des Propheten – Gott segne und bewahre ihn!

Der Herrscher der Gläubigen – Gott, der Allmächtige, stärke ihn – bat mich, ihm ein umfassendes Werk vorzulegen, als Leitfaden für die Eintreibung der Landsteuer, des Zehnten, der Armensteuer, der Kopfsteuer und andere Angelegenheiten, die der Aufsicht und des tätigen Eingriffs bedürfen. Dabei war sein einziger Wunsch, Unterdrückung von seinen Untertanen zu beseitigen und ihr Wohlergehen zu fördern. Gott, der Allmächtige, schenke dem Herrscher der Gläubigen Erfolg, er leite und unterstütze ihn bei diesen Aufgaben, welche er übernommen hat, und er bewahre ihn vor dem, was er fürchtet und vor dem er sich hütet. Er bat mich, für ihn jene Probleme zu lösen, über die er mich befragte und die im Zusammenhang mit all dem stehen, was er zu unternehmen wünscht, und sie ihm zu erklären und zu erläutern. Also habe ich sie ihm erklärt und erläutert.

Herrscher der Gläubigen, Gott, der Allmächtige, hat dich mit einer gewaltigen Aufgabe betraut, welche die größte aller Belohnungen, aber auch die härteste aller Strafen zur Folge haben kann. Er hat dich mit der Herrschaft über seine Gemeinde betraut. Am Morgen und am Abend baust du für viele Menschen, zu deren Hirten Gott dich gemacht hat, die er dir anvertraut hat, die er dir zugeführt und über die er dir die Herrschaft gegeben hat. Wenn das Gebäude auf etwas anderem als Gottesfurcht ruht, wird Gott bald seine Fundamente treffen und es über seinem Erbauer, der Hilfe darin suchte, zerstören. Vertue nicht die Herrschaft, die Gott dir über diese Gemeinde und über diese Herde gegeben hat, denn Tatkraft gibt es nur mit Gottes Zustimmung.

Verschiebe keine Arbeit von heute auf morgen; denn wenn du das tust, bist du verschwenderisch, und der Tod kommt der Hoffnung zuvor. Tu also deine Arbeit, bevor der Tod eintritt, denn nach dem Tod gibt es keine Arbeit. Die Hirten [der Menschen] sind ihrem Herrn verantwortlich wie der Hirte [der Herden] seinem Herrn verantwortlich ist. Lass Recht walten in all den Angelegenheiten, in welchen Gott dir Macht und Herrschaft gegeben hat, sei es auch nur für eine Stunde am Tag, denn am Jüngsten Tag ist der Hirte vor Gott am glücklichsten, der seine Herde glücklich gemacht hat. Weiche nicht ab, damit deine Herde nicht abweicht. Hüte dich vor willkürlichen Befehlen und vor Bestrafung im Zorn. Wenn du zwei Dinge betrachtest, eines aus dieser und eines aus jener Welt, entscheide dich für das aus jener Welt, denn jene Welt dauert, diese aber vergeht. Übe Vorsicht in der Furcht Gottes und lass alle Menschen von nah und fern in Gottes Gebot gleich vor dir sein. Im Dienste Gottes fürchte keines Menschen Tadel. Übe Vorsicht, doch die des Herzens, nicht die der Zunge; fürchte Gott, denn Gottesfurcht verschafft Sicherheit, und Gott schützt, die ihn fürchten. Richte dein Handeln nach einem festgelegten Ziel, einem begangenen Weg, einer bereisten Straße, einem erinnernswerten Tun, einer oft besuchten Wasserstelle, denn dieses Ziel ist der richtige und große Halteplatz, bei dem die Herzen beben und die Diskussionen unterbrochen werden durch die Majestät des Königs, dessen Macht sie überwältigt, vor dem die Menschen bescheiden sind, da sie sein Urteil erwarten und seine Strafe fürchten, als sei sie schon vollzogen. Derjenige, der wusste, ohne zu handeln, wird nur bedauern und bereuen auf jenem großen Halteplatz an jenem Tag, dem Tag, da Füße stolpern und Gesichter erbleichen werden, da der Prozess lang und die Abrechnung hart sein wird. Gott, der Allmächtige und Erhabene, sagte in seinem Buch: »Ein Tag ist bei deinem Herrn wie nach eurer Berechnung tausend Jahre« [Koran XXII, 47]. Er sagte auch: »Das ist der Tag der Entscheidung. Wir haben euch und die früheren (Generationen zum Gericht) versammelt« [Koran LXVII, 38]. Er sagte auch: »Der Tag der Entscheidung ist der Termin für sie alle« [Koran XLIV, 40]. Er sagte auch: »Am Tag, da sie (unmittelbar vor sich) sehen, was ihnen angedroht ist, wird es (ihnen) sein, als ob sie nur eine Stunde von einem Tag (im Diesseits) verweilt hatten« [Koran XLVI, 35]. Er sagte auch: »Am Tag, da sie erleben werden, wird es (ihnen) sein, als ob sie (seit ihrem Tod) nur einen Abend oder (allenfalls noch?) den darauf folgenden Morgen (im Grab) verweilt hätten« [Koran LXXIX, 46]. Weh über den Irrtum, der nicht rückgängig gemacht werden kann; weh über das Bedauern, das nichts nützt. Nur durch den Wechsel von Tag und Nacht wird Neues alt, rückt Fernes näher, kommt die verheißene Zeit und belohnt Gott einen jeden nach Verdienst; denn Gott rechnet schnell. Gott ist Gott! Kurz ist das Leben, groß die Aufgabe; die Welt ist vergänglich wie ihre Bewohner; das Jenseits ist die Wohnstätte der Ewigkeit. So tritt Gott nicht morgen gegenüber, während du dem Weg der Sünder folgst, denn der Richter am Jüngsten Gericht richtet die Menschen nach ihren Taten, nicht nach ihrem Rang. Gott hat dich gewarnt; sei also gewarnt. Du wurdest nicht ohne Grund geschaffen, und du wirst nicht ohne Grund aufgegeben. Gott wird dich über deine Stellung und deine Taten befragen; überlege also, was du antworten wirst. Wisse, dass die Schritte keines Menschen an Gott, dem Allmächtigen, ohne Befragung vorbeiführen. Wie der Prophet – Gott segne und beschütze ihn – sagte: »Am Tag des Gerichts wird niemand weitergehen, bevor ihm nicht vier Fragen gestellt wurden: nach seinem Wissen und wie er es nutzte, nach seinem Leben und wie er es verbrachte, nach seinem Reichtum und wie er ihn erwarb und ausgab, nach seinem Körper und wie er ihn brauchte.« Lege dir, Herrscher der Gläubigen, also eine Antwort für jede dieser Fragen bereit, denn was du getan und geschaffen hast, wird dir schon morgen verlesen werden. Denk daran, dass bei der Versammlung der Zeugen der Schleier zwischen dir und Gott entfernt werden wird.

Ich rate dir, Herrscher der Gläubigen, das zu bewahren, was Gott dir zur Bewahrung übertrug, und das zu schützen, was Gott unter deinen Schutz stellte, und dabei nur auf ihn zu blicken und nur auf ihn zu achten. Tust du das nicht, so wird dir der von Gott gewiesene gerade und leichte Weg schwer werden, deine Augen werden ihm gegenüber blind, seine Markierungen werden für dich schwer erkennbar, und er wird dir zu schmal; du wirst nicht erkennen, was du siehst, und wirst sehen, was du nicht erkennst. Kämpfe mit deiner Seele, doch trachte dabei, den Kampf für sie zu gewinnen, nicht gegen sie. Denn der schlechte Hirte ist verantwortlich für das, was durch seine Schuld verloren ging, für alle diejenigen, welche er, hätte er nur gewollt, mit Gottes Erlaubnis von den Stätten der Zerstörung hätte entfernen und zu den Stätten des Lebens und des Heils hätte führen können. Wenn er das zu tun versäumte, versagte er, und wenn er mit anderen Dingen beschäftigt war, kommt die Vernichtung jetzt schnell und schmerzlich über ihn. Doch wenn er recht gehandelt hat, wird er dadurch glücklich werden, und Gott wird seinen Lohn vervielfachen. Hüte dich davor, deine Herde zu verlieren, damit dich ihr Herr dafür nicht haftbar macht und dir ihren Wert von deinem Lohne abzieht. Ein Gebäude muss gestützt werden, bevor es einstürzt. Zu deinen Gunsten geht nur, was du zum Wohl jener getan hast, die Gott in deine Obhut gab, zu deinen Lasten, was ihnen geschadet hat. Vergiss also nicht, für jene zu sorgen, welche Gott dir anvertraut hat, dann wirst auch du nicht vergessen. Vernachlässige sie und ihr Wohlergehen nicht, dann wirst auch du nicht vernachlässigt. Du wirst deinen Anteil an dieser Welt nicht verlieren in den Tagen und Nächten, da deine Zunge mit Eifer Gott rühmt und preist und für seinen Propheten – Gott segne und beschütze ihn –, den Führer auf dem rechten Weg, betet.

Gott ernannte in seiner Gnade und seiner Güte die Herrscher zu Stellvertretern [*ḫalīfa*] auf seiner Erde und verlieh ihnen ein Licht, damit sie ihren Untertanen in unklaren Angelegenheiten leuchten und die Pflichten, über welche sie im Zweifel sind, klären könnten. Die Erleuchtung des Machthabers besteht darin, dass er Strafen für Übertretungen [*ḥadd*] durchsetzt und dass er jedem das Seine verschafft, mit Nachdruck und klarem Befehl. Die Belebung der überlieferten Praxis [*sunna*], welche gottesfürchtige Männer eingerichtet haben, ist von größter Bedeutung, denn die Belebung der Überlieferung ist eine jener guten Taten, welche leben und nicht sterben. Die Tyrannei des Hirten ist der Untergang der Herde; verlässt er sich auf unwürdige und schlechte Menschen, ist das der Untergang der Gemeinde. Herrscher der Gläubigen, vervollkommne die dir von Gott gewährten Wohltaten, indem du sie gut gebrauchst, und trachte sie zu vermehren, indem du dich dafür dankbar zeigst; denn Gott, der Allmächtige, sagt in seinem Buch: »Wenn ihr dankbar seid, werde ich euch noch mehr (Gnade) erweisen. Wenn ihr aber undankbar seid (werdet ihr es büßen müssen). Meine Strafe ist heftig« [Koran XIV, 7]. Nichts ist Gott lieber als gute Taten, nichts ihm verhasster als Übeltaten. Sünden begehen heißt, seine Wohltaten leugnen. Wahrlich, es gab wenige, die, wegen ihrer Undankbarkeit für Gottes Wohltaten, nicht ihrer Macht beraubt und von Gott der Herrschaft ihrer Feinde unterworfen wurden, wenn sie nicht doch noch voller Schrecken bereuten. Herrscher der Gläubigen, ich bitte Gott, der dir durch die Verleihung der Macht die Gunst erwies, ihn zu erkennen, er möge dich nie dir selbst überlassen, sondern dir gewähren, was er seinen Heiligen und Freunden gewährte, denn darin ist er Meister, und an ihn wenden wir uns.

Ich habe für dich geschrieben, was du mir auftrugst, und es für dich erläutert und erklärt. Studiere es nun und lies es immer wieder, bis du es auswendig kannst. Ich habe mich damit redlich für dich angestrengt und habe dir und den Muslimen keinen Ratschlag vorenthalten, wobei ich nach dem Antlitz Gottes und nach seiner Belohnung trachtete und seine Strafe fürchtete. Ich hoffe, Gott werde – so du gemäß meinen Erläuterungen handelst – deine Einkünfte von der Landsteuer ohne Druck auf Muslime oder steuerpflichtige Verbündete [*mu'āhad*] erhöhen, und er werde für das Gedeihen deiner Untertanen für dich sorgen, denn ihr Gedeihen liegt in der Durchsetzung der festgelegten Strafen [*ḥudūd*] und der Abwendung von Bedrängnis und Ungerechtigkeit, die in der Unsicherheit über ihre Rechte und Pflichten ihre Ursache haben. Ich habe dir einige schöne Überlieferungen niedergeschrieben, die Anregung und Ermutigung enthalten hinsichtlich der von dir gestellten Fragen und hinsichtlich dessen, was du zu tun beabsichtigst, so Gott will. Gott verleihe dir Erfolg in dem, was dir seine Gunst gewinnen wird, und er gebe dir Gedeihen.

Abū Jūsuf – Gott erbarme sich seiner – sagte: Mir überlieferte Jaḥjā ibn Sa'īd nach Aussage von Abū z-Zubair, nach Aussage von Ṭā'ūs, nach Aussage von Mu'āḏ ibn Ǧabal, der sagte: Der Prophet Gottes – Gott segne und beschütze ihn – sagte: »Keine von einem Menschen vollbrachte Tat bewahrt ihn wirksamer vor dem Höllenfeuer als die [ständige] Erwähnung des Namens Gottes.« Man sagte zu ihm: »Gesandter Gottes, wie steht es mit dem heiligen Krieg um Gottes willen?« Er antwortete: »Nicht der heilige Krieg um Gottes willen, auch wenn ihr mit dem Schwert schlagt, bis es bricht, mit dem Schwert schlagt, bis es bricht, mit dem Schwert schlagt, bis es bricht.« Er sagte es dreimal. Doch, Herrscher der Gläubigen, das Verdienst durch den heiligen Krieg ist groß und die Belohnung dafür reichlich.

Abū Jūsuf sagte: Mir überlieferte einer unserer Scheiche nach Aussage von Nāfi', nach Aussage von Ibn 'Umar, [der Kalif] Abū Bakr aṣ-Ṣiddīq – Gott habe Wohlgefallen an ihm – habe Jazīd ibn Abī Sufjān nach Syrien gesandt. Er habe sie etwa zwei Meilen begleitet, bis jemand zu ihm sagte: »Stellvertreter des Propheten Gottes, solltest du nicht zurückgehen?« Doch Abū Bakr erwiderte: »Nein. Ich hörte den Gesandten Gottes – Gott schütze und bewahre ihn – sagen: ›Wessen Füße auf dem Weg Gottes staubig werden, dessen Füße wird Gott vor dem Höllenfeuer bewahren.‹«

Abū Jūsuf sagte: Mir überlieferte Muḥammad ibn ʿAǧlān nach Aussage von Abū Ḥāzim, nach Aussage von Abū Huraira, der sagte: Der Gesandte Gottes – Gott segne und beschütze ihn – sagte: »Ein Morgen oder ein Abend auf Gottes Weg ist besser als diese Welt und alles, was darinnen ist.« Es kam uns auch zu Ohren, nach Aussage von Ibn Makḥūl, dass die Redensart »Ein Morgen oder ein Abend auf Gottes Weg« bedeutet, an einem Morgen oder Abend hinauszugehen sei besser, als die Welt und ihre Fülle zu verbrauchen, ohne selbst hinauszugehen.

Abū Jūsuf sagte: Mir überlieferte Abān ibn Abī ʿAjjāš nach Aussage von Anas, der sagte: Der Gesandte Gottes – Gott segne und beschütze ihn – sagte: »Wer für mich ein einziges Gebet spricht, dem wird Gott dafür zehn Wohltaten zuteil werden lassen und ihm zehn Sünden vergeben.«

Abū Jūsuf sagte: Mir überlieferte einer unserer Scheiche nach Aussage von ʿAbdallāh ibn as-Sā'ib, nach Aussage von ʿAbdallāh, das heißt ibn Masʿūd – Gott habe Wohlgefallen an ihm –, der sagte: Der Gesandte Gottes – Gott segne und beschütze ihn – sagte: Gott besitzt Engel, die in der Welt umherreisen und mir Grüße von meiner Gemeinde übermitteln.

Abū Jūsuf sagte: Mir überlieferte al-Aʿmaš nach Aussage von Ṣāliḥ, nach Aussage von Abū Saʿīd, nach Aussage des Gesandten Gottes – Gott segne und beschütze ihn –, der sagte: »Wie könnte ich es mir wohl sein lassen, da doch der Trompeter schon die Trompete an die Lippen gesetzt, seine Stirn gesenkt, sein Ohr geneigt hat und den Befehl erwartet.« Wir fragten: »Gesandter Gottes, was sollen wir sagen?« Und er antwortete: »Sagt: ›Gott genügt uns, und er ist ein guter Beschützer; ihm vertrauen wir.‹«

Er sagte: Uns überlieferte Jazīd ibn Sinān nach Aussage von ʿĀ'iḏallāh ibn Idrīs, der sagte: Šaddād ibn Aus predigte vor den Leuten, pries und rühmte Gott und sagte dann: Wahrlich, ich hörte den Gesandten Gottes – Gott segne und beschütze ihn – sagen: »Alles Gute ist im Himmel und alles Böse in der Hölle. Doch der Himmel ist von Gräueln, die Hölle von Wonnen umgeben. Wenn sich der Schleier von Gräueln vor einem Menschen hebt und er standhaft bleibt, blickt er auf das Paradies und wird darin aufgenommen; wenn sich der Schleier von Wonnen und Lüsten vor einem Menschen hebt, blickt er auf die Hölle und wird darin aufgenommen. Tut also, was recht ist im Hinblick auf den Tag, da nur danach gerichtet wird, was recht ist, damit ihr im Reich dessen, was recht ist, ruhen könnt.«

Er sagte: Uns überlieferte al-Aʿmaš nach Aussage von Jazīd ar-Raqāšī, nach Anas, der sagte: Bei seiner nächtlichen Himmelfahrt hörte der Prophet, als er sich dem Himmel näherte, ein Geräusch und fragte: »Gabriel, was ist das?« Er antwortete: »Es ist ein Stein, der vom Rand der Hölle geworfen wurde; siebzig Jahre lang ist er gefallen, und jetzt ist er auf dem Grund aufgeschlagen.«

Er sagte: Uns überlieferte al-Aʿmaš, nach Aussage von Jazīd ar-Raqāšī, nach Aussage von Anas ibn Mālik, der sagte: Der Gesandte Gottes – Gott segne und beschütze ihn – sagte: »Die Leute in der Hölle werden weinen, bis ihre Tränen versiegen. Dann werden sie weinen, bis ihre Gesichter gefurcht sind.«

Er sagte: Mir überlieferte Muḥammad ibn Isḥāq: Er sagte: Mir überlieferte ʿAbdallāh ibn al-Mughīra nach Aussage von Sulaimān ibn ʿAmr, nach Aussage von Abū Saʿīd al-Ḫudarī – Gott habe Wohlgefallen an ihm –, der sagte: Ich hörte den Gesandten Gottes – Gott segne und beschütze ihn – sagen: »Der Weg der Gerechten wird mitten durch die Hölle gelegt, und er wird mit Dornen gleich denen der *saʿdān*-Pflanze versehen sein; dann werden die Leute bitten, hinübergehen zu dürfen. Einige werden heil und gerettet sein, einige zwar verletzt, aber dann doch gerettet, einige werden erfasst und kopfüber in die Hölle gestürzt werden.«

Er sagte: Mir überlieferte Saʿīd ibn Muslim nach Aussage von ʿĀmir, nach Aussage von ʿAbdallāh ibn az-Zubair, nach Aussage von ʿAuf ibn al-Ḥāriṯ, nach ʿĀʾiša – Gott habe Wohlgefallen an ihr –, die sagte: Der Gesandte Gottes – Gott segne und beschütze ihn – sagte: »ʿĀʾiša, hüte dich davor, kleinlich und niederträchtig zu handeln, denn Gott wird sich danach erkundigen.«

Er sagte: Mir überlieferte ʿAbdallāh ibn Wāqid nach Aussage von Muḥammad ibn Mālik, nach Aussage von al-Barrāʾ ibn ʿĀzib, der sagte: Wir nahmen gemeinsam mit dem Propheten – Gott segne und beschütze ihn – an einem Begräbnis teil, und als wir zum Grab kamen, kniete der Prophet – Gott segne und beschütze ihn – nieder. Ich wandte mich um, stand ihm gegenüber und sah, dass er weinte, bis die Erde feucht war. Dann sagte er: »Brüder, bereitet euch auf einen Tag wie diesen vor.«

Er sagte: Uns überlieferte Muḥammad ibn ʿAmr nach Aussage von al-Faḍl, nach Aussage von ʿUbaid ibn ʿUmair, der sagte: Wahrlich, das Grab sagt: »Sohn Adams, was hast du für mich vorbereitet? Weißt du nicht, dass ich das Haus des Exils bin, das Haus der Würmer, das Haus der Einsamkeit?«

Er sagte: Uns überlieferte Muḥammad ibn ʿAmr nach Aussage von Abū Salama, nach Aussage von Abū Huraira, nach Aussage des Propheten – Gott segne und beschütze ihn –, der sagte: Gott, der Allmächtige, sagte: Für meine frommen Diener habe ich etwas bereitet, was noch kein Auge je gesehen, kein Ohr je gehört, kein Gedanke je erfasst hat. Lest, wenn ihr wollt: »Und niemand weiß, was für (beseligende) Freuden im Verborgenen für sie vorgesehen sind zum Lohn für das, was sie (in ihrem Erdenleben) getan haben« [Koran XXXII, 17]. Im Paradies steht ein Baum, in dessen Schatten ein Reiter hundert Jahre reiten kann, ohne ihn zu verlassen. Lest, wenn ihr wollt: »In weit reichendem Schatten« [Koran LVI, 29]. Eine Peitschenlänge im Paradies ist besser als die Welt und alles, was darinnen ist. Lest, wenn ihr wollt: »Wer dann vom Höllenfeuer fern gehalten wird und ins Paradies eingehen darf, hat (das große Glück gewonnen). Das diesseitige Leben ist nichts als eine Nutznießung, durch die man sich (allzu leicht) betören lässt« [Koran III, 185].

Abū Jūsuf sagte: Mir überlieferte al-Faḍl ibn Marzūq nach Aussage von ʿAṭīja ibn Saʿd, nach Aussage von Abū Saʿīd, der sagte: Der Gesandte Gottes – Gott segne und beschütze ihn – sagte: »Der Mensch, der mir am liebsten ist und mir am Tag des Gerichts am nächsten steht, ist der gerechte Imam. Der Mensch, der mir am Tag des Gerichts am verhasstesten ist und der die härteste Strafe erhalten wird, ist der tyrannische Imam.«

Er sagte: Mir überlieferte Hišām ibn Saʿd nach Aussage von aḍ-Ḍaḥḥāk ibn Muzāḥim, nach Aussage von ʿAbdallāh ibn ʿAbbās, der sagte: Der Gesandte Gottes – Gott segne und beschütze ihn – sagte: »Wenn Gott einem Volk wohl will, so vertraut er sie Verständigen an und gibt ihren Besitz Großzügigen in die Hand. Wenn Gott aber einem Volk übel will, so vertraut er sie Dummköpfen an und gibt ihren Besitz Geizhälsen in die Hand. Wenn jemand über meine Gemeinde herrscht und sich gütig ihrer Nöte annimmt, wird auch Gott sich seiner am Tag seiner Not gütig annehmen. Doch wenn er sich ihrer Nöte nicht annimmt, wird auch Gott sich seiner Nöte und Bedürfnisse nicht annehmen.«

Er sagte: Mir überlieferte ʿAbdallāh ibn ʿAlī nach Aussage von Abū z-Zinād, nach Aussage von al-Aʿraǧ, nach Aussage von Abū Huraira, nach Aussage des Gesandten Gottes – Gott segne und beschütze ihn –, der sagte: »Der Imam ist der Schild, hinter welchem man kämpft und Schutz sucht. Wenn er zu Gottesfurcht auffordert und gerecht handelt, wird er dafür belohnt werden; doch wenn er das nicht tut, frevelt er.«

Er sagte: Mir überlieferte Jaḥjā ibn Saʿīd nach Aussage von al-Ḥāriṯ ibn Zijād al-Ḥimjarī, Abū Ḏarr habe den Propheten – Gott segne und beschütze ihn – um eine Führungsstelle gebeten, dieser aber habe erwidert: »Du bist schwach, und das ist eine verantwortungsvolle Aufgabe, die am Tage des Gerichts dem Schande und Reue bringen wird, der sie nicht richtig anpackte und die ihm dadurch auferlegten Pflichten nicht erfüllte.«

Abū Jūsuf sagte: Mir überlieferte Isrāʾīl nach Aussage von Abū Isḥāq, nach Aussage von Jaḥjā ibn al-Ḥusain, nach Aussage seiner Großmutter Umm al-Ḥusain, die sagte: Ich sah den Gesandten Gottes – Gott segne und beschütze ihn – in seinen Mantel gehüllt, den er unter dem Arm festgeklemmt hatte, und er sagte: »Leute, fürchtet Gott, hört und gehorcht. Selbst wenn ein knollennasiger äthiopischer Sklave über euch Befehlsgewalt hat, hört auf ihn und gehorcht.«

Er sagte: Uns überlieferte al-Aʿmaš nach Aussage von Abū Ṣāliḥ, nach Aussage von Abū Huraira, der sagte: Der Gesandte Gottes – Gott segne und beschütze ihn – sagte: »Wer mir gehorcht, gehorcht Gott, und wer dem Imam gehorcht, gehorcht mir. Wer gegen mich ungehorsam ist, ist gegen Gott ungehorsam, und wer gegen den Imam ungehorsam ist, ist gegen mich ungehorsam.«

Er sagte: Mir überlieferte einer unserer Scheiche nach Aussage von Ḥabīb, also Ibn Abī Ṯābit, nach Aussage von Abū l-Baḫtarī, nach Ḥuḏaifa, der sagte: »In der Tradition [*sunna*] findet sich nichts, was dich ermächtigte, gegen deinen Imam die Waffe zu zücken.«

Abū Jūsuf sagte: Mir überlieferte Muṭarrif ibn Ṭarīf nach Aussage von Abū l-Ǧahm, nach Aussage von Ḫālid ibn Wahbān, nach Aussage von Abū Ḏarr, der sagte: Der Gesandte Gottes – Gott segne und beschütze ihn – sagte: »Wer sich selbst auch nur eine Handbreit von der Gemeinde und dem Islam entfernt, hat das Band des Islams von sich abgeworfen.«

Er sagte: Mir überlieferte Muḥammad ibn Isḥāq nach Aussage von ʿAbd as-Salām, nach Aussage von az-Zuhrī, nach Aussage von Muḥammad ibn Ǧubair ibn Muṭʿim, nach Aussage seines Vaters, der sagte: Der Gesandte Gottes – Gott segne und beschütze ihn – erhob sich in der Ḫaif-Moschee in Minā und sagte: »Gott schenke demjenigen Gedeihen, der meine Worte vernahm und sie so weitergab, wie er sie vernahm. So mancher trägt Wissen [*fiqh*] und ist doch selbst nicht wissend; so mancher trägt Wissen zu einem Wissenderen. In drei Dingen ist das Herz eines Gläubigen gegen Irrtum gefeit: in der Aufrichtigkeit bei den Werken für Gott, im Erteilen von Ratschlägen für die Herrscher der Muslime und im Zusammenhalt mit ihnen, denn ihr Gebet umgibt sie schützend.«

Er sagte: Mir überlieferte Ghailān ibn Qais al-Hamdānī nach Aussage von Anas ibn Mālik, der sagte: »Die Ältesten unter den Gefährten Muḥammads – Gott segne und beschütze ihn – befahlen uns, unsere Herrscher weder zu schmähen, noch sie zu betrügen, noch ungehorsam gegen sie zu sein, sondern Gott zu fürchten und geduldig zu sein.«

Er sagte: Mir überlieferte Ismāʿīl ibn Ibrāhīm ibn Muhāǧir nach Aussage von Wāʾil ibn Abī Bakr, der sagte: Ich hörte al-Ḥasan al-Baṣrī sagen: Der Gesandte Gottes – Gott segne und beschütze ihn – sagte: Schmäht keine Herrscher, denn wenn sie euch gut behandeln, werden sie belohnt, und ihr müsst dankbar sein; doch wenn sie euch schlecht behandeln, tragen sie die Verantwortung, und ihr müsst geduldig sein. Sie sind eine Strafe für alle diejenigen, welche Gott bestrafen will; empfangt also Gottes Strafe nicht erregt und ärgerlich, sondern ruhig und demütig.«

Er sagte: Mir überlieferte al-Aʿmaš nach Aussage von Zaid ibn Wahb, nach Aussage von ʿAbd ar-Raḥmān ibn ʿAbd Rabb al-Kaʿba, der sagte: Ich trat zu ʿAbdallāh ibn ʿUmar, der, umgeben von Leuten, im Schatten der Kaʿba saß, und hörte ihn sagen: Der Gesandte

Gottes – Gott segne und beschütze ihn – sagte: »Wer einem Imam den Treueid geleistet und ihm Hand und Herz gegeben hat, muss ihm gehorchen, solange er kann; und wenn ein anderer gegen ihn auftritt, schlagt jenem anderen den Kopf ab.«

Er sagte: Mir überlieferte einer unserer Scheiche nach Aussage von Makḥūl, nach Aussage von Mu'āḏ ibn Ǧabal, der sagte: Der Gesandte Gottes – Gott segne und beschütze ihn – sagte: »Mu'āḏ, gehorche jedem Emir, bete hinter jedem Imam und schmähe keinen meiner Gefährten.«

Er sagte: Mir überlieferte Ismā'īl ibn Abī Ḫālid nach Aussage von Qais, der sagte: Abū Bakr – Gott habe Wohlgefallen an ihm – erhob sich, pries und rühmte Gott und sagte dann: »Leute, lest diesen Vers: ›Ihr Gläubigen! Haltet euch an euch selber (und kümmert euch nicht zu sehr um die andern)! Es kann euch nicht schaden, wenn einer irregeht, wenn ihr (selber dabei) rechtgeleitet seid‹ [Koran V, 105]. Und wir hörten den Gesandten Gottes – Gott segne und beschütze ihn – sagen: ›Wenn Menschen Verbotenes sehen und es nicht ändern, wird Gott sie schnell mit seiner Strafe blenden.‹«

Er sagte: Mir überlieferte Jaḥjā ibn Sa'īd nach Aussage von Ibrāhīm, nach Aussage von Ismā'īl ibn Abī Ḥakīm, nach Aussage von 'Umar ibn 'Abd al-'Azīz, der sagte: »Gott wird die einfachen Leute *[al-'āmma]* nicht für die Taten der Oberen *[al-ḫāṣṣa]* verantwortlich machen; wenn jedoch Missetaten offensichtlich sind, aber nicht angeprangert werden, dann verdienen alle, bestraft zu werden.«

Abū Jūsuf sagte: Mir überlieferte Ismā'īl ibn Abī Ḫālid nach Aussage von Zubaid ibn al-Ḥāriṯ oder ibn Sābiṭ, der sagte: Als Abū Bakr – Gott habe Wohlgefallen an ihm – auf dem Totenbett lag, ließ er 'Umar kommen, um ihn zu seinem Nachfolger zu ernennen. Doch die Leute sagten zu ihm: »Willst du einen rohen, groben Mann über uns einsetzen, der, wenn er erst einmal über uns herrscht, noch roher und grober werden wird? Was wirst du deinem Herrn sagen, wenn du ihn triffst, nachdem du 'Umar – Gott habe Wohlgefallen an ihm – zum Kalifen über uns eingesetzt hast?« Er antwortete: »Versucht ihr, mich mit meinem Herrn zu erschrecken? Ich werde ihm antworten: ›Mein Gott, ich habe dem Besten deines Volkes die

Herrschaft gegeben.‹« Dann ließ er ʻUmar kommen und sagte zu ihm: »Ich werde dir einen Rat geben, und wenn du ihn befolgst, wird dir in der Stunde deines Todes nichts willkommener sein als der Tod; wenn du ihn aber nicht befolgst, wird dir nichts verhasster sein als der unentrinnbare Tod. Gott verlangt Dinge von dir bei Nacht, die er bei Tag nicht annimmt, und andere bei Tag, die er bei Nacht nicht annimmt. Eine freiwillige Mehrleistung ist unannehmbar, bevor die Pflicht erfüllt ist. Wenn eines Menschen Waagschale am Tage des Gerichts leicht ist, so ist sie das, weil er auf der Welt der Eitelkeit folgte, und diese leicht auf ihm lag; und Waagschalen, auf denen nichts als Eitelkeit liegt, werden zu Recht leicht sein. Wenn eines Menschen Waagschale am Tage des Gerichts schwer ist, so ist sie das, weil er auf dieser Welt der Wahrheit folgte und diese schwer auf ihm lag; und Waagschalen, auf denen nichts als Wahrheit liegt, werden zu Recht schwer sein. Wenn du diesem meinem Rat folgst, wird dir künftig nichts lieber sein als der sichere Tod; doch wenn du meinem Rat nicht folgst, wird dir künftig nichts verhasster sein als der unentrinnbare Tod.«

Mūsā ibn ʻUqba sagte: Asmāʼ, die Tochter des ʻUmais, sagte, Abū Bakr habe zu ʻUmar auch gesagt: »Sohn des Ḫaṭṭāb! Ich habe dich zu meinem Nachfolger ernannt wegen all dessen, was ich zurückgelassen habe. Ich war ein Gefährte des Gesandten Gottes – Gott segne und beschütze ihn – und sah, wie er uns lieber hatte als sich selbst und unsere Familien seiner eigenen in solchem Maße vorzog, dass wir von dem, was wir erhielten, seiner Familie immer etwas abzugeben pflegten. Du bist schon lange mein Gefährte und sahst, dass ich nur dem Weg dessen folgte, der vor mir war. Bei Gott, ich schlief nicht und träumte dann; ich war kein Tagträumer und wurde nicht nachlässig; und ich wich nicht vom Weg ab. Das Erste, ʻUmar, wovor ich dich warne, bist du selbst; denn jede Seele verlangt nach etwas und, nach dessen Erfüllung, nach etwas anderem. Hüte dich vor denjenigen Gefährten des Gesandten Gottes – Gott segne und beschütze ihn –, deren Bäuche angeschwollen, deren Blicke gierig sind und die sich selbst am meisten lieben. Sie sind überrascht, wenn einer von ihnen stolpert; hüte dich, dass du nicht dieser wirst. Wisse, dass sie nicht aufhören werden, dich zu fürchten, solange du Gott fürchtest, und dir gegenüber redlich zu sein, solange du dem Weg der Redlichkeit folgst. Das lege ich dir ans Herz, leb wohl.«

Er sagte: Uns überlieferte ʿAbd ar-Raḥmān ibn Isḥāq nach Aussage von ʿAbdallāh al-Qurašī, nach Aussage von ʿAbdallāh ibn Ḥakīm, der sagte: Abū Bakr – Gott habe Wohlgefallen an ihm – sprach folgendermaßen zu uns: »Ich lege euch ans Herz, Gott zu fürchten und ihn zu preisen, wie es seiner würdig ist, Verlangen mit Scheu zu mischen und Inständigkeit mit Bitten zu verbinden. Denn Gott, der Allmächtige, pries Zakarījāʾ und sein Haus folgendermaßen: ›Sie wetteiferten (zeitlebens im Streben) nach den guten Dingen und beteten zu uns in (einer Mischung von) Begehren und Angst. Und sie waren uns demütig (ergeben)‹ [Koran XXI, 90]. Wisset daher, ihr Diener Gottes, dass Gott, der Allmächtige, eure Seelen zum Pfand genommen und eure Bürgschaften dafür erhalten hat; er kaufte euch etwas Geringes und Sterbliches ab und bezahlte mit etwas Großem und Ewigem. Hier ist das Buch Gottes, dessen Wunder nicht vergehen und dessen Licht nicht verlöscht. Glaubt an Gottes Wort, sucht Rat in seinem Buch und lasst euch davon am Tag der Dunkelheit erleuchten; denn ihr wurdet nur zur Anbetung geschaffen, und er ernannte über euch edle Sekretäre, die wissen, was ihr tut. Wisset, ihr Diener Gottes, dass ihr euch am Morgen und am Abend eurem vorherbestimmten Ende nähert, dessen Kenntnis vor euch verborgen ist. Wenn ihr könnt, lasst eure Zeit kommen, da ihr Gottes Werk tut; das aber könnt ihr nur durch Gottes Hilfe erreichen. Versucht also, dem, was euch bestimmt ist, zuvorzukommen, bevor es eintritt, damit Gott euch nicht zu euren Missetaten zurückführt. Es gibt Leute, die, was ihnen bestimmt war, anderen vermachten und sich selbst darüber vergaßen. Ich verbiete euch, es ihnen gleichzutun. Eilt! Eilt! Rettet euch! Rettet euch! Denn hinter euch ist ein rascher Sucher, dessen Befehl drängt.«

Abū Jūsuf sagte: Mir überlieferte Abū Bakr ibn ʿAbdallāh al-Huḏalī nach Aussage von al-Ḥasan al-Baṣrī, ein Mann habe zu ʿUmar ibn al-Ḫaṭṭāb gesagt: »Fürchte Gott, ʿUmar!«, und das mehrmals wiederholt. Jemand sagte zu ihm: »Schweig, du bist dem Herrscher der Gläubigen lästig.« Doch ʿUmar sagte zu ihm: »Lass ihn! Es ist nicht gut für sie, es uns nicht zu sagen; es ist nicht gut für uns, es nicht anzunehmen.« Er hätte dem Mann, der es sagte, fast eine Antwort [? Belohnung] gegeben.

Er sagte: Mir überlieferte ʿUbaidallāh ibn Abī Ḥamīd nach Aussage von Abū l-Malīḥ ibn Abī Usāma al-Huḏalī, der sagte: ʿUmar ibn al-Ḫaṭṭāb – Gott habe Wohlgefallen an ihm – hielt folgende Ansprache: »Wir haben die Pflicht, euch hinsichtlich dessen, was unbekannt ist, zu beraten und euch bei dem, was gut ist, zu helfen. Ihr Hirten, keine Art Nachsicht ist Gott lieber und keine ist nützlicher als die Nachsicht und Milde des Imams; keine Unkenntnis ist Gott verhasster und keine ist schädlicher als die Unkenntnis und die Dummheit des Imams. Wer diejenigen, welche seiner Obhut unterstehen, gütig behandelt, wird von oben Güte erhalten.«

Er sagte: Mir überlieferte Dāʾūd ibn Abī Hind nach Aussage von ʿĀmir, der sagte: ʿAbdallāh ibn ʿAbbās sagte: Nach dem Anschlag auf ʿUmar ging ich zu ihm hinein und sagte zu ihm: »Freue dich auf das Paradies, Herrscher der Gläubigen. Du nahmst den Islam an, als die Leute ihn noch zurückwiesen, und du kämpftest mit dem Gesandten Gottes – Gott segne und beschütze ihn –, als die Leute ihn im Stich ließen. Als der Gesandte Gottes – Gott segne und beschütze ihn – starb, war er zufrieden mit dir. Als du Kalif wurdest, gab es keine Meinungsverschiedenheit, und du stirbst als Märtyrer.« Er sagte: »Wiederhole das«, und ich wiederholte es. Da sagte ʿUmar: »Bei Gott, neben dem es keinen Gott gibt, wenn alles Gold und Silber der Welt mein wären, kaufte ich mich damit von der Furcht vor dem Jüngsten Gericht frei.«

Er sagte: Mir überlieferte einer unserer Scheiche nach Aussage von ʿAbd al-Malik ibn Muslim, nach Aussage von ʿUṯmān ibn ʿAṭāʾ al-Kalāʿī, nach Aussage seines Vaters, der sagte: ʿUmar hielt den Leuten eine Ansprache und sagte, nachdem er Gott gepriesen und gerühmt hatte: »Ich lege euch ans Herz, Gott zu fürchten, der ewig lebt, während andere zugrunde gehen, dem gehorsam zu sein seinen Freunden nützt, während ihm ungehorsam zu sein seinen Feinden schadet. Wer stirbt, kann sich nicht dafür entschuldigen, dass er den Irrweg beschritt, da er ihn für den richtigen hielt, oder die Wahrheit aufgab, da er sie für einen Irrweg hielt. Die edelste Verpflichtung eines Hirten für seine Herde ist die, darauf zu achten, dass sie ihre Aufgaben Gott gegenüber erfüllen hinsichtlich der religiösen Pflichten, zu welchen Gott sie geführt hat. Uns obliegt nur zu befehlen, was Gott euch im Gehorsam ihm gegenüber zu tun befahl, und zu verbieten, was Gott euch im Ungehorsam ihm gegenüber zu tun verbot, und Gottes Befehl unter den Menschen nah und fern Geltung zu verschaffen. Es kümmert mich nicht, ob jemand die Wahrheit [?] sagt. Hat nicht Gott das Gebet vorgeschrieben und die daran geknüpften Bedingungen festgelegt, nämlich Waschung, Demut, Verbeugung und Niederknien? Wisset, ihr Leute, dass Begehrlichkeit Armut, Entsagung aber Reichtum ist, und dass Zurückgezogenheit Ruhe von schlechter Gesellschaft bedeutet. Wisset, dass derjenige, welcher nicht gern Gottes Ratschluss annimmt, wenn er ihm missfällt, auch das nicht erhält, wofür er dankbar wäre. Und wisset, dass Gott über Diener verfügt, welche die Eitelkeit töten, indem sie sie meiden, und welche die Wahrheit beleben, indem sie sie verkünden. Verlangen wurde ihnen eingepflanzt, und so verlangten sie; Furcht wurde ihnen eingeflößt, und so fürchteten sie. Wenn sie sich ängstigen und sich nicht sicher fühlen, werden sie eine Sicherheit wahrnehmen, die sie nicht sahen, und werden dann durch etwas gerettet, von dem sie sich nicht trennten. Furcht rettete sie und führte sie vom Vergänglichen zum Immerwährenden. Das Leben ist ihnen nur ein Genuss, der Tod ist ihnen eine Gunst.«

Er sagte: Mir überlieferte Ismāʿīl ibn Abī Ḫālid nach Aussage von Zubaid al-Ijāmī, der sagte: Als ʿUmar – Gott habe Wohlgefallen an ihm – seinen letzten Willen kundtat, sagte er: Ich ermahne den Kalifen nach mir, Gott zu fürchten; ich ermahne ihn, die Rechte und das Ansehen der ersten Auswanderer anzuerkennen; und ich ermahne ihn, beim Umgang mit den Helfern, die sich allein dem Haus und dem Glauben anschlossen, diejenigen anzunehmen, die Gutes tun, und diejenigen zu übersehen, die Böses tun; ich ermahne ihn hinsichtlich der Bevölkerung der Garnisonsstädte, welche die Stütze des Islams bildet, den Ruin des Feindes und die Einnehmer des Reichtums, von ihnen nur ihren Überschuss zu nehmen, und nur mit ihrer Einwilligung; ich ermahne ihn hinsichtlich der Beduinen, welche die Wurzel der Araber bilden und das Material des Islams, nur den Rand ihres Besitzes zu nehmen und es den Armen unter ihnen zu geben; ich ermahne ihn hinsichtlich jener, welche unter dem Schutzvertrag Gottes und seines Gesandten – Gott segne und beschütze ihn – stehen, sich an die ihnen gegebenen Versprechungen zu halten, die hinter ihnen Stehenden zu bekämpfen und sie nicht über ihre Möglichkeiten hinaus zu belasten.«

Er sagte: Uns überlieferte Saʿīd ibn Abī ʿArūba nach Aussage von Qatāda, nach Aussage von Sālim ibn Abī l-Ǧaʿd, nach Aussage von Maʿdān ibn Abī Ṭalḥa al-Jaʿmurī, dass ʿUmar ibn al-Ḫaṭṭāb – Gott habe Wohlgefallen an ihm – sich an einem Freitag zum Predigen erhob und Gott pries und rühmte; dann erwähnte er den Propheten Gottes – Gott segne und beschütze ihn – und Abū Bakr aṣ-Ṣiddīq – Gott habe Wohlgefallen an ihm; dann sagte er: »Gott, ich rufe dich zum Zeugen gegen die Gouverneure der Garnisonsstädte an. Ich schickte sie nur dorthin, damit sie die Leute in ihrer Religion und der *sunna* ihres Propheten – Gott segne und beschütze ihn – unterwiesen, ihre Beute unter sie aufteilten und sie gerecht behandelten; und ich wies sie an, wenn einem etwas zu schwierig sei, es an mich weiterzuleiten.«

Er sagte: Mir überlieferte ʿAbdallāh ibn ʿAlī nach Aussage von az-Zuhrī, der sagte: Zu ʿUmar ibn al-Ḫaṭṭāb – Gott habe Wohlgefallen an ihm – kam ein Mann und sagte: »Herrscher der Gläubigen, wäre es im Hinblick auf Gott besser für mich, die Kritik irgendeines Kritikers zu missachten oder sie zu beherzigen?« Er antwortete: »Wer irgendeine Machtstellung bei den Gläubigen besitzt, sollte im Hinblick auf Gott die Kritik keines Menschen fürchten; wer jedoch frei ist von einer solchen Verantwortung, sollte sie beherzigen und seinen Herrscher um Rat fragen.«

Er sagte: Mir überlieferte ʿAbdallāh ibn ʿAlī nach Aussage von az-Zuhrī, der sagte: ʿUmar – Gott habe Wohlgefallen an ihm – sagte: »Mische dich nicht in Dinge, die dich nichts angehen, meide deinen Feind und hüte dich vor deinem Freund, er sei denn zuverlässig; denn die Zuverlässigen sind unschätzbar; verkehre nicht mit einem Übeltäter, damit er dich nicht seine Übeltaten lehrt; enthülle ihm nicht dein Geheimnis, sondern frage in deinen Angelegenheiten Gottesfürchtige um Rat.«

Er sagte: Mir überlieferte Ismāʿīl ibn Abī Ḫālid nach Aussage von Saʿīd ibn Abī Burda, der sagte: ʿUmar ibn al-Ḫaṭṭāb – Gott habe Wohlgefallen an ihm – schrieb folgendermaßen an Abū Mūsā: »In

Gottes Augen ist der glücklichste Hirte derjenige, der seine Herde glücklich gemacht hat, und der unglücklichste Hirte derjenige, der seine Herde unglücklich gemacht hat. Hüte dich davor, irrezugehen und dadurch deine Beamten irrezuleiten, sonst bist du vor Gott wie ein Tier, das auf dem Boden nach Grünzeug sucht und sich im Wunsch, fett zu werden, voll frisst, dessen Fettsein jedoch seinen Tod herbeiführt. Leb wohl.«

Er sagte: Uns überlieferte Misʿar nach Aussage eines Mannes, nach Aussage von ʿUmar – Gott habe Wohlgefallen an ihm –, der sagte: »Den Befehl Gottes kann nur jemand durchsetzen, der nicht kriecht und nicht schmeichelt und keine persönlichen Absichten verfolgt. Den Befehl Gottes kann nur jemand durchsetzen, dessen Tatkraft nicht nachlässt und der seinen Anhängern nicht die Wahrheit vorenthält.«

Abū Jūsuf sagte: Mir überlieferte einer unserer Scheiche nach Aussage von Hāniʾ, dem *maulā* des ʿUṯmān ibn ʿAffān, der sagte: Als ʿUṯmān – Gott habe Wohlgefallen an ihm – an einem Grab stand, weinte er so, dass sein Bart feucht wurde. Jemand sagte zu ihm: »Du weinst nicht, wenn du von Himmel und Hölle sprichst, doch hierüber weinst du?« Und er erwiderte: »Der Gesandte Gottes – Gott segne und beschütze ihn – sagte: ›Das Grab ist die erste Etappe der Reise ins Jenseits. Wenn man daraus erlöst wird, ist das Folgende leichter; wenn man daraus nicht erlöst wird, ist das Folgende schwerer.‹ Der Gesandte Gottes – Gott segne und beschütze ihn – sagte auch: ›Ich habe nie etwas so Schreckliches gesehen wie das Grab.‹«

Abū Jūsuf sagte: Ich hörte Abū Ḥanīfa – Gott erbarme sich seiner – sagen: Als ʿUmar Kalif wurde, sagte ʿAlī zu ʿUmar – Gott habe Wohlgefallen an ihnen beiden –: »Wenn du es deinem Vorgänger gleichtun willst, so flicke dein Hemd, wende deinen Gürtel, repariere deine Sandalen, bessere deine Schuhe aus, begrenze deine Hoffnungen und iss nicht, bis du satt bist.«

Er sagte: Mir überlieferte einer unserer Scheiche nach Aussage von ʿAṭāʾ ibn Abī Rabāḥ, der sagte: Wenn ʿAlī ibn Abī Ṭālib jemanden mit der Führung eines Kriegszuges betraute, pflegte er ihm zu sagen: »Ich lege dir ans Herz, Gott zu fürchten, dem du unvermeidlich gegenübertreten musst und neben dem es für dich kein Ziel gibt, denn er herrscht über das Diesseits und das Jenseits. Widme dich der Aufgabe, um derentwillen du entsandt wurdest, und widme dich all dem, was dich Gott, dem Allmächtigen, näher bringt; denn was bei Gott ist, bietet einen Ersatz für diese Welt.«

Er sagte: Mir überlieferte Ismāʿīl ibn Ibrāhīm ibn al-Muhāǧir al-Baǧalī nach Aussage von ʿAbd al-Malik ibn ʿUmair, der sagte: Mir überlieferte ein Mann vom Stamme Ṯaqīf Folgendes: ʿAlī ibn Abī Ṭālib – Gott der Allmächtige habe Wohlgefallen an ihm – ernannte mich zum Steuereintreiber von ʿUkbarā' und sagte zu mir, während die Bevölkerung des Ortes um mich herumstand und zuhörte: »Sieh zu, dass du alle Landsteuer *[ḫarāǧ]*, die sie zu entrichten haben, eintreibst. Hüte dich, ihnen etwas zu erlassen; hüte dich, sie an dir eine Schwäche feststellen zu lassen.« Dann sagte er: »Komm gegen Mittag zu mir.« Also ging ich gegen Mittag zu ihm, und er sagte zu mir: »Ich gab dir den Rat, den ich dir in Gegenwart deiner Schützlinge erteilte, weil sie Gauner sind. Aber hüte dich, wenn du zu ihnen kommst, irgendeines ihrer Kleidungsstücke im Winter oder im Sommer zu verkaufen oder irgendwelche Nahrungsmittel, die sie essen, oder irgendein Tier, das sie benutzen. Schlage keinen von ihnen auch nur ein einziges Mal um eines Dirhams willen mit der Peitsche, und lass auch keinen stehen, um einen Dirham aus ihm herauszubekommen. Verkaufe nicht zur Deckung eines Anteils der Landsteuer Dinge, die einem von ihnen gehören; denn uns ist befohlen, nur ihren Überschuss einzutreiben. Wenn du meinen Befehlen nicht gehorchst, wird Gott dich strafen, wenn ich es nicht tue, und wenn ich erfahre, du habest nicht gehorcht, werde ich dich entlassen.« Er sagte: »Dann will ich zu dir zurückkehren, wie ich dich verließ.« ʿAlī fragte: »Und was dann, wenn du zurückkehrst, wie du gingst?« Der Mann sagte: Darauf verabschiedete ich mich und tat, wie er mir befohlen hatte, und als ich zurückkehrte, hatte ich die Einkünfte aus der Grundsteuer kein bisschen vermindert.

Abū Jūsuf sagte: Mir überlieferte einer unserer Scheiche nach Aussage von Muḥammad ibn Kaʿb al-Quraẓī, der sagte: Als ʿUmar ibn ʿAbd al-ʿAzīz[1] – Gott der Allmächtige habe Wohlgefallen an ihm – Kalif wurde, ließ er mich aus Medina kommen. Als ich vor ihn trat, begann ich ihn unverwandt voller Erstaunen anzustarren. Er sagte zu mir: »Ibn Ka'b, du schaust mich an, wie du mich noch nie anschautest.« Darauf sagte ich: »Voller Erstaunen.« Er fragte: »Was erstaunt dich?« Ich antwortete: »Wie deine Farbe sich verändert hat, dein Körper verbraucht und dein Haar dünn geworden ist.« Er sagte: »Und wie wäre es erst, sähest du mich drei Tage nachdem man mich ins Grab gelegt hat, wenn meine Augäpfel über meine Wangen gelaufen sind und um meine Nasenflügel Eiter und Blut geflossen ist. Es würde dir noch schwerer fallen, mich zu erkennen.«

Er sagte: Mir überlieferte einer unserer Scheiche nach Aussage von 'Umar ibn D̲arr, der sagte: Das einzige Anliegen von 'Umar ibn 'Abd al-'Azīz war, Ungerechtigkeiten zu beseitigen und den Leuten ihren Anteil zu geben.

Er sagte: Mir überlieferte ein alter Mann aus Syrien: Nachdem 'Umar ibn 'Abd al-'Azīz Kalif geworden war, verbrachte er zwei Monate versunken in Kummer und Schmerz über das Unglück, das ihn mit der Übertragung der Verantwortung für die Angelegenheiten der Menschen getroffen hatte. Dann begann er sich mit ihren Problemen zu befassen und Ungerechtigkeiten zu beseitigen, bis ihm die Leute mehr am Herzen lagen als seine eigene Person. Das setzte er fort, bis seine Zeit gekommen war – Gott der Allmächtige erbarme sich seiner. Als er gestorben war, kamen die *faqīhs* zu seiner Frau, um ihr das Beileid auszusprechen und um ihr zu sagen, ein welch großes Unglück die Muslime durch seinen Tod getroffen habe. Sie sagten zu ihr: »Erzähle uns von ihm, denn die eigene Frau kennt einen Mann am besten.« Sie antwortete: »Bei Gott, er war nicht einer derjenigen von euch, die mehr beten und fasten als die Übrigen, doch, bei Gott, ich sah niemals einen Diener Gottes, der gottesfürchtiger war als 'Umar. Gott erbarme sich seiner, er verbrauchte Körper und Seele für die Leute; er pflegte sich den ganzen Tag mit ihren Nöten zu befassen, und wenn am Abend noch etwas zu tun war, machte er bis in die Nacht hinein weiter. Eines Abends hatte er alles erledigt und ließ eine Lampe holen, die er auf eigene Kosten unterhielt. Er betete zwei Niederwerfungen, hockte dann mit der Hand unter dem Kinn nieder, und die Tränen liefen ihm über die Wangen; so blieb er bis zum Morgengrauen und fastete während des nächsten Tages. Ich fragte ihn: ›Herrscher der Gläubigen, was ich vergangene Nacht sah, hast du noch nie vorher getan?‹

Er antwortete: ›Gewiss! Ich machte mir klar, dass ich die Herrschaft über dieses Volk, über die Schwarzen und die Roten unter ihnen, besitze. Mir fiel der wandernde fremde Bettler ein, der Not leidende Arme, der getretene Gefangene und andere wie sie im ganzen Land, und mir wurde bewusst, dass Gott der Allmächtige mich nach ihnen fragen und dass Muḥammad – Gott segne und beschütze ihn – mit mir über sie rechten werde. Da fürchtete ich, ich könnte vor Gott keine begründete Entschuldigung und vor Muḥammad – Gott segne und beschütze ihn – keinen Beweis finden, und ich bangte um meine Seele.‹ Bei Gott, wenn ʿUmar in einer Situation war, in welcher ein Mann die höchsten Freuden mit seiner Frau genießt, und dann an einen Befehl Gottes dachte, wurde er so verstört wie ein ins Wasser gefallener Vogel und weinte dann so heftig, dass ich aus Mitleid mit ihm die Decke von ihm und von mir abwarf.« Dann sagte sie: »Bei Gott, ich wünschte, wir wären so weit von dieser Herrschaft entfernt gewesen wie der Osten vom Westen.«

Er sagte: Mir überlieferte einer unserer Scheiche aus Kūfa: Ein Scheich in Medina sagte mir: »Ich sah ʿUmar ibn ʿAbd al-ʿAzīz in Medina; damals gehörte er zu den Männern, die am besten gekleidet und am angenehmsten parfümiert waren und sich am stolzesten gaben. Dann sah ich ihn als Kalifen wieder; da ging er wie ein Mönch.« Er sagte: Wenn dir jemand erzählt, die Haltung sei ein Teil des Charakters eines Mannes, glaub es nach ʿUmar ibn ʿAbd al-ʿAzīz nicht mehr.

Er sagte: Mir überlieferte einer unserer Scheiche nach Aussage von Ismāʿīl ibn Abī Ḥakīm, der sagte: Eines Tages wurde ʿUmar ibn ʿAbd al-ʿAzīz, der reizbar war, in Gegenwart seines Sohnes ʿAbd al-Malik sehr zornig. Als sich sein Zorn gelegt hatte, sagte sein Sohn zu ihm: »Herrscher der Gläubigen, wie kann dich angesichts der Güte Gottes dir gegenüber, angesichts der Stellung, in welche dich Gott eingesetzt hat, und angesichts der Herrschaft, welche er dir über seine Diener gegeben hat, so der Zorn übermannen?« Und ʿUmar fragte: »Was hast du gesagt?« Und sein Sohn wiederholte es; da sagte ʿUmar zu ihm: »Wirst du nie zornig, ʿAbd al-Malik?« Er antwortete: »Was nützt mir mein Magen, wenn ich meinen Zorn nicht in ihn hinunterdrücken kann, sodass man nichts davon merkt.«

Abū Jūsuf, *Kitāb al-ḫarāǧ*, 3–18

42. Von der Pflicht zum Gehorsam (zehntes Jahrhundert)

Du sollst, Gottes wegen, den hassen, der ihm ungehorsam war und sich mit seinen Feinden anfreundete, selbst wenn er mit dir verwandt ist und selbst wenn er deine Bestrebungen in dieser Welt begünstigt. Du sollst diesen Standpunkt beziehen und ihn mit Überzeugung vertreten, ohne eine persönliche Meinung zu äußern und ohne jemandem Gehör zu schenken, der eine solche äußert; denn die persönliche Meinung kann falsch oder richtig sein.

Du sollst keinen Umgang mit Debattierern haben, denn sie diskutieren über Gottes Zeichen. Hüte dich auch vor Streit und Disputation über religiöse Fragen, denn diese verursachen Hader und führen denjenigen, welcher sich darauf einlässt, selbst wenn er Sunnit ist, zu Neuerungen *[bid'a]*. Die erste Schwächung der Religion, welcher ein Sunnit ausgesetzt ist, wenn er sich in Erörterungen mit einem Neuerer einlässt, entsteht daraus, dass er Umgang mit ihm pflegt und auf Diskussionen mit ihm eingeht. Man kann nicht sicher sein, ob nicht ein kleines Wort oder eine schädliche Lehre auf ihn wirkt und ihn vielleicht verführt, und um seinen Gegner zu widerlegen, spürt er dann das Bedürfnis, auf seine persönliche Meinung zurückzugreifen und dabei Dinge zu behaupten, die keine Grundlage in der Exegese haben, die in der Offenbarung nicht verbürgt sind und von denen sich keine Spur in den Taten und Aussprüchen des Propheten – Gott segne und beschütze ihn – findet. Daher musst du den Aufruhr *[fitna]* meiden und davon Abstand nehmen. Du darfst dich nicht bewaffnet gegen die Imame erheben, selbst wenn sie ungerecht sind. 'Umar ibn al-Ḫaṭṭab – Gott habe Wohlgefallen an ihm – sagte: »Sollte er dich unterdrücken, sei geduldig; sollte er dich berauben, sei geduldig.« Der Prophet – Gott segne und beschütze ihn – sagte zu Abū Ḏarr: »Sei geduldig, auch wenn er ein äthiopischer Sklave ist.«

Alle *'ulumā'*, ob Juristen, Gelehrte, Eiferer, Frömmler oder Asketen, vom Beginn dieser Gemeinde bis in unsere Zeit, sind sich darüber einig, dass die Freitagsgebete, die beiden Feste, die Zeremonien von Minā und 'Arafāt, der Krieg gegen die Ungläubigen, die Pilgerfahrt und die Opfer unter jedem Emir, sei er rechtschaffen oder gottlos, durchzuführen sind; dass es rechtmäßig ist, an sie die Grundsteuer, die Almosensteuer und den Zehnten *['ušr]* zu entrichten; in den von ihnen erbauten Freitagsmoscheen zu beten und über die von ihnen errichteten Brücken zu gehen. Ähnlich sind Einkauf, Verkauf und andere Arten des Handels, ebenso Landwirtschaft und alle Handwerke zu jeder Zeit und unter jeder Art Emir in Übereinstimmung mit dem Koran und der *sunna* rechtmäßig. Die Unterdrückung eines Unterdrückers und die Tyrannei eines Tyrannen schaden keinem, der seine Religion bewahrt und sich an die *sunna* seines Propheten hält, vorausgesetzt er selbst handelt in Übereinstimmung mit dem Buch und der *sunna*; entsprechend nützt jemandem, der unter einem gerechten Imam einen dem Buch und der *sunna* zuwiderlaufenden Kaufvertrag abschließt, die Gerechtigkeit seines Imams nicht.

Auch ist es legitim, von der Rechtsprechung ihrer Richter Gebrauch zu machen, die Durchsetzung gesetzlicher Strafen und Bußen zu verlangen, von ihren Emiren und ihrer Polizei die Wiedergutmachung von Unrecht zu fordern und jedem von ihnen ernannten Beamten zu gehorchen, sei er auch ein äthiopischer Sklave – außer im Ungehorsam Gott gegenüber; denn für kein Geschöpf gibt es eine Gehorsamspflicht gegen seinen Schöpfer.

Ibn Baṭṭa, *Kitāb aš-Šarḥ wal-Ibāna 'alā uṣūl as-sunna waddijāna,* 66–68

43. Der Imamatsvertrag (elftes Jahrhundert)

Das Amt des Imams wurde als Nachfolgeeinrichtung für das Amt des Propheten gegründet zum Schutz des Glaubens und zur Herrschaft über die Welt. Laut allgemeinem Konsens *[iǧmā']*, von dem nur al-Aṣamm abweicht, besteht die Pflicht, dasjenige Glied der Gemeinde als Imam anzuerkennen, welches die Funktionen des Imams ausübt. Doch herrscht Uneinigkeit, ob diese Verpflichtung von der Vernunft oder vom heiligen Gesetz abgeleitet ist. Einige sagen, sie sei von der Vernunft abgeleitet, da es in der Natur vernunftbegabter Menschen liege, sich einem Führer zu unterstellen, welcher sie daran hindert, sich gegenseitig Unrecht zuzufügen, und welcher Streit und Zank beilegt; denn ohne Herrscher lebten die Menschen in Anarchie und Liederlichkeit wie unwissende Tiere. So sagte der vorislamische Dichter al-Afwah al-Audī:

Anarchie, Führerlosigkeit, ist nicht gut für die Menschen;
Und Führerlosigkeit herrscht, wo Unwissende herrschen.

Andere sagen, die Verpflichtung sei vom heiligen Gesetz abgeleitet, nicht von der Vernunft, da sich der Imam mit Angelegenheiten des heiligen Gesetzes befasst, deren Behandlung die Vernunft nicht vorschreibt. Was die Vernunft fordert, ist lediglich, dass vernunftbegabte Menschen sich des gegenseitigen Unrechts und des Streits untereinander enthalten und in gegenseitiger Gerechtigkeit und Verbundenheit billig handeln und sich dabei in Übereinstimmung mit der eigenen Vernunft, nicht der eines anderen verhalten. Aber das heilige Gesetz vertraut diese Angelegenheiten seinem religiösen Sachwalter an. Gott der Allmächtige sagte: »Ihr Gläubigen! Gehorchet Gott und dem Gesandten und denen unter euch, die zu befehlen haben!« [Koran IV, 59]. Damit schärfte er uns ausdrücklich ein, denen unter uns zu gehorchen, welche die Herrschaft innehaben; und das sind die über uns herrschenden Imame.

Hišām ibn ʿUrwa erzählte nach Aussage von Abū Ṣāliḥ, nach Aussage von Abū Huraira, dass der Prophet Gottes – Gott segne und beschütze ihn – sagte: Nach mir werden andere über euch herrschen, Fromme entsprechend ihrer Frömmigkeit, Gottlose entsprechend ihrer Gottlosigkeit. Hört auf sie und gehorcht in allem, was der Wahrheit entspricht. Wenn sie Gutes tun, zählt das für euch und für sie. Wenn sie Böses tun, zählt das für euch und gegen sie.

Die Verpflichtung zum Imamat, die solchermaßen erwiesen ist, ist eine Gemeinschaftspflicht, wie der heilige Krieg und die Suche nach Wissen, d. h. dass ihre Erfüllung durch diejenigen, welche damit beauftragt sind, die übrige Gemeinde von der allgemeinen Verpflichtung entheben. Wenn niemand sie erfüllt, so sind von der übrigen Bevölkerung zwei Personengruppen zu unterscheiden: erstens die Wähler, die aus der Gemeinde einen Imam wählen, zweitens diejenigen, welche für das Imamat wählbar sind und von denen einer zum Imam gemacht werden muss. Die übrige Gemeinde, die weder zur einen noch zur anderen Gruppe gehört, begeht keine Sünde und keine Übertretung bei einer Verzögerung der Besetzung des Imamats. Wenn diese beiden Gruppen gebildet werden und die Gemeinschaftspflicht übernehmen, muss jede Gruppe den vorgeschriebenen Bedingungen entsprechen. Von den Wählern wird dreierlei verlangt:

1. Rechtschaffenheit *['adāla]* in jeder Hinsicht.

2. Das Wissen, welches erforderlich ist, um die für das Imamat verlangten Bedingungen zu erkennen.

3. Das Urteilsvermögen und die Weisheit, die nötig sind, den für das Imamat geeignetsten Kandidaten auszuwählen, d. h. den fähigsten und in der Wahrnehmung öffentlicher Aufgaben kundigsten.

Keiner, der in der Stadt des Imams wohnt, besitzt in dieser Hinsicht ein Privileg oder Vorrecht gegenüber jenen in anderen Orten. Dass diejenigen, die sich in der Stadt des Imams aufhalten, die Ernennung des neuen Imams vornehmen, ist Brauch, nicht Gesetz; das geschieht so, weil sie zuerst von seinem Tod erfahren und weil die zur Nachfolge Geeignetsten sich im Allgemeinen in seiner Stadt aufhalten.

Es gibt sieben Bedingungen für die Wählbarkeit für das Imamat:

1. Rechtschaffenheit in jeder Hinsicht.

2. Das für ein persönliches Urteil *[iǧtihād]* in Rechtsfällen und Entscheidungen nötige Wissen.

3. Unversehrtheit von Ohren, Augen und Zunge, damit er diejenigen Angelegenheiten sorgfältig behandeln kann, die nur jene wahrnehmen können.

4. Unversehrtheit der Gliedmaßen, damit ihn nicht ein Gebrechen daran hindert, sich frei zu bewegen und schnell zu erheben.

5. Das zur Führung der Untertanen und zur Wahrnehmung der öffentlichen Aufgaben nötige Urteilsvermögen.

6. Mut und Stärke zur Verteidigung des islamischen Gebiets und zur Durchführung des heiligen Krieges gegen den Feind.

7. Abstammung, das heißt, er muss, wie in einem Text vorgeschrieben und allgemein akzeptiert, vom Stamm Quraiš sein. Keinen Glauben sollte man der Ansicht Ḍirārs schenken, der hier anders denkt und jedermann für wählbar hält; denn Abū Bakr aṣ-Ṣiddīq – Gott habe Wohlgefallen an ihm – benützte das am Tag der Vorhalle[1] als Argument gegen die Anṣār, um ihnen das Kalifenamt vorzuenthalten, nachdem sie Sa'd ibn 'Ubāda dafür bestimmt

hatten; und er hielt ihnen folgende Worte des Propheten – Gott segne und beschütze ihn – entgegen: »Die Imame entstammen den Quraiš.« Daraufhin gaben die Anṣār ihren Versuch auf, das Imamat zu übernehmen, und verzichteten sogar darauf, es zu teilen, was sie so vorgeschlagen hatten: »Ein Emir von euch und ein Emir von uns.« Somit billigten sie seine Worte, hielten das von ihm erwähnte Prophetenwort für wahr und ließen seinen Ausspruch gelten: »Wir sind die Emire und ihr seid die Wesire.« Der Prophet – Gott segne und beschütze ihn – sagte auch: »Gebt den Quraiš den Vorrang und beansprucht nicht selbst den Vorrang.« Dieser Text ist unbezweifelbar und erlaubt keine Diskussion und keinen Einwand.

Das Imamat kann auf zweierlei Art übertragen werden: Entweder aufgrund einer Wahl durch Wahlmänner [wörtlich: jene, die binden und lösen] oder aufgrund einer Ernennung durch den vorhergehenden Imam. Hinsichtlich der Amtsübertragung aufgrund einer Wahl durch Wahlmänner sind die Gelehrten geteilter Meinung über die Frage der Anzahl der zur Wahl eines Imams nötigen Wahlmänner. Einige sagen, eine gültige Amtseinsetzung könne nur durch alle Wahlmänner in allen Ländern erreicht werden, denn damit sei die Zustimmung allgemein, und die Billigung eines Imamats erfolge durch allgemeinen Konsens. Diese Ansicht ist durch die Einsetzung *[bai'a]* Abū Bakrs – Gott habe Wohlgefallen an ihm – zum Kalifen widerlegt; ihn wählten die gerade Anwesenden, ohne die Ankunft derer abzuwarten, die abwesend waren. Andere sagen, die Mindestzahl der für die Ernennung eines Imams benötigten Wahlmänner sei fünf, wobei entweder alle fünf zusammenarbeiten oder einer mit der Zustimmung der anderen vier handelt. Diese Meinung stützt sich auf zweierlei: Erstens sei die Ernennung Abū Bakrs – Gott habe Wohlgefallen an ihm – durch fünf Personen erfolgt, die sich einig gewesen seien und deren Wahl die übrige Gemeinde gefolgt sei; es waren dies 'Umar ibn al-Ḫaṭṭāb, Abū 'Ubaida ibn al-Ǧarrāḥ, Usaid ibn Ḥuḍair, Bašīr ibn Sa'd und Salīm, der Freigelassene Abū Huḏaifas – Gott habe Wohlgefallen an ihnen. Zweitens habe 'Umar – Gott habe Wohlgefallen an ihm – ein Komitee von sechs Personen ernannt, die einen aus ihrer Mitte mit der Zustimmung der anderen fünf wählen sollten. Das ist die Auffassung der meisten Juristen und Theologen von Baṣra. Andere jedoch, die Gelehrten von Kūfa, sagen, die Ernennung könne auch durch nur drei Personen erfolgen, deren einer mit der Zustimmung der anderen zwei Imam werde, welcher dann zum Richter mit zwei Zeugen *[šāhid]* wird, wie ja auch durch einen Vormund *[walī]* und zwei Zeugen eine gültige Ehe geschlossen werden kann. Wieder andere sagen, eine Ernennung könne durch einen einzigen Wähler erfolgen, da al-'Abbās zu 'Alī – Gott habe Wohlgefallen an ihnen beiden – gesagt habe: »Strecke deine Hand aus, damit ich dir den Treueid schwören kann und damit die Leute sagen, der Onkel des Propheten – Gott segne und beschütze ihn – habe seinem Vetter den Treueid geschworen, und damit es keine zwei Menschen gibt, die sich dir widersetzen.« Sie behaupten, das komme einer Rechtsentscheidung gleich und die Entscheidung eines einzelnen Richters sei gültig.

Wenn die Wahlmänner zur Wahl zusammentreten, prüfen sie die Qualifikationen der Kandidaten und schreiten dann zur Ernennung desjenigen unter ihnen, welcher der Würdigste ist, welcher am meisten den geforderten Bedingungen genügt und welchem die Leute Gehorsam zu leisten am ehesten willens sind. Sie anerkennen ihn unverzüglich. Wenn ihr Urteil sie dazu führt, jemanden aus der Gemeinde zu wählen, tragen sie ihm das Imamat an. Wenn er annimmt, schwören sie ihm den Treueid, und ihm ist mit diesem Vorgang das Imamat übertragen. Darauf ist die gesamte Gemeinde ihm gegenüber zu Gefolgschaft und Gehorsam verpflichtet. Wenn er zögert und das Imamat ablehnt, darf man es ihm nicht aufzwingen, da es sich um einen Vertrag handelt, der auf Zustimmung und Wahl gründet, nicht auf Zwang und Nötigung. In einem solchen Fall wird das Imamat einem anderen würdigen Kandidaten angetragen.

Wenn zwei Kandidaten gleichermaßen qualifiziert sind, darf der ältere sich zuerst entscheiden; jedoch ist das Senioritätsprinzip im Falle der Volljährigkeit der Kandidaten keine notwendige Bedingung, und auch die Ernennung des jüngeren ist gültig. Wenn der eine weiser, der andere tapferer ist, sollte die Wahl von den Bedürfnissen der Zeit bestimmt sein. Wenn man wegen Unruhe an den Grenzen oder des Auftretens von Rebellen dringender des Mutes bedarf, ist der Tapferere der Geeignetere. Wenn man wegen des Stillschweigens der Bevölkerung und des Auftretens von Ketzern dringender der Weisheit bedarf, ist der Weisere der Geeignetere.

Wenn einer von zwei Kandidaten gewählt wird und sich dann beide um das Imamat streiten, so ist das nach einigen Juristen so tadelnswert, dass beide dadurch disqualifiziert sind und das Imamat einem anderen zu übertragen ist. Doch nach Ansicht der meisten Gelehrten und Juristen disqualifiziert ein solcher Streit nicht und ist das Streben nach dem Imamat nicht an sich verwerflich; denn auch die Mitglieder von ʿUmars Komitee hätten darum gewetteifert, und das habe keinen Kandidaten disqualifiziert und keinen Bewerber ausgeschlossen.

Die Juristen sind uneinig darüber, wie man einen Streit zwischen zwei gleichermaßen qualifizierten Kandidaten beilegen kann. Die einen sagen, man solle das Los werfen und den Gewinner vorziehen. Andere sagen, die Wahlmänner dürften frei wählen und ohne Los denjenigen ernennen, den sie vorzögen.

Wenn die Wahlmänner denjenigen wählen, welcher der Würdigste ist, und ihn als Imam einsetzen, dann aber ein Würdigerer auftritt, so bleibt das durch ihre Einsetzung begründete Imamat des Ersteren gültig, und es ist nicht rechtmäßig, ihn zugunsten eines Würdigeren beiseite zu schieben. Wenn sie mit der Einsetzung des Kandidaten ihrer Wahl beginnen, während ein anderer, würdigerer existiert, ist der Fall strittig. Wenn es mit gutem Grund geschieht, der würdigere Kandidat beispielsweise abwesend oder krank ist oder der ernannte Kandidat mehr Autorität und größere Zuneigung beim Volk besitzt, so ist seine Einsetzung rechtskräftig und sein Imamat gültig. Wenn er jedoch ohne einen solchen entschuldbaren Grund eingesetzt wurde, gibt es Uneinigkeit hinsichtlich der Rechtskraft seiner Einsetzung und der Gültigkeit seines Imamats. Einige Juristen, unter ihnen al-Ǧāḥiẓ, vertreten die Ansicht, seine Einsetzung sei nicht gültig, da bei einer Wahl, in der ja von zwei Dingen das bessere ausgewählt werden soll, die Zurückweisung des besseren zugunsten des weniger guten nicht rechtmäßig ist, und zwar entsprechend der bei der Ausübung eines eigenen Urteils *[iǧtihād]* in Sachen des heiligen Gesetzes anwendbaren Regel. Doch die meisten Juristen und Theologen halten sein Imamat für rechtmäßig und seine Einsetzung für gültig und meinen, dass die Existenz eines würdigeren Kandidaten das Imamat des gewählten Kandidaten nicht ungültig macht, vorausgesetzt, es fehlt ihm keine der für das Imamat erforderlichen Eigenschaften. Das folgt dem Prinzip, wonach es rechtmäßig ist, einen Mann, den man vorzieht, zum Richter zu ernennen, selbst wenn ein würdigerer existiert, da ein höheres Verdienst bei der Wahl als zusätzlich und nicht als notwendige Bedingung gilt.

Wenn es zu irgendeiner Zeit nur einen Menschen mit den für das Imamat notwendigen Eigenschaften gibt und sonst niemand gleichermaßen qualifiziert ist, muss man ihm das Imamat übertragen, und es ist unrechtmäßig, ihn zugunsten eines anderen zu übergehen. Jedoch sind sich die Gelehrten darüber uneinig, ob man ohne Vertrag und Wahl sein Imamat begründen und seine Herrschaft einrichten könne. Einige irakische Juristen vertreten die Ansicht, die Begründung seiner Herrschaft und die Einrichtung seines Imamats geschehe *ipso facto*, wodurch der Gemeinde die Pflicht erwachse, ihm zu gehorchen, auch ohne seine Einsetzung durch die Wahlmänner; denn Zweck der Wahl sei es, den zur Herrschaft Geeignetsten zu bestimmen, und dieser sei als solcher durch seine Eigenschaften bestimmt. Die große Mehrheit der Juristen und Theologen vertritt hingegen die Ansicht, seine Ernennung zum Imam könne nur durch Zustimmung und Wahl erfolgen, die Wahlmänner seien aber verpflichtet, ihn zum Imam zu wählen.

Dem Imam obliegt die Wahrnehmung folgender zehn öffentlicher Pflichten:

1. Die Religion soll er entsprechend den verankerten Prinzipien und dem Konsens der ersten Generation der Muslime erhalten. Wenn ein Neuerer auftritt oder ein Zweifler davon abweicht, muss ihm der Imam die Beweise der Religion darlegen, ausführen, was richtig ist, und auf ihn die angemessenen Regeln und Strafen anwenden, sodass die Religion vor Schaden geschützt und die Gemeinde vor Irrtum bewahrt bleibt.

2. Die zwischen Prozessführern gefällten Urteile soll er ausführen und Streit zwischen Zankenden schlichten, damit Gerechtigkeit herrsche und niemand Unrecht begehe oder erleide.

3. Die Länder des Islams soll er verteidigen und sie vor fremdem Eindringen schützen, damit man ohne Gefahr für Leben und Besitz seinen Unterhalt verdienen und nach Belieben reisen kann.

4. Die gesetzlichen Strafen soll er durchsetzen zum Schutz der Gebote Gottes vor Verletzung und zur Wahrung der Rechte seiner Diener vor Schädigung und Vernichtung.

5. Die Grenzfestungen soll er mit angemessenem Nachschub und zu ihrer Verteidigung wirksamen Kräften versehen, damit der Feind sie nicht in einem Überraschungsangriff nimmt, sie entweiht oder das Blut von Muslimen oder Verbündeten *[muʿāhad]* vergießt.

6. Heiligen Krieg soll er gegen alle diejenigen führen, welche auch nach der Aufforderung, den Islam anzunehmen, ihn weiterhin ablehnen, bis sie entweder Muslime werden oder in das Schutzverhältnis *[ḏimma]* eintreten, damit Gottes Wahrheit über jede Religion die Oberhand gewinne [vgl. Koran IX, 33].

7. Beute und Almosen *[ṣadaqa]* soll er einsammeln, gemäß den Vorschriften des heiligen Gesetzes, wie sie in eindeutigen Texten und aufgrund von unabhängigem Urteil *[iǧtihād]* festgelegt sind, und zwar ohne Terror und Unterdrückung.

8. Die Gehälter und andere vom Staatsschatz zu entrichtende Gelder soll er ohne Verschwendung und ohne Knausrigkeit festsetzen und die Zahlungen pünktlich, weder zu früh noch zu spät, vornehmen.

9. Fähige und zuverlässige Männer soll er anstellen, die aufrichtig sind bei der Erfüllung der Aufgaben, die er ihnen überträgt, und im Umgang mit den Geldern, die er ihnen anvertraut; so werden die Aufgaben fachkundig ausgeführt und die Gelder gewissenhaft geschützt.

10. Mit der Überwachung aller Angelegenheiten und der Überprüfung aller Verhältnisse soll er sich selbst befassen, damit er so persönlich die Gemeinde regiere, den Glauben schütze und sich nicht auf Vertreter stütze, um für das eigene Vergnügen oder für den Gottesdienst Zeit zu haben; denn selbst Zuverlässige können einmal zu Verrätern, selbst Aufrichtige einmal zu Betrügern werden. Gott sagte: »David! Wir haben dich als Nachfolger (früherer Herrscher) auf der Erde eingesetzt. Entscheide nun zwischen den Menschen (über die du zu gebieten hast) nach der Wahrheit und

folge nicht der (persönlichen) Neigung (von dir), damit sie dich nicht vom Wege Gottes ab in die Irre führt!« [Koran XXXVIII, 26]. In diesem Fall war Gott nicht mit einer Vertretung einverstanden, sondern verlangte die persönliche Aufsicht und entschuldigte die Hingabe an Leidenschaften nicht, da sie, wie er sagte, von seinem Weg abführten; und das, obwohl er David für würdig hielt, in religiösen Fragen zu entscheiden und seine Stellvertretung *[ḫilāfa]* innezuhaben. Das ist eine der Führungspflichten eines jeden Hirten. Der Prophet Gottes – Gott segne und beschütze ihn – sagte: »Ihr alle seid Hirten und ihr alle seid für eure Herden verantwortlich.«

...

Wenn nun die Bestimmungen hinsichtlich des Imamats und seiner allgemeinen Zuständigkeit für die Belange der Religion und die Kontrolle über die Gemeinde entsprechend unserer Darstellung befolgt sind und die Einsetzung des Imams vollzogen ist, kann er Machtbefugnisse auf vier Gruppen von Vertretern übertragen:

1. Diejenigen, welche unbegrenzte Machtbefugnis in einem unbegrenzten Bereich besitzen. Das sind die Wesire; denn ihnen sind alle öffentlichen Angelegenheiten ohne besondere Kennzeichnung anvertraut.

2. Diejenigen, welche unbegrenzte Machtbefugnis in einem begrenzten Bereich besitzen. Das sind die Provinz- und Bezirksgouverneure, deren Machtbefugnis innerhalb der ihnen zugewiesenen Gebiete unbegrenzt ist.

3. Diejenigen, welche begrenzte Machtbefugnis in einem unbegrenzten Bereich besitzen. Das sind der Oberrichter, der Armeekommandeur, der Kommandant der Grenzfestungen, der Verwalter der Landsteuer und der Almoseneinnehmer; sie alle haben begrenzte Machtbefugnis innerhalb der ihnen zugewiesenen besonderen Funktion inne.

4. Diejenigen mit begrenzter Machtbefugnis in einem begrenzten Bereich, wie beispielsweise der *qāḍī* einer Stadt oder eines Bezirks, der örtliche Verwalter der Landsteuer, Einnehmer des Zehnten, Grenzkommandant oder Armeekommandeur; jeder von ihnen hat begrenzte Machtbefugnis in einem begrenzten Bereich inne.

Al-Māwardī, *al-Aḥkām as-sulṭānīja*, 3–6. 14–5. 19–20

44. Das Imamat, das auf Gewalt beruht (dreizehntes bis vierzehntes Jahrhundert)

Was die dritte Methode betrifft, bei welcher die *bai'a* unter Zwang zustande kommt, so beruht sie auf der Gewalt des Machthabers. Zu einer Zeit, da es keinen Imam gibt und ein Ungeeigneter das Imamat erstrebt und die Bevölkerung durch seine Macht und seine Heere unter Druck hält, ohne *bai'a* oder Nachfolgeregelung, zu einer solchen Zeit ist seine *bai'a* gültig, und man muss ihm Gehorsam leisten, damit die Einheit der Muslime erhalten und die Eintracht unter ihnen gewahrt bleibt. Das ist selbst dann so, wenn er, nach richtiger Ansicht, unwissend und ungerecht ist. Wenn das Imamat auf diese Weise, durch Gewalt und Übermacht, einem Mann übertragen ist, dann ein anderer auftritt, der den ersten durch seine Macht und seine Heere überwältigt, dann ist der erste abgesetzt und der zweite wird, wie wir darstellten, zum Wohlergehen der Muslime und zur Bewahrung ihrer Einheit Imam. Aus diesem Grund sagte 'Umars Sohn während der Schlacht auf der Ḥarra: »Wir stehen auf der Seite der Sieger.«

Ibn Ǧamā'a, *Taḥrīr*, 357

X. Persische Staatskunst

Nicht alles politische Schrifttum war politischer Natur. Die beiden folgenden, aus dem Persischen übersetzten Auszüge geben die Ansichten zweier Beamter wieder, deren einer im Dienst der Ghaznaviden, deren anderer im Dienst der Selǧūqen stand.

45. Von Königen und Propheten (elftes Jahrhundert)

Wisset, dass Gott den Propheten – Gottes Segen werde ihnen allen zuteil – eine Macht, den Königen eine andere übertrug, und dass er es den Menschen zur Pflicht machte, beide Arten der Macht anzuerkennen, sich ihnen zu unterstellen und durch sie den Weg Gottes zu erfahren. Denn wer diesen aus den Sphären, den Sternen und den Tierkreiszeichen zu erfahren sucht, übergeht den Schöpfer und wird ein Muʿtazilit[1], ein Ketzer *[zindīq]* und ein Materialist, und sein Platz ist in der Hölle, Gott bewahre uns.

Die Macht der Propheten hat ihren Ursprung in Wundern, das heißt Dingen, zu welchen die Menschen nicht imstande sind. Die Macht der Könige beruht auf Überlegung, einem langen Arm, Triumph und Sieg über die Feinde, und der Gerechtigkeit, für die er entsprechend den Geboten Gottes Sorge trägt. Darin liegt der Unterschied zwischen solchen Königen, die Gott unterstützt und fördert, und solchen, die sich diese Stellung nur anmaßen. Gerechten und wohltätigen Königen, die ein tugendhaftes Leben führen und Gutes tun, muss man Gehorsam leisten, und ihre rechtmäßige Autorität muss man anerkennen. Diejenigen, welche sich die Macht anmaßen und Tyrannen und Übeltäter sind, muss man zu Usurpatoren erklären, und gegen sie muss der heilige Krieg geführt werden. Dies sind die Waagschalen, in denen derjenige, der Gutes, und derjenige, der Böses tut, gewogen und festgestellt wird, und so erfährt man notwendigerweise, welcher von beiden zu wählen ist.

Gott vergebe unseren früheren Königen und schütze die noch lebenden! Wir müssen ihre Wege betrachten und sehen, wie sie sich auf dem Pfad der Gerechtigkeit, der Wohltat, der Tugend, der Religion und der Reinheit bewegten und bewegen, wie sie mit den Kühnen und Verschlagenen fertig werden und den Usurpatoren und Tyrannen die Hände abhauen, wodurch deutlich wird, dass sie vom Schöpfer erwählt sind und dass man ihnen Gehorsam schuldete und immer noch schuldet.

Wenn unsere Könige zwischendurch ein Fehlschlag trifft und sie einen Rückschlag erleiden oder ein häufig in dieser Welt gesehenes Unglück eintritt, so muss der Weise sie mit dem Auge der Weisheit betrachten und nicht dem Irrtum verfallen; denn Gottes Ratschluss ist auf der verborgenen Tafel aufgezeichnet und ist unabänderlich, und gegen seinen Entschluss kann man sich nicht auflehnen. Wahrheit muss immer als Wahrheit, Falsches immer als Falsches erkannt werden; denn es heißt: »Die Wahrheit ist Wahrheit, auch wenn die Menschen sie nicht kennen, der Tag ist Tag, auch wenn der Blinde ihn nicht sieht.« Ich bitte Gott, uns und alle Muslime vor Sünde und Fehltritt zu bewahren durch seine Geduld, seine Großmut und seine unermessliche Gnade. Baihaqī, *Tārīḫ*, 99–100

46. Könige (elftes Jahrhundert)

In jedem Zeitalter erwählt Gott, der Allmächtige, einen Menschen, schmückt ihn mit den Tugenden eines Königs, überträgt ihm die Verantwortung für die Welt und für das Wohlergehen seiner Diener und schließt durch ihn die Tore gegen Verderbnis, Unruhe und Hader. Er verschafft ihm Ehrfurcht in den Herzen der Menschen und Pracht in ihren Augen, sodass sie unter seiner Gerechtigkeit leben, Sicherheit genießen und die Fortsetzung seiner Herrschaft wünschen. Sollten aber die Untertanen ungehorsam sein, das heilige Gesetz leicht nehmen und Gottes Gebote missachten, und sollte Gott sie bestrafen und sie den Lohn für ihr Tun kosten lassen wollen – möge uns Gott eine solche Zeit nicht erleben lassen und möge er solche Schläge von uns fern halten –, dann würde wegen solch folgenschweren Ungehorsams Gottes Zorn gewiss diese Menschen treffen. Der gute König würde sich von ihnen abwenden, Schwerter würden im Kampf gezogen, Blut würde vergossen und derjenige, dessen Arm stärker ist, täte, was ihm gefällt, bis jene Sünder in Unglück und Blutvergießen untergingen. Es ist wie ein Schilfrohrfeld, wenn Feuer ausbricht. Was trocken ist, wird verzehrt, und wegen seiner Nähe zum Trockenen wird auch viel Feuchtes mit verzehrt.

Dann erhält einer von Gottes Dienern durch die Gnade Gottes Glück und Herrschaft, und Gott gewährt ihm Erfolg nach seinen Verdiensten und verleiht ihm Weisheit und Wissen, durch welche er seine Untertanen beherrscht, wobei er jedem einen seinem Verdienst entsprechenden Rang zuweist. Er wählt ihre Diener und ihre Gefolgsleute aus der Bevölkerung aus und verleiht jedem Ansehen und Stellung und verlässt sich auf sie bei der Erledigung religiöser und weltlicher Angelegenheiten. Seine Untertanen folgen dem Pfad des Gehorsams und gehen ihren Aufgaben nach, er aber bewahrt sie vor Schwierigkeiten, sodass sie ihr Leben in Frieden und im Schatten seiner Gerechtigkeit verbringen können.

Sollte einer seiner Diener oder Bevollmächtigten sich als unwürdig oder tyrannisch erweisen, dann aber nach Zurechtweisung, Ermahnung und Bestrafung sein Verhalten ändern und vom Schlaf der Nachlässigkeit erwachen, so mag er seine Stellung behalten. Erwacht er aber nicht, sollte man ihn nicht in seiner Stellung behalten, sondern ihn durch einen anderen, Würdigen, ersetzen.

Sollten irgendwelche seiner Untertanen undankbar sein und die Sicherheit und Ruhe, deren sie sich erfreuen, nicht zu schätzen wissen, vielmehr auf Verrat sinnen, Widerspenstigkeit zeigen und ihre Schranken überschreiten, so muss er sie entsprechend ihren Vergehen ermahnen und sie nach Maßgabe ihrer Verbrechen bestrafen, damit sie davon ablassen.

Der Herrscher wird sich ferner für alles interessieren, was zum Wohl der Welt beiträgt, wie zum Beispiel den Ausbau unterirdischer Wasserläufe zur Bewässerung, das Anlegen von Kanälen, die Errichtung von Brücken über große Flüsse, die Pflege von Dörfern und Weilern, den Bau von Befestigungsanlagen, die Gründung neuer Städte, die Errichtung prächtiger Gebäude und herrlicher Paläste und den Bau von Karawansereien an den Überlandwegen. Durch solche Werke wird er sich bleibenden Ruhm sichern und wird Belohnungen in dieser und Segnungen in der nächsten Welt erhalten.

Niẓām al-Mulk, *Sijāsatnāma,* 5–6

XI. Verwaltung

Die mittelalterlichen islamischen Staaten entwickelten einen komplexen Verwaltungsapparat, dem Wesire oder entsprechende andere Personen vorstanden und in dem ein großes Heer von Sekretären beschäftigt war, die in der Verwaltung oft eine bedeutende Rolle spielten. Sie schufen ein beträchtliches Schrifttum, aus dem die folgenden Abschnitte stammen. Der erste enthält eine Auswahl von Grundregeln aus dem Kapitel über das Regieren in einem berühmten Werk literarischer Gelehrsamkeit. Der zweite, aus der Feder des Chefsekretärs des letzten Umajjadenkalifen, formuliert allgemeine Verhaltensregeln für den Sekretärberuf. Der dritte ist einer Wesirs- und Sekretärsgeschichte entnommen. Der vierte gibt einige einem bekannten Wesir zugeschriebene Aussprüche wieder. Der letzte, der einer mittelalterlichen ägyptischen Enzyklopädie des Bürowesens entstammt, enthält Teile einer detaillierten Darstellung von Hof und Regierung unter den Fāṭimidenkalifen.

47. Maximen der Staatskunst (siebtes bis neuntes Jahrhundert)

Al-Ḥasan pflegte zu sagen: Der Islam trägt der Regierung viererlei Dinge auf: die Rechtsprechung, die Beute, das Freitagsgebet und den heiligen Krieg.

Kaʿb sagte: Der Islam, die Regierung und das Volk sind wie das Zelt, die Stange, die Schnüre und die Pflöcke. Das Zelt ist der Islam; die Stange ist die Regierung; die Schnüre und Pflöcke sind das Volk. Kein Teil kommt ohne die anderen aus. Der Prophet sagte: Gott hat seine Wächter. Seine Wächter im Himmel sind die Engel, seine Wächter auf Erden sind diejenigen, welche den *dīwān* führen.

Man pflegte zu sagen: Regierung und Religion sind zwei Brüder; keiner kann ohne den anderen auskommen.

Zijād hörte einen Mann die Zeit beschimpfen und sagte: Wüsste er, was die Zeit ist, würde ich ihn bestrafen; denn die Zeit ist die Regierung.

Ḫosrau sagte: Bleibe in keinem Land, das nicht folgende fünf Dinge besitzt: eine starke Herrschaft, einen gerechten Richter, einen festen Markt, einen erfahrenen Arzt und ein fließendes Gewässer.

Man pflegte zu sagen: Es gibt vier Arten des Gehorsams der Regierung gegenüber: den des Begehrs, den der Furcht, den der Liebe und den der Religion.

Als Anūširwān einen Mann zum Gouverneur ernannte, wies er den Schreiber an, in der Ernennungsurkunde vier Zeilen frei zu lassen, damit er selbst etwas einfügen könne. Und als ihm die Urkunde gebracht wurde, schrieb er: »Regiere die besten Menschen durch Liebe; mische Begehr und Furcht für die Menge; und regiere die Niedrigsten durch Schrecken.«

ʿUmar ibn al-Ḫaṭṭāb sagte: Zum Regieren ist nur geeignet, wer mild ist, ohne schwach, und stark, ohne hart zu sein.

Muʿāwija sagte: Ich benutze mein Schwert nicht, wo meine Peitsche genügt; und ich benutze meine Peitsche nicht, wo meine Zunge genügt. Wäre nichts als ein Haar zwischen mir und dem Volk, es würde nicht zerreißen. Man fragte ihn: »Wie das?«, und er erwiderte: »Wenn sie ziehen, gebe ich nach, und wenn sie nachgeben, ziehe ich.«

Man pflegte zu sagen: Es kann keine Regierung geben ohne Männer, keine Männer ohne Geld, kein Geld ohne Wohlstand und keinen Wohlstand ohne Gerechtigkeit und gute Führung.

Al-Walīd fragte ʿAbd al-Malik: »Vater, was ist Staatskunst?«, worauf dieser erwiderte: »Die Achtung und die aufrichtige Zuneigung der oberen Klassen gewinnen; die Herzen der Menge durch Gerechtigkeit an sich binden; den Untertanen gegenüber auch bei Fehltritten nachsichtig sein.«

In den Büchern der Perser heißt es: Die Herzen der Untertanen sind die Schatzhäuser ihrer Könige. Von allem, was sie darin ablegen, wissen sie, dass es dort ist.

Ein gewisser König beschrieb seine Staatskunst folgendermaßen: Ich scherzte nie, wenn ich ein Versprechen, eine Drohung, einen Befehl oder ein Verbot aussprach; ich bestrafte nie jemanden im Zorn; ich beschäftigte gegen Entgelt, welches ich aufgrund der Leistung, nicht nach Lust und Laune festsetzte; in ihren Herzen speicherte ich Achtung, die kein Hass, und Liebe, die keine Respektlosigkeit trübte; ich verschaffte allen Nahrung, vermied aber Überfluss.

Al-Manṣūr sagte bei einer Audienz zu seinen Heerführern: Jener Beduine, welcher sagte: »Lass deinen Hund hungern, und er wird dir folgen«, hatte Recht. Darauf erhob sich Abū l-ʿAbbās aṭ-Ṭūsī und sagte: »Herrscher der Gläubigen, ich fürchte, ein anderer möchte ihn mit einem Brocken anlocken, und er möchte ihm folgen und dich verlassen.«

Die Mutter des Jabghū, des Königs von Ṭuḫāristān, sagte zu Naṣr ibn Sajjār al-Laiṯī: »Sechserlei sollte ein Herrscher besitzen: einen Wesir, auf den er sich verlassen und dem er seine Geheimnisse anvertrauen kann; eine Festung, in der er auf der Flucht Zuflucht nehmen kann und die ihn rettet, das heißt ein Pferd; ein Schwert, von dem er bei einem Angriff gegen die Feinde nicht befürchten muss, es werde ihn im Stich lassen; einen leicht zu befördernden Schatz, den er im Unglücksfall mitnehmen kann; eine Frau, die ihm, wenn er sie aufsucht, seine Sorgen zerstreut; einen Koch, der ihm, auch wenn er nichts zu essen begehrt, etwas zubereitet, das seinen Appetit weckt.«

Ibn Qutaiba, *ʿUjūn al-aḫbār* I, 2. 5–11 . 110–111

48. Ein Sendschreiben an die Sekretäre (achtes Jahrhundert)

Euch, die ihr die Schreibkunst ausübt, bewahre und schütze, unterstütze und leite Gott. Gott, der Allmächtige, hat die Menschen den Propheten und Aposteln – Gott segne und bewahre sie alle – und den ehrwürdigen Königen untergeordnet und in Klassen eingeteilt, die in Wirklichkeit gleich sind, und hat ihnen bei der Wahl verschiedener Gewerbe und Berufe, durch welche sie ihren Lebensunterhalt verdienen, freie Hand gelassen. Er gab euch, ihr Sekretäre, den angesehensten Rang und machte euch zu Männern von Bildung und Tugend, von Wissen und Umsicht. Durch euch wird das Kalifat wohl geordnet, und seine Angelegenheiten werden wohl besorgt. Durch euren Rat verbessert Gott die Lage der Untertanen, wodurch das Land gedeiht. Weder kann der König auf euch verzichten, noch kann man irgendwo kompetente Personen finden, außer unter euch. Daher dient ihr den Königen als Ohren, mit denen sie hören, als Augen, mit denen sie sehen, als Zungen, mit denen sie sprechen, als Hände, mit denen sie greifen. Gott lasse euch den Vorzug der Kunst genießen, welche er euch zuwies, und entziehe euch nicht die Gnade, die er euch verlieh.

Für keinen Menschen, der irgendeinen Beruf ausübt, ist es wichtiger als für euch, ihr Sekretäre, die verschiedenen gepriesenen Eigenschaften und die mannigfachen erwähnten und anerkannten Tugenden auf sich zu vereinigen, sofern ihr auf die in diesem Schreiben dargelegte Beschreibung passen wollt. Denn der Sekretär schuldet es sich selbst und seinem Herrn, der ihm bei seinen wichtigen Angelegenheiten Vertrauen schenkt, milde zu sein, wenn Milde am Platz ist, verständig, wenn abwägendes Urteil am Platz ist, mutig, wenn Mut am Platz ist, zurückhaltend, wenn Zurückhaltung am Platz ist, der Tugend, Gerechtigkeit und Fairness den Vorzug einzuräumen, Geheimnisse bei sich zu behalten, in der Not treu und im Unglück einfallsreich zu sein. Er sollte allen Angelegenheiten ihren angemessenen Platz zuweisen und Unglücksfälle in ihrem jeweiligen Zusammenhang betrachten. Er sollte jeden Wissenszweig studiert und gemeistert haben oder doch, sofern er ihn nicht völlig beherrscht, über die nötigen Kenntnisse darin verfügen. Aufgrund seiner natürlichen Intelligenz, seiner guten Bildung und seiner ausgezeichneten Erfahrung sollte er die Ereignisse, die ihn betreffen, und die Folgen seines Tuns vorhersehen! Für jede Aufgabe sollte er das geeignete Werkzeug und Gerät bereithalten, für jeden Zweck das richtige Verhalten und Verfahren.

Wetteifert miteinander, ihr Sekretäre, in den verschiedenen Bereichen der Kultur und unterrichtet euch in der Religion. Erwerbt euch zuerst Kenntnisse des Buches Gottes, des Allmächtigen, und der religiösen Pflichten; dann der arabischen Sprache, denn sie ist der Schleifstein eurer Zungen; dann befleißigt euch einer sauberen Handschrift, denn sie ist die Zierde eurer Schreiben. Lernt Gedichte samt ihren seltenen Ausdrücken und Stilmitteln und macht euch mit den Schlachten der alten Araber und der Perser bekannt, mit ihren Geschichten und Heldentaten, denn das wird euch bei euren Bestrebungen helfen. Vernachlässigt nicht das Studium der Arithmetik, denn sie bildet die Grundlage für die Sekretäre im Grundsteuerbüro. Begehrt nicht große oder kleine, banale oder armselige

Dinge, denn sie erniedrigen und verderben die Sekretäre. Haltet eure Kunst von niedrigen Dingen fern, seid über Verleumdung und Klatsch erhaben und benehmt euch nicht wie die Unwissenden. Hütet euch vor Anmaßung, Prahlerei und Hochmut, denn sie schaffen Feindschaft, auch wo kein wirklicher Feind existiert. Bringt euch vor Gott, dem Allmächtigen, gegenseitige Achtung als Kollegen entgegen und macht in eurer Kunst das zur Regel, was eurer rechtschaffenen, gerechten und edlen Vorgänger am würdigsten ist.

Wenn einen unter euch ein Schicksalsschlag trifft, erbarmt euch seiner und helft ihm, bis seine Stellung wiederhergestellt ist. Wenn das Alter einen unter euch unfähig macht, seinen Lebensunterhalt zu verdienen und seine Freunde zu treffen, besucht ihn, erweist ihm Ehre, erbittet seinen Rat und ersucht ihn um seine Hilfe aus der Fülle seiner Erfahrung und seiner über lange Zeit hin erworbenen Kenntnisse. Jeder von euch sei besorgter um seinen Herrn, der sich in Zeiten der Not auf ihn verlässt, als um seinen eigenen Sohn und Bruder. Wenn bei seiner Arbeit etwas gelingt, sollte er es einzig seinem Herrn zuschreiben; wenn etwas misslingt, sollte er sich selbst die Schuld geben. Er sollte Irrtümer und Versehen vermeiden und sollte nicht verdrossen sein, wenn ihm das Glück abhold ist; denn Schande, ihr Sekretäre, trifft euch geschwinder als Frauen und schadet euch mehr als ihnen.

Ihr wisst, wenn einer von euch von jemandem angestellt wird, der ihm aus freien Stücken Gunsterweise zeigt, die er [nicht] erwarten durfte, dann schuldet er jenem Loyalität und Dankbarkeit, Ausdauer und Geduld, Rat und Verschwiegenheit sowie die besonnene Erledigung seiner Angelegenheiten, welche die Erfüllung der Ansprüche seines Herrn an ihn sind; und er sollte das durch sein Tun bestätigen, wenn er gebraucht wird und wenn seine Fähigkeiten vonnöten sind.

Macht euch diese Eigenschaften – Gott gebe euch Erfolg – zur Losung in Zeiten des Wohlstands und der Not, der Entbehrung, des Auskommens und des Wohlergehens, in Freud und Leid. Wie hervorragend ist ein Vertreter dieser edlen Kunst, der einen solchen Charakter besitzt.

Wenn einer von euch eine Anstellung erhält oder ermächtigt wird, über die Angelegenheiten der Geschöpfe und Kinder Gottes zu bestimmen, soll er dabei Gott fürchten und ihm mit Freuden gehorchen; auch soll er gütig sein gegenüber den Schwachen und gerecht gegenüber den Unterdrückten; denn alle Menschen sind Gottes Kinder, und diejenigen sind Gott am liebsten, die seinen Kindern gegenüber am gütigsten sind. Auch soll er gerecht urteilen, den Edlen Ehre erweisen, die Beute mehren, dem Land Gedeihen bringen, freundlich zu den Untertanen sein und sich enthalten, ihnen Leids zu tun. Er soll bescheiden und geduldig sein bei Audienzen und gütig, wenn er Steuern und seine Anforderungen festsetzt.

Wenn einer von euch jemandem als Sekretär dient, so soll er dessen Charakter erforschen; denn wenn er seine guten und schlechten Seiten versteht, kann er jenem Mann bei der Wahrnehmung seiner guten Absichten helfen und ihn von seinen bösen Neigungen abbringen, und zwar mit den feinsten Listen und den geeignetsten Mitteln. Denn ihr wisst, dass ein Mensch, der ein Pferd dressiert, sofern er verständig an seine Aufgabe herangeht, versuchen wird, den Charakter dieses Pferdes zu verstehen. Schlägt es aus, achtet er auf seine Hinterbeine; steigt es, ist er vor seinen Vorderbeinen auf der Hut; geht es plötzlich durch, gibt er ihm beim Reiten nicht die Sporen; befürchtet er, es werde beißen, hat er ein Auge auf seinen Kopf; ist es störrisch, zügelt er seine Launen nur sanft beim Gehen; bleibt es weiterhin störrisch, wendet er es leicht zur Seite, sodass er es leichter führen kann. In dieser Beschreibung der Dressur eines Tieres finden sich auch Hinweise für alle diejenigen, welche mit Menschen umgehen, sie leiten, ihnen dienen und mit ihnen verkehren. Der Sekretär nun ist aufgrund seiner Ausbildung, seines edlen Berufs, seiner feinen Fähigkeiten und seines Umgangs mit denjenigen, mit denen er spricht und diskutiert, die er versteht und deren Macht er fürchtet, eher in der Lage, seinen Herrn zu erfreuen und seine Bedürfnisse zu befriedigen als jemand, der mit einem Pferd umgeht, das nicht antwortet, nicht Gut und Böse kennt und keine Mitteilung versteht außer der des Reiters beim Reiten. Daher – Gott erbarme sich eurer – studiert das aufmerksam und überlegt und denkt darüber nach so viel ihr könnt, damit ihr, so Gott will, sicher seid vor Ablehnung, Abneigung und Entfremdung seitens eures Herrn. Ihm wird von euch Fügsamkeit zuteil, euch von ihm brüderliche Güte – so Gott, der Allmächtige, will.

Erlaubt keinem von euch unangemessenen Aufwand, sei es hinsichtlich seines öffentlichen Auftretens, seiner Bekleidung, seines Ausritts, seiner Speisen und Getränke, seines Haushalts, seiner Diener oder anderer Dinge. Denn ihr seid, trotz der hohen Stellung der Kunst, mit der Gott euch ausgezeichnet hat, Diener, die ihren Dienst nicht vernachlässigen dürfen, und Wächter, bei denen keine Verschwendung oder Vergeudung geduldet werden darf. Sucht Unterstützung eurer Redlichkeit in all dem, was ich euch dargelegt und berichtet habe; hütet euch vor den Gefahren der Verschwendung und den üblen Folgen des Luxus, denn beide führen zu Armut und Erniedrigung und bringen dem, der ihnen nachgibt, Schmach, besonders Sekretären und Gebildeten. Die Dinge sind einander ähnlich, und daher können einige als Hinweise auf andere dienen. Lasst euch, wenn ihr etwas beginnt, von eurer früheren Erfahrung leiten und wählt von den verschiedenen Wegen zur Durchführung einer Handlung denjenigen, für den das klarste Ziel, das begründetste Argument und das löblichste Ergebnis sprechen.

Wisst, dass die Leistungsfähigkeit der Sekretäre von einem verderblichen Übel beeinträchtigt werden kann, nämlich dem Wortreichtum, der denjenigen, der ihm verfallen ist, vom Gebrauch seines Verstandes und von seiner Arbeit ablenkt. Daher sei jeder von euch bei seinen Audienzen bescheiden in der Wahl der Worte, kurz und bündig in Einleitung und Antwort; und jeder möge kurz gefasste Begründungen geben, denn das macht seine Arbeit wirksam und verhindert Ablenkung durch Weitschweifigkeit. Möge er Gott um die Wohltat seiner Hilfe, seiner Unterstützung und seiner Führung ersuchen aus Sorge, er möge einem Irrtum verfallen, der für seinen Körper, seinen Geist und seine Bildung von Nachteil ist. Sollte einer von euch annehmen oder behaupten, seine hervorragenden beruflichen Leistungen und Fähigkeiten entstammten seinem eigenen Scharfsinn und seiner eigenen Tatkraft, so läuft er aufgrund einer solchen Annahme oder einer solchen Behauptung Gefahr, dass Gott, der Allmächtige, ihn sich selbst überlässt und er dadurch unfähig wird. Das bleibt keinem verborgen, der nachdenkt.

Keiner von euch sage, er sei scharfsichtiger oder besser in der Lage, die Last der Verwaltungsarbeit zu tragen, als sein Berufskollege oder sein Arbeitsgefährte. Nach Meinung Verständiger ist der weisere von zwei Männern derjenige, der seine Überheblichkeit hinter sich wirft und seinen Herrn für weiser als sich und in seiner Art für löblicher hält. Beide Seiten müssen den Wert der Gnade Gottes anerkennen, ohne überheblich, selbstgerecht oder anmaßend gegenüber den Kollegen oder Gleichgestellten, dem Herrn oder den Kameraden zu sein. Alle müssen Gottes Macht in Demut und Gottes Ruhm in Bescheidenheit preisen und von seiner Gnade sprechen.

So sage ich in diesem meinem Schreiben, wie es das Sprichwort schon sagte: »Wer sich an die Wahrheit hält, den wird seine Arbeit erhalten.« Das ist der wesentliche Inhalt dieses Briefes und, nach der Erwähnung des Namens Gottes, seine Hauptaussage. Daher habe ich es an das Ende gesetzt und damit das Schreiben abgeschlossen. Gott sorge für uns und euch, ihr Schüler und Sekretäre, wie er für jene sorgt, von deren göttlicher Leitung und Glück er Vorherwissen besitzt; denn das ist das Seinige und geschieht durch seine Hand. Friede sei mit euch und die Gnade und der Segen Gottes.

'Abd al-Ḥamīd, *»Risāla ilā l-kuttāb«*, in Aḥmad Zakī Ṣafwat, *Ǧamharat Rasā'il al-'Arab* II, 534–540

49. Kalifen und Sekretäre (achtes Jahrhundert)

Nach dem Tode des Qabīṣa ibn Ḏu'aib ernannte ['Abd al-Malik][1] 'Amr ibn al-Ḥāriṯ al-Fahmī, einen *maulā* der Banū 'Āmir ibn Lu'ajj, an seiner statt. Nachdem auch 'Amr gestorben war, übertrug ['Abd al-Malik] seinem *maulā* Ǧanāḥ die Leitung des Siegel-*dīwāns* und begnügte sich selbst mit seinen noch verbliebenen Sekretären.

Zu jener Zeit gab es noch zwei *dīwāne* in Kūfa und Baṣra, einen arabischen zur Zählung der Bevölkerung und zur Abrechnung ihres Solds (dieser war von 'Umar eingerichtet worden) und einen persischen zur Regelung der Finanzen. Dasselbe galt für Syrien, wo der eine griechisch, der andere arabisch war. So blieb es bis in die Tage von 'Abd al-Malik ibn Marwān.

Als dieser al-Ḥaǧǧāǧ[2] zum Gouverneur des Irak ernannte, war sein Sekretär Ṣāliḥ ibn 'Abd ar-Raḥmān, genannt Abū l-Walīd.

Dem persischen *dīwān* stand zu jener Zeit Zādānfarrūḫ vor, dessen Nachfolger Ṣāliḥ ibn ʿAbd ar-Raḥmān wurde. Ṣāliḥ stand mit al-Ḥaǧǧāǧ gut und genoss seine Gunst. Er sagte zu Zādānfarrūḫ: »Ich stehe gut mit al-Ḥaǧǧāǧ, weiß jedoch nicht recht, ob ich dich von deiner Stelle verdrängen soll; denn er zieht mich zwar vor, du aber bist mein Vorgesetzter.« Zādānfarrūḫ erwiderte: »Besser nicht; denn er braucht mich nötiger als ich ihn.«

»Wie kommst du darauf?«, fragte Ṣāliḥ, und er erwiderte: »Er wird keinen finden, der ihm die Buchführung zufrieden stellend macht.« Darauf sagte Ṣāliḥ: »Wenn ich wollte, könnte ich sie ins Arabische übertragen.« Zādānfarrūḫ sagte: »Versuche es doch mit nur einer Zeile!«

Als nun Ṣāliḥ einen großen Teil ins Arabische übertrug, sagte Zādānfarrūḫ zu seinen Kollegen: »Ihr solltet euch nach einer anderen Stelle umsehen.«

Al-Ḥaǧǧāǧ trug Ṣāliḥ im Jahr 78 [697–698] auf, die *dīwāne* auf die arabische Sprache umzustellen, und alle Sekretäre im Irak wurden Ṣāliḥs Schüler.

Zu ihnen zählte al-Mughīra ibn Abī Qurra, der Jazīd ibn al-Muhallab als Sekretär diente; zu ihnen zählten auch Quḥḏum ibn Abī Sulaim und Šaiba ibn Aiman, beide Sekretäre des Jūsuf ibn ʿUmar; al-Mughīra und Saʿīd, die Söhne ʿAṭījas (Saʿīd war Sekretär des ʿAmr ibn Hubaira); Marwān ibn Ijās, der Sekretär des Ḫālid al-Qasrī, und andere.

Eines Tages sagte al-Ḥaǧǧāǧ zu Ṣāliḥ: »Ich habe über dich nachgedacht und finde, dass dein Eigentum und Blut mir rechtmäßig gehören; wenn ich sie nehme, kann man mir nichts vorwerfen.« Ṣāliḥ erwiderte: »Das Schlimmste daran ist – Gott stärke den Emir –, dass du das sagst, nachdem du darüber nachgedacht hast.« Al-Ḥaǧǧāǧ lachte darüber und erwiderte nichts.

Nachdem al-Ḥaǧǧāǧ in den Irak gekommen war, lastete seine Herrschaft schwer auf der Bevölkerung des Landes. Die einheimischen Adligen *[dihqān]* kamen bei Ǧamīl ibn Buṣbuhrī zusammen, einem klugen und angesehenen Mann, und äußerten ihre Befürchtung, von al-Ḥaǧǧāǧ werde Unheil kommen.

Er fragte sie: »Sagt mir, wo er geboren ist.«

»Im Ḥiǧāz«, antworteten sie.

»Schwach und eitel«, sagte er. »Und wo ist er aufgewachsen?«

»In Syrien«, erwiderten sie.

»Das ist schlimm«, sagte er und fuhr fort: »Wie viel besser wäre es für euch, müsstet ihr nicht zusätzlich noch unter einem Sekretär leiden, der aus eurem eigenen Volk stammt!« Sie litten nämlich unter Zādānfarrūḫ, der einäugig und niederträchtig war. Dann erzählte ihnen Ǧamīl ein berühmtes Gleichnis: Eine Axt wurde zwischen einige Bäume geworfen. Da sagte ein Baum zu einem anderen: »Diese da wurde zu nichts Gutem hierher geworfen.« Ein älterer Baum sagte zu ihnen: »Solange nichts von euch [d. h. ein hölzerner Stiel] hinzutritt, braucht ihr sie nicht zu fürchten.«

Der Mann, der in Syrien den griechischen *dīwān* für ʿAbd al-Malik und seine Vorgänger leitete, war der Christ Sarǧūn ibn Manṣūr. Eines Tages befahl ihm ʿAbd al-Malik etwas, was er zu beschwerlich fand und aus diesem Grunde ständig hinausschob. ʿAbd al-Malik wiederholte seine Forderung nachdrücklich und fand ihn nachlässig und säumig. Da sagte ʿAbd al-Malik zu Abū Ṯābit Sulaimān ibn Saʿd al-Ḫušanī, dem Vorsteher des Kanzlei*dīwāns*: »Merkst du nicht, mit welcher Anmaßung Sarǧūn uns entgegentritt? Ich glaube, er hat bemerkt, dass wir von ihm und seiner Sachkenntnis abhängig sind. Wie kann man deiner Meinung nach mit ihm fertig werden?« Darauf erwiderte Abū Ṯābit: »Wenn du willst, werde ich die Buchführung ins Arabische übertragen.« ʿAbd al-Malik sagte: »Tu es!« Er tat es, und ʿAbd al-Malik übertrug ihm alle *dīwāne* Syriens.

Man berichtet, ʿAbd al-Malik habe einen christlichen Sekretär namens Šamʿal gehabt. Aus irgendeinem Grund war er zornig auf ihn und warf einen Stock, den er in der Hand hielt, nach ihm. Der Stock traf ihn am Fuß und hinterließ ein Mal. Šamʿal sah auf den Gesichtern einiger seiner Feinde unter den Höflingen ʿAbd al-Maliks einen Ausdruck der Schadenfreude und sagte folgende Verse auf:

Fallen meine Feinde wegen eines Schlags an meinen Fuß
über mich her, wiewohl ich ohne Fehl und Tadel;
Der Herrscher der Gläubigen und sein Tun sind dem
Schicksal gleich, und Schande bringen Schicksalsschläge nicht.

ʿUbaidallāh ibn al-Muḥārib, den al-Ḥaǧǧāǧ zum Gouverneur der beiden Fallūǧa ernannt hatte, erkundigte sich bei seiner Ankunft, ob es einen *dihqān* gebe, nach dessen Rat er sich richten könne. Man nannte ihm Ǧamīl ibn Buṣbuhrī. Er lud ihn vor und bat ihn um seinen Rat.

Ǧamīl fragte: »Bist du hierher gekommen, um deinem Gott zu gefallen, um dem zu gefallen, der dich sandte, oder um dir selbst zu gefallen?« ʻUbaidallāh erwiderte: »Der einzige Grund, warum ich dich zu Rate ziehe, ist, dass du mir helfen sollst, allen zu gefallen.« Ǧamīl sagte: »Dann beachte folgende Grundsätze: Mache keine Unterschiede zwischen deinen Untertanen, sondern behandle Hoch und Niedrig gleichermaßen großmütig. Stelle keinen Türhüter ein, damit jeder deiner Untertanen zu dir kommen kann im vollen Vertrauen darauf, dass er Zugang zu dir erhalten wird. Gib lange Audienzen für deine Untertanen, dann werden deine Beamten Respekt vor dir bewahren. Nimm keine Geschenke an; denn wer ein Geschenk gibt, wird sich auch mit einer dreißigfachen Gegenleistung nicht zufrieden geben. Tust du es aber, so ziehe ihnen das Fell über die Ohren.«

ʻUbaidallāh sagte: »Ich folgte seinem Rat und trieb achtzehn Millionen Dirham an Steuern ein.«

...

Eines Tages fragte al-Ḥaǧǧāǧ einen seiner Sekretäre: »Was reden die Leute so über mich?« Er bat, nicht antworten zu müssen, doch al-Ḥaǧǧāǧ bestand darauf, und er sagte: »Sie sagen, du seist ein Unterdrücker, ein Tyrann, ein Mörder, ein Despot und ein Lügner.« Al-Ḥaǧǧāǧ antwortete: »Sie haben mit allem Recht, außer mit dem Lügner; denn ich habe nicht mehr gelogen, seit ich erfahren habe, dass Unwahrheit die Menschen entehrt.«

Jazīd ibn Abī Muslim (Abū Muslims Name war Dīnār; er war ein *maulā* der Ṯaqīf[3], nicht ein *maulā* durch Freilassung; er war außerdem ein Pflegebruder al-Ḥaǧǧāǧs) diente unter al-Ḥaǧǧāǧ als Vorsteher des Kanzlei*dīwāns*. Seine *kunja* war Abū l-ʻAlā'. Al-Ḥaǧǧaǧ zahlte ihm ein Monatsgehalt von 300 Dirham. Davon gab er 50 Dirham seiner Frau, gab 45 Dirham für Fleisch aus, den Rest für Mehl und andere Aufwendungen. Wenn noch etwas übrig blieb, kaufte er damit Wasser und verteilte es an die Armen. Manchmal kaufte er auch Kleider, die er an sie verschenkte. Trotz alledem diente er al-Ḥaǧǧāǧ als Henkersknecht. Man erzählt, al-Ḥaǧǧāǧ habe ihn, als er krank war, besucht und festgestellt, dass er nur einen Lehmofen und eine Holzlampe besaß. Al-Ḥaǧǧāǧ sagte zu ihm: »Abū l-ʿAlā'! Ich glaube, dein Gehalt reicht dir nicht.« Darauf erwiderte er: »Wenn 300 mir nicht reichen, reichen mir auch 30 000 nicht.«

...

ʿAbd al-Malik ibn Marwān erfuhr, einer seiner Sekretäre habe ein Geschenk angenommen. Er fragte ihn: »Hast du seit deiner Ernennung durch mich irgendein Geschenk angenommen?« Der Sekretär antwortete: »Deine Angelegenheiten sind in Ordnung, deine Finanzlage ist ausgezeichnet, deine Beamten verhalten sich lobenswert, und deine Steuereinnahmen wachsen.«

Der Kalif sagte: »Beantworte meine Frage an dich.«

Der Sekretär sagte: »Ja, ich habe ein Geschenk angenommen.« Der Kalif sagte: »Bei Gott, wenn du ein Geschenk angenommen hast ohne die Absicht, den Geber zu belohnen, bist du niedrig und gemein; wenn du es angenommen hast in der Absicht, für jemanden etwas zu tun, was du ohne Geschenk nicht getan hättest, bist du ein Verräter; und wenn du beabsichtigst, dem Geber eine Gegenleistung für sein Geschenk zu erweisen, ohne sein Vertrauen zu enttäuschen oder in seiner Schuld zu bleiben, hast du doch etwas getan, was dich zum Gerede deiner Kollegen und zur Beute deiner Nachbarn machen und dich des Ansehens, das du durch dein Amt genießest, berauben wird. Was soll man mit jemandem tun, der eine Verpflichtung eingeht, die bei ihm Tadel, Gemeinheit, Verrat oder Dummheit zur Folge hat?« Und er entließ ihn aus seinem Amt.

...

Nach Aussage von ʿAbdallāh ibn Abī Bakr [ibn ʿAmr] ibn Ḥazm wird Folgendes berichtet: Sein Vater diente unter ʿUmar ibn ʿAbd al-ʿAzīz als Sekretär. Einmal bat er ihn um zusätzlichen Papyrus, worauf ʿUmar erwiderte: »Spitze deine Feder und schreibe weniger; man wird es schneller verstehen.« Einem anderen Beamten, der um zusätzlichen Papyrus gebeten und über Mangel daran geklagt hatte, schrieb er: »Spitze deine Feder und sei sparsam mit Worten; du hast mit dem vorhandenen Papyrus auszukommen!«

...

Es wird erzählt, Hišām[4] sei vor seinem Amtsantritt als Kalif mit den Einkünften *[iqṭāʿ]* eines Gebiets namens Dūrain belehnt worden. Als er jemanden dorthin sandte, um sie einzuziehen, erfuhr er, das Gebiet sei wüst und öd. Da sagte er zu Ḏuwaid, einem Sekretär in Syrien: »Hoffentlich weißt du einen Ausweg!« Ḏuwaid fragte: »Was würdest du mir dafür geben?« Hišām sagte: »400 Dīnāre.« Daraufhin schrieb Ḏuwaid: »Dūrain und die umliegenden Dörfer.« Er nahm in den Amtslisten eine entsprechende Eintragung vor, und Hišām hatte große Einkünfte. Nachdem Hišām Kalif geworden war, suchte Ḏuwaid ihn auf, doch Hišām sagte zu ihm: »Dūrain und die umliegenden Dörfer! Bei Gott, von mir wirst du nie ein Amt erhalten!«, und er schickte ihn aus Syrien fort.

…

Als die ʿAbbāsiden an Zulauf gewannen und öffentlich auftraten, sagte Marwān[5] zu ʿAbd al-Ḥamīd: »Den Briefen an uns entnehmen wir, dass uns die Herrschaft unwiederbringlich entgleitet. Diese Leute [er meinte die ʿAbbāsiden] werden dich brauchen. Begib dich also zu ihnen; ich hoffe, du wirst eine einflussreiche Stellung bei ihnen erhalten, die dich in die Lage versetzt, mir selbst, meinen Erben und vielen meiner Anhänger von Nutzen zu sein.« ʿAbd al-Ḥamīd antwortete: »Wie könnte ich es anstellen, dass jedermann wüsste, es geschieht auf deinen Vorschlag hin? Alle würden sagen, ich hätte dich verraten und sei zum Feind übergelaufen.« Dann sprach er folgenden Vers:

Treue soll ich verbergen, Verrat zeigen.
Wer aber liefert mir eine Entschuldigung,
die alle Leute überzeugt?

Danach zitierte er weiterhin:

Mein Vergehen ist offensichtlich und darf ungerügt getadelt
werden; eine Entschuldigung habe ich nicht.

Als Marwān dies hörte, wurde ihm klar, dass er es nicht tun werde. Darauf sagte ʿAbd al-Ḥamīd zu ihm: »Das, worum du mich batst, ist von zwei Möglichkeiten zwar die bessere für dich, aber die schlechtere für mich. Du kannst damit rechnen, dass ich bei dir ausharren werde, bis Gott dir den Sieg verleiht oder ich mit dir umkomme.«

Als ʿĀmir ibn Ismāʿīl al-Maslamī Marwān getötet hatte, ergriff er seinen Sekretär ʿAbd al-Ḥamīd und zeigte ihm die Köpfe der Toten; Marwān war nämlich zusammen mit sechs oder sieben seiner engsten Anhänger getötet worden, die bei ihm waren. ʿAbd al-Ḥamīd bezeichnete Marwāns Haupt; danach wurde er zu Abū l-ʿAbbās[6] gebracht, der ihn an ʿAbd al-Ǧabbār ibn ʿAbd ar-Raḥmān übergab. Dieser ließ ein Kupferbecken erhitzen und es ihm so lange auf den Kopf stellen, bis er starb.

Folgendes fand ich von der Hand des Abū ʿAlī Aḥmad ibn Ismāʿīl geschrieben: Al-ʿAbbās ibn Ǧaʿfar al-Iṣfahānī berichtete mir: Man suchte den Sekretär ʿAbd al-Ḥamīd, einen Freund des Ibn al-Muqaffaʿ, und überraschte die beiden, als sie sich zusammen in einem Haus aufhielten. Diejenigen, welche sie fanden, fragten: »Welcher von euch ist ʿAbd al-Ḥamīd?«, worauf beide, aus Furcht, dem Freund möchte etwas zustoßen, antworteten: »Ich.« ʿAbd al-Ḥamīd fürchtete, sie könnten sich auf Ibn al-Muqaffaʿ stürzen, und sagte: »Habt Erbarmen! Ich besitze gewisse Kennzeichen. Lasst also einige von euch hier bei uns bleiben; einige andere mögen gehen, um demjenigen, der euch hersandte, diese Kennzeichen zu nennen.« Das wurde getan, und man führte ʿAbd al-Ḥamīd ab.

Al-Ḥusain ibn Muḥammad ibn Qāsim an-Naḫaʿī diente ʿĀmir ibn Ismāʿīl als Sekretär.

ʿAbd al-Ḥamīd pflegte zu sagen: Zollt den Sekretären Ehrerbietung, denn durch ihre Hand sorgt Gott der Allmächtige für den Unterhalt seiner Geschöpfe.

Zijād ibn Abī l-Ward al-Ašǧaʿī diente Marwān als Sekretär im Ausgabenamt. Sein Name ist in Inschriften im Hafen von Tyrus und im Hafen von Akko erwähnt, [die besagen,] Marwān, der Herrscher der Gläubigen, habe Reparaturarbeiten angeordnet, und diese seien durch die Hand des Zijād ibn Abī l-Ward ausgeführt worden.

Der Traditionarier ʿAlī ibn Sirāǧ erwähnte, er habe am Schatzhaus in Āḏarbaiǧān eine Inschrift gesehen, die besagte, al-Manṣūr[7], der Diener Gottes und Herrscher der Gläubigen, habe seinen Bau angeordnet und dieser sei durch die Hand des Zijād ibn Abī l-Ward ausgeführt worden, da er auch unter al-Manṣūr diente.

Maḫlad ibn Muḥammad ibn al-Ḥāriṯ, der bis zum Tode Marwāns einer seiner Sekretäre war und sich dann ʿAbdallāh ibn

ʿAlī anschloss, berichtete, Abdallāh habe ihn eines Tages, als er seiner Sitzung beiwohnte, über Marwān ausgefragt und gesagt: »Erzähl mir von ihm.« Maḫlad antwortete: »Am Tage der Schlacht sagte er zu mir: ›Schätze ihre Zahl für mich‹, worauf ich erwiderte: ›Ich bin ein Mann der Feder, kein Mann des Krieges.‹ Dann blickte er nach rechts und nach links, prüfte die Feinde und sagte zu mir: ›Es sind 12 000 Mann.‹« ʿAbdallāh, der angelehnt dasaß, richtete sich auf und sagte: »Ausgezeichnet! An jenem Tag zählte unsere Soldliste genau 12 000 Mann.«

Ein Gouverneur ließ Marwān einen schwarzen Sklaven überreichen. Darauf sagte er zu ʿAbd al-Ḥamīd: »Schreib ihm und äußere dich abfällig über sein Geschenk.« ʿAbd al-Ḥamīd schrieb dem Gouverneur: »Hättest du eine hässlichere Farbe als schwarz und eine geringere Anzahl als eins gefunden, so hättest du es sicher geschickt.« Das ist der Aussage eines Beduinen entlehnt, der auf die Frage, was für Kinder er habe, antwortete: »Wenig, schlecht.« Als man ihn fragte, was das heiße, erwiderte er: »Nicht weniger als ein Kind, nichts Schlechteres als eine Tochter kann man haben.«

...

ʿAbd al-Ḥamīd besaß Nachkommen, die in Ägypten wohnten. Unter den ersten von ihnen gab es keinen, der berühmt wurde. Doch als Aḥmad ibn Ṭūlūn[8] nach Ägypten zog, schlossen sich ihm vier von ʿAbd al-Ḥamīds Nachkommen an. Sie waren bekannt als »Söhne des Auswanderers« *[Banū l-Muhāǧir]* und hatten zuvor als Sekretäre unter dem Eunuchen Ḥusain gearbeitet, den man »Todesschweiß« *[ʿaraq al-maut]* nannte.

Aḥmad ibn Ṭūlūn stellte al-Ḥasan ibn Muḥammad ibn Abī l-Muhāǧir als Sekretär an (sein Bruder ʿAlī ibn Muḥammad war älter als er) und bediente sich auch der Dienste seiner beiden anderen Brüder, deren *kunja* Abū l-Qāsim beziehungsweise Abū ʿĪsā war. Sie alle standen in der Gunst des Aḥmad ibn Ṭūlūn, hatten großen Einfluss auf ihn und besaßen sein volles Vertrauen. Sie gehörten zu den entschiedensten Gegnern des Hauses Hāšim.

Jūsuf ibn Ibrāhīm, der Freund des Ibrāhīm ibn al-Mahdī, sagte: Ich hörte Ibrāhīm ibn al-Mahdī zu ʿAlī ibn Muḥammad ibn Abī l-Muhāğir, welcher sich gerade seines Vorfahren, seiner hervorragenden beruflichen Fähigkeiten, seiner Verdienste, seiner Bildung und seiner Beredsamkeit gebrüstet hatte, sagen: »'Abd al-Ḥamīd war der unheilvollste Sekretär auf Erden, denn als er Marwāns Wesir geworden war, beschränkte sich sein unheilvolles Tun nicht auf seinen eigenen Untergang, sondern führte dazu, dass das Kalifat dem Hause Marwāns verloren ging, und endete erst mit der Ermordung Marwāns selbst.«

Aḥmad ibn Muḥammad, genannt Abū Naṣr und bekannt als Ibn al-A'ğamī, sagte, al-Ḥasan ibn Muḥammad sei bis zum Tode des Aḥmad ibn Ṭūlūn dessen Sekretär gewesen und erst Ḫumārawaih[9] habe sich von ihm abgewandt und ihn eingekerkert. Eine Sklavin namens Banāt [oder Nabāt], die al-Ḥasan ibn Muḥammad gehört hatte, berichtete mir, Ḫumārawaih habe sie und alle anderen Sklavinnen al-Ḥasans zu sich kommen lassen. »Unter diesen Sklavinnen befand sich eine namens Bid'a, al-Ḥasans Lieblingssklavin. Ḫumārawaih hieß sie etwas vorsingen, doch sie weigerte sich. Darauf rief er einen Eunuchen namens Siwār heran und flüsterte ihm etwas zu. Siwār entfernte sich für kurze Zeit und kehrte dann mit dem Kopf des Ḥasan ibn Muḥammad zurück und legte ihn ihr in den Schoss. Als sie ihn sah, schrie sie und wir alle ebenfalls, und er gab Befehl, uns von ihm fortzuführen.«

Bukair ibn Māhān, genannt Abū Hāšim, diente unter Ibrāhīm al-Imām[10] als Sekretär und schrieb seine Briefe an die Missionare *[dā'ī]*. Er hatte seine Tochter mit Abū Salama Ḥafṣ ibn Sulaimān[11], einem *maulā* der Banū l-Ḥāriṯ ibn Ka'b, welcher als Abū Salama al-Ḫallāl bekannt ist, verheiratet. Man sagt, sein Beiname sei von *ḫall*, Essig, abgeleitet, doch Ṯa'lab zitiert eine Aussage Ibn al-'Arabīs, wonach er von *ḫilal al-sujūf*, Schwertscheiden [?], abgeleitet sei und die Beduinen einen Verfertiger derselben *ḫallāl* nennen. Als Beweis zitiert er folgenden Vers:

Der Zahn der Zeit nagt im Tal an Ruinen,
gleich wie das Schwert die Scheiden zerreibt.

Als Abū Hāšim auf dem Sterbebett lag, schrieb er an Ibrāhīm al-Imām, um ihm mitzuteilen, er schreibe ihm am ersten Tag des Jenseits und am letzten Tag des Diesseits, und ihn davon zu unterrichten, dass er Ḥafṣ ibn Sulaimān zu seinem Nachfolger ernannt habe. Ibrāhīm schrieb an Abū Salama [Ḥafṣ ibn Sulaimān] und befahl ihm, auf die Angelegenheiten seiner Kollegen ein Auge zu haben; er schrieb auch an die Leute von Ḫurāsān und teilte ihnen mit, er habe ihre Sache Abū Salama anvertraut. Also zog Abū Salama nach Ḫurāsān, wo man seine Herrschaft akzeptierte und ihm ein Fünftel der Steuern überließ und für die Ausgaben der Partei aufkam.

Ṭalḥa ibn Zuraiq, genannt Abū l-Manṣūr, der Bruder des Muṣʿab ibn Zuraiq und Großvater des Ṭāhir ibn al-Ḥusain, war damit beauftragt, die Korrespondenz der Missionare mit dem Imam zu führen und ihnen auf ihren Zusammenkünften seine Briefe an sie vorzulesen.

Muhalhil ibn Ṣafwān war der *maulā* einer Frau des ʿAlī ibn ʿAbdallāh ibn al-ʿAbbās; sie war die Dienerin des Ibrāhīm al-Imām im Gefängnis, schrieb Briefe für ihn und blieb bei ihm, bis Marwān Ibrāhīm tötete.

Als Ibn Hubaira besiegt worden war und sich nach Wāsiṭ begab, während Ḥumaid und al-Ḥasan, die Söhne Qaḥṭabas, am 11. Muḥarram 132 [30. August 749] in Kūfa eindrangen, brachte man Abū Salama vor die Öffentlichkeit, übergab ihm die Herrschaft und verlieh ihm den Titel »Wesir des Hauses Muḥammad«. Er übernahm die Verantwortung für die Staatsgeschäfte und rief das hāšimitische Imamat aus, jedoch ohne einen Kalifen zu benennen. Wenn Abū Muslim[12] ihm schrieb, adressierte er den Brief: »An den Emir Ḥafṣ ibn Sulaimān, den Wesir des Hauses Muḥammad, von ʿAbd ar-Raḥmān ibn Muslim, dem Emir des Hauses Muḥammad.« Als Abū Muslim in Ḫurāsān die *daʿwa* verkündet und einige Gebiete erobert hatte, ernannte er in seiner Gegenwart [?] Abū Ṣāliḥ Kāmil ibn Muẓaffar zum Sekretär der *dīwāne* und des Schatzamtes und übertrug das Sekretärsamt der Kanzlei an Aslam ibn Ṣubaiḥ.

Als Marwān Ibrāhīm eingekerkert hatte, fürchtete dieser für seine Familie; er bestimmte Abū l-ʿAbbās zu seinem Erben und Nachfolger im Kalifenamt und hieß ihn zu Abū Salama nach Kūfa gehen. Auch hieß er seine Familienangehörigen Abū l-ʿAbbās begleiten, auf ihn hören und ihm gehorchen, und kündigte ihnen seinen eigenen Tod an. Abū l-ʿAbbās ʿAbdallāh ibn Muḥammad machte sich auf, begleitet von seinem Bruder Abū Ǧaʿfar, seinen Onkeln Dāʾūd und ʿAbdallāh und von ʿĪṣā ibn Mūsā ibn Muḥammad ibn ʿAlī, Mūsā ibn

Dā'ūd ibn 'Ali, Jaḥjā ibn Ǧa'far ibn Tammām ibn al-'Abbās und einer Anzahl ihrer *mawālī*. Als sie in Sichtweite von Kūfa waren, sandte Abū l-'Abbās Ibrāhīm ibn Salama zu Abū Salama, um ihn von ihrer Ankunft zu unterrichten. Abū Salama missbilligte ihr Kommen und sagte: »Sie haben ihr Leben riskiert und überstürzt gehandelt. Sie sollen in Qaṣr Muqātil bleiben, das zwei Tagesreisen von Kūfa entfernt ist, bis wir über unsere Lage Klarheit haben.« Als Ibrāhīm mit dieser Botschaft zu ihnen zurückkehrte, schrieben sie ihm Folgendes: »Wir befinden uns auf dem offenen Land und können leicht von den syrischen Truppen, die sich nur drei Tagesreisen von uns entfernt in Hīt aufhalten, angegriffen werden.« Sie baten ihn um Erlaubnis, nach Kūfa kommen zu dürfen, um sich dort zu verbergen. Er gab ungern nach und brachte sie bei den Banū Awad im Hause von al-Walīd ibn Sa'd al-Ǧammāl, einem *maulā* der Banū Hāšim, unter. Er verbarg sie und verheimlichte ihr Vorhaben etwa zwei Monate lang vor allen Führern und vor der Šī'a.

Abū Salamas Lager war in Ḥammām A'jan. Er hielt sich dort auf und schickte seine Abgesandten in die Ebenen und in die Berge. Die Ratsversammlungen fanden in seiner Gegenwart statt, und den Eingang und Abgang von Briefen kontrollierte er selbst. Abū Salama pflegte seine Gefährten morgens und abends zu bewirten; er war wählerisch mit Waffen und Pferden, jedoch nicht mit Kleidern. Er sprach ein klares und elegantes Arabisch, kannte sich in Geschichte und Dichtung, Streitgespräch und Korankommentar aus, war schlagfertig und eifrig.

Al-Ǧahšijārī, *Kitāb al-wuzarā' wal-kuttāb*, 38–41. 42–44. 53. 60. 79–81.82–86

50. Einige Aussprüche des Wesirs ibn Al-Furāt (gestorben 924)

Die Grundlage der Regierung ist Betrug; wenn erfolgreich und dauerhaft, wird er zur Politik.

Es ist besser, die Regierungsangelegenheiten auf dem falschen Weg in Bewegung zu halten, als auf dem richtigen Weg zum Stillstand zu kommen.

Wenn du etwas mit dem Wesir zu tun hast, es aber auch beim Archivar des *dīwān* erledigen kannst, tu es und bring es nicht vor den Wesir selbst. Hilāl aṣ-Ṣābi', *Wuzarā'*, 63–64. 119

51. Die Beamten des Fāṭimidenkalifats in Ägypten (zehntes bis zwölftes Jahrhundert)

Dritte Gruppe. Aufzählung der Heere der Fāṭimidendynastie und Erläuterung der Ränge der Männer des Schwerts, in drei Klassen

Die erste Klasse bestand aus den Emiren, die wiederum dreierlei Ränge besaßen.

Der erste Rang war derjenige der Emire mit Halsband. Ihnen wurden goldene Halsbänder verliehen, die sie um den Hals trugen. Ihnen entsprechen in unserer Zeit die Emire der Tausend.

Der zweite Rang war derjenige der Rutenträger. Es waren diejenigen, die bei Umzügen silberne Ruten trugen, welche ihnen der Kalif aus dem Schatzhaus des Schmucks holen ließ, damit sie sie in der Hand trügen. Ihnen entsprechen in unserer Zeit die Emire der Trommeln.

Der dritte Rang war jener der niedrigsten Emire, die noch nicht zum Rutentragen berechtigt waren. Ihnen entsprechen in unserer Zeit die Emire der Zehn und der Fünf.

Die zweite Klasse bestand aus dem Personal des Kalifen *[ḫāṣṣa]*, das man in drei Arten gliedern kann.

Die erste Art waren die Eunuchen, die heutzutage als *ḫādim* und *ṭawāšī* bekannt sind. Unter den Fāṭimiden hatten sie eine hohe Stellung inne. Aus ihren Reihen stammten viele Inhaber von Ämtern, die unmittelbar den Kalifen betrafen. Die höchsten unter ihnen waren die »Kinnbinder«, die sich die Turbane um das Kinn wickelten, wie es heute noch die Beduinen und die Nordafrikaner tun. Diese standen dem Kalifen am nächsten und waren ihm am engsten verbunden. Sie zählten mehr als 1 000 Mann. ...

Die zweite Art waren die jungen Männer, die dem Kalifen persönliche Dienste leisteten. Sie waren eine Gruppe junger Männer, deren Aufgabe es war, den Kalifen zu bedienen; sie zählten etwa 100 Personen, und zu ihnen gehörten auch Emire und andere. Ihrer Stellung entspricht in unserer Zeit diejenige der Pagen *[ḫāṣṣakīja]*.

Die dritte Art waren die Jungkasernierten. Sie waren eine Gruppe junger Männer, fast 5 000 an der Zahl, die in verschiedenen, je besonders genannten Quartieren untergebracht waren. Ihnen entsprechen die heutigen kasernierten königlichen Mamlūken. Sie waren als *kuttābīja* bekannt, jedoch war ihre Anzahl vollständig, und ihre Mängel wurden beseitigt, und wenn man sie aufbot, machten sie keine Schwierigkeiten. Die Jungen unter ihnen hatten ein eigenes Quartier unter der Aufsicht von Eunuchen; ihr Quartier war vom Palast getrennt und lag innerhalb des Siegestores, dort, wo sich heute der Ḫānqāh Baibars' befindet.

Die dritte Klasse bestand aus den Heereskorps. Davon gab es eine große Zahl, und jedes Korps trug den Namen einer Gruppe, die aus der Zeit eines früheren Kalifen überlebte, wie die Ḥāfiẓīja und die Āmirīja nach jenen benannt waren, welche auf die Kalifen al-Ḥāfiẓ beziehungsweise al-Āmir[1] zurückgingen; oder eines früheren Wesirs, wie die Ǧujūšīja und die Afḍalīja nach jenen, welche auf den Emir al-Ǧujūš Badr al-Ǧamālī beziehungsweise seinen Sohn al-Afḍal[2] zurückgingen; oder es trug den Namen des Offiziers, dem es zu jener Zeit unterstellt war, wie die Wazīrīja und andere; oder sie trugen den Namen von Stämmen und Völkern, wie den Türken, Kurden, Ghuzz, Dailam und Maṣmūdīs; oder den in Dienst genommener Kriegsgefangener, wie Griechen, Franken, Slawen oder gekaufter schwarzer Sklaven; oder den freigelassener Sklaven und weiterer ähnlicher Gruppen. Jedes Korps hatte seine eigenen Führer und Offiziere, die Befehlsgewalt über sie hatten.

Vierte Gruppe.
Die Inhaber hoher Ämter im Fāṭimidenstaat; in zwei Abteilungen.

Die erste Gruppe bestand aus jenen Personen, denen die persönliche Bedienung des Kalifen oblag; sie lassen sich in vier Klassen unterteilen:

Die erste Klasse, die Inhaber von Ämtern, welche aus den Reihen der Männer des Schwerts stammen, besteht aus zwei Arten.

Die erste Art sind allgemeine militärische Ämter, bei denen man neun unterscheidet:

1. Das Wesirat. Dies ist das würdigste und ranghöchste Amt. Wisse, dass das Wesirat unter den Fāṭimiden manchmal von Männern des Schwerts, manchmal von Männern der Feder besetzt war. In beiden Fällen war das Wesirat manchmal mit vollen Machtbefugnissen ausgestattet, ähnlich wie heute das Sultanat oder doch nicht viel weniger, wobei es dann Wesirat genannt wurde; manchmal war es auch begrenzter und wurde dann *wasāṭa* genannt.

In *Nihājat al-arab* sagt an-Nuwairī: Der Erste, den man unter den Fāṭimiden als Wesir anredete, war Jaʿqūb ibn Killis, der Wesir des Kalifen al-ʿAzīz; der erste große Wesir von den Männern des Schwerts war Badr al-Ǧamālī, der Wesir al-Mustanṣirs; der letzte war Ṣalāḥ ad-Dīn Jūsuf ibn Ajjūb [Saladin], der aus diesem Amt zum Sultan aufstieg. ...

2. Das Amt des Oberpförtners. Dieses steht rangmäßig an zweiter Stelle hinter dem Wesirat. Ibn aṭ-Ṭuwair sagte: Man pflegte es das kleine Wesirat zu nennen, und sein Inhaber hatte fast den Rang des heutigen Vertreters des Sultans. Er war für die Untersuchung von Klagen verantwortlich, wenn der Wesir kein Mann des Schwerts war. Wenn er jedoch ein solcher war, präsidierte er der Untersuchung von Klagen, und der Oberpförtner stand ihm zusammen mit anderen dabei zu Diensten.

3. Das Amt des Oberbefehlshabers. Ibn aṭ-Ṭuwair sagte: Sein Inhaber war der Hauptverantwortliche für die Heere und die Aufsicht über sie. In seinem Dienst und im Dienst des Oberpförtners standen die verschiedenen Kämmerer.

4. Das Amt des Sonnenschirmträgers bei großen Zeremonien, wie zum Beispiel der Neujahrsprozession. Dies war ein wichtiges Amt, und sein Inhaber hieß Sonnenschirmträger. Er war ein bedeutender Emir und besaß höheren Rang und höheres Ansehen als andere, da er etwas trug, was das Haupt des Kalifen überragte.

5. Das Amt des Schwertträgers des Kalifen bei festlichen Umzügen, bei welchen auch der Sonnenschirm getragen wurde. Der Inhaber dieses Amtes hieß Schwertträger.

6. Das Amt des Speerträgers des Kalifen bei festlichen Umzügen, bei welchen auch der Sonnenschirm getragen wurde. Es handelte sich um eine kurze Lanze, die neben dem Kalifen hergetragen wurde. Der Inhaber dieses Amtes hieß Speerträger.

7. Das Amt der den Kalifen bei festlichen Umzügen umgebenden Waffenträger. Wegen ihrer Bekleidung hießen die Inhaber dieses Amtes die Steigbügelmänner und die »jungen Männer des persönlichen Steigbügels«. Sie sind die gleichen, welche in unserer Zeit Waffenträger oder Axtträger heißen. Es waren mehr als zweitausend Mann, und sie hatten zwölf Befehlshaber, die so genannten »Herren des Steigbügels des Kalifen«. Über sie waren aufgrund ihrer Kenntnisse besondere Oberbefehlshaber eingesetzt. Die älteren dieser Steigbügelmänner wurden mit besonderen Regierungsaufgaben betraut, und wenn sie solch eine Aufgabe übernahmen, genossen sie darin hohes Ansehen.

8. Das Gouverneursamt von Kairo. Sein Inhaber besaß einen hohen Rang und großes Ansehen und hatte einen festen Platz bei den Umzügen.

9. Das Gouverneursamt von Fusṭāṭ. Dieses war, wie heute, von weniger hohem Rang als das Gouverneursamt von Kairo, obwohl zu jener Zeit Fusṭāṭ eine blühende und volkreiche Stadt war und großartiger als in unserer Zeit.

Die zweite Art. Von Eunuchen gehaltene Ämter für den persönlichen Dienst des Kalifen. Von dieser Art gab es mehrere, und zwar zweierlei Gattungen.

Die erste Gattung bestand aus Aufgaben der »Kinnbinder»-Eunuchen und umfasste neun Ämter.

1. Das Amt, die Krone des Kalifen zu binden. Das heißt, dass sein Inhaber damit beauftragt war, die Krone zusammenzufügen, welche der Kalif bei bedeutenden festlichen Umzügen trug, sodass ihm in unserer Zeit der »Wickler« *[laffāf]* entspricht. Es war sein Vorrecht, die Krone anfassen zu dürfen, die dem Kalifen auf das Haupt gesetzt wurde. Die Krone war in fāṭimidischer Zeit auf eine besondere Art gebunden, welche nicht jedermann bekannt war; sie erhielt eine längliche Form und bestand aus einem Tuch von derselben Farbe wie das Gewand des Kalifen. Diese

Art, die Krone zu binden, war als »das Binden der Würde« bekannt. ...

2. Das Amt des Audienzmeisters. Er war für die Vorbereitungen verantwortlich, wenn der Kalif bei Feiern öffentliche Audienz gab, und unterrichtete den Wesir und die Emire, wenn der Kalif auf dem Königsthron Platz genommen hatte. Er trug den Titel *Amīn al-Mulk* [der Beauftragte des Königreichs], und ihm entspricht in unserer Zeit der *Amīn Ḫāzindār*.

3. Das Amt des Korrespondenzmeisters. Er überbrachte dem Wesir und anderen die Schreiben des Kalifen.

4. Das Amt des Palastverwalters. Diesem Amt entspricht in unserer Zeit das des Residenzverwalters.

5. Das Amt des Schatzmeisters. Diesem Amt entspricht in unserer Zeit das des *Ḫāzindār*.

6. Das Amt des Aufsehers über das *Daftar al-Maǧlis* genannte Archiv. Er war für die Büros *[dīwān]* für die Kalifatsangelegenheiten verantwortlich.

7. Das Amt des Tintenfassträgers; gemeint ist das Tintenfass des Kalifen ... Der Inhaber dieses Amtes trug dem Kalifen das Tintenfass auf einem Sattel voran und nahm damit auch bei festlichen Umzügen teil.

8. Das Amt des Aufsehers über die Verwandten. Der Inhaber war für die *šarīf*en verantwortlich, welche mit dem Kalifen verwandt waren, und sein Wort hatte bei ihnen Gewicht.

9. Das Amt des Mundschenken. Er war für die Ernährung des Kalifen verantwortlich, wie in unserer Zeit der Haushaltsmeister.

Die zweite Gattung von Ämtern im persönlichen Dienst des Kalifen bestand aus Aufgaben, die nicht »Kinnbinder«-Eunuchen innehatten; zwei davon sind besonders berühmt.

Das erste war die Oberaufsicht über die Ṭālibiten[3], der die Oberaufsicht über die *šarīf*en in unserer Zeit entspricht. Dieses konnten nur die Ältesten und die Angesehensten dieser Gruppe innehaben. Dem Inhaber dieses Amtes oblag ihre Rechtsprechung, und er war dafür verantwortlich, falsche Anwärter aus ihren Reihen auszuschließen. Im Zweifelsfall lud er den Anwärter vor, um seinen Stammbaum festzustellen. Auch war es seine Aufgabe, Kranke unter ihnen zu besuchen, bei ihrer Beerdigung mitzugehen, nach ihren Bedürfnissen zu sehen, Störenfriede unter ihnen zur Ordnung zu rufen und sie von Übertretungen zurückzuhalten, hinsichtlich ihrer Angelegenheiten nur mit Zustimmung ihrer Ältesten Entscheidungen zu treffen, usw.

Das zweite Amt war die Oberaufsicht über die Männer. Sein Inhaber war verantwortlich für die Männergruppen und die Truppen; es umfasste die Oberaufsicht über die jungen Männer in den Kasernen, die Oberaufsicht über das Korps der Āmirīs und der Ḥāfiẓīs, die Oberaufsicht über die Schwarzen und andere. Ihm entspricht in unserer Zeit der Befehlshaber der Mamlūken.

Die zweite Klasse der Amtsinhaber in der Umgebung des Kalifen waren die Männer der Feder; davon gab es drei Arten.

Von der ersten Art, den Inhabern religiöser Ämter, sind sechs bekannt.

1. Der Oberrichter. Er war bei ihnen einer der obersten Würdenträger und der höchste in Rang und Ansehen. Ibn aṭ-Ṭuwair sagte: Keiner war höher als er oder konnte sich ihm widersetzen. Ihm unterstand die Rechtsprechung nach dem heiligen Gesetz, die Münzprägung und die Überprüfung der Maßeinheiten. Mitunter war die Gerichtsbarkeit Ägyptens, Syriens und Nordafrikas auf einen einzigen Richter vereint, der eine einzige Ernennungsurkunde erhielt. ... Wenn der Wesir ein Mann des Schwerts war, setzte er den Richter als seinen Stellvertreter ein; wenn nicht, wurde der Richter vom Kalifen eingesetzt. Man gab ihm aus den Stallungen des Kalifen ein graues Maultier, auf welchem er immer ritt und welches sich durch seine Farbe von den Maultieren anderer Würdenträger unterschied; auch erhielt er aus der Sattlerei schweres Zaumzeug und einen mit zwei silbernen Bändern versehenen Sattel, ebenso Halsbinden für Festlichkeiten; außerdem wurden ihm noch golddurchwirkte Ehrenkleider *[ḫilʿa]* verliehen. Entsprechend ihrer Praxis konnte er nur auf Befehl des Kalifen einen Zeugen *[šāhid]* ernennen und konnte nur mit dessen Erlaubnis an einer Hochzeit oder einer Beerdigung teilnehmen. In Anwesenheit eines Wesirs wurde er nicht mit »Oberrichter« angesprochen, da dies ein Titel des Wesirs war. An Montagen und Donnerstagen saß er frühmorgens im Palast, um

den Kalifen zu begrüßen; an Samstagen und Dienstagen saß er in der alten Moschee in Fusṭāṭ. Bei Sitzungen hatte er ein Tuch auf dem Kopf und ein Kissen und einen Ständer bei sich, auf dem das Tintenfass stand. Dann saßen die Zeugen um ihn herum, zu seiner Rechten und zu seiner Linken, dem Alter nach. Ibn aṭ-Ṭuwair sagte: ... Vor ihm saßen, paarweise gegenüber, vier Unterschriftenerteiler *[muwaqqiʿ]* und bei seiner Tür fünf Kämmerer, zwei vor ihm, zwei an der Tür zum abgetrennten Bereich *[maqṣūra]* und einer, der die prozessführenden Parteien zuließ. Während einer Sitzung stand er unter keinen Umständen vor jemandem auf.

2. Der Obermissionar *[dāʿī d-duʿāt]*. Dieser folgte bei ihnen rangmäßig dem Oberrichter und trug die gleiche Bekleidung und die gleichen Würdenzeichen wie er. Es war seine Aufgabe, in dem als »Haus der Weisheit[4]« bekannten Gebäude Unterricht über die Lehren der Familie des Propheten zu erteilen und die Eide derer entgegenzunehmen, die sich ihren Anhängern anschlossen.

3. Der Marktaufseher *[muḥtasib]*. Er war einer ihrer führenden Rechtsrepräsentanten und Notabeln. Wichtig war für ihn, dass bei der Verleihung eines Ehrengewandes an ihn der Beschluss von den Kanzeln in Fusṭāṭ und Kairo verlesen wurde. Er hatte freie Hand bei der Aufrechterhaltung der öffentlichen Ordnung, entsprechend den Regeln der *ḥisba*, und nichts stand zwischen ihm und den Dingen, um die er sich bekümmerte. In seinem Namen wirkten Vertreter mit vollen Machtbefugnissen in Kairo, Fusṭāṭ und allen Provinzen. Er hielt, täglich abwechselnd, Sitzungen in den beiden Freitagsmoscheen in Kairo und Fusṭāṭ. Was er sonst tat, war identisch mit seinen heutigen Tätigkeiten.

Ich sage: Ich sah in einigen ihrer Dokumente, dass die *ḥisba* von Fusṭāṭ und Kairo manchmal zu den Pflichten der Polizeichefs in diesen beiden Orten hinzutrat.

4. Der Schatzmeister. Dieses Amt pflegte nur angesehenen älteren Zeugen anvertraut zu werden. Er war vom Kalifen ermächtigt, nach eigenem Gutdünken jede Art von Dingen in seiner Obhut zu verkaufen, sofern das Gesetz den Handel damit erlaubte; Sklaven *[mamlūk]* freizulassen; Sklavinnen zu verheiraten; Steuereinkünfte nach Bedarf zu verpachten; nach eigenem Gutdünken Einkäufe vorzunehmen; nach eigenem Gutdünken Gebäude, Schiffe, usw.

nach Bedarf zu bauen, und das alles mit voller Befugnis seitens des Kalifen.

5. Der Stellvertreter *[nā'ib]*. Damit ist der Vertreter des oben erwähnten Oberpförtners gemeint, der in unserer Zeit *mihmandār* heißt. Ibn aṭ-Ṭuwair sagte: Diese Stellvertretung heißt »die erhabene Stellvertretung« und ist ein hoher Rang, mit dem führende Zeugen und Männer der Feder betraut werden. Sein Inhaber nimmt beim Empfang von Gesandten, die den Kalifen aufsuchen, die Vertretung des Oberpförtners wahr. Er geht ihnen ein Stück entgegen und geleitet jeden von ihnen an den vorgeschriebenen Platz und bedient sie. Er gestattet keinem, mit ihnen zusammenzukommen, befragt sie selbst, berichtet dem Oberpförtner über sie und bemüht sich, ihre Wünsche zu erfüllen. Er stellt sie dem Kalifen oder dem Wesir vor, führt sie hinein und bittet für sie um Erlaubnis, sich zurückzuziehen. Beim Eintritt des Gesandten hält der Oberpförtner seine rechte, der Vertreter seine linke Hand, und Letzterer merkt sich, was sie sagen und was man zu ihnen sagt. Er bemüht sich, ihre Verabschiedung in der vorteilhaftesten Weise herbeizuführen. Wenn er abwesend ist, ernennt er bis zu seiner Rückkehr einen Vertreter. Eine der Bedingungen für seine Ernennung ist die, dass er von den Gesandten weder ein Geschenk noch ein Präsent ohne Erlaubnis annimmt. ...

6. Die Vorleser *[qurrā']*. Sie hatten Vorleser, die in Gegenwart des Kalifen vorlasen, wenn er Audienz hielt, in einem Umzug ritt und bei anderen Gelegenheiten. Sie hießen »Vorleser der Majestät«; es waren über zehn. Sie pflegten zu Audienzen und Umzügen zu erscheinen und jeweils passende Koranverse zu rezitieren.

Al-Qalqašandī, *Ṣubḥ al-a'šā* III, 476–484

Dritter Teil

Krieg und Eroberung

XII. Heiliger Krieg

Drei Gruppen von Texten veranschaulichen dieses Thema. Die erste besteht aus dem Koran und dem ḥadīṯ *entnommenen Abschnitten, einschließlich einer Abū Bakr zugeschriebenen Rede; sie enthalten Vorschriften und Bestimmungen darüber, dass und wie der* ǧihād, *der heilige Krieg für den Islam – eine kollektive Pflicht der islamischen Gemeinschaft – durchzuführen sei. Die zweite Gruppe behandelt mehr technische Fragen – Waffen, Bewaffnung, Verbindungen, Spionage und militärisches Personal. Die dritte Gruppe enthält von Chronisten wiedergegebene Dokumente und Berichte über die Zeit der ersten arabischen Eroberung. Wenngleich die Echtheit einiger von ihnen angezweifelt werden kann, veranschaulichen sie doch die Art und Weise der Eroberung und der Friedensschlüsse.*

52. Aus dem Koran

Und kämpft um Gottes willen gegen diejenigen, die gegen euch kämpfen! Aber begeht keine Übertretung (indem ihr den Kampf auf unrechtmäßige Weise führt)! Gott liebt nicht, die Übertretungen begehen.

Und tötet sie, wo (immer) ihr sie zu fassen bekommt, und vertreibt sie, von wo sie euch vertrieben haben! Der Versuch (Gläubige zum Abfall vom Islam) zu verführen ist schlimmer als töten. Jedoch kämpft nicht bei der heiligen Kultstätte (von Mekka) gegen sie, solange sie nicht (ihrerseits) dort gegen euch kämpfen! Aber wenn sie (dort) gegen euch kämpfen, dann tötet sie! Derart ist der Lohn der Ungläubigen.

Wenn sie jedoch (mit ihrem gottlosen Tun) aufhören (und sich bekehren), so ist Gott barmherzig und bereit zu vergeben.

Und kämpft gegen sie, bis niemand (mehr) versucht, (Gläubige zum Abfall vom Islam) zu verführen, und bis nur noch Gott verehrt wird! Wenn sie jedoch (mit ihrem gottlosen Treiben) aufhören (und sich bekehren), darf es keine Übertretung geben, es sei denn gegen die Frevler (Sure II, 190–193).

Wenn ihr (auf einem Feldzug) mit den Ungläubigen zusammentrefft, dann haut (ihnen mit dem Schwert) auf den Nacken! Wenn ihr sie schließlich vollständig niedergekämpft habt, dann legt (sie) in Fesseln, (um sie) später entweder auf dem Gnadenweg oder gegen Lösegeld (freizugeben)! (Haut mit dem Schwert drein) bis der Krieg (euch) von seinen Lasten befreit (und vom Frieden abgelöst wird)! Dies (ist der Wortlaut der Offenbarung). Wenn Gott wollte, würde er sich (selber) gegen sie helfen. Aber er möchte (nicht unmittelbar eingreifen, vielmehr) die einen von euch (die gläubig sind) durch die anderen (die ungläubig sind) auf die Probe stellen. Und denen, die um Gottes willen getötet werden, wird er ihre Werke nicht fehlgehen lassen (sodass sie damit nicht zum Ziel kommen würden) (Sure XLVII, 4).

53. Dem Propheten zugeschriebene Aussprüche

Der *ǧihād* obliegt euch unter jedem Herrscher, sei er gottesfürchtig oder nicht, und selbst wenn er schwere Sünden begeht. Das Gebet obliegt euch hinter jedem Muslim, sei er gottesfürchtig oder nicht, und selbst wenn er schwere Sünden begeht. Das Gebet obliegt euch für jeden sterbenden Muslim, sei er gottesfürchtig oder nicht, und selbst wenn er schwere Sünden begeht.

Das Paradies liegt im Schatten des Schwerts.

Wo des Gläubigen Herz um Gottes willen bebt, da fallen seine Sünden von ihm ab wie die Datteln von der Palme.

Wenn jemand um Gottes willen einen Pfeil auf einen Feind schießt und dieser Pfeil den Feind erreicht, so ist dies, gleichgültig ob er ihn trifft oder nicht, so verdienstvoll wie die Freilassung eines Sklaven.

Wer das Schwert um Gottes willen zieht, hat Gott den Treueid geleistet.

Wenn jemand einen Gefangenen aus Feindeshand loskauft, bin ich jener Gefangene.

Wer für die Verbreitung von Gottes Wort kämpft, wandelt auf dem Wege Gottes.

Denjenigen, der im Grenzkampf um Gottes willen fällt, bewahrt Gott vor der Anfechtung des Grabes.

Der Ungläubige und derjenige, welcher ihn tötet, werden sich nie in der Hölle treffen.

Gott sandte mich als Gnaden- und als Kampfeszeichen. Er sandte mich nicht als Händler oder Bauer. Am Tag der Auferstehung wird es den Händlern und Bauern der Gemeinde am schlechtesten ergehen – abgesehen nur noch von denen, die mit ihrer Religion geizen.

Einen Tag und eine Nacht im Grenzkampf zu verbringen, ist besser, als einen Monat lang zu fasten und zu beten.

Das Beste, was einem Muslim zuteil werden kann, ist ein Pfeil um Gottes willen.

Wer einen Krieger zum heiligen Krieg ausrüstet, wird belohnt wie dieser, ohne dass dessen Belohnung vermindert würde.

Wer stirbt, ohne je gekämpft oder die Absicht zu kämpfen gehabt zu haben, stirbt im Zustand einer Art Heuchelei.

Bekämpft die Heiden mit eurem Besitz, eurem Leben und euren Zungen.

Die Schwerter sind die Schlüssel zum Paradies.

Ein Schwert genügt als Zeuge.

Unser Herr wundert sich über Menschen, die ins Paradies in Ketten geführt werden.

Ein Kriegszug zur See ist gleichwertig mit zehn Kriegszügen zu Land, und wer seekrank wird, ist wie einer, der sein Blut um Gottes willen vergoss.

Jeder Prophet hat sein Mönchtum; das Mönchtum dieser Gemeinde ist der heilige Krieg um Gottes willen.

Wer auf einem Kriegszug zur See seekrank wird, wird wie ein Märtyrer belohnt, wer ertrinkt, wie zwei.

Im Islam gibt es drei Stufen, die untere, die höhere und die höchste. Die untere ist der Islam der Muslime im Allgemeinen. Wenn du irgendeinen fragst, wird er antworten: »Ich bin Muslim.« Auf der höheren Stufe sind ihre Verdienste anders; denn manche Muslime sind bessere als andere. Die höchste Stufe ist der *ǧihād* um Gottes willen; und diese erlangen nur die Besten.

Wollt ihr wissen, warum ich lache? Ich sah Glieder meiner Gemeinde, die gegen ihren Willen ins Paradies geschleppt wurden. Sie fragten: »Prophet Gottes, wer sind diese?« Er sagte: »Es sind Nichtaraber, welche die Kämpfer im heiligen Krieg gefangen nahmen und zum Islam brachten.«

Schießt und reitet! Dabei ist mir das Schießen lieber als das Reiten. Ein Mann verbringt seine Zeit nur dann nicht nutzlos, wenn er mit dem Bogen schießt, sein Pferd trainiert oder mit seiner Frau tändelt. Diese drei Dinge sollte man betreiben. Wer das Bogenschießen aufgibt, nachdem er es gelernt hat, ist seinem Lehrmeister gegenüber undankbar.

Verflucht sei, wer einen persischen Bogen trägt! Behaltet den arabischen Bogen und die Lanzen, mit denen Gott euch die Macht in diesen Ländern und den Sieg über euren Feind gibt.

Lernt schießen, denn zwischen den beiden Zielpunkten liegt einer der Paradiesesgärten.

Kriegführung ist Betrug.

Die Muslime sind an ihre Bedingungen gebunden.

Die Muslime sind an ihre Bedingungen gebunden, solange diese dem Gesetz entsprechen.

Von jedem Dorf, in das ihr kommt und in dem ihr bleibt, gehört euch ein Anteil; doch von jedem Dorf, das Gott und seinem Propheten gegenüber ungehorsam ist, gehört ein Fünftel Gott und seinem Propheten, der Rest euch.

Behandelt einen Araber wie einen Araber und einen Mischling wie einen Mischling. Der Araber erhält zwei Anteile, der Mischling einen.

Tötet die betagten Heiden, doch schont die jungen.

Wenn ihr jemanden trefft, der den Zehnten eintreibt, tötet ihn.

Geht dahin im Namen Gottes und mit Gott und handelt nach der Religion des Gesandten Gottes! Tötet keine Greise, Säuglinge, Kinder oder Frauen. Liefert alle Beute ab, haltet nichts davon zurück. Bewahrt Ordnung und tut Gutes; denn Gott liebt die, welche Gutes tun.

Warum sind manche Leute heute so aufs Töten aus, dass sie selbst Kinder töten? Sind nicht die Besten von euch Söhne von Götzendienern? Tötet keine Kinder! Tötet keine Kinder! Jede Seele ist mit einer natürlichen Veranlagung [zur wahren Religion] geboren, und diese bleibt ihr, bis ihre Zunge sie ausdrücken kann. Dann machen ihre Eltern sie zu Juden oder Christen.

Vertreibt die Juden und die Christen von der arabischen Halbinsel.

Lasst euch raten, Gefangene gut zu behandeln.

Plündern ist ebenso verboten wie Aas.

Wer plündert, gehört nicht zu uns.

Er hat Plünderung und Verstümmelung verboten.

Er hat das Töten von Frauen und Kindern verboten.

Wer flieht, gehört nicht zu uns.

Ein Ameisenbiss schmerzt einen Märtyrer mehr als der Schlag mit einer Waffe; ja, diesen ersehnt er mehr als süßes kühles Wasser an einem heißen Sommertag.

Auszüge aus al-Muttaqī, *Kanz al-'ummāl* II, 252–279

54. Abū Bakr über die Regeln des Krieges (632)

Männer! Zehnerlei lege ich euch ans Herz; merkt es euch gut! Betrügt nicht und veruntreut keine Beute; betreibt keinen Verrat und verstümmelt niemanden. Tötet keine kleinen Kinder, keine alten Männer und keine Frauen. Beschädigt oder verbrennt keine Palmen und fällt keine fruchttragenden Bäume. Schlachtet keine Schafe, Kühe oder Kamele, es sei denn, ihr benötigt sie als Nahrung. Wenn ihr Leute trefft, die sich in Einsiedeleien zurückgezogen haben, lasst sie, damit sie erreichen, was sie erstreben. Wenn ihr auf Leute stoßt, die euch Gerichte verschiedener Art vorsetzen und ihr davon esst, sprecht den Namen Gottes darüber. Wenn ihr Leuten begegnet, die sich den Kopf bis auf einen Haarstreifen außen herum rasiert haben, tötet sie mit dem Schwert.

Zieht, in Gottes Namen, los, und Gott möge euch vor Schwert und Seuche bewahren.

Aṭ-Ṭabarī, 1850

XIII. Kriegführung

55. Bewaffnung und Taktik (frühes neuntes Jahrhundert)

Die Perser sagten zu den Arabern: ... Ihr besaßt nur Rohrlanzen mit Spitzen aus Ochsenhorn und ihr pflegtet auf ungesattelten Pferden in die Schlacht zu reiten. Wenn ein Pferd einen Sattel hatte, bestand dieser nur aus einem Stück Leder und besaß keine Steigbügel. Der Steigbügel ist ein hervorragendes Hilfsmittel für den Reiter, der einen Speer wirft oder mit dem Schwert zuschlägt, da er in seinen Steigbügeln stehen oder sich auf sie stützen kann. Arabische Reiter pflegten solide Speere zu benutzen, doch wir wissen, dass hohle leichter zu tragen sind und einen kräftigeren Wurf erlauben. Sie prahlen mit der Länge ihrer Lanzen, wissen aber nicht, wie man Jagdspeere wirft. Lange Lanzen jedoch sind für Fußsoldaten, kurze für Reiter, und Jagdspeere dienen der Jagd auf wilde Tiere. Sie prahlen mit der Länge der Lanze und der Kürze des Schwerts. Wenn derjenige, der auf die Kürze seines Schwerts stolz ist, ein Fußsoldat und kein Reiter ist, wird sich ein Reiter der Länge seines Schwerts rühmen; und wenn eine lange Lanze wegen ihrer größeren Reichweite wünschenswert ist, da ihr der Feind nicht entkommen kann und da sie die Kraft des Reiters und die Stärke seiner Hand zeigt, so gilt dasselbe für ein langes, breites Schwert.

Ihr versaht eure Lanzen mit Spitzen und Zwingen, sodass der Reiter nicht die eigentliche Lanze fasste. Beim Schleudern blieb er auf seinen Schenkeln sitzen und verließ sich auf den Schwung seines Pferdes.

Manche hielten die Lanze in der Mitte, sodass sie hinten so lang wie vorne war[1]. Alles, was ihr vom Umgang mit Lanzen verstandet, war, wie man sticht, zustößt, durchbohrt oder schleudert.

Ihr pflegtet in getrennten kleinen Gruppen zu kämpfen, da ihr allgemein der Ansicht wart, dass gemeinsames Vorgehen in drei Bereichen schlecht sei, nämlich in der Herrschaft, im Krieg und in der Ehe.

Ihr pflegtet nicht bei Nacht zu kämpfen und wusstet nichts von Nachtangriff oder Hinterhalt, von rechtem und linkem Flügel, von Mitte und Flanke, von Nachhut oder Vorhut, von Spähern oder Pionieren. Auch wusstet ihr nichts von Kriegsgeräten wie der *ratīla* [?], der Steinschleuder *[ʿarrāda]*, der Wurfmaschine, dem Sturmdach, dem Graben oder dem Schanzpfahl. Auch wusstet ihr nichts von Mänteln und Hosen, Schwerthalterungen, Trommeln, Fahnen, Rüstungen, Brustpanzern, Helmen, Armspangen und Alarmglocken, auch nichts vom Wurfseil oder davon, wie man fünf Pfeile auf einmal abschießt[2] oder Naphtha und Feuer schleudert.

Ihr hattet in der Schlacht keinen Fahnenträger, als Sammelpunkt im Fall des Rückzugs und zur Ermutigung im Fall der Niederlage. Eure Kampfesweise bestand entweder im schnellen Schlag, im langsamen Vormarsch, im etappenweisen Vorrücken oder im heimlichen Streifzug nach Raub und Beute.

Über die Steigbügel sagen sie [die Perser] Folgendes: Man war sich einig, dass Steigbügel alt waren, dass jedoch die Araber bis zur Zeit der Azāriqa[3] keine Steigbügel aus Eisen besaßen. Es war bei den Arabern nicht Sitte, wenn sie aufsitzen wollten, den Fuß in einen Steigbügel zu setzen; stattdessen pflegten sie aufzuspringen.

ʿUmar ibn al-Ḫaṭṭāb – Gott habe Wohlgefallen an ihm – sagte: »Die Kraft ist bei dem nicht erschöpft, der noch springen und spannen kann.« Das heißt, eines Mannes Kraft ist ungebrochen, solange er den Bogen spannen und ohne die Hilfe von Steigbügeln in den Sattel springen kann.

Und ʿUmar sagte: »Bequemlichkeit ist ein Hindernis; hütet euch vor Beleibtheit, denn sie ist ein Hindernis.«

Aus diesem Grund wurde Ḫālid ibn Saʿīd ibn al-ʿĀṣī getötet, als ihn der Feind überraschte und er aufsitzen wollte, jedoch niemanden fand, ihn hochzuheben. Darum sagte ʿUmar, als er sah, dass die Auswanderer und die Helfer weichlich und dick geworden waren und dass viele von ihnen begannen, die Lebensweise der Perser zu übernehmen: »Lebt wie Maʿadd und seid hart. Schneidet eure Steigbügel ab und springt auf eure Pferde.« Er sagte auch: »Geht zu Fuß, bis eure Füße schmerzen, aber behaltet eure Sandalen an, denn ihr wisst nie, wann ihr laufen müsst.«

Die Araber unterließen es nicht, an Kamelsätteln Steigbügel zu verwenden; wie konnten sie es da unterlassen, sie an Pferdesätteln zu verwenden? Obwohl sie Steigbügel einführten, verwendeten sie diese nur, wenn es unvermeidlich war, da sie nicht etwas zur Gewohnheit machen wollten, was Dickleibigkeit und Kraftlosigkeit hätte fördern und sie den Anhängern von Luxus und Wohlleben hätte ähnlich machen können.

Al-Aṣmaʿī sagte: al-ʿUmarī sagte: ʿUmar ibn al-Ḫaṭṭāb pflegte das linke Ohr seines Pferdes mit der rechten Hand festzuhalten, sich zu konzentrieren und zu springen; es war, als ob er auf dem Rücken seines Pferdes geboren sei. Al-Walīd ibn Jazīd ibn ʿAbd al-Malik machte es ebenso, als er Hišāms Thronfolger war. Dann wandte er sich an Maslama ibn Hišām und fragte ihn: »Könnte es dein Vater ebenso gut?«, und Maslama erwiderte: »Mein Vater hat hundert Sklaven, die es ebenso gut können.« Doch man sagte, er habe nicht auf die Frage geantwortet. Einige unserer Lehrer behaupteten, kein einziger ʿAbbāside habe geherrscht, der nicht ein Meister der Reitkunst gewesen sei.

Was ihre Aussagen über die Speere der Araber angeht, so ist es nicht so, wie sie es sich vorstellen. Es gibt verschiedene Speerarten, zum Beispiel den *naizak*[4], den *marbūʿ*, den *maḫmūs*[5], den *tāmm*[6] und den *ḫaṭil.* Letztgenannter ist derjenige Speer, welcher wegen seiner allzu großen Länge nicht sicher in der Hand ruht. Man erwähnt ihn, wenn man die Körperkraft ihres Werfers beschreiben will. Als beispielsweise Mutammim ibn Nuwaira über seinen Bruder Mālik sprach und sagte: »Er pflegte in eiskalten Nächten hinauszugehen, nur mit einem kurzen Mantel bekleidet, zwischen zwei berstenden Wasserschläuchen, auf einem schweren Kamel, mit dem *ḫaṭil*-Speer in der Hand«, sagte man zu ihm: »Bei deinem Vater, das ist der Sport der Starken, denn nur, wer eine kräftige Hand besitzt, kann den *ḫaṭil*-Speer tragen.« Ein Hinweis auf seine Stärke ist es, dass sich ein Reiter, welcher einen solchen Mann sieht, vor ihm fürchtet und ihm aus dem Wege geht, und wenn dieser ihn angreift, er überlegen ist, weil er den Reiter einschüchtert.

Eine andere Sache ist es, wenn man nach einem Überfall die Verfolgung aufnimmt und jemand einen fliehenden und ihm den

Rücken zukehrenden Reiter angreift, ihn aber verfehlt, da sein Speer ein *marbūʿ* oder ein *maḫmūs* ist. Für diesen Zweck verwendet man den *naizak*, den kürzesten Speer. Wenn ein fliehender Reiter einem ihm nachsetzenden Reiter entkommt, wirft er einen *naizak* nach ihm. Manchmal fürchtet er sich davor, mit ihm handgemein zu werden, aus welchem Grund er lieber wirft als zustößt.

Al-Ǧāḥiẓ, *al-Bajān wat-tabjīn* III, 16–18. 23–25

56. Das Heer des Fāṭimidenkalifen (Mitte des elften Jahrhunderts)

Jeder Truppenteil hat einen eigenen Namen und eine eigene Bezeichnung.

Eine Gruppe heißt Kitāmi[1]. Diese kamen im Dienst des Muʿizz li-Dīn Allāh aus Kairuan. Sie sollen 20 000 Reiter zählen. Eine andere Gruppe heißt Bāṭilī; sie sollen Nordafrikaner sein, die vor der Ankunft von al-Muʿizz nach Ägypten kamen. Sie sollen 15 000 Reiter zählen. Eine weitere Gruppe heißt Maṣmūdī[2]. Es sind Schwarze aus dem Land der Maṣmūdīs und sollen 20 000 Mann stark sein. Eine weitere Gruppe nennt man Orientalen; sie setzen sich aus Türken und Persern zusammen. Man nennt sie Orientalen, da sie nicht arabischer Herkunft sind. Obwohl die meisten von ihnen in Ägypten geboren sind, leitet sich ihr Name von ihrer Herkunft ab. Sie sollen 10 000 Mann zählen, alle kräftig gebaut. Eine weitere Gruppe heißt »gekaufte Sklaven« *[ʿabīd ašširā]*. Es sind gegen Bezahlung gekaufte Sklaven, angeblich 30 000 Mann. Eine weitere Gruppe heißt Beduinen. Sie stammen aus dem Ḥiǧāz und sind alle mit Lanzen bewaffnet. Sie sollen 50 000 Reiter stark sein. Eine weitere Gruppe heißt die Ustāds[3]. Es sind schwarze und weiße, für verschiedene Dienste gekaufte Sklaven [? Eunuchen]. Es sind 30 000 Reiter. Eine weitere Gruppe heißt Hofmänner *[sarājī]*. Es sind Fußsoldaten, die aus allen Ländern stammen. Sie haben einen eigenen Kommandeur, der für sie sorgt. Jede Gruppe kämpft mit den Waffen ihres Herkunftslandes. Sie zählen 10 000 Mann. Eine weitere Gruppe heißt Zanǧ. Diese kämpfen alle mit dem Säbel und sollen 30 000 Mann stark sein.

Alle diese Truppen werden vom Sultan bezahlt, und jeder Soldat erhält, je nach Rang, einen festen Monatslohn. Man gibt keine Anweisungen aus, auch nicht für einen einzigen Dinar, und zwar weder an Beamte noch an Untertanen. Die Steuereintreiber liefern jedes Jahr das im Land eingetriebene Geld dem Schatzamt ab, und dieses bezahlt den Soldaten zu bestimmten Zeiten ihren Lohn aus. So leiden weder die Beamten noch die Bevölkerung unter den Forderungen der Soldaten.

Es gab auch ein Korps, das aus den Königssöhnen und aus Herrschern verschiedener Reiche der Welt bestand, die nach Ägypten gekommen waren. Sie wurden nicht als Heeressoldaten betrachtet.

Sie stammten aus Nordafrika, dem Jemen, Byzanz [Rūm], den Ländern der Slawen, Nubien und Äthiopien. Die Söhne der Könige von Delhi waren mit ihrer Mutter dorthin gegangen, ebenso die Söhne der Könige von Georgien, der Fürsten von Dailam und die Söhne des Ḫāqān von Turkistan. Man traf auch viele andere Leute am Hof an, darunter zahlreiche Gelehrte, Dichter und Juristen, die alle ein regelmäßiges Gehalt bezogen.

Keiner dieser jungen Männer edler Herkunft erhielt weniger als 500 Dinar im Monat, und manche erhielten 2 000 nordafrikanische Dinar. Ihre einzige Aufgabe bestand darin, am Hof zugegen zu sein und den Wesir zu begrüßen, wenn er sein Pferd bestieg, und dann in ihre Quartiere zurückzukehren. Nāṣir-i Ḫusrau, *Safarnāma*, 66–67

57. Wurfmaschinen und Naphtha (zwölftes Jahrhundert)

Es gibt nach Material und Art verschiedene und nach Bauart und Zusammensetzung unterschiedliche Wurfmaschinen. Man unterscheidet dabei die spezifisch arabische Wurfmaschine, die sicherste und verlässlichste von allen; die türkische Wurfmaschine, die anspruchsloseste und einfachste; und schließlich die fränkische Wurfmaschine. Wir werden jede von ihnen an ihrer Stelle besprechen, so Gott will.

Wisse, dass es bei der Bedienung der Wurfmaschine Geheimnisse gibt, die zu hüten und zu wahren sind, und Regeln, die derjenige sich merken muss, der sie kennen lernen möchte, damit sie ihm auf dem Wege zu seinem Ziele behilflich sind.

Dazu gehört beispielsweise folgende Regel: Wenn derjenige, welcher die Wurfmaschine bedient, direkt und geradewegs unter der Pfanne steht, fliegt der Stein zwar sehr hoch, doch nicht sehr weit, und oft fällt er auf die Bedienungsmannschaft; wenn er aber von der Pfanne eine Spanne in Richtung des Schaftes rückt, hat das einen weiten Schuss zur Folge. Zwei Spannen höchstens ist das weiteste, was man zum Ende des Schaftes hin vorrücken darf; rückt man weiter, funktioniert die Maschine nicht mehr. Ein Stein fliegt höchstens 60 Klafter *[bāʿ]* weit, mindestens aber 40. Die Schussweite ist auch abhängig von der Biegsamkeit oder Spröde des Schaftes. Ein biegsamer, jedoch nicht allzu biegsamer Schaft bewirkt die längste Flugbahn und den härtesten Aufschlag; ein trockener eine weniger lange Flugbahn und einen weniger harten Aufschlag. Derjenige, welcher die Wurfmaschine bedient, muss die Beine spreizen, die Pfanne mit beiden Händen packen, sie mit aller Kraft ziehen und sich dabei hinsetzen. Zur Herstellung von Schäften ist Kirschbaumholz am besten geeignet. Sofern keines zur Verfügung steht, sollte man dichtfaseriges Holz mittlerer Qualität verwenden, wie Zedernholz oder Ähnliches.

Beschreibung einer arabischen Wurfmaschine

Diese wird aus gutem Holz hergestellt und besitzt die Form eines gleichschenkligen Dreiecks, dessen Grundlinie um ein Neuntel kürzer ist als die Schenkel, weder mehr noch weniger. Dieses Gestell wird mit Sehnen, Holz und Eisennieten zusammengehalten und genau eingerichtet; an der Spitze wird die Achse eingefügt, welche aus Steineichenholz hergestellt sein und an ihrem unteren Ende eine Verstärkung aus demselben Holz enthalten sollte. In der Mitte und unter der Achse sollte ein Dach angebracht werden, um die Bedienungsmannschaft vor Verletzungen zu schützen, denn die Bedienungsmannschaft muss darunter stehen. Der für die Maschine hergestellte Schaft, dessen Größe im Verhältnis zur Höhe genau ein Drittel betragen sollte, ist an ihr anzubringen. Am Rand der Pfanne ist ein Seil von einer Elle Länge fest anzubringen, ein weiteres ist in dem Moment, da der Stein in die Pfanne gelegt wird, an einem soliden eisernen Haken zu befestigen, der sich am Schaftende befindet, wodurch er in dem Augenblick, da die Pfanne gelöst und der Stein geschleudert wird, hervortritt. Die beiden Stellen, wo die Achse beziehungsweise die Hanfseile auf den Schaft treffen, sollten, gemessen an der Gesamtlänge, ein Siebtel voneinander liegen. Die Wurfmaschine sieht folgendermaßen aus:

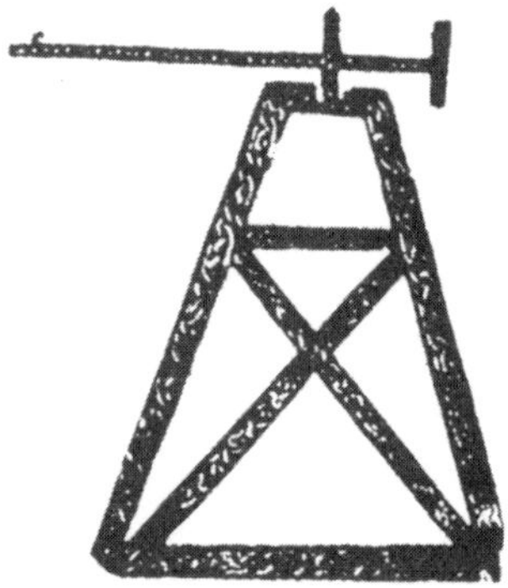

Abb. 1

Beschreibung einer persischen, d. h. türkischen Wurfmaschine

Diese besteht aus einer geraden Stange aus hartem Holz, welche schräg aufgerichtet und in dreiviertel Höhe von einer Strebe gehalten wird, welche man in einiger Entfernung von der Stange in den Boden pflanzt, um diese zu stützen. An der Spitze der Stange ist die Stelle, an welcher die Achse festgemacht wird; an dieser wiederum bringt man den Schaft an. Die Länge der Achse sollte im Verhältnis zur Höhe ein ein Drittel betragen. Die Pfanne und die Hanfseile sollten wie die oben für die arabische Wurfmaschine beschriebenen beschaffen sein. Die Wurfmaschine sieht folgendermaßen aus:

Abb. 2

Beschreibung einer byzantinischen, d. h. fränkischen Wurfmaschine

Diese wird aus Holz hergestellt und besitzt die Form eines gleichschenkligen Dreiecks, dessen Schenkel sich an der Spitze überschneiden und so ein kleines Dreieck bilden. Es wird mit Steineichenholz ausgelegt, in welches die Achse des Schaftes eingefügt wird. Die Grundlinie dieses Dreiecks muss um genau ein Neuntel länger sein als die beiden Schenkel. Die Höhe sollte drei Fünftel des Schafts betragen und das Verhältnis zwischen den Hanfseilen und der Pfanne dem oben dargestellten entsprechen. An dem Schaft sind in ein Drittel Höhe in Richtung auf die Seite, an welcher die Achse festgemacht ist, zwei Schäfte anzubringen, die als Verbindung mit dem oberen Drittel und darüber hinaus dienen und von einer Strebung gehalten werden. An ihrem Ende sollten sie an jeder Seite vier Finger voneinander getrennt sein. Sie müssen etwa zwei Ellen lang sein, und die Achse sollte mit allen drei Schäften zugleich verbunden sein. Die Wurfmaschine sieht folgendermaßen aus:

Abb. 3

Beschreibung einer persischen Wurfmaschine, die Scheich Abū l-Ḥasan ibn al-Abraqī al-Iskandarānī für mich anfertigte. Sie kann etwa fünfzig Pfund schwere Geschosse schleudern.

Diese basiert auf einer Armbrust und wird von einem einzigen Mann bedient. Wenn dieser Mann den Schaft zieht, gelangen die Hanfseile, welche die Bogensehne spannen, an den Riegel. Darauf legt der Mann die Pfanne in einen an einer Strebe befestigten Ring; diese Strebe hält den Schaft. Dann nimmt er den Bogen, schießt und löst den Schaft, wodurch der Stein fortgeschleudert wird.

Nimm nun eine persische Wurfmaschine und stelle sie zum Abschuss auf. Grabe daneben ein Loch, dessen Tiefe der Länge der Hanfseile am Schaft entspricht. Dann nimm ein engmaschiges Hanfnetz, an dessen Enden du drei kräftige Hanfseile befestigst, die von der Spitze des Schaftes, an dem die Achse angebracht ist, bis auf den Grund des Loches reichen. Am Ende des Schaftes muss ein Eisenring sein, an welchen die mit dem Netz verbundenen Seile geknüpft werden. In das Netz werden Steine gelegt, deren Menge der Kraft der Männer entsprechen sollte, die den Schaft ziehen. Am Ende des Schaftes, am Seil der Pfanne, müssen zwei Nägel an einer am Schaft befestigten Winde angebracht sein. Wenn der Mann den Schaft zieht, nachdem er einen Stein auf die Pfanne gelegt und das Seil der Pfanne an dem am Ende des Schafts angebrachten Haken befestigt hat, ... er die Pfanne mit einem Eisenhaken, dessen Ende mit einem an einer Strebe angebrachten Ring verbunden ist. Diese Strebe hält das Netz ... seine Sehne mit den Seilen, die das Netz mit einem Haken hochheben, der an diesen Seilen befestigt ist. Wenn die Seile sich mit dem Netz heben ... den Pfeil auf seinen Weg. Er schießt und kehrt dann sofort zur Pfanne zurück und löst sie gemäß seiner eigenen Entscheidung. Es gibt verschiedene Arten zu ziehen. Die Wurfmaschine sieht folgendermaßen aus [Abb. 4]. Man kann das Netz ziehen, indem man die Spitze des Schaftes zieht, da dieser wie eine Waage [in seine Ausgangsstellung] zurückkehrt und man ihn ziehen und festmachen kann. Die Armbrust sollte am unteren Ende der Strebe der Wurfmaschine angebracht werden, an zwei

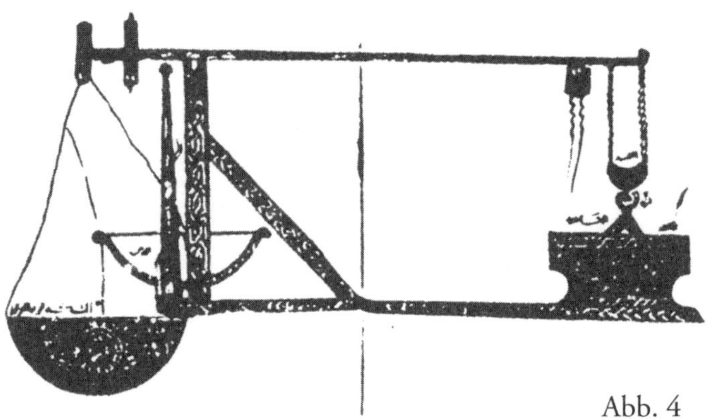

Abb. 4

Eisenhaken, die sie festhalten. Man spannt die Bogensehne und zieht sie zum Riegel seines Laufes. Wenn der Mann die Pfanne an der Strebe festmacht, nimmt er den Bogen und hält ihn so, dass das Netz den Schaft zieht. Er bringt ihn in seine Ausgangslage zurück. Dieser Zug ist stärker als der eines Mannes, da das Netz je nach Ausmaß zieht.

...

Beschreibung künstlichen Naphthas, welches leicht entflammbar und in gleicher Weise wie Naphtha verwendbar ist.

Nimm einen Krug gutes Öl und ein *mann* ungelöschten Kalk. Zerreibe den Kalk zu feinem Pulver, vermische ihn gründlich mit dem Öl und gieße dann die Mischung in eine Retorte, an der du einen Alembik anbringen musst. Nimm eine Pfanne, entfache ein kräftiges Feuer darunter, bis alles destilliert ist. Dann nimm das destillierte Öl und füge ihm ein weiteres Zwölftel ungelöschten und wie zuvor fein geriebenen Kalk bei und destilliere es auf dieselbe Art und Weise. Füge dem Destillat ein Sechzehntel zerriebenen Kalk bei und destilliere es ein drittes Mal wie zuvor. Dann nimm das Destillat und füge ihm etwa ein Viertel Naphtha bei. Nun ist es verwendbar und brennt mit unvergleichlicher Kraft.

Herstellung von ausgezeichnetem Naphtha, welches mit Wurfmaschinen verschossen werden kann.

Nimm zehn *raṭl* Teer, drei *raṭl* Harz, je anderthalb *raṭl* Sandarak und Lack, drei *raṭl* sauberen, gereinigten Schwefel von guter Qualität, fünf Pfund geschmolzenes und geklärtes Delphinfett und ebenso viel geschmolzenes und geklärtes Nierenfett von Ziegen. Schmelze den Teer, füge ihm die verschiedenen Fette bei und gieße dann das gänzlich verflüssigte Harz darüber. Danach zerreibe die anderen Bestandteile gründlich, und zwar jeden für sich, und gib sie der Mischung bei. Stelle das Ganze über ein Feuer und lasse es kochen, bis alles völlig vermischt ist. Wenn du es in Kriegszeiten verwenden willst, nimm einen Teil davon, füge ihm ein Zehntel des Naphtha genannten mineralischen Schwefels bei, der von grünlicher Farbe ist und altem Öl ähnelt, lege beides in einen Topf und koche es, bis es fast verbrennt. Nimm den Topf, der aus Ton sein sollte, mit einem Filzstück, und schleudere ihn mit der Wurfmaschine auf das, was du verbrennen willst. Man wird es nicht löschen können.

Marḍī ibn ʿAlī aṭ-Ṭarsūsī, *Tabṣirat arbāb al-albāb fī kaifījat an-naǧāt fī l-ḥurūb*, 16–18. 20–21

58. Brieftauben (1171–1172)

Ibn al-Aṯīr sagte: Im Jahre 567 [1171–1172] ordnete al-Malik al-ʿĀdil Nūr ad-Dīn[1] die Verwendung von Brieftauben an. Diese sind Botenvögel, die aus fernen Ländern zu ihren Schlägen zurückfliegen. Sie wurden in seinem ganzen Reich verwendet.

Der Grund dafür war, dass sein Territorium sich so ausgedehnt hatte und sein Reich so groß geworden war, dass es sich von der nubischen Grenze bis zum Tor von Hamaḏān erstreckte; nur das Land der Franken lag noch dazwischen. Die Franken – Gott verfluche sie – griffen manchmal einige Grenzgebiete an; bis ihn die Nachricht davon erreichte und er gegen sie ziehen konnte, hatten sie ihr Ziel schon teilweise erreicht. Daher traf er entsprechende Anordnungen und versandte sie schriftlich in seinem ganzen Reich. Er genehmigte Ausgaben für die Tauben und ihre Halter, und er war sehr damit zufrieden. Nachrichten erreichten ihn auf diese Weise sofort. An jeder Grenze standen Männer Wache mit Tauben aus benachbarten Städten. Wenn sie etwas sahen oder hörten, schrieben sie es auf, befestigten die Notiz an einem Vogel und ließen diesen unverzüglich in die Stadt losfliegen, aus der er stammte. Dort wurde die Nachricht an einem anderen Vogel festgemacht, der aus der nächsten Stadt auf dem Weg zu Nūr ad-Dīn stammte; so ging es weiter, bis die Nachricht ihn erreichte. Auf diese Weise wurden die Grenzen geschützt, und wenn eine Schar Franken ein Grenzgebiet angriff, erhielt Nūr ad-Dīn die Nachricht davon noch am selben Tag. Dann schrieb er an die jener Grenze nächsten Truppen, hieß sie, sich zu rüsten, eilends loszuziehen und den Feind zu überraschen. Das taten sie und siegten, während die Franken sich im Glauben wiegten, Nūr ad-Dīn sei weit weg. Gott erbarme sich Nūr ad-Dīns und habe Wohlgefallen an ihm. Wie hat er sich doch um seine Untertanen und sein Reich gekümmert!

Al-ʿImād sagte: Nūr ad-Dīn blieb im Frühjahr und Sommer nicht in der Stadt, sondern war mit der Bewachung der Grenzen und ihrem Schutz vor Schaden beschäftigt und verteidigte so sein Reich mit dem Schwert gegen den Feind. Er wartete besorgt auf Nachricht, wie es in Ägypten mit der Aufrechterhaltung von Ordnung und der Unterdrückung von Unruhe stünde. So beschloss er, Brieftauben zu verwenden, und sandte sie fort, ihm Nachrichten aus jenem Land zu bringen. Er wies mich an, Anordnungen an die Taubenhalter zu schicken und sie zu ermutigen. Damals hielt er sich außerhalb von Damaskus auf, in einem Lager im Lawān-Tal. Zu jener Zeit waren wir siegreich und setzten dem Feind hart zu. Es war am 17. Ḏū l-Qaʿda desselben Jahres [11. Juli 1172].

Abu Šāma, *Kitāb ar-rauḍatain* I/2, 520–521

59. Feindliche Spione (achtes Jahrhundert)

Wenn die Muslime jemanden finden, der, obwohl er behauptet, Muslim zu sein, den Polytheisten als Spion bei den Muslimen dient und an sie Berichte über ihre Schwächen schreibt und das freiwillig zugibt, soll er nicht getötet werden, doch der Kalif soll ihn bestrafen.

Ebenso soll ein *ḏimmī*, der das tut, bestraft und eingekerkert werden; doch soll das den Vertrag *[ʿahd]* nicht ungültig machen. Dasselbe gilt, wenn ein *mustaʾmin* bei uns sich in dieser Weise vergeht; doch soll er für alles bestraft werden.

Falls aber die Muslime, als er um den *amān* bat, zu ihm sagten: »Wir gewähren dir *amān* unter der Bedingung, dass du nicht für die Polytheisten bei den Muslimen spionierst«, oder: »Wir gewähren dir *amān* unter der Bedingung, dass seine Gültigkeit erlischt, wenn du die Schwächen der Muslime den Leuten des Krieges mitteilst«, so wird der Fall entsprechend behandelt, und es ist nichts dagegen einzuwenden, ihn zu töten. Und wenn der Imam beschließt, ihn zu kreuzigen zur Lehre für andere, so ist dagegen nichts einzuwenden. Wenn er beschließt, ihn wie Beute zu behandeln, so ist auch dagegen, wie bei anderen Gefangenen, nichts einzuwenden. Doch ist es besser, ihn, anderen zur Lehre, zu töten.

Auch wenn es sich statt eines Mannes um eine Frau handelt, ist nichts dagegen einzuwenden, sie zu töten, doch wäre es verwerflich, sie zu kreuzigen.

Wenn man einen noch unmündigen Jugendlichen aus solchem Grund festnimmt, soll man ihn wie Beute behandeln und ihn nicht töten.

Ein alter Mann, der nicht mehr kämpfen kann, jedoch geistig gesund ist, soll wie eine Frau behandelt werden.

Wenn der *musta'min* abstreitet, das getan zu haben, und sagt: »Den Brief, den ihr bei mir fandet, fand ich auf der Straße und hob ihn auf«, sollen ihn die Muslime nicht ohne Beweis töten. Wenn sie ihm Ketten, Kerker oder Auspeitschung androhen, bis er zugibt, ein Spion zu sein, zählt dieses Geständnis nicht. Er kann als Spion nur durch sein eigenes freiwilliges Geständnis oder durch das Zeugnis zweier öffentlicher Zeugen überführt werden. In diesem Fall ist das Zeugnis von *ḏimmīs* oder Ausländern *[ahl al-ḥarb]* gegen ihn gültig.

Wenn der Imam bei einem Muslim, einem *ḏimmī* oder einem *musta'min* einen Brief in seiner als solche bekannten Handschrift findet, der an einen nicht muslimischen König gerichtet ist und diesen über die Geheimnisse der Muslime unterrichtet, soll der Imam ihn einkerkern, soll ihn aber in diesem Fall nicht auspeitschen; er soll ihn zum Schutz für die Muslime einkerkern, bis die Angelegenheit geklärt ist. Wenn sie nicht geklärt wird, soll man ihn freilassen und ins Haus des Krieges zurückschicken, und der Imam soll ihm nicht erlauben, weiterhin auch nur einen einzigen Tag im Haus des Islams zu wohnen.

Aš-Šaibānī, *Kitāb as-sijar al-kabīr* IV, 225–228

60. Spitzel (elftes Jahrhundert)

Immer müssen überall Spitzel umhergehen, verkleidet als Kaufleute, Reisende, Ṣūfīs, Arzneiverkäufer oder Bettler, und alles berichten, was sie vernehmen, damit nichts verborgen bleibt und damit man bei allem, was geschieht, rechtzeitig Maßnahmen ergreifen kann. Denn es kam schon oft vor, dass Gouverneure, Lehensträger,

Beamte und Heerführer eine Meuterei oder eine Rebellion planten und dem König übel wollten, dann aber ein Spitzel kam und den König unterrichtete, der sofort sein Pferd bestieg, losritt, sie überraschte, gefangen nahm und ihre Pläne zunichte machte. Auch wenn ein fremder König und ein fremdes Heer einen Einfall in das Land vorbereiteten, machte er es so, und die Angreifer wurden vertrieben. Spitzel berichteten auch Gutes und Böses über die Untertanen, worauf die Könige ihre Maßnahmen treffen konnten.

Niẓām al-Mulk, *Sijāsatnāma*, 68–69

61. Der Ursprung der Janitscharentruppe (vierzehntes Jahrhundert)

Eines Tages kam ein Gelehrter namens Kara Rüstem aus dem Land Qaramān. Dieser Kara Rüstem ging zu Čandarlı Kara Ḫalīl, dem Militärrichter *[qāḍī'asker]*, und sagte: »Warum lässt du so viele Staatseinkünfte ungenutzt?« Der Militärrichter Kara Ḫalīl fragte: »Welche Einkünfte bleiben denn ungenutzt? Sage es mir sofort.« Kara Rüstem antwortete: »Ein Fünftel dieser Gefangenen, welche die Soldaten aus dem heiligen Krieg zurückbringen, gehört – nach Gottes Befehl – dem Pādišāh. Warum nimmst du diesen Anteil nicht?« Der Militärrichter Kara Ḫalīl sagte: »Ich werde die Angelegenheit dem Pādišāh unterbreiten!« Er unterbreitete sie Gāzī Murād[1], und dieser sagte: »Wenn es Gottes Befehl ist, erhebe diesen Anteil!« Man rief Kara Rüstem und sagte zu ihm: »Mevlana, setze Gottes Befehl durch!« Kara Rüstem ging und ließ sich in Gallipoli nieder und zog für jeden Gefangenen fünfundzwanzig Asper ein. Diese Neuerung geht auf die Zeit dieser beiden Männer zurück. Auf die Gefangenen in Gallipoli eine Steuer zu erheben, ist seit Čandarlı Kara Ḫalīl und Kara Rüstem üblich. Danach hieß er auch Gāzī Evrenos, je einen von fünf im Krieg erbeuteten Gefangenen und, falls jemand nur vier Gefangene hatte, von ihm je fünfundzwanzig Asper einzuziehen. Man befolgte diese Anordnung. Man sammelte *[devširme]*[2] die jungen Männer und nahm jeden fünften in Kriegszügen gemachten Gefangenen und übergab sie an die Pforte. Dann gab man diese jungen Männer an Türken in den Provinzen, damit sie bei ihnen Türkisch lernten; danach schickte man sie nach Anatolien. Die Türken ließen diese jungen Männer eine Zeit lang auf dem Feld arbeiten und verwendeten sie, bis sie Türkisch konnten. Nach einigen Jahren brachte man sie dann zur Pforte und machte sie zu Janitscharen; man nannte sie Jeni Čeri [neue Truppen]. Ihr Ursprung geht auf jene Zeit zurück.

Die altosmanischen anonymen Chroniken, 21–22

XIV. Eroberungen

62. Ein Brief an die Perser (633)

Im Namen Gottes, des Barmherzigen, des Erbarmers.

Von Ḫālid ibn al-Walīd an die Könige *[mulūk]* von Persien.

Gepriesen sei Gott, der eure Ordnung zerstörte, eure Vorhaben vereitelte und eure Einmütigkeit zerbrach. Hätte er das nicht getan, wäre es noch schlimmer für euch gekommen. Unterwerft euch unserer Herrschaft, so werden wir euch und euer Land schonen und an euch vorbei gegen andere ziehen. Andernfalls werdet ihr gegen euren Willen von Männern bezwungen, die den Tod lieben wie ihr das Leben.

Im Namen Gottes, des Barmherzigen, des Erbarmers.

Von Ḫālid ibn al-Walīd an die Grenzfürsten *[marzubān]* von Persien.

Werdet Muslime, so seid ihr sicher! Oder unterstellt euch unserem Schutz und entrichtet die *ǧizja*. Andernfalls werde ich gegen euch ziehen mit Männern, die den Tod lieben wie ihr den Wein.

At-Ṭabarī I, 2053–2054 (Varianten aṭ-Ṭabarī I, 2020; Abū Jūsuf, 85; Abū ʿUbaid, 34)

63. Die Eroberung von Mesopotamien (637–641)

Auf die Anfrage hin, welche du, Herrscher der Gläubigen, an mich richtetest und in welcher du dich nach der Eroberung von Syrien und Mesopotamien erkundigtest und nach den Bedingungen, unter denen mit der Bevölkerung dort Frieden geschlossen wurde, schrieb ich an einen alten Mann in Ḥīra, der über die Eroberung dieser beiden Länder gut unterrichtet ist, und er sandte mir folgende Antwort:

Gott schütze dich und erhalte dir dein Wohlbefinden. Ich habe für dich alles, was ich über die Eroberung von Syrien und Mesopotamien weiß, zusammengetragen, doch ohne all das, was ich von den Rechtsgelehrten erfuhr oder von jemandem, der sich auf die

Rechtsgelehrten berief. Ich berichte nur Aussagen von Personen, die in dieser Sache als Fachleute gelten; und ich fragte keinen von ihnen nach seinen Gewährsmännern.

In vorislamischer Zeit gehörte Mesopotamien teilweise zu Byzanz und teilweise zu Persien; und beide hatten Truppen und Beamte in den von ihnen gehaltenen Teilen. Ra's al-'Ain und das Land diesseits davon bis zum Euphrat gehörten zu Byzanz; Niṣībīn und das Land jenseits davon bis zum Tigris gehörte zu Persien. Die Ebene von Mārdīn und Dārā bis nach Sinǧār und bis zur Wüste war persisch; die Berge von Mārdīn, Dārā und Ṭūr 'Abdīn waren byzantinisch. Der Wachturm zwischen den Byzantinern und den Persern war eine Festung namens Sarǧa zwischen Dārā und Niṣībīn. Als Abū 'Ubaida ibn al-Ǧarrāḥ – Gott habe Wohlgefallen an ihm – mit seinen Truppen gegen Syrien zog, sandte Abū Bakr – Gott habe Wohlgefallen an ihm – Šuraḥbīl ibn Ḥasana mit ihm als Gouverneur des Distrikts Jordan, Jazīd ibn Abī Sufjān als Gouverneur von Damaskus und Ḫālid ibn al-Walīd, den er, ihm zur Unterstützung, von Jamāma versetzt hatte, als Gouverneur von Ḥimṣ. Nach dem Einmarsch in Syrien sandte er ihm auch 'Amr ibn al-'Āṣ zu Hilfe. Nachdem Gott ihnen die Eroberung ermöglicht hatte, richtete sich Abū 'Ubaida an der syrischen Grenze ein, während Šuraḥbīl zum Jordan zog, Jazīd ibn Abī Sufjān nach Damaskus und Ḫālid ibn al-Walīd nach Ḥimṣ. Als sie die Herrschaft fest in der Hand hatten, schickte Abū 'Ubaida Šuraḥbīl nach Qinnasrīn, das dieser eroberte, und 'Ijāḍ ibn Ghanm al-Fihrī nach Mesopotamien. Der Sitz des römischen Gouverneurs war damals ar-Ruhā[1]; dorthin zog 'Ijāḍ ibn Ghanm, ohne in den Städten oder Distrikten, durch welche er marschierte, einzugreifen und auch ohne auf Truppen zu treffen oder in einen Hinterhalt zu geraten, bis er ar-Ruhā erreichte. Die Verteidiger schlossen die Tore, und 'Ijāḍ belagerte die Stadt für einen mir nicht mitgeteilten Zeitraum. Als der Gouverneur die Belagerung sah und keine Hoffnung auf Hilfe mehr hatte, öffnete er eines Nachts ein Tor in Richtung Gebirge und floh mit dem Großteil seiner Truppen. In der Stadt blieb die zahlreiche nabatäische[2] Bevölkerung zurück, und die wenigen Byzantiner, die nicht fliehen wollten. Sie entsandten Boten zu 'Ijāḍ ibn Ghanm und baten gegen eine von ihnen festgelegte Summe um Frieden. 'Ijāḍ schrieb Abū

'Ubaida und gab die Sache an ihn weiter; dieser sandte den Brief zum Lesen an Mu'āḏ ibn Ǧabal. Mu'āḏ sagte zu ihm: »Wenn du ihnen für einen festgesetzten Betrag, den sie dann nicht bezahlen können, Frieden gewährst, wirst du sie nicht töten können und wirst ihnen ihre Auflage erlassen müssen. Wenn sie sie aber leicht bezahlen können, werden sie es sicher tun, ohne sich zu erniedrigen, wie Gott es befahl[3]. Nimm also ihr Angebot an und gewähre ihnen Frieden unter der Bedingung, dass sie bezahlen, wozu sie in der Lage sind. Ob es ihnen nun leicht fällt oder nicht, du sollst nur verlangen, was im Bereich ihrer Möglichkeiten liegt; deine Bedingung wird erfüllt und nicht erlassen.« Abū 'Ubaida akzeptierte das und schrieb entsprechend an 'Ijāḍ ibn Ghanm. Nachdem 'Ijāḍ ibn Ghanm den Brief erhalten hatte, unterrichtete er die Bevölkerung der Stadt von seinem Inhalt. Man war verschiedener Meinung in dieser Frage. Die einen sagten: »Stimmt dem Frieden zu unter der Bedingung einer Abgabe entsprechend unseren Möglichkeiten.« Andere sagten: »Lehnt ab!« Die Bewohner der Stadt wussten, dass sie über Eigentum und Einkommen verfügten, die sie verlieren würden, sollten sie einer Abgabe entsprechend ihrer Möglichkeiten zustimmen. Daher wollten sie nur eine festgesetzte Summe akzeptieren. Als 'Ijāḍ ihre ablehnende Haltung und die Stärke ihrer Verteidigungsanlagen sah, gab er die Hoffnung auf, die Stadt im Sturm zu nehmen und gewährte ihnen Frieden unter den von ihnen angebotenen Bedingungen. Gott weiß, wie diese aussahen, doch der Friedensvertrag wurde unterzeichnet, und die Stadt ergab sich; daran ist kein Zweifel.

Danach zog 'Ijāḍ ibn Ghanm nach Ḥarrān, der nächstgelegenen Stadt; vielleicht sandte er auch ein Heer dorthin. Die Bewohner, Nabatäer und einige Byzantiner, schlossen die Tore. Doch als 'Ijāḍ ihnen mitteilte, welchen Bedingungen die Bewohner von ar-Ruhā zugestimmt hatten, und als sie sich klar machten, dass ihre Hauptstadt erobert worden sei, willigten sie alle ein, sich zu denselben Bedingungen zu unterwerfen. Die Dörfer und ländlichen Gebiete ihrerseits erhoben keine Ansprüche und leisteten keinen Widerstand. In jedem Bezirk sagten die Leute auf dem Land nach der Eroberung ihrer Stadt: »Wir gehören zu den Bewohnern unserer Stadt und zu unseren Herren.« Ich habe nie gehört, ob 'Ijāḍ ihnen dieselben Bedingungen gewährte oder ob er das ablehnte; doch die Gouverneure, welche die Kalifen nach der Eroberung ernannten, behandelten die Bewohner der Landbezirke wie die der Städte, abgesehen davon, dass sie [und nicht die Städter] die Last der Versorgung des Heeres allein trugen. Manche Gelehrte, die behaupten, über Kenntnisse in dieser Frage zu verfügen, sagen: »Sie machten es so, weil die Landbevölkerung Ländereien und Äcker besitzt, die Städter aber nicht.« Solche, welche die Urkunden kennen, erwidern: »Wir besitzen Rechte, die uns eure Vorfahren gewährten und die eure Archive bestätigen. Darüber, wie es anfänglich war, wisst ihr nicht mehr als wir. Wie sollte es also rechtmäßig sein, wenn ihr uns eine neue Last auferlegt, die es früher nicht gab und für die ihr keine Grundlage habt, die also eure eigene, noch gültige Ordnung verletzt?«

Von dem, was ich über den Teil Mesopotamiens, der unter persischer Herrschaft war, hörte, kann ich mich nur daran erinnern, dass sich die Perser, als ihre Niederlage bei Qādisīja ihren Truppen in diesem Gebiet zu Ohren gekommen war, gänzlich zurückzogen und die Orte, an denen sie gewesen waren, aufgaben. Nur die Einwohner von Singār errichteten in ihrer Stadt einen Wachturm, um ihre Ebene und die Ebene von Mārdīn und Dārā zu schützen, und blieben in ihrer Stadt. Als Persien untergegangen war und Männer kamen, um die Bewohner zum Übertritt zum Islam aufzufordern, traten sie über und blieben weiterhin in ihrer Stadt.

Ijāḍ ibn Ghanm al-Fihrī erhob in Mesopotamien Kopfsteuern in der Höhe von einem Dinar, zwei *mudd* Weizen, zwei *qisṭ* Öl und zwei *qisṭ* Essig pro Person; dabei wurden alle gleich behandelt. Ich habe nie erfahren, ob sich das auf eine Friedensbedingung gründet oder auf einen von ihm erlassenen Befehl und ob es durch einen Bericht von Rechtsgelehrten oder eine verlässliche Tradition überliefert wurde. Als ʿAbd al-Malik ibn Marwān Kalif geworden war, entsandte er aḍ-Ḍaḥḥāk ibn ʿAbd ar-Raḥmān al-Ašʿarī. Dieser fand die von ihnen erhobenen Steuern unzureichend und führte eine Volkszählung durch. Davon ausgehend, dass jeder mit seinen Händen arbeitete, schätzte er seine jährlichen Einkünfte, machte für Essen und Zutaten, Bekleidung und Schuhwerk Abzüge; auch für die Feiertage des Jahres machte er Abzüge. Dann stellte er fest, dass jedermann vier Dinar im Jahr übrig hatte. Deshalb setzte er diese Summe für alle als Kopfsteuer fest, behandelte also alle gleich. Dann besteuerte er die Ländereien entsprechend ihrer Entfernung. Lag das Land nahe, erhob er einen Dinar auf 100 *ǧarīb* kultiviertes Land; war das Land weiter entfernt, erhob er dieselbe Summe auf 200 *ǧarīb*. Er erhob auch einen Dinar auf je 1 000 nahe gelegene Weinstöcke oder auf je 2 000 Weinstöcke in größerer Entfernung, auf je 100 nahe gelegene Ölbäume oder auf je 200 Ölbäume in größerer Entfernung. Als entfernt bezeichnete er alles, was in einer Entfernung von einer Tagesreise oder mehr lag, als nahe alles, was in einer Entfernung von weniger als einer Tagesreise lag.

Syrien und Mosul wurden in derselben Weise besteuert.

Abū Jūsuf, *Kitāb al-ḫarāǧ*, 39–41.

64. Die Eroberung Nubiens (651– um 720)

Er sagte: Dann unternahm ʿAbdallāh ibn Saʿd einen Zug gegen die Schwarzen, das heißt die Nubier; laut Jaḥjā ibn ʿAbdallāh ibn Bukair war dies im Jahre 31 [651–652]. ʿAbd al-Malik ibn Maslama berichtete: Ibn Lahīʿa überlieferte nach Aussage von Jazīd ibn Abī Ḥabīb: ʿAbdallāh ibn Saʿd ibn Abī Sarḥ war im Jahre 31 ʿUṯmāns Gouverneur in Ägypten, wo ihn die Nubier bekämpften.

Ibn Lahīʿa sagte: Al-Ḥāriṯ ibn Jazīd überlieferte: Sie kämpften erbittert gegeneinander, und an jenem Tag wurden Muʿāwija ibn Ḥudaiǧ, Abū Šamir ibn Abraha und Ḥaiwīl ibn Nāšira [von Pfeilen] ins Auge getroffen. Die Nubier erhielten darauf den Spitznamen *rumāt al-ḥadaq*, die Pupillentreffer. ʿAbdallāh ibn Saʿd schloss einen Waffenstillstand mit ihnen, da er mit ihnen nicht fertig wurde.

Der Dichter sagte:

Mein Auge hat nie etwas gesehen wie den Tag von Dumqula,
als die Pferde galoppierten, obgleich von Rüstung schwer belastet.

Ibn Abī Ḥabīb sagte in seinem Bericht: ʿAbdallāh schloss mit den Nubiern einen Waffenstillstand mit folgenden Bestimmungen: die Muslime sollten keine Züge gegen die Nubier und die Nubier keine gegen die Muslime unternehmen; die Nubier sollten den Muslimen alljährlich eine bestimmte Anzahl Sklaven und die Muslime den Nubiern alljährlich eine bestimmte Menge Weizen und Linsen liefern[1].

Ibn Abī Ḥabīb sagte: Es bestand weder eine Vereinbarung noch ein Vertrag zwischen ihnen und der Bevölkerung Ägyptens, nur ein Waffenstillstand und ein gegenseitiges Sicherheitsversprechen *[amān]*.

Ibn Lahīʿa sagte: Es ist nichts dagegen einzuwenden, dass ihre Sklaven von ihnen und von anderen gekauft werden. Abū Ḥabīb, der Vater des Jazīd ibn Abī Ḥabīb, der ja Suwaid [der kleine Schwarze] hieß, war einer davon.

Saʿīd ibn ʿUfair überlieferte: Ibn Lahīʿa überlieferte: Ich hörte Jazīd ibn Abī Ḥabīb sagen: Mein Vater war ein Gefangener von Dumqula und Freigelassener eines Medinensers vom Stamm der Banū ʿĀmir; er hieß Šuraik ibn Ṭufail.

Er sagte: Laut einigen ägyptischen Scheichen sah der Friedensvertrag mit den Nubiern die Lieferung von 360 Sklaven im Jahr vor, doch sagen andere, es seien 400 Sklaven im Jahr gewesen, wovon 360 der allgemeinen Beute *[faiʾ]* der Muslime zufielen und 40 dem Gouverneur. Er sagte: Einige Scheiche behaupteten, es seien auch 17 Ammen vorgesehen gewesen.

Dann zog ʿAbdallāh ibn Saʿd fort von ihnen, und laut den Berichten einiger früher Scheiche soll er eines der Verwaltungsbücher in Fusṭāṭ eingesehen und gelesen haben, bevor es vernichtet wurde; er lernte das Folgende auswendig: Wir schließen einen Vertrag und eine Abmachung mit euch dahingehend, dass ihr uns jedes Jahr 360 Sklaven liefert; dass ihr in unser Land als Besucher, nicht aber als ständige Bewohner kommen dürft, und ebenso wir in das eure; dass der Waffenstillstand ungültig wird, wenn ihr einen Muslim tötet, und ebenso, wenn ihr einen Sklaven aufnehmt, der den Muslimen gehört; und dass ihr den Muslimen gehörende entlaufene Sklaven und flüchtige *ḏimmīs*, die bei euch Asyl suchen, zurückschicken müsst.

Er sagte: Ein anderer Scheich behauptete, die Muslime hätten sich den Nubiern gegenüber zu nichts verpflichtet. Nach diesem Bericht übergaben die Nubier, als sie im ersten Jahr des Vertrags zum ersten Mal ihren Tribut entrichteten, ʿAmr ibn al-ʿĀṣ vierzig Sklaven. Er wollte dieses Geschenk von ihnen nicht annehmen und gab die Sklaven daher an einen bekannten Kopten namens Nastaqūs weiter, der diese Angelegenheit für sie regelte. Er verkaufte sie und kaufte Vorräte für die Nubier ein, die daraus den Schluss zogen, ʿAmr habe ihnen Weizen und Pferde geschickt, was ihnen beides fehlte. Sie erfanden diese Geschichte schon sehr bald und erreichten ihren Zweck. Das ist ihre Geschichte.

Kehren wir zu dem Bericht zurück: Als ʿAbdallāh entlang des Nils zurückkehrte, sammelten sich die Buǧǧa[2] um ihn. Er stellte Nachforschungen über sie an und wurde über ihre Stellung unterrichtet. Er hielt sie für unbedeutend, zog weiter und ließ sie hinter sich; mit ihnen wurde weder ein Bündnis noch ein Friedensvertrag geschlossen. Der Erste, der einen Friedensvertrag mit ihnen schloss, war ʿUbaidallāh ibn al-Ḥabḥāb[3]. Ein gewisser Scheich behauptet, er habe Ibn al-Ḥabḥābs Brief gelesen, und in diesem sei vorgesehen gewesen, sie sollten alljährlich 300 junge Kamele[4] schicken; sie dürften nach Ägypten als reisende Händler, nicht aber als ständige Bewohner kommen; sie dürften keinen Muslim oder *ḏimmī* töten, und wenn sie es täten, werde der Vertrag ungültig; und sie dürften keine muslimischen Sklaven aufnehmen und müssten den Muslimen entlaufene Sklaven zurückschicken. ... Für jedes Schaf, das einer der Buǧǧa nahm, sollte er vier, für jede Kuh zehn Dinare bezahlen. Sie hatten einen in Ägypten wohnhaften Vertreter, eine Geisel in der Hand der Muslime. Ibn ʿAbd al-Ḥakam, *Futūḥ Miṣr,* 188–189

65. Friedensvereinbarungen (633–643)

Bānqijā und Basmā (633)

Im Namen Gottes, des Barmherzigen, des Erbarmers.

Dies ist ein Schreiben von Ḫālid ibn al-Walīd an Ṣalūbā ibn Nasṭūnā und sein Volk.

Ich habe mit euch einen Vertrag geschlossen über *ǧizja* und Verteidigung jedes gesunden Mannes, sowohl von den Bānqijā als auch von den Basmā, gegen 10 000 Dinare, jedoch keine durchbohrten Münzen; es bezahlen die Reichen nach Maßgabe ihres Reichtums und die Armen nach Maßgabe ihrer Armut, in Form jährlicher Abgaben. Du bist zum Oberhaupt deines Volkes gemacht worden, und dein Volk ist zufrieden mit dir. Ich und die

Muslime in meiner Umgebung anerkennen dich daher, und ich [? du] und dein Volk sind zufrieden. Ihr genießt unseren Schutz *[ḏimma]* und werdet von uns verteidigt. Wenn wir euch verteidigen, steht uns die *ǧizja* zu; wenn nicht, dann nicht; vielmehr erst, wenn wir euch verteidigen.

Beglaubigt von Hišām ibn al-Walīd, al-Qaʿqāʿ ibn ʿAmr, Ǧarīr ibn ʿAbdallāh al-Ḥimjarī und Ḥanẓala ibn ar-Rabīʿ.

Verfasst im Jahre 12 im Ṣafar [April–Mai 633].

Aṭ-Ṭabarī I, 2050

Jerusalem (636)

Im Namen Gottes, des Barmherzigen, des Erbarmers.

Dies ist ein Schutzbrief, den der Diener Gottes, ʿUmar, der Herrscher der Gläubigen, den Bewohnern von Aelia [Jerusalem] ausstellte.

Er gewährte ihnen Sicherheit für ihre Person, ihren Besitz, ihre Kirchen, ihre Kreuze, die Kranken und die Gesunden unter ihnen und ihre ganze Gemeinde.

Ihre Kirchen sollen weder als Wohnungen benutzt, noch sollen sie zerstört werden. Weder sie noch der ihnen zugehörige Besitz sollen Schaden leiden. In religiöser Hinsicht soll kein Zwang auf sie ausgeübt und keinem soll etwas zuleide getan werden.

Kein Jude soll bei ihnen in Aelia wohnen. Die Bewohner von Aelia müssen die *ǧizja* in gleicher Weise entrichten wie die Bewohner anderer Städte.

Sie müssen die Byzantiner und die Räuber [?] aus der Stadt vertreiben. Diejenigen, die fortgehen, sollen freies Geleit für sich und ihren Besitz haben, bis sie in Sicherheit sind. Diejenigen, die bleiben, sollen Sicherheit erhalten und müssen die *ǧizja* entrichten wie die Bewohner von Aelia.

Diejenigen Bewohner von Aelia, die sich mit ihrer Habe entfernen, mit den Byzantinern abreisen und ihre Kirchen und Kreuze aufgeben wollen, sollen freies Geleit haben für sich, ihre Kirchen und ihre Kreuze, bis sie in Sicherheit sind. Die Landbewohner, die schon vor der Ermordung von Soundso in der Stadt waren, dürfen, wenn sie wollen, bleiben und die *ǧizja* in gleicher Weise entrichten wie die Bewohner von Aelia oder mit den Byzantinern fortgehen oder zu ihren Familien zurückkehren. Sie sollen keine Abgabe entrichten müssen, bevor sie ihre Ernte eingebracht haben.

Dieses Dokument steht unter der Bürgschaft Gottes und unter dem Schutz des Propheten, der Kalifen und der Gläubigen, unter der Bedingung, dass die Bewohner von Aelia die ihnen auferlegte *ǧizja* entrichten.

Beglaubigt von Ḫālid ibn al-Walīd, ʿAmr ibn al-ʿĀṣ, ʿAbd ar-Raḥmān ibn ʿAuf, Muʿāwija ibn Abī Sufjān; Letztgenannter schrieb dieses Dokument im Jahre 15 [636]. Aṭ-Ṭabarī I, 2405–2406

Ǧurǧān (639)

Im Namen Gottes, des Barmherzigen, des Erbarmers.

Dies ist ein Schreiben von Suwaid ibn Muqarrin an Ruzbān Ṣūl ibn Ruzbān, die Bewohner von Dihistān und alle Bewohner von Ǧurǧān.

Ihr erhaltet Schutz, und wir verpflichten uns, euch zu verteidigen unter der Bedingung, dass ihr jedes Jahr für jeden erwachsenen Mann die *ǧizja*, gemäß eurer Möglichkeit, entrichtet. Wenn wir irgendeinen von euch um Hilfe ersuchen, so gilt diese Hilfe anstelle der Bezahlung als *ǧizja*. Die Bewohner erhalten Sicherheit für sich, ihren Besitz, ihre Religionen und ihre Gesetze. Alles wird beibehalten wie bisher, solange sie ihre Abgabe leisten, den Reisenden führen, guten Willen zeigen, den Muslimen Quartier geben und weder Spionage betreiben noch Verrat üben. Jeder, der bei ihnen wohnt, untersteht denselben Bestimmungen, und jeder der fortgeht, erhält freies Geleit, bis er in Sicherheit ist, jedoch nur unter der Bedingung, dass jeder, der einen Muslim beleidigt, streng bestraft wird, und jeder, der einen Muslim erschlägt, vogelfrei ist.

Beglaubigt von Sawād ibn Quṭba, Hind ibn ʿAmr, Simāk ibn Maḫrama und ʿUtaiba ibn an-Nahhās. Verfasst im Jahre 18 [639].

Aṭ-Ṭabarī I, 2658–2659

Ṭabaristān und Ǧīl Ǧīlān (639)

Im Namen Gottes, des Barmherzigen, des Erbarmers.

Dies ist ein Schreiben von Suwaid ibn Muqarrin an Farruḫān, den Iṣfahbad von Ḫurāsān, betreffs der feindlichen Gebiete Ṭabaristān und Ǧīl Ǧīlān.

Aufgrund des Sicherheitsversprechens Gottes, des Allmächtigen, bist du sicher, und zwar unter der Bedingung, dass du die Räuber und die Grenzvölker deines Landes daran hinderst, uns zu bekämpfen, dass du nichts gegen uns im Schilde führst und dass du beim Gouverneur an eurer Landesgrenze gegen die Entrichtung von 500 000 Dirham in der Währung deines Landes Schutz suchst. Wenn du das tust, so wird keiner von uns dich angreifen, in dein Territorium eindringen oder ohne deine Erlaubnis zu dir kommen. Unsere genehmigten Verbindungswege durch euer Territorium unterstehen dem Sicherheitsversprechen; ebenso eure Verbindungswege. Weder dürft ihr etwas gegen uns im Schilde führen, noch dürft ihr uns für einen Feind ausspionieren, noch dürft ihr uns verraten. Tut ihr das aber, so gibt es keinen Bund *[ʿahd]* zwischen euch und uns.

Beglaubigt von Sawād ibn Quṭba al-Tamīmī, Hind ibn ʿAmr al-Murādī, Simāk ibn Maḫrama al-Asadī, Simāk ibn ʿUbaid al-ʿAbsī und ʿUtaiba ibn al-Nahhās al-Bakrī.

Verfasst im Jahr 18 [639]. Aṭ-Ṭabarī I, 2659–2660

Āḏarbaiǧān (639)

Im Namen Gottes, des Barmherzigen, des Erbarmers.

Folgendes gewährte ʿUtba ibn Farqad, Gouverneur des Herrschers der Gläubigen ʿUmar ibn al-Ḫaṭṭāb, den Bewohnern von Āḏarbaiǧān, seinen Ebenen, seinen Berggebieten und seinen Grenzländern und allen Bewohnern seiner religiösen Gemeinschaften:

Sicherheitsversprechen für sie selbst, ihren Besitz, ihre Religionen und ihre Gesetze, und zwar unter der Bedingung, dass sie entsprechend ihrer Möglichkeit die *ǧizja* entrichten, jedoch nicht für Kinder, Frauen, Kranke oder fromme Einsiedler, die keine Güter dieser Welt besitzen. Das gilt für sie und für alle, welche bei ihnen wohnen. Sie sind verpflichtet, jeden Muslim der muslimischen Heere für einen Tag und eine Nacht aufzunehmen und ihm den Weg zu weisen. Wenn einer von ihnen innerhalb eines Jahres stirbt, so ist er für dieses Jahr von der *ǧizja* entbunden. Wenn einer [bei ihnen] wohnt, ist er in derselben Lage wie sie [das heißt hinsichtlich der Rechte und Pflichten]; wenn einer fortgeht, hat er freies Geleit, bis er in Sicherheit ist.

Verfasst von Ǧundub und beglaubigt von Bukair ibn ʿAbdallāh al-Laiṯī und Simāk ibn Ḫaraša al-Anṣārī.

Verfasst im Jahr 18 [639]. Aṭ-Ṭabarī I, 2662

Isfahān (642)

Im Namen Gottes, des Barmherzigen, des Erbarmers.

Ein Schreiben von ʿAbdallāh an den Fāḏūsafān und die Einwohner von Iṣfahān und Umgebung.

Ihr genießt Sicherheit, solange ihr die *ǧizja* entrichtet, die ihr je nach Vermögen jedes Jahr an den jeweiligen Gouverneur eures Landes für jeden erwachsenen Mann bezahlen müsst; auch müsst ihr jedem Muslim den Weg weisen, seine Straße in Ordnung halten, ihn für einen Tag und eine Nacht aufnehmen und ihn mit einem Reittier für seine Weiterreise versehen.

Erhebt euch nicht über einen Muslim. Was ihr den Muslimen schuldet, ist euer guter Wille und die Entrichtung eurer Abgaben; ihr habt Sicherheitsversprechen, solange ihr euch fügt. Doch wenn ihr etwas ändert oder wenn einer von euch etwas ändert und ihr ihn nicht ausliefert, dann habt ihr das Sicherheitsversprechen verwirkt. Wenn jemand einen Muslim beleidigt, wird er streng dafür bestraft. Wenn jemand einen Muslim erschlägt, werden wir ihn töten.

Verfasst und beglaubigt von ʿAbdallāh ibn Qais, ʿAbdallāh ibn Warqāʾ und ʿIṣma ibn ʿAbdahlāh. Aṭ-Ṭabarī I, 2641

Rajj (642–643)

Im Namen Gottes, des Barmherzigen, des Erbarmers.

Folgendes gewährte Nuʿaim ibn Muqarrin dem Zainabī ibn Qūla. Er gewährte ihm ein Sicherheitsversprechen für die Bewohner von Rajj und für andere, die bei ihnen wohnen, und zwar unter der Bedingung, dass sie alljährlich je nach Vermögen für jeden erwachsenen Mann die *ǧizja* entrichten, und unter der Bedingung, dass sie guten Willen zeigen, dass sie Reisenden den Weg weisen, dass sie weder Spionage betreiben noch Verrat üben, dass sie Muslime für einen Tag und eine Nacht aufnehmen und dass sie jedem Muslim Achtung zollen. Jeder, der einen Muslim beleidigt oder verächtlich macht, wird hart bestraft; jeder, der einen Muslim erschlägt, wird getötet. Wenn jemand dies ändert und er nicht ausgeliefert wird, dann wird dies der ganzen Gemeinde zur Last gelegt.

Verfasst und beglaubigt. Aṭ-Ṭabarī I, 2655

Dunbāwand (642–643)

Im Namen Gottes, des Barmherzigen, des Erbarmers.

Dies ist ein Schreiben von Nuʿaim ibn Muqarrin an Mardān-šāh Maṣmughān von Dunbāwand und die Bewohner von Dunbāwand, Ḫuwār, Lāriz und Šīrrīz.

Du und diejenigen, die sich dir anschließen und nicht mehr kämpfen, ihr habt ein Sicherheitsversprechen, und zwar unter der Bedingung, dass du die Bewohner deines Landes vom Kampf zurückhältst und dafür gegen eine jährliche Zahlung von 200 000 Dirham, Gewicht 7, den Schutz des Gouverneurs an eurer Grenze erhaltet. Niemand wird dich angreifen und niemand wird unerlaubt dein Land betreten, solange du dich an die Bedingungen hältst und sie nicht änderst. Wenn jemand sie ändert, so gilt der Bund weder für ihn noch für alle diejenigen, welche ihn auszuliefern ablehnen.

Verfasst und beglaubigt. Aṭ-Ṭabarī I, 2656

Qūmis (642–643)

Im Namen Gottes, des Barmherzigen, des Erbarmers.

Folgendes gewährte Suwaid ibn Muqarrin den Bewohnern von Qūmis und ihren Hintersassen: ein Sicherheitsversprechen für sich, ihre Religionen und ihren Besitz, und zwar unter der Bedingung, dass sie die *ǧizja* für jeden erwachsenen Mann je nach Vermögen entrichten, dass sie guten Willen zeigen und nicht betrügerisch handeln, dass sie [muslimischen Reisenden] den Weg weisen, dass sie Muslime, die bei ihnen absteigen, für einen Tag und eine Nacht mit dem bei ihnen üblichen Essen bewirten. Wenn sie dies ändern oder ihre Verpflichtungen leicht nehmen, ist der Vertrag *[ḏimma]* mit ihnen nichtig.

Verfasst und beglaubigt. Aṭ-Ṭabarī I, 2657

Tiflīs (642–643)

Im Namen Gottes, des Barmherzigen, des Erbarmers.

Dies ist ein Schreiben von Ḥabīb ibn Maslama an die Bewohner von Tiflīs im Lande Hurmuz, durch welches euch, euren Kindern, euren Familien, euren Klöstern, euren Kirchen, euren Religionen und euren Gebeten Sicherheit versprochen wird unter der Bedingung, dass ihr die Erniedrigung [?] der *ǧizja* in Höhe eines Dinars für jeden Haushalt annehmt. Weder dürft ihr getrennte Haushalte vereinigen, um damit die von euch zu zahlende *ǧizja* zu vermindern, noch dürfen wir, was verbunden ist, trennen, um damit die uns zustehende *ǧizja* zu erhöhen.

Ihr schuldet uns guten Willen und, soweit ihr dazu in der Lage seid, eure Hilfe gegen die Feinde Gottes, seines Propheten und der Gläubigen; Aufnahme muslimischer Reisender für eine Nacht, einschließlich der Bewirtung mit solcher Nahrung, die für die Leute des Buches erlaubt ist, und Führung auf der Straße, soweit ihr dadurch keinen Schaden erleidet. Sollte ein Muslim bei euch nicht weiterkommen, müsst ihr ihn, sofern nichts dazwischenkommt, zu den nächsten Gläubigen und Muslimen bringen. Wenn ihr Muslime werdet, das Gebet verrichtet und *zakāt* entrichtet, seid ihr unsere Brüder in der Religion [und unsere *mawālī*][1]. Doch wer sich vom Glauben, dem Islam, und der *ǧizja* abwendet, ist ein Feind Gottes, seines Propheten und der Gläubigen. Gegen ihn suchen wir Gottes Hilfe.

Wenn etwas geschieht, was die Muslime hindert, euch zu helfen, und euer Feind überwältigt euch, so wird ihnen das nicht vorgehalten, und es macht auch den Vertrag mit euch nicht ungültig nach eurer Rückkehr auf die Seite der gläubigen Muslime. Das sind eure Pflichten und eure Rechte.

Beglaubigt von Gott, seinen Engeln, seinen Propheten und denen, die glauben; Gottes Beglaubigung ist hinreichend.

Abū ʿUbaid, 208-209.

Varianten in aṭ-Ṭabarī I, 2675; al-Balāḏurī, *Futūḥ*, 201–202

Tiflīs (Variante)

Im Namen Gottes, des Barmherzigen, des Erbarmers.

Dies ist ein Schreiben von Ḥabīb ibn Maslama an die georgischen Bewohner von Tiflīs im Lande Hurmuz, der euch selbst, eurem Besitz, euren Klöstern, euren Kirchen und euren Gebeten Sicherheit gewährt, und zwar unter der Bedingung, dass ihr die Erniedrigung [?] der *ǧizja* in Höhe eines Dinars für jeden Haushalt annehmt.

Ihr schuldet uns guten Willen und eure Hilfe gegen Gottes und unsere Feinde; Aufnahme von Reisenden für eine Nacht, einschließlich der Bewirtung mit solcher Nahrung, die für die Leute des Buches erlaubt ist; und Führung auf der Straße, soweit ihr dadurch keinen Schaden erleidet. Wenn ihr Muslime werdet, das Gebet verrichtet und *zakāt* entrichtet, seid ihr unsere Brüder in der Religion und unsere *mawālī*. Doch wenn einer sich von Gott, seinen Propheten, seinen Büchern und seinen Anhängern abwendet, so erklären wir euch Krieg ohne Ende; denn Gott liebt keine Verräter.

Beglaubigt von ʿAbd ar-Raḥmān ibn Ḫālid, al-Ḥaǧǧāǧ und ʿIjāḍ.

Verfasst von Rabāḥ, der Gott, seine Engel und die Gläubigen zu Zeugen anrief. Und Gottes Zeugnis ist hinreichend.

Aṭ-Ṭabarī I, 2675

Tiflīs 2

Im Namen Gottes, des Barmherzigen, des Erbarmers.

Dies ist ein Schreiben von al-Ǧarrāḥ ibn ʿAbdallāh an die Bewohner von Tiflīs im Bezirk von Manǧalīs im Distrikt Georgien (Ǧurzān).

Sie kamen zu mir mit einem Sicherheitsversprechen von Ḥabīb ibn Maslama. [Er hatte ihnen Sicherheit versprochen] unter der Bedingung, dass sie die Erniedrigung der *ǧizja* annehmen, und einen Waffenstillstand festgesetzt für ihre Länder, ihre Weinberge, ihre Mühlen namens Awārī und Sābīnā im Bezirk Manǧalīs und für Ṭaʿām und Daidūnā im Bezirk Quhuwit [Cogovit], im Distrikt Georgien, und zwar unter der Bedingung, dass diese Mühlen und Weinberge jährlich einmal 100 Dirham entrichten. Ich habe daher ihr Sicherheitsversprechen und ihren Waffenstillstand für gültig erklärt und habe angeordnet, dass die Auflagen nicht erhöht werden. Wem immer mein Schreiben verlesen wird, lasst ihn die Bestimmungen nicht überschreiten, so Gott will.

Al-Balāḏurī, *Futūḥ*, 202

Anhang

Anmerkungen

Nr. 1

1 Die Auswanderer *(muhāǧirūn)* waren Muslime von Stamm Qurais̆ aus Mekka, die den Propheten bei seiner Übersiedlung von Mekka nach Medina begleiteten; die Helfer *(anṣār)* waren Medinenser, die sich ihnen anschlossen. Die Banū Sā'ida waren ein Unterstamm der Ḫazraǧ, einem der beiden großen arabischen Stämme in Medina, deren anderer der Stamm der Aus war.

2 Anspielung auf Koran IX, 40.

3 Während seiner letzten Krankheit hatte der Prophet Abū Bakr mit der Leitung des öffentlichen Gebets beauftragt.

Nr. 3

1 Ein zum Islam übergetretener und zur Zeit der ersten Kalifen sehr angesehener jemenitischer Jude. *Aḥbār* ist der gebrochene Plural von *ḥabr*, das vom hebräischen *ḥaber*, einem für Gelehrte verwendeten Titel, stammt. Vgl. *EI*[2], ad voc.

2 Gott ist (sehr) groß. Eine im muslimischen Gottesdienst, bei der Aufforderung zum Gebet und als Kriegsruf häufig verwendete Formel. Vgl. *EI*[1], ad voc.

3 Die Familie, welcher sowohl Muḥammad als auch 'Alī angehörten.

4 Die Tochter Abū Bakrs und Lieblingsfrau des Propheten.

5 Damit ist aṭ-Ṭabarī selbst gemeint, der auf diese Weise seine eigene Meinung zum Ausdruck bringt.

6 Diejenigen, welche eine heilige Schrift besitzen, im Allgemeinen als Bezeichnung für die Juden verwendet. Vgl. *EI*[2], »Ahl al-Kitāb«.

7 »Sakrileg«, der Name eines Krieges in Arabien gegen Ende des sechsten Jahrhunderts; man nannte ihn so, da er während der heiligen Monate stattfand. Vgl. *EI*[2], »Fidjār«.

8 Der zwischen dem Propheten und den Mekkanern im Jahre 6/628 bei Ḥudaibija geschlossene Waffenstillstand.

9 Vgl. Sachwörterverzeichnis und Band II, Nr. 89.

10 Zweck dieser Anekdote ist es, den Gebrauch des Titels *Ḫalīfat Allāh* (Stellvertreter Gottes) zu verurteilen, den einige Kalifen annahmen, die Juristen jedoch nie billigten. Nach Meinung der Letzteren war das Haupt der Gemeinde der Stellvertreter des Propheten, nicht Gottes.

11 Besondere, während des Monats Ramaḍān bei Nacht verrichtete Gebete. Vgl. *EI*[1], ad voc.

Nr. 5

1 Ein arabischer General, der ein Expeditionsheer nach Osten führte. Al-Ḥaǧǧāǧ meint hiermit Fahnenflüchtige.

Nr. 6

1 Ein Vorfahre der 'Abbāsiden, welcher deren Anspruch auf den Thron als Erster etwa im Jahre 716 formuliert haben soll. Vgl. *EI*[2], »Hāshimiyya«.

2 So werden diejenigen genannt, welche die Rechte der ersten drei Kalifen gegen die Kritik der Schī'iten verteidigen. Sie pflegten die Umajjaden weder in Schutz zu nehmen noch zu kritisieren.

Nr. 7

1 Der Kalif al-Manṣūr (regierte 754–775).
2 Vgl. Koran VII, 181 und LXVIII, 44.
3 Der Sohn des letzten Umajjadenkalifen.

Nr. 8

1 Arabisch *Rūm* – die gebräuchliche islamische Bezeichnung für die Byzantiner und, allgemein, für die griechischen Christen.
2 Die byzantinische Kaiserin Irene (regierte 797–802).
3 Al-Mahdī (775–785); al-Hādī (785–786); Hārūn ar-Rašīd (786–809).
4 Regierte 802–811.
5 Ein berühmter arabischer Dichter, der 825 oder 826 starb.

Nr. 11

1 Regierte 934–940.
2 Er nahm als Erster den Titel Amīr al-Umarā' (Oberemir) an. Er wurde 942 getötet. Vgl. *EI*[2], »Ibn Rā'iḳ«.
3 941 verstorbener türkischer Emir im Dienste der Kalifen. Vgl. *EI*[2], »Badjkam«.

Nr. 12

1 Al-Iḫšīd und seine Nachfolger herrschten von 935 bis 968 in Ägypten.
2 Der vierte Fāṭimidenkalif und der erste, der in Ägypten herrschte.
3 Gruppe sektiererischer Rebellen. Vgl. *EI*[2], »Ḳarmaṭī«.
4 Anspielung auf seine schwarze Hautfarbe.

Nr. 13

1 Mulūḫīja *(Corchorus olitorius)* ist ein in Ägypten häufig verwendetes Küchenkraut. Tellīna ist ein kleines Schalentier. Mutawakkilīja war wohl auch ein, aus irgendeinem Grund nach dem Kalifen al-Mutawakkil benanntes, Küchenkraut.
2 Es war bei den Schī'iten Brauch, Verwünschungen gegen Abū Bakr, 'Umar, 'Uṯmān und andere auszustoßen, die angeblich 'Alī um seine Rechte gebracht hatten.
3 An einigen Stellen ist das Jahr im Text nicht erwähnt und wurde aus Parallelstellen in al-Maqrīzīs Geschichte der Fāṭimidenkalifen (*Itti'āẓ al-ḥunafā'* II [Kairo, 1971]) übernommen.
4 Nach sunnitischem Brauch werden Anfang und Ende des Fastens durch Beobachtung des Himmels bestimmt. Die Ismā'īliten legten, wie andere Schī'iten, die Zeiten aufgrund von Berechnungen fest. Die sich daraus ergebenden Differenzen gaben, zusammen mit anderen unterschiedlichen Gepflogenheiten, manchmal Anlass zu gegenseitigen Anschuldigungen.
5 Gebete, welche man während der Zeit des *ḫamsīn* sprach, jenes heißen Südwinds, der Ägypten im Frühjahr und Frühsommer für etwa fünfzig Tage heimsucht.
6 Damit sind das Militär- und das Verwaltungswesen gemeint.
7 Bezeichnungen für verschiedene Steuerarten. Die *naǧwa* scheint eine von Ismā'īliten freiwillig geleistete Abgabe gewesen zu sein, die *fiṭra* ein am Ende des Fastenmonats Ramaḍān *('Īd al-Fiṭr)* gegebenes Opfer. Eine andere Verwendung der Bezeichnung *fiṭra* findet sich in Band II, Nr. 25.

Nr. 14

1 1068 verstorbener nordafrikanischer Chronist.
2 Die Nachfahren ʿUbaidallāhs, d. h. die Fāṭimiden. Diese Bezeichnung wird häufig von Autoren verwendet, die den fāṭimidischen Anspruch, von Fāṭima, der Tochter des Propheten, abzustammen, nicht anerkennen.
3 Ein Zīridenemir (regierte 1016–1062), der durch seine Lossagung von der Fāṭimidenherrschaft und die Verfolgung ihrer Anhänger die Vergeltung des Kalifen in Kairo provozierte.
4 Seit der ʿAbbāsidenzeit wird das Substantiv »Araber« normalerweise nur in der Bedeutung »Beduine« gebraucht. Hier bezeichnet es die Beduinenstämme der Banū Hilāl und der Banū Sulaim.
5 Bedeutendster Zweig der Banū Hilāl.
6 Die Zīriden hielten sich eine Palastwache aus gekauften schwarzen Sklaven.
7 Ṣanhāǧa-Berber, zu welchen die Zīriden gehörten.
8 *ʿiqāl*, eine geknotete Schnur, die um das Kopftuch gebunden wird.
9 Wahrscheinlich irrtümlich für 30 000 wie im folgenden Gedicht.
10 Genau genommen Byzantiner; doch dieser Begriff wird auch in der allgemeinen Bedeutung »europäische Christen« verwendet.
11 Die Leber gilt herkömmlich als Sitz der Gefühle.

Nr. 19

1 Nachkomme ʿAlīs, daher unter der Stadtbevölkerung eine einflussreiche Persönlichkeit.
2 Eine Stoffart.

Nr. 21

1 Ǧamšīd und Tehemten sind Gestalten aus der altiranischen Mythologie, Ḥātim aus der vorislamisch-arabischen Legende. Mit ʿAlī ist selbstverständlich der Vetter und Schwiegersohn des Propheten gemeint.

Nr. 22

1 Nojon oder Nojan ist eine mongolische Bezeichnung für einen militärischen Führer.
2 Gemeint sind die von Burgen im Iran und Syrien aus wirkenden terroristischen Sektengruppen. In Syrien, und daher dann auch in Europa, waren sie als Assassinen bekannt. Vgl. *EI*[2], »Ḥashīshiyya« und »Ismāʿīliyya«.
3 Lücken im Text.
4 Mongolenherrscher in Persien (regierte 1295–1304). Er war als Buddhist aufgewachsen, trat dann zum Islam über und machte diesen zur Staatsreligion im Mongolenḫānat in Persien.
5 Girdkūh und Lammasar waren ismāʿīlitische Burgen.
6 Hülägüs (christliche) Frau.

Nr. 26

1 Im Mongolischen und in den Sprachen anderer Steppenvölker bezeichnet dieses Wort einen tapferen Mann oder einen Helden und wird daher auch als Ehrentitel verwendet. Im Persischen und Russischen erscheint es als Lehnwort *(bogatır)*. Ṣārim oder der Autor erklären den Begriff mit dem arabischen *fāris*, Reiter oder auch Ritter. Vgl. die Artikel »Bahādur« und »Fāris« in *EI*[2], wo in aller Kürze arabisch-islamische Vorstellungen von Rittertum und Ritterlichkeit dargestellt sind.

Nr. 28

1 Nach Auskunft der alten Lexikographen bezeichnete man einen schlimmen Feind als »blauäugig«, weil die Griechen und die Dailamiten, die traditionellen Feinde der Araber, meistens blauäugig waren.

2 'Umarīs Vater war zu jener Zeit Sekretär im Büro für auswärtige Angelegenheiten.

3 Der damalige Sultan war al-Malik an-Nāṣir (regierte 1293–1294. 1299–1309. 1310–1341).

4 Anspielung auf die Niederlage Ludwigs IX. im Jahre 1249.

5 Dieser Satz fehlt bei 'Umarī und ist aus al-Qalqašandīs Version eingefügt. Gemeint sind die türkischen Mamlūken, die von den späten Ajjūbiden die Macht übernahmen.

Nr. 29

1 Mongolischer Titel, der eigentlich Schwiegersohn bedeutet. Tīmūr heiratete eine mongolische Prinzessin aus der Linie Čingiz Ḫāns.

Nr. 30

1 Wörtlich »Donnerwerfer«. Es handelt sich hier um einen frühen Hinweis auf die Verwendung von Feuerwaffen in Syrien. Vgl. *EI*[2], »Bārūd«.

Nr. 34

1 Der hier gemeinte jüdische Wesir ist Jūsuf (Joseph) ibn Nagrella, der Sohn und Nachfolger des berühmteren Samuel ibn Nagrella, der als Samuel ha-Nagid bekannt ist. Beide dienten dem (berberischen) Zīridenherrscher von Granada.

2 Regierte 1038–1073; er war der Großvater des Verfassers dieser Memoiren.

3 Die Palastdamen und Mütter der Prinzen.

4 Die Barmakiden waren eine berühmte Wesirsfamilie zur Zeit der frühen 'Abbāsidenkalifen. Um ihre Stellung und ihr Ansehen rankten sich unzählige Legenden.

5 Al-Mu'taṣim ibn Ṣumādiḥ war Herrscher über Almería und ein Rivale der Zīriden von Granada.

6 Berberstamm, aus welchem die Zīridendynastie hervorging. Vgl. S. 100 ff.

Nr. 35

1 Wörtlich »Unser Herr«; ein häufig für Religionsgelehrte verwendeter Ehrentitel.

Nr. 36

1 Sultan Murād I.; regierte 1362–1389. Er fiel in der Schlacht von Kosovo.

2 Sultan Bājezīd I. hatte den Beinamen Jıldırım, der Donnerkeil.

3 Lazar, der König der Serben.

4 Der serbische Despot Georg Vuković Branković (geboren 1375; regierte 1427–1456), der Sohn von Vuk Branković. Tatsächlich sandte Georg Branković die Tochter König Lazars zu Bājazīd.

Nr. 37

1 Sultan Murād II. (regierte 1421–1451).

2 Wladislaw III., König von Polen und Ungarn.

3 János Hunyadi, der ungarische Befehlshaber.

4 Die *aqınǧıs* waren leichte irreguläre Kavallerietrupps, die man für Überfälle und Hinterhalte einsetzte; mit »*'azab*« wurden bald Marineinfanteristen, bald leichte Bogenschützen und bald gewisse Festungsbesatzungen bezeichnet. Die *serāḫors* waren ein dem Stall des Sultans zugeteilter Truppenteil.

Nr. 38

1 Sultan Meḥmed II., der Eroberer (regierte 1451–1481).
2 Vormund, ein Titel, mit dem Prinzen ihre Lehrer oder Minister anredeten.
3 Der byzantinische *Megadux* Lukas Notaras.
4 Abū Ajjūb al-Anṣārī, ein Gefährte des Propheten, der bei einem Angriff auf Konstantinopel gefallen sein soll.

Nr. 43

1 Vgl. oben, S. 42 ff.

Nr. 45

1 Ein Anhänger der Mu'tazila (vgl. *EI*[1], ad voc.), einer theologischen Richtung im mittelalterlichen Islam, die als nicht mit dem Hauptstrom sunnitischen Glaubens und sunnitischer Praxis in Einklang stehend betrachtet wurde. Sie existiert heute nicht mehr.

Nr. 49

1 Umajjadenkalif (regierte 685–705).
2 Al-Ḥaǧǧāǧ wurde im Jahre 694 zum Gouverneur im Irak ernannt. Vgl. S. 62 f.
3 Ṯaqīf war der arabische Stamm, dem al-Ḥaǧǧāǧ angehörte.
Ein *maulā* durch Freilassung ist ein Freigelassener oder ein freigelassener Sklave. Es gab auch den *maulā*, oder Klienten, eines Stammes.
4 Regierte 724–743.
5 Der letzte Umajjadenkalif (regierte 744–750). Über seinen Sekretär 'Abd al-Ḥamīd, vgl. S. 234 ff.
6 Der erste 'Abbāsidenkalif (regierte 750–754).
7 Der zweite 'Abbāsidenkalif (regierte 754–775).
8 Ein Gouverneur in Ägypten, der eine eigene Dynastie gründete (regierte 868–884).
9 Der Sohn und Nachfolger des Aḥmad ibn Ṭūlūn.
10 Gemeint ist Ibrāhīm ibn Muḥammad ibn 'Alī, der Führer der 'Abbāsidenpartei und Bruder der beiden ersten 'Abbāsidenkalifen. Er wurde nach dem Ausbruch der 'abbāsidischen Revolution festgenommen und starb 749 im Gefängnis.
11 Ein freigelassener Sklave, der auf 'abbāsidischer Seite wirkte, und zwar erst als Rebell, dann als Wesir. Er wurde 750 ermordet.
12 Der Führer der 'abbāsidischen Erhebung in Ḫurāsān und Hauptverantwortlicher für ihren Erfolg. Er wurde 755 auf Befehl des Kalifen ermordet.

Nr. 51

1 Zwei Fāṭimidenkalifen. Al-Āmir regierte von 1101 bis 1130, al-Ḥāfiẓ von 1132 bis 1146.
2 Den Titel Amīr al-Ǧujūš (Befehlshaber der Heere) legte sich als Erster der Fāṭimidenwesir Badr al-Ǧamālī (gestorben 1094) bei, danach sein Sohn und Nachfolger al-Afḍal (gestorben 1121).

3 Die Nachkommen von ʿAlīs Vater Abū Ṭālib.
4 Vgl. S. 91.

Nr. 55

1 Das hintere Ende wurde also nicht beschwert, um dadurch den Schwerpunkt nach hinten zu verlagern.
2 Wahrscheinlich mittels irgendeiner Vorrichtung.
3 Ein Zweig der Ḫāriǧiten, die im späten siebten Jahrhundert einen Aufstand unternahmen. Vgl. *EI*[2], »Kharidjites«.
4 Ein Wort persischen Ursprungs, das eine kurze Lanze oder einen Wurfspeer bezeichnet.
5 Von den Wortwurzeln für »vier« und »fünf« abgeleitete Termini. Wahrscheinlich handelt es sich um Lanzen von vier bzw. fünf Ellen Länge.
6 Vollständig, d. h. von ganzer Länge. Die verschiedenen Arten sind offensichtlich entsprechend ihrer Länge aufgeführt, wobei die kürzeste zuerst, die längste zuletzt kommt.

Nr. 56

1 Vom Berberstamm der Kitāma. Vgl. *EI*[1], »Ketāma«.
2 Eine berberische Stammesgruppe. Vgl. *EI*[1], »Maṣmūda«.
3 Ein Titel persischen Ursprungs, der später für Gelehrte, Lehrer und andere Würdenträger verwendet wurde. Zu jener Zeit wird er als Euphemismus für Eunuchen gebraucht.

Nr. 58

1 Der Zengidenherrscher Nūr ad-Dīn (regierte 1146–1174).

Nr. 61

1 Murād I. (1362–1389).
2 Vgl. *EI*[2], »Devshirme«.

Nr. 63

1 Diese Stadt ist auch als Edessa oder Urfa bekannt.
2 Ein von den Arabern zur Bezeichnung der aramäischsprachigen Einheimischen verwendeter Name.
3 Vgl. Koran IX, 29 und Band II, Nr. 76.

Nr. 64

1 Zu diesem Vertrag mit den Nubiern, vgl. *EI*[2], »Baḳṭ«.
2 Im Gebiet zwischen Nil und Rotem Meer beheimateter sudanesischer Nomadenstamm. Vgl. *EI*[2], »Bedja«.
3 Er war unter dem Kalifen Hišām Aufseher über die Finanzverwaltung in Ägypten.
4 Im gedruckten Text ist *bikr*, Jungfrau, vokalisiert; jedoch ist *bakr*, junges Kamel, als Lesung wahrscheinlicher; die Konsonanten der beiden Worte sind identisch.

Nr. 65

1 Dieser Zusatz findet sich nicht in Abū ʿUbaids Text.

Namen- und Stichwortregister

Inhaltsverzeichnis

Zweiter Teil
Regierung

Dritter Teil
Krieg und Eroberung

Anhang

Das Sachwörterverzeichnis zu den Bänden I und II befindet sich im Anhang des Bandes II, S. 297 ff.